义务教育质量监测
十年回顾和展望

YIWU JIAOYU ZHILIANG JIANCE

SHINIAN HUIGU HE

ZHANWANG

北京市教育科学"十二五"规划2015年度优先关注课题

"北京市义务教育教学质量现状、问题及改进策略研究"的研究成

果(课题编号：ABA15007)

王燕春 李美娟

◉ 等

著

北京师范大学出版集团
BEIJING NORMAL UNIVERSITY PUBLISHING GROUP
北京师范大学出版社

图书在版编目(CIP)数据

义务教育质量监测十年回顾和展望/王燕春等著. —北京：北京师范大学出版社，2021.11
ISBN 978-7-303-25569-6

Ⅰ.①义… Ⅱ.①王… Ⅲ.①义务教育－教育质量－监测－研究－北京 Ⅳ.①G522.3

中国版本图书馆 CIP 数据核字(2020)第 001944 号

营　销　中　心　电　话　010-58802135　58802786
北师大出版社教师教育分社微信公众号　京师教师教育

出版发行：北京师范大学出版社　www.bnupg.com
　　　　　北京市西城区新街口外大街 12-3 号
　　　　　邮政编码：100088
印　　刷：北京虎彩文化传播有限公司
经　　销：全国新华书店
开　　本：787 mm×1092 mm　1/16
印　　张：28
字　　数：573 千字
版　　次：2021 年 11 月第 1 版
印　　次：2021 年 11 月第 1 次印刷
定　　价：88.00 元

策划编辑：何　琳　　　　　责任编辑：贾理智　吴纯燕
美术编辑：李向昕　　　　　装帧设计：李向昕
责任校对：段立超　王志远　责任印制：马　洁

序

　　《义务教育质量监测十年回顾和展望》即将付梓，以前一起工作的同侪要我为这本书写几句话。作为这个项目的全程见证者，我有责任和义务向读者报告这个项目的情况；但作为一个历时 12 年的教育研究项目，特别是基于科学的教学评价技术推进区域教育质量提升的项目，其探索过程的复杂性以及其对区域教育改进的价值，却不是用几句话可以说得清楚的。

　　这本书是基于北京市义务教育教学质量监控与评价项目的研究成果。回顾北京市义务教育教学质量监控与评价项目 12 年的探索历程，我常常感慨万端。之所以感慨，是因为这个项目留给我们的东西太多了。一方面，这个项目对北京市区域内的教育管理与教学实践，特别是北京市教研系统的工作产生了深刻的影响。它引导北京市的教育管理和教学实践者，特别是在教研系统工作的同志，从凭借个体的感觉和教育经验管理和指导教育教学改进，转向基于科学的数据统计分析、基于科学的实证研究去管理和指导教育教学。另一方面，这个项目所经历的 12 年，既是中国基础教育课程发生重要转变的关键 12 年，也是中国基础教育评价发生质变的 12 年。作为一个最早启动的区域教育质量监控系统，所有参与研究的人，都经历了一个学习借鉴外来经验、消化吸收成功经验，并不断创生实践、初步实现教育质量监控系统的本土化过程。12 年的研究，不仅积累了丰富的数据，探索了多种适合中国教育实际的测量评价方法，也初步建立了一整套基于数据引导教育教学改进的工作体系。在研究过程中，这个项目与几乎同时起步的相似项目相互借鉴、不断传播，对完善这个项目本身的研究与实践、启发后继者都有不可估量的价值。

　　一些从事教育研究的同行常常会说，中国是一个教育考试大国。不仅因为我们有众多的学子参加年复一年的考试，而且因为我们有 1 300 多年的系统组织考试评价的历史。这固然是事实，然而，恰恰是有这样长期的考试选拔史，我们的整个社会，甚至是我们的教育研究界，对评价的认识常常被局限在选拔考试的范围内，把评价的功能聚焦在选拔上。在这种观念的引导下，我们全社会都在关注考试的结果，并把考试的结果作为引导教育教学行为的"指挥棒"，却忽视了评价对促进学生全面发展应有的功能。2001 年新课程改革之后，如何建立科学的评价体系，用科学的评价促进课程教学改革，成了新课程改革必须解决的重要问题。北京市适时提出了建立义务教育质量监控和结果公报制度的要求，但要实现政府要求的目标，却不是一件容易的事。我们需要重新定位教学质量监控的目标与功能，需要依据国家课程标准研制学业质量测评框架，需要开发一系列体现新课程要求的、有效测查学生真实学业能力的测试工具，还需要组织大规模的学业质量调查；不仅如此，我们还需要基于科学的统计分析技术，对测查结果进行科学的分析，并将分析的结果用于改进区域、学校、教师的教育教学行为，促进北京市基础教育质量的不断提高。因此，这个项目的实施过程不仅是一个科学研究过程，也是一个复杂的教育改进的实践行动。每个工作环节背后都有一大堆的问题需要逐一解决。回想北京市教学质量监控与评价系统开发最初的几年，真可以用"筚路蓝缕"来形容。不用说整个评价系统的建立，仅学科评价框架的开发就是一项非常复杂且艰难的工作。

从事学科课程与教学研究的同志们都了解，在我国，由于社会发展和学科自身发展的影响，相关研究者对各学科的教育功能与教育目标的认识并不一致，对学科能力的构成要素及其内在联系缺乏基本的共识。在这样的背景下，一开始就想建立一个在理论上合理、在教学实践中适用的学科能力测试框架，并不是一件容易的事情。借助国外研究开发的学科能力测试结构，固然可以使研究者站在国际学术研究的前沿，并有利于开展国际比较，但其对本土教育教学的适应性仍然会存在问题。而进入 21 世纪，我国的基础教育课程正进入新的起步期，将旧有的以学科知识、技能为中心的教学大纲重构为新的课程标准，其中仍存在许多需要深入研究的问题。简单地说，21 世纪初期我国建立的新课程标准，从基本特征上看，仍然是基于知识的内容标准，我们各科的学科标准对学生学业水平仍缺乏清晰的描述，对学科能力评价没有清晰的规定性要求。在这样的背景下，要建立学科学业质量评价框架必须做大量的基础性研究。从本书附录提供的义务教育阶段主要学科的学科评价框架变化说明中，读者就可以看到这个项目前期研究需要解决的问题的复杂性。

不仅是学科学业质量评价框架的建立需要深入的研究，测试技术和方法也需要改进。在这个项目研究之前，我们仅仅以纸笔考试的结果来评价学生的学业质量，而且对数据的处理和解释极其简单、粗放，往往凭借教育研究者个人的经验来判断影响学业质量的相关因素，从而导致教育教学管理、教学指导过程中的唯分数、唯结果的倾向。为了改变这样的局面，北京市义务教育教学质量监控与评价项目用了12 年的时间，开发了定性与定量研究方法相结合的，包括纸笔测验、基于真实情境的现场实作测验、问卷调查、课堂观察和教学录像分析系统等在内的一系列收集数据和信息的方法；使用了包括基于经典测量理论和项目反应理论的一系列统计分析方法；还形成了多层次、多角度的学业质量反馈分析和报告系统；开发了自己的基于现代信息技术的数据库和数据平台。由于有了这一系列复杂的工作体系，且不断完善运行了12 年，这个系统的工作对北京市的教育教学管理、教研工作、教学实践都产生了深刻的影响。时至今日，北京市市级的教育教学质量监控与评价虽然告一段落，但部分区县层面的区域教育质量监控与评价仍在进行中。有一批教研员、校长和骨干教师学会了基于科学的数据去分析复杂的教育现象，学会了运用数据帮助一线的校长和教师改进教学管理和教学实践；运用科学的数据理解和改进教育教学的观念和意识逐渐在北京市的教师心中扎下了根。

北京市建立义务教育质量监测与评价系统的 12 年，进行了多方面的探索。这些探索，对我们理解教育中的一些现象和问题，提供了科学化、本土化的实证基础；对深入研究教育问题提供了有价值的证据。例如，国际上多项大型测试都讨论过学生家庭的社会经济地位、学生的性别与学生学业成就的关系。这种关系在中国学生的教育中会有怎样的表现？北京的这个项目基于自己的专题研究提供了重要的实证结论。校间差异、择校现象都是当代中国教育发展中面临的重要问题，它们涉及教育政策与教育公平。这类现象在北京的情况如何？教育管理者应该如何依靠科学的调查去调整具体的教育政策？这个项目的专题研究也为解答这些问题提供了重要的参考。这个项目 12 年的探索，不仅为北京市区域教育的发展提供了许多专业支持，也在一定程度上探索了引领教育改进的策略性方法。例如，如何科学有效地评价学校层面的教育效能，一直是教育管理者面临的重要问题。这个项目曾经借助增值分析的方法，对学校教育效能评价做过积极的探索。这种探索虽然还是初步的，但给予我们的科学的方法学启示，至今仍具有重要意义。

对于一个教育研究项目而言，12 年的时间可谓不短；但对于教育和评价的理论和实践研究而言，12 年的时间仅仅是一个起步阶段。北京市义务教育质量监测与评价项目的 12 年的探索虽然告一段落，但其积累的研究经验、技术方法、理论成果和大量的数据，对今后的教育研究仍有重要的价值。仅就我个人的工作而言，过去的 20 年，我一直参与我国基础教育课程标准的研制与修订工作。在工作中，构建科学的有中国特色的课程标准，一直是我们努力的方向。然而，要保证我们设计的课程目标、内容、学业质量标准具有科学性，我们需要大量的实证研究基础数据。对中国这样一个幅员广阔、人口众多、发展又不平衡的国家而言，我们应该有什么样的基础学业标准？北京市 12 年研究的数据积累是否可以成为研究的部分参照？如果我们有更多的来自不同地区的实证数据，我们是否就有了建立更为科学的课程的基础？正是从这个意义上说，我对北京这个项目的结束有着一种深深的遗憾，同时也盼望着北京参与这个项目的同侪能够更深入地挖掘这个项目积累的数据和经验，还希望更多的省份像北京一样，探索建立科学的本土化的教育教学质量监控系统。我相信这个项目积累的数据和经验，对建立符合中国基础教育发展需要的区域教育质量监控与评价系统，对推进中国基础教育课程与教学评价的发展依然具有重要的参考价值。

王云峰

2021 年 1 月

目　录

第一章

义务教育教学质量监测发展历程与趋势

第一节 监测系统的发展历程

一、背景

《中华人民共和国义务教育法》和北京市实施办法规定："义务教育必须贯彻国家教育方针，实施素质教育，提高教育质量，使适龄儿童、少年在品德、智力、体质等方面全面发展，为培养有理想、有道德、有文化、有纪律的社会主义建设者和接班人奠定基础。"《北京市人民政府贯彻国务院关于基础教育改革和发展决定的意见》（京政发〔2001〕27 号）中明确要求："全面推动基础教育教学、评价与学校管理改革……建立普及九年义务教育年度目标实施状况的监测制度、结果公报制度。"2001 年，北京市义务教育新课程改革开始启动，如何科学地评价新课程改革对教育教学质量的影响，如何更好地提高教育教学质量、减轻中小学生过重的课业负担也成为当时面临的重要问题。2003 年，国务院批准的教育部《2003—2007 年教育振兴行动计划》中明确指出，要深化基础教育课程改革，建立国家和省两级新课程的跟踪、监测、评估、反馈机制。基础教育质量的监测逐渐受到重视并付诸实践。

2003 年，受北京市教育委员会委托，北京教育科学研究院基础教育教学研究中心开始承担北京市义务教育教学质量监控与评价系统项目（BAEQ）。项目试运行两年、向社会报告教学质量的监测结果并广泛征求意见后，北京市教育委员会印发了《北京市建立义务教育教学质量年报制度的意见》（京教基〔2005〕7 号），明确地指出"从 2005 年起，建立北京市义务教育教学质量年报制度"，以发挥质量报告引导学校全面贯彻教育方针以及全社会确立科学质量观、人才观的作用，努力营造实施素质教育的良好社会环境。

二、发展历程

(一)初步建构(2003—2006 年)

2001 年秋季,北京市全面进入国家义务教育课程改革实验阶段,如何监控与评价新课程实施前后的教育教学质量,如何及时发现并解决在新课程教学改革实施过程中学生、教师、学校出现的问题,为义务教育的改进提供实时的依据、建议与对策,是当时教育行政管理部门、教学研究部门关注的焦点。受北京市教育委员会委托,北京教育科学研究院基础教育教学研究中心(以下简称“基教研究中心”)组织专家开始研究、学习同时期具有较强国际影响力的教育质量、学业质量评价项目,如国际经济合作与发展组织主持的国际学生评价(Programme for International Student Assessment,PISA)、美国国家评价管理委员会主持的美国国家教育进步评价(National Assessment of Educational Progress,NAEP)等项目。

2003 年,在深入借鉴前述项目评价框架的基础上,基教研究中心广泛征求了来自一线教师和学校校长群体、教研员群体、市区两级教育行政部门的意见与建议,并与来自高等学校、教育研究专业机构、区县教学研究机构的专家学者们合作开发了 BAEQ 项目。项目建立之初的核心目标为“全面贯彻教育方针和素质教育的要求,通过监控与评价的实施科学地评价北京市义务教育各个学段的教育教学质量,充分发挥评价促进发展的功能,为政府及其教育行政部门决策提供依据,为学校全面实施素质教育,促进北京市义务教育阶段教学质量的稳步提高服务”。2003 年年初,基于国家课程标准,BAEQ 参照 NAEP 建立了学科基础评价框架,命制了相应的测试题。2003 年 12 月,首次对 2003 年 9 月入学的五年级、八年级学生进行抽样测评,抽测的学科为语文、数学、历史和体育。来自北京市 160 所中小学的约 6 000 名学生参加了测试,分别约占相应年级学生总数的 3%。测评主要采用笔纸测试与问卷调查相结合的方式,体育学科还进行了场地测试。在初步建构期(2003—2006 年),BAEQ 标志性进展如下:

评价目的　教学质量监控与评价是教育质量监测的重要组成部分,而评价目的是促进教与学的改进。学业质量是教育教学质量的重要指标之一,课堂教学情况则是体现和影响教育教学质量的重要因素。

关键年级　确定义务教育阶段的三年级、五年级和八年级为关键年级。

评价框架与学科　依据国家课程标准,参照、模仿 NAEP 初步形成语文、数学、英语学科的基础评价框架,并将义务教育阶段所有学科列入监测范围。

技术路线　确定了定量研究与质性研究相结合的技术路线。其中定量研究包括学业水平测试和系列背景问卷调查,质性研究则主要采用教学视导方法。其中,学业水平测试主要指向监测学生学业质量,问卷法与教学视导法则侧重于了解课堂教学现状并对影响教育教学质量的因素进行分析。

定量研究　初步形成大规模校外学业测试和系列背景问卷调查相结合的教育教

学质量评价模式。其中，背景问卷包括学生问卷、教师问卷和学校问卷三类。

测试方式 采用同学科教与学相适应的多种方式实施测试，例如笔纸测试、场地测试等。

抽样与反馈 采用抽样测试的方法测评较少数量的学生，为北京市教委提供市级层面的年度教学质量反馈报告，并每年向全市公布教育教学质量状况。

(二)以改进教与学质量为目标(2007—2010年)

为促进 BAEQ 沿着正确发展的方向继续迈进，2007年11月，项目组采用专家咨询讨论的方式广泛征求来自一线教师和学校校长群体，以及来自教学研究机构、考试评价机构、高校教育研究机构的专业学者们的意见和建议。在此基础上，项目组继续学习、借鉴、吸收同时期国内外教育质量与学业质量评价的典型经验与做法。随着对教育教学质量监测认识角度的变化与程度的加深，为了更好地发挥其对于一线教学的诊断促进作用，2009年 BAEQ 从原来的北京市义务教育教学质量监控与评价项目正式更名为北京市义务教育教学质量分析与评价反馈系统。名称的变换，体现了 BAEQ 从宏观教育政策依据定位向中微观教育教学质量改进定位的倾斜，更强调了其与课程实施、课堂教学的关系。BAEQ 的2010年工作报告中指出：实施目的在于"依据国家课程标准，每年在全市范围内抽取特定年级的学生、任课教师、学校管理人员作为调查研究对象，将学业测试结果与通过问卷调查、教学视导、个案研究采集的有关学生个体和学校教学情况等相关因素进行联系，以评价教与学质量以及教育教学过程有效性、公平性为切入点，全面了解北京市整体、各类地域、各类学校学生达到学科课程标准的情况，并分析造成原因，为各层面教学质量改进提供诊断性反馈报告，为教育行政部门的决策提供科学依据，最终促进北京市义务教育阶段教学质量的稳步提高"。在"以改进教与学质量为目标"(2007—2010年)的发展期中，BAEQ 标志性进展体现如下。

核心问题 依据国家课程标准，北京市义务教育阶段特定年级的教学质量是否达到了相应学科学段课程标准的要求，达到程度如何；不同地域学校、不同性质学校、不同规模学校的教育教学质量是否达到了相应学科学段课程标准的要求，在达到程度上是否存在差异；北京市义务教育阶段课堂教学现状与效果如何，来自教育行政管理、学校管理、课堂教学、学生学习方面的哪些因素可能会影响到教育教学质量；如何根据现状进一步改进与提高北京市义务教育教学质量，促进北京市义务教育质量的公平与均衡。

国家课程标准与评价框架 明确国家课程标准是评价的核心依据，结合前一阶段的研究结果重新建构学科基础评价框架。在重构过程中，特别强调"不要求评价框架机械地与国家课程标准的课程知识、能力、情感态度价值观三维总目标保持完全一致，而只要求能够勾勒出基于国家课程标准的轮廓"，体现出从宏观、普遍适用的国家课程标准到中微观、具体化、可操作化的省级(区域性)学业评价标准的转换。

评价周期　明确北京义务教育阶段语文、数学、英语等基础性学科每两年测评一次，其他学科三至四年测评一次。至2010年，BAEQ已对北京市义务教育阶段除物理学科外的所有学科进行过至少一次的测评。

质性研究　调整质性研究系统并注重与定量研究系统的结合，在将个案研究法、教师教学叙事法引入质性研究系统的同时，将质性研究的对象确定为定量研究中具有典型性的学生、班级（教师）与学校，力图通过将质性研究的"点"与定量研究的"面"的有机结合，全面深入反映教学质量的现状及影响因素。

抽样　确立了每年大样本抽样与小样本抽样相结合的测评方式。大样本抽样采用自愿报名的原则，一般设置于五年级，样本人数约占总数的30%以上；小样本抽样大多设置于八年级，样本人数约占总数的3%。2010年，大样本测试学生人数达到历史最高，为99 152人，约占当年五年级学生总数的94.5%。

测评工具　依据国际经验和教育与心理测验标准，完善测评工具的开发环节，提高测评工具质量：

——开发多套原始测评工具，增加预测试环节。

——全面采用填涂答题卡及卷卡合一（三年级、五年级）的作答方式；实现信息技术学科及英语学科听力与口语的网上测评功能；全面实现网上评阅功能。

——采用外部定铆等值设计的方式，开发语文、数学、英语学科的基线水平卷，实现年度间测试结果的等值与分数传递。

——采用国际通用安戈夫（Angoff）等标准划定方法确定合格、良好、优秀水平分数线。

——以经典测量理论与项目反应理论为基础，开发具有自动组卷功能的电子题库系统。

统计分析技术　全面提高数据统计与分析的专业化程度，将结构方程模型、多层线性模型等数据分析方法纳入常规数据分析过程中，不断提高数据分析能力。

实证依据的教学诊断与反馈　以建立基于实证数据的教学质量诊断与反馈为核心，为学生、班级、学校、区县、市级提供多种不同形式的教与学质量反馈报告。至2010年，每年提供的报告类型已达12类，每年的反馈文字量约200万字。

教学改进实验　在多年对测评结果进行纵向分析的基础上探索缩小城市与农村学校教育教学质量差距的学科教学实验研究，形成相应的教学改进方案。

（三）以改进教学和支持决策为目标（2011—2014年）

2010年，国务院和北京市分别颁布了《国家中长期教育改革和发展规划纲要（2010—2020年）》和《北京市中长期教育改革和发展规划纲要（2010—2020年）》，均将提高义务教育质量、促进义务教育均衡发展放在极其重要的位置，文件中指出要"建立国家义务教育质量基本标准和测评制度"，"改进教育教学评价。根据培养目标和人才理念建立科学、多样的评价标准。开展由政府、学校、社会各方面共同参与的教育质量评价活动"。

在此背景下，作为一个开放的、处于蓬勃发展时期的评价系统，BAEQ首先进一步扩大专家咨询团队。专家成员主要来自国内外教育政策、教育测量与统计分析、学科教学与命题、计算机程序开发、教育教学管理等研究领域，并已实现基础框架建构、测评工具开发、等值与分数报告、数据分析与挖掘、各类反馈报告的提供等所有关键环节均能够得到专家团队的指导与帮助。为了更广阔、更深入地挖掘大规模测评结果的数据信息资源，BAEQ在研究目的和应用指向上也开始尝试同时向基于实证研究结果的宏观教育政策研究领域迈进，如以专题报告的形式来反映教育质量公平性和均衡性现状、学生课业负担状况、学校规模等教育热点问题等。2011年，BAEQ将研究问题进一步聚焦为：教育教学质量现状、教育教学质量的公平性与均衡性、教育教学质量与相关影响因素的关系、中微观教育教学质量与宏观政策研究的改进四方面。在"以改进教学和支持决策为目标"（2011—2014年）的发展期中，BAEQ标志性进展如下。

宏观教育政策 向宏观教育政策研究领域迈进。利用年度数据资源，研究拟合学业负担指数、社会经济地位指数、办学条件指数等，发布了2006—2013年学业负担测评结果及其发展变化的趋势报告，探索学校规模、学校办学条件对于学生学业表现的影响。

质性研究 将质性研究系统与定量研究系统之间、质性研究系统内部方法之间重新进行结构和功能定位。聚焦课堂教学质量，开发质性研究系统的课堂教学评价信息技术平台（含录像课编码系统）；采用指标评价与行为分类系统评价相结合的方法，深入分析课堂教学质量现状及影响因素。

在线信息采集 开发在线信息采集系统，并与北京市中小学学生电子学籍管理系统进行对接。

测评工具 全面升级教学质量的测评工具系统，不断提高系统的信息化程度：

——采用多题本设计方式，使用多套平行测验与调查试卷，增加了测评的覆盖面与精准性。

——调整系列背景问卷的内部设计结构，进一步明确调查内容在项目中的功能定位，同时加强系列调查工具间、调查工具与测验工具间的关联性。

教育测量与统计技术 继续提高教育测量研究与统计研究方法的应用技术水平：

——将多维项目反应理论模型应用于年度间等值分析与分数报告过程，全面采用量尺分数报告的形式。

——开展对于多类测验效度的比较研究。

——采用增值分析技术，追踪区县、学校层面学生学业成就发展变化的趋势。

——开展针对教育测量基础应用环节的模拟研究。

学业标准研究 基于多年大规模教学质量测评的实证数据资源,开展北京市义务教育阶段学业标准的开发研究工作。

表 1-1 为监测系统发展历程简表:

表 1-1 监测系统发展历程简表

2003	◄	◆确定义务教育阶段参加测试的关键年级,确定采用大规模测验与调查相结合的方式 ◆研究开发学科基础评价框架 ◆首次对五、八年级语文、数学、历史(品德与社会)、体育学科教学质量进行测评 ◆首次发布北京市(市级层面)义务教育教学质量报告
2004		◆首次对政治、思想品德、生物、科学学科进行测评
2005		◆采用教学设计分析法进行专题评价研究
2006		◆首次对三年级教学质量进行测评 ◆首次发放北京市区县层面教学质量报告
2007	◄	◆确定语文、数学、英语学科每 2 年测评一次,其他学科每 3～4 年测评一次 ◆重新建构学科基础评价框架 ◆开发英语、数学学科的外部锚卷(基线水平卷)并进行标准划定 ◆采用机读答题卡作答及网上评阅方式 ◆建立基于经典测验理论(Classical Test Theory,CTT)的等值、分数报告系统
2008		◆增加预测试环节 ◆开发语文学科的外部锚卷并进行标准划定 ◆发布学校与学生的网上成绩报告单
2009		◆形成生、班、校、区、市五级教学质量反馈系统 ◆开发信息技术学科、英语学科的网上测试系统 ◆测试规模扩大,形成年度大样本自愿报名和小样本抽样测评相结合的方式
2010		◆开发形成具有自动组卷功能的电子题库系统 ◆在各区县自愿报名的基础上,94.5%的学生参加了五年级测评,达到历史最大规模 ◆开展基于测评结果的学科教学改进实验研究
2011	◄	◆开发北京市义务教育阶段学科学业标准 ◆开发网上报名系统,并与北京市中小学生电子化学籍管理系统对接 ◆研究拟合社会经济地位指数、学业负担指数,提供教育政策研究领域专题报告
2012		◆重新建构系列背景问卷框架,采用多题本调查设计方式 ◆开发质性研究系统中的课堂教学评价(含录像课编码系统)信息技术平台
2013		◆采用在线问卷调查方式 ◆采用多题本矩阵抽样测验设计方式 ◆建立基于多维项目反应理论的等值系统、量尺分数报告体系 ◆划定办学条件标准,拟合生成办学条件标准指数

第二节　监测框架的发展趋势

北京市自 2003 年启动了北京市义务教育教学质量监控评价项目的研究探索，截至 2014 年，语文、数学、英语、体育、音乐、美术、信息技术、科学、品德与社会、思想政治、历史、地理、生物、物理等学科开展了五年级、八年级评价方案以及评价测试研究，化学学科开展了九年级评价方案及评价测试研究。其中语文学科开展了 8 次，数学学科开展了 7 次，英语学科开展了 5 次，音乐、体育、地理、历史、科学学科各开展了 3 次，生物学科开展了 2 次。同时，北京市在多轮的学科评价方案及评价测试研究中，依据国际学业测试发展的最新文献研究，不断修订与完善评价方案。本节以语文、数学、英语为例，阐述 2003—2014 年评价框架在公共层面以及学科层面的发展变化。

一、评价框架在公共层面的发展变化

2003—2014 年，评价框架在公共层面经历了初步建构、完善发展、稳定架构三个阶段。

(一)初步建构北京市义务教育阶段教学质量评价框架

2003 年是北京市监控评价的初始年。受北京市教委委托，北京教育科学研究院自 2003 年起开始承担建立北京市义务教育教学质量监控评价的项目。项目旨在将每年的教学质量状况向社会进行公布，为教育行政部门的决策提供科学的依据，为学科教学、区县教学提供具有教学诊断价值的反馈报告，促进北京市义务教育教学质量的稳步提高。

2003 年，监控评价项目组无任何国内经验可以参照，于是项目组学习、借鉴国外 PISA 评价项目，立足北京市义务教育教学的实际发展需求，初步建构了北京市九年义务教育阶段教学质量监控与评价框架并形成手册。手册由监控与评价的内容、方式、实施以及结果四个部分组成，成为北京市义务教育监控评价项目实施的根基。

监控与评价的内容包括学科教学过程、校本教研、学生学业成就水平、影响教学质量的因素。

监控与评价的方式包括实地调查研究、学生学业成就水平测试、问卷调查。

监控与评价的实施包括实地调查研究、文献研究、问卷调查和学业水平测试。

监控与评价的结果包括年度义务教育教学质量报告，年度义务教育阶段教学质量监控与评价(学业测试结果总报告、学科学业测试结果报告)，年度义务教育阶段教学质量监控与评价(学生、教师、学校调查报告)，年度义务教育阶段教学质量监

控与评价(学科质量分析报告)，年度教学视导报告，年度校本教研调查报告。

（二）完善发展北京市义务教育阶段教学质量评价框架

自 2004 年起，公共层面的评价框架进一步补充完善了结构，包括监控与评价的内容、方式、实施及报告的撰写、结果。自 2005 年起，增加了评价的目的、意义及原则的阐述，且对每个组成部分进行了新的规划与设计，特别是在监控与评价的结果呈现方面更为丰富。

监控与评价的内容包括学科教学过程、学生学业成就水平、影响教学质量的因素。删去了 2003 年的校本教研。

监控与评价的方式包括实地调查研究、学生学业成就水平测试、问卷调查、文献研究。在 2003 年的基础上增加了文献研究。

教学质量监控与评价的实施及报告的撰写包括教学视导的实施、文献研究的实施、问卷调查和学业水平测试的实施及撰写报告。在 2003 年的基础上补充了撰写报告部分。2007 年，在实地调研的实施部分增加了个案研究的实施，文献研究实施部分新增了对教师教学叙事的研究。

监控与评价报告在 2003 年的基础上不断丰富，更为全面、系统地体现了监控评价结果。主要包括年度义务教育教学质量监控与评价的实施说明，年度义务教育教学质量监控与评价学生学业水平测试结果报告(学生学业水平测试结果总报告、学科学生学业水平测试结果报告)，年度义务教育教学质量监控与评价问卷调查报告(学生、教师、学校)，年度教学视导报告，专题研究报告，校本教研调查报告，从中考成绩分析北京市九年义务教育教学质量的现状。2007 年增加了义务教育教学质量评价结果及其影响因素的工作报告，年度义务教育教学质量监控与评价教师教学叙事研究报告，年度教学质量监控与评价个案研究报告(学生、教师、学校)，年度教学质量监控与评价区县反馈报告，年度教学质量监控与评价测试卷质量分析报告。

（三）稳定架构北京市义务教育阶段教学质量评价框架

在完善发展阶段之后，公共层面的评价框架形成了比较清晰、稳定的架构体系，聚焦项目对北京市义务教育教学质量的诊断、反馈、导向与促进发展功能的实现。

引言部分增加了对《中华人民共和国义务教育法》的分析，建构了义务教育教学质量监控与评价的目的与原则、内容和对象、方式、实施过程、结果五个部分。其中实施过程细化了监控与评价的流程，包括了研制方案、抽样、测试与问卷调查、预测试、测试、个案研究、视导与叙事研究、数据处理与分析。

每年调查问卷内容在保持基本问题调查基础上，跟踪热点研究问题。如学生问卷 2008—2012 年聚焦学生学习负担及压力，2013—2014 年聚焦课外学习、学校学习环境、信息与通信技术现状及应用；教师问卷 2008—2011 年聚焦教师职业倦怠，2012—2013 年聚焦教师工作负担、专业发展、班级氛围等，2014 年聚焦信息与通信技术现状及应用；校长问卷 2008—2010 年聚焦学校面临的困难，2011 年聚焦校长领导力、学校氛围，2012—2013 年聚焦课程管理、课堂教学管理、教师培训、学生评价，2014 年聚焦信息与通信技术现状及应用。

公共层面的评价框架经过十多年的三个阶段的不断探索、改进、发展，依据《中华人民共和国义务教育法》《全日制义务教育国家课程标准(实验稿)》等教育教学法律、政策文件，结合北京市义务教育阶段教育教学实际，结合教育热点、难点问题，借鉴国外基础教育教学质量评价相关项目，形成了清晰化的评价框架架构，明确阐述了北京市义务教育教学质量监控与评价的目的与原则、内容和对象、方式、实施过程、结果，成为反映首都基础教育特点的教育质量评价制度的重要依据。为年度的监控与评析的有序推进，实现对首都义务教育阶段教育教学质量更全面、科学、系统的评估奠定根基。

二、评价框架在学科层面的发展变化

在公共层面的评价手册基础上，各学科依据自身特点及发展状况研制学科层面评价手册。以中小学语文、数学、英语为例，2003—2014 年，语文学科开展了 8 次，数学学科开展了 7 次，英语学科开展了 5 次学科评价方案及评价测试的研究。北京市在多轮的学科评价方案及评价测试研究中，依据国际学业测试发展的最新文献，对学科评价方案进行了不断修订与完善。

(一)学科评价方案的构成要素

2003—2014 年评价框架的学科方案有七个构成部分：学科评价框架、内容标准、评价方式与题型、评价领域分数构成、学业成就水平描述、题目示例、测试试题呈现。其中学科评价框架、内容标准、学业成就水平描述为核心部分。项目重点对学科评价框架的构成、内容标准的研制、学业成就水平描述三个部分进行研究与实践。

(二)学科评价方案框架的建构与发展

经历了十多年的探索，构成的框架也经历了一个发展变化的过程，具体来说有两个发展阶段。

第一阶段：统一建构

2003 年至 2007 年，中小学语文、数学、英语学科的评价方案建构了统一的框架，即由知识领域、能力领域和素养领域三个部分构成，并以图示呈现。以 2003 年语文学科为例，学科评价方案框架包括语文内容领域、语文能力领域、语文素养领域(详见图 1-1)。

经过五年的监控评价实践发现，这样的建构呈现的是一种理想状态的框架，一

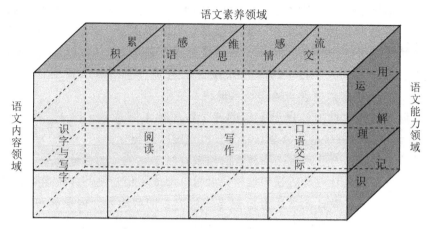

图 1-1　2003 年语文学科评价手册中的学科评价方案框架

些领域，特别是素养领域难以通过笔纸测验进行测量。

第二阶段：学科自主建构

2008 年至 2014 年，对学科的评价方案框架不作统一的学科层面的体例要求，可以根据学科的实际情况自主构建评价方案框架，但须依据学科课程标准，并且结合国内外的最新研究成果以及北京市学科教育教学的实际情况，同时要注意避开笔纸测验的局限性。在这样的指导思想下，经过几年的实践，中小学语文、数学、英语呈现了两种类型的框架构建。

第一种类型是以内容领域和能力领域构建评价框架，这是大多数学科（如中小学数学、中小学英语等学科）呈现的评价框架类型。以 2011 年英语学科为例，学生学业水平测试框架包括内容领域和能力领域，其中内容领域包括语言知识和语言技能，能力领域分为识记、理解和运用。

第二种类型是以学科知识内容为线索构建的评价框架，主要是指中小学语文学科，如 2012 年中小学语文学生学业水平测试框架包含识字与写字、阅读、写作（习作）和口语交际四部分内容。识字与写字部分测试读准字音、认清字形、辨析字义、规范书写的能力；阅读部分测试整体感知、获取信息、形成解释、欣赏评价、实际运用（解决问题）的能力水平；写作（习作）部分主要测试明确内容、安排结构、运用语言和文章修改的能力水平；口语交际部分主要测试口头表达能力水平。

以这样多样的思路尝试构建的评价框架，既彰显了学科评价框架的学科主张与特色，也避开了实际测试操作中笔纸测验的局限性。

（三）学科评价方案内容标准的研制不断深化

一方面，对评价方案中的内容标准进行了清楚区别与准确定位。评价方案中的内容标准的研制既依据学科课程标准的内容标准，又不同于课程标准中的内容标准。具体表现为课程标准中的内容标准更宏观、概括，而评价方案中的内容标准更微观、具体；课程标准中的内容标准强调学习结果与学习过程，而评价方案中的内容标准强调学习结果；课程标准中的内容标准不易测量，而评价方案中的内容标准要求具体、可测量。

另一方面，注重探索评价方案中的内容标准如何对课程标准的内容进行细致化、具体化的操作，力求体现客观的、可理解的、可测量的学习结果。为此，在表述内容标准时，尝试同时体现内容要求与能力要求，即以学科内容为线索，通过参考布卢姆认知目标分类学中体现认知层次类型的行为动词来体现学科能力的要求。以 2011 年中小学数学学科评价方案为例，其对评价框架中的能力领域进行了分层，分为了解、理解、掌握和灵活运用四个层次，并对四个能力层级的行为动词进行了规定。在内容标准的研制中，要求所有行为动词与能力领域规定的行为动词相对应（见表 1-2、表 1-3）。

表 1-2　2011 年中小学评价方案能力领域一览表

目标	具 体 要 求	对应的行为动词
了解	能从具体事例中知道或能举例说明对象的有关特征(或意义)；能根据对象的特征，从具体情境中辨认出这一对象	知道、认识、辨认、识别、判断、指出等
理解	能描述对象的特征和由来；能明确地阐述此对象与有关对象之间的区别和联系	描述、表示、解释、比较、举例、分类、探索、探求、推断等
掌握	能在理解的基础上，把对象运用到新的情境中	抽象、解决、应用、转化、归纳、分析、推导、初步运用等
灵活运用	能综合运用知识，灵活、合理地选择与运用有关方法完成特定的数学任务	预测、决策、假设、猜想、验证、交流、设计、阐述等

表 1-3　数学内容标准 1——数与代数(五年级部分内容)

项　目		内 容 标 准
1.1 数的认识	1.1.1	知道 2，3，5 的倍数的特征，了解公倍数和最小公倍数；在 1～100 的自然数中，能找出 10 以内某个自然数的所有倍数，能找出 10 以内两个自然数的公倍数和最小公倍数
	1.1.2	了解公因数和最大公因数；在 1～100 的自然数中，找出某个自然数的所有因数，能找出两个自然数的公因数和最大公因数
	1.1.3	了解整数、奇数、偶数、质数、合数
	1.1.4	认识小数和分数；理解小数和分数之间的关系，并会进行小数和分数的转化(不包括将循环小数化为分数)
	1.1.5	会比较小数、分数的大小
	1.1.6	﹡在熟悉的生活情境中，了解负数的意义，会用负数表示日常生活中的一些量

（四）学科评价方案对学业成就水平的描述更为具体、可操作

学业成就水平描述依据测试框架与内容标准，细致描述优秀、良好、合格学生所应具有的典型特征。

2003—2007 年的学业成就水平描述更多地运用表示程度的词，如基本了解、基本达到（合格）、基本熟悉、较好达到（良好）、熟悉、全面达到（优秀）。在内容表述上更为概括，教师不易理解与把握。

2008—2014 年的学业成就水平描述要求采用正面描述的方式，注重体现同一年级不同等级水平之间的联系与差异，注重系统性、层次性。强调关键行为特征表现，力求体现不同水平的能力标准。要求运用行为动词，反映合格、良好与优秀水平学生在掌握的知识数量、深度和技能的复杂程度上有明显差异（详见表 1-4）。

表 1-4　2011 年数学学科八年级学业成就水平特征描述（部分内容）

类别	数学学业成就水平特征描述
良好	在空间与图形方面，能完成相对复杂问题的计算、判断、证明，能初步运用图形的几何性质方面的知识解决问题。会按要求作出简单平面图形轴对称后的图形。会在方格纸上建立适当的直角坐标系，确定点的位置。能用基本作图作三角形 …… 在提供方法与工具的情况下，较好选择与运用适当的知识与技能，解决一些相对复杂的实际问题或较综合的数学问题
合格	在空间与图形方面，会比较角的大小，会进行角度的计算。会用综合法证明的格式书写证明过程，能完成简单问题的计算、判断、证明。会判断简单图形、基本图形（等腰三角形、矩形、菱形、等腰梯形）之间的轴对称关系并指出对称轴。能在给定的直角坐标系中描述点的位置。能按要求完成基本图形的尺规作图 …… 初步运用所学习的基本知识与技能，解决一些较简单的有实际背景或知识背景的问题

三、北京市义务教育学业水平评价方案的发展特点

经过 12 年的研究与实践，北京市义务教育学业水平评价方案有如下发展特点。

（一）借鉴国外相关评价框架，研制符合课程标准的评价框架

义务教育学业水平评价方案的研制，在国内属于热点、难点问题，可供借鉴学习的材料不多，而国外相关项目开始得早，积累的材料、经验多，可供借鉴学习相关的项目较多，如国际教育成就评估协会（The International Associational for the Evaluation Educational Achievement，IEA）组织进行的国际数学与科学趋势研究（TIMSS）项目，美国教育部下属的国家教育统计中心（National Center for Education Statistics，NCES）共同完成的美国国家教育进展评估（National

Assessment of Educational Progress，NAEP)项目等，为此，评价方案在框架的构建方面借鉴学习了相关项目的内容，并结合学科课程标准，进行了本土化的处理。

(二)形成了系列化义务教育学科学业水平评价方案

截至 2013 年，已经形成了 15 个义务教育学科学业水平评价方案，方案以五年级、八年级为主，部分学科部分监测年涉及三年级的语文、数学、美术，九年级的化学、物理。其中有多个学科(如中小学语文、中小学数学、中小学英语、中小学音乐、中小学体育、中学历史、中学地理等学科)的方案，经过了几轮修订，方案越来越趋于完善与丰富。

(三)开展除笔纸测验之外的其他评价方式的探索尝试

随着实践的检验，特别对多轮实践的学科，如中小学语文、数学、英语等，开始尝试探索笔纸测验之外的测验形式，以弥补笔纸测验的局限性。例如，中小学语文学科增加了口语交际测试的探索，中小学英语学科增加了人机交互的口语测试。一些强调实验的学科，如物理、化学、生物、科学尝试了实验操作方面的测试与评价。这些都是在笔纸测验之外的新探索，有助于推动广大教师深入、全面理解学科课程标准。

(四)深化对学科课程标准的理解

研制义务教育学业水平评价方案有助于进一步理解和提升对学科课程标准的认识。学科评价方案的研制，是基于学科标准基础对学科课程标准的细化与深化。为此，学科评价方案不能脱离学科课程标准。但它不是学科课程标准的简单重复，而是在深入学习、领会学科课程标准基础上对学科课程标准中内容标准的细化与丰富，目的是建立学科课程标准与教师课堂教学的桥梁，有利于教师在课堂教学中更为准确地把握学科课程标准的精神与内容，确定教学目标，使用教材。

各学科评价框架详细变化见附录。

第三节　监测方式的发展趋势

一、评价方式的变化

北京市义务教育教学质量分析、评价与反馈系统在运行过程中，基于证据研究指向，主要采用了测验、问卷、表现性评定、录像课分析等评价方法。随着对教学质量内涵理解的不断深入和研究重心的调整，综观 12 年来评价方式的变化，主要呈现以下两点特征。

（一）根据评价内容需要，评价方式日趋多元化

1. 从单纯评价学生的学业表现到增加评价教师的教学表现

在最初的评价方式中，学生的学业表现往往通过学业水平测验结果体现，而以质性研究方法为主要特征的教学视导、个案研究、教学叙事研究仅仅用于评价影响教与学的因素。随着对教学质量认识程度的加深，即认识到教学质量不仅包括体现结果的学业表现质量，而且包括体现过程的教师教学表现质量后，也开始将来自上述质性研究方法的结果用于评价质量的情况。但是，考虑到质性方法存在受人力所限、样本较少的局限性，通常将其应用于对大规模测查质量结果的进一步深入分析。

2. 从单纯评价认知结果的学业成绩到同时评价认知与非认知结果的学业表现

在最初的评价方式中，学生学业表现往往通过达到国家课程标准认知领域目标的程度来界定，大多采用学业水平笔纸测验的方式来体现。随着研究的不断推进，从2010年开始，将学习动机、师生关系等非认知因素也作为学业表现加入学校层面的教学质量评价中来。与之相应，调查问卷的功能定位，将由之前仅对教与学质量影响因素的分析扩展到对学业表现本身的了解与评价。

3. 从单纯评价学生的学习结果到同时评价学生的学习过程要素，从单纯评价学生"知道什么"到同时评价学生"能做什么"

最初的评价方式限于作答时间与资金的制约，仅从学习结果的角度对学生学业表现进行评价，特别是知道什么而不是学生能做到什么，笔纸测验理所当然成为最佳选择。然而，随着评价目标的变化与对于实践能力和学习过程的重视，以测量复杂能力、可以观察到过程性表现为典型特征的表现性评定也成为重要的测查方式之一。2007—2014年，表现性评定方式陆续被引入语文学科的口语交际、音乐、体育、美术学科的现场测试，以及地理、物理、化学等学科的实验操作测试中。

上述三方面内容的变化，不仅实现了当前评价方式更准确的功能定位，也同时促进了多种新的评价方式的出现。例如，将教学视导法应用于教学改进与反馈阶段，而非信息收集与评价阶段。

（二）根据评价科学性、便捷性需要，评价方式日趋智能化

科学性是建立评价体系的基本要求，便捷性则为提高评价体系运行效率所必需，两者在项目评价方式方面的体现主要表现为信息化、智能化水平的不断提升。

1. 从纸笔作答逐渐向基于互联网的计算机作答逐步过渡

就测试来说，自2007年以来就不断地开发学科在线试题，弥补纸笔作答的不足，如2007年英语学科的听力与口语、2010年信息技术学科的编程测试、2014年地理学科的实践类测验等均依赖计算机网络完成，2009年基于项目反应理论建立具有组卷功能的五年级数学测验电子化题库等。就调查来说，自2012年开始，完

全实现在线学校问卷和教师问卷调查。总的来说，基于互联网的测试与调查题型新颖，便于进行合理化限定，可视化程度高、操作简便，便于后期评卷和编码提取信息，也易于获得指向基础性研究的过程性数据。但是，由于技术限制，基于互联网的计算机作答方程还大多限定于客观题型（含填空题），以建构反应为代表的主观题还较少涉及。

2. 从手工阅卷逐渐向基于互联网的计算机阅卷（编码）过渡

2003—2006年，项目建立之初，均采用手工评卷试卷的方式，其后再将小题分数录入计算机；2007年开始采用答题卡（用于作答试卷上的题目）方式采集测试数据；2008年采用答题卡方式采集调查问卷数据；2009年，首次在国内采用卷卡合一的方式对三年级学生进行测查。随着题卡的应用，逐渐过渡到计算机网上阅卷的方式。计算机评阅的优势在于不仅极大地提高了阅卷速度，而且通过人员设置与对过程性数据的监控与分析，有效控制了阅卷误差，提高了阅卷质量。此外，为加强对后期数据的诊断性分析，在电子化评阅阶段还采用了整班发放试卷信息的方式、在对试题进行评分的基础上加入分类编码等，继续加大对于信息的数据挖掘功能。与此同时，对于调查问卷上主观作答题目的后期编码工作也在计算机上完成，这些都为后期更为精确化、便利化的数据分析提供了基础。

3. 从基于现场视导的课堂教学评价向基于录像课编码的课堂教学评价过渡

项目建立之初，以《北京市中小学课堂教学评价方案（试行）》为依据，通过现场教学视导进行课堂观察评价课堂教学质量状况。2012年开始将录像课分析法引入评价方法系统中来，通过在近似真实场景中的课堂观察，采用师生行为分析法和弗兰德斯语言互动分析法，将指标评价与行为分类系统评价相结合，研究开发既能对录像课等视频进行后期编码分析评价，也能够对现场课进行即时评价的信息技术平台。与现场视导评课相比，录像课分析系统不仅在整个评价体系中发挥重要作用，还为后期的教学改进培训、课堂教学评价数据编码库的建立提供基础。

二、命题思路与内容的变化

在北京市义务教育教学质量分析、评价与反馈系统中，纵观多年在命制测试与问卷题目方面的变化，主要呈现以下特征。

（一）在命题思路方面

1. 以政策、实践为导向，逐渐建立形成测验与调查相结合的基础评价框架

项目初建时期，几乎所有的项目组成员均将重心置于学业水平测验的开发与实施，而对与之相应的调查并未给予足够的重视，当时所理解的项目重心在于测量评价。随着项目实践轮数的增多、对评价内涵理解的加深、政策导向的明确（减负增效），成员们逐渐认识到调查本身与测验具有同等的重要性，调查作为许多非认知学习结果（如态度或意志品质等）的测量工具，以及影响学与教的因素，为后期对学与教的综合诊断与改进建议的提出提供了观察分析路径。因此，项目在后期实施

中，以政策要求和实践需求为导向，在确立本年度调查主题与功能的基础上，从宏观上系统地设计建构基础评价整体框架，明确调查与测验框架在其中的侧重点与联系点，高度结构化地推进研究过程。

2. 从单纯经验模仿命题开始向科学化命题过渡

项目建立之初，仅仅是基于已有命制试题的经验，模仿国际测试命制试题。随着项目的深入推进，项目组开始认识到此类命题与常见校外大规模考试有着许多不同，逐渐向科学化命题过渡，主要体现在：

(1) 以评价目的为导向，逐渐明确测验的目的、性质和功能，即具有诊断功能的标准参照测验。评价教学质量是否达到课程标准要求是测验的根本目的，且又需要具有相应的诊断性以反馈教学改进。在学生测评领域中，常常又称之为学业水平测试。与日常所看到的典型大规模测试的不同之处还在于，从服务对象上来说，此测试不仅要求为学生个体提供学习质量反馈，而且要求对教育行政部门提供教学质量反馈，还要同时从诊断的角度为区域和学校提出教与学改进的建议。从反馈深度来说，这种质量反馈还要深入细致至科目内容领域或能力领域层面。因此与以选拔为目的的中考、高考存在着本质不同，从目的与功能方面也迥异于常见的仅仅为学生个体提供单一成绩分数的各类考试。

(2) 以国际化为导向，逐渐借鉴并形成项目自身的科学化的命题流程环节。真正科学意义上的测评是舶来品，而全球知名大规模评价体系的开发均以严格的技术流程、烦琐的技术环节而著称，流程环节对测验本身的质量起着决定性作用。在项目之初，命题只需要几个星期，到其后需要将近一年的时间，在多年借鉴学习国际评价报告技术手册的基础上，结合项目功能特征，逐渐形成建构框架—制作蓝图—预命题—预测试(含口语报告)—分析试题—甄选试题—正式命题(含组卷)—分析试题—标准划定—技术报告等技术流程。其中，预测试(含口语报告)、甄选试题、正式命题(含组卷)、标准划定等环节都为编制高质量的测量工具提供了保障，也为后期深入分析提供了基础。

(二)在命题内容方面

1. 从单纯的内容指向，逐渐过渡到能力与素养指向

内容领域是教学质量评价相对外在可见的载体，也是以往学生学习与教师教学的基本目标，相对容易测量。能力与素养领域则是教学质量评价相对深层内在的指向，也是以"学生为中心"的现代教育最重要、最根本的目标指向。然而，由于对学生能力与素养结构层次认识的模糊性与局限性，各学科间缺乏认同，对于能力与素养的测量至今依然是难题。项目命题整体经历了从最初的单纯强调内容指向到强调无清晰内涵界定的能力渗透，再到开始将布卢姆的认知目标分类学理论应用于大部分学科的能力分层，至最后将布卢姆的情感与动作技术领域的分类目标应用于学科素养领域中分层的整个过程。到目前为止，在命题过程中，已有

了较强的能力层级、情感层级及动作技能层级的指向意识。在此基础上，其后的评分标准的设计修订过程也力图将预设的能力层次潜在指向，通过对学生作答反映的分类而进行清楚的提取与标定。当前，试题的能力与素养指向已较为清晰。

2. 从成人视角中的"儿童"指向，逐渐接近真实的儿童视角

虽然测查题目均来自多年从事中小学教学与测评的研究人员，他们对于不同年龄孩子的思维特征较为熟悉，但是所命制的题目也很难完全摆脱成人视角的局限。自 2007 年以来，为了切实地接近真实的儿童视角，主要采用三种方式：

（1）增加预测查环节，从学生作答过程与结果的视角审视修改题目。一方面通过对参加预测查学生数据的分析，了解作答数据与预期数据之间的一致性情况；另一方面通过对预测查学生口语报告转写文字的分析，深入了解相应年级儿童对于题目的思考与解答过程。基于来自两方面的实际调查资料对题目进行调整。

（2）印制彩色试卷，调动学生的作答兴趣。为帮助学生形象、迅速、准确地理解题意，根据命题内容呈现的需求，近年来科学学科、品德与社会学科、语文学科试卷已从黑白印制过渡到彩色印制。从学生角度来说，彩色试卷的运用，不仅增加了可视化效果，也显著提升了作答兴趣。

（3）采集学生作答样例，调整评分标准。评分标准是试题的重要组成部分，是依据框架提取学生作答信息的重要依据。评分标准的制定经历了完全由命题组制定直接应用到依据学生作答结果制定评分标准的过程。就客观题目来说，将 SOLO 分类的理论引入选项设定过程中来，通过大量采集学生作答案例，按思维层次特征予以分类形成选项，并赋予各选项以不同分数；就主观题目来说，通过采集学生作答样例，观察学生的思维过程，从学生视角调整评分标准，可使之能够更好地体现对不同能力层次学生的合理赋分。

3. 注重设定测查的情境，强调对应用高级思维能力解决现实生活问题能力的考察

"情境"是近年来测试中出现的高频词汇之一，在项目开展之初并未受到特别的关注，仅作为"能力题"的别称，然其内涵并不清晰。随着对质量认识的不断变化，项目除了强调基础知识、基本技能方面所达到的水平，还应包含为适应时代发展要求中小学生必须具备的搜集处理信息、自主获取知识、分析与解决问题、实践能力等，而在测试中引发这些能力表现均需要设置相应的情境。此外，试题被嵌入情境而非单纯公式原理计算时，也更容易激发中小学生在测试中解决问题的兴趣与愿望，并将由题目中所获取的观察视角与解决经验迁移至现实生活中。项目对情境测查的要求，也经历了未做明确要求、有初步要求和较高要求的三个阶段。在较高要求阶段，其典型特征是参照国际测试项目，开始依据学生的生活场景对测查情境进行分类，特别要求接近学生的现实生活。例如，在语文学科中，开始有个人的情境、社会的情境的分类。

此外，在问卷编制中，也开始引入适合不同年龄阶段作答的情境试题，从而避免

由于社会称许性所造成的效度问题。主要通过搜集分析学生在学习或生活中的关键行为事件，按照事件的活动类型和事件所反映出来的重要特征进行选项设定或编码。

4.关注试题的公平性，强调各群体中能力相同的考生具有统计学意义上相近的通过率

公平是教育质量追求的重要目标，试题公平是评价教育质量是否公平的前提，也是衡量测查工具质量的重要指标。项目后期对于公平性的关注，体现着已由项目初期对于试题外在形式、学科属性的关注，逐渐过渡到对试题内在品质、测量属性的关注。主要体现在以下两方面：

(1)避免与某一群体有关而不能准确理解的题目。在命题中，要尽可能控制与避免将题目信息限定在少数参与测试学生范围内从而造成不公平，如性别、信仰、民族和地理位置相等。尽可能从全球的视角对于题目进行审视并广泛取材，要尽可能地避免可能会产生文化敏感性、理解多元化的试题。

(2)在试题分析环节，以经典测量理论与项目反应理论为基础，寻找适合做题目功能差异的测试指标。以数据为基础，甄别、检测出具有题目功能差异的题目，或修改或摒弃。

第二章

义务教育教学质量监测结果

第一节　义务教育教学质量监测总结果

一、学业质量监测结果

纵观 2005—2014 年的监测结果，学生整体达到课程标准的基本要求，年度间稳步提升。

(一)男生与女生的合格率和优秀率存在一定差异

在语文、英语学科上，男生的合格率和优秀率均低于女生；在数学学科上，男生的合格率和优秀率与女生的差距很小，甚至有些年度略高于女生。在语文和英语学科上，相对于合格率，男生在优秀率上与女生的差距较大；在英语学科上，男生与女生的优秀率和合格率在高学段上的差距更大；在语文学科上，男生与女生的合格率在高学段上的差距更大。

(二)城镇户籍学生的合格率和优秀率普遍高于农业户籍学生

农业户籍学生在优秀率上与城镇户籍学生的差距较大；农业户籍学生在英语学科上与城镇户籍学生的差距最大；农业户籍学生与城镇户籍学生在高学段上的差距更大。

(三)城市校学生的合格率和优秀率普遍高于县镇校和农村校

农村校学生在优秀率上与城市校学生差距较大；农村校学生在英语学科上与城市校学生差距较大，在数学学科上差异最小。

（四）大规模学校的学生合格率和优秀率普遍高于适宜规模学校和小规模学校

小规模学校学生在优秀率上与大规模学校、适宜规模学校学生差距较大；小规模学校学生在英语学科上与大规模学校、适宜规模学校学生差距较大，在数学学科上差异最小；小规模学校学生与大规模学校、适宜规模学校学生在高学段上的差距更大。

二、学业影响因素分析结果

（一）学校层面影响因素

学校的基本特征对学生学业成绩的影响最大，城市校、大规模学校、学校社会经济地位较高的学校学生学业成绩相对较高。

（二）班级（教师）层面影响因素

教师工作情况对班级学业成绩影响最大，周课时量在 6～12 节的教师所教班级学业成绩较高，每天工作时间 8 小时以上教师所教班级学业成绩较高。

（三）学生层面影响因素

学生课业状况对学业成绩的影响最大，睡眠时间在 8～10 小时的学生学业成绩较高；家庭作业时间在 0.5～1 小时的学生学业成绩最高。学生基本特征对学业成绩的影响较大，女生群体学业成绩显著高于男生群体；独生子女群体学业成绩显著高于非独生子女群体；本市城镇户籍学生群体学业成绩最高。学生家庭社会经济地位对学业成绩影响较大，家庭受教育程度越高，学生学业成绩越高；家庭职业等级越高，学生成绩越高；家庭学习条件/家庭环境条件/家庭环境及收入越高，学生成绩越高。

三、北京市 2005—2014 年义务教育阶段各学科学业监测概况

学生学业质量是教育教学质量的核心指标。学业质量监测是反映学生学业质量的重要手段，是 BAEQ 的重要组成部分。学业监测的目的主要在于，依据《全日制义务教育国家课程标准（实验稿）》（以下简称《课程标准》），按照《北京市义务教育教学质量分析与评价反馈系统手册》（2006 年—2014 年）（以下简称《手册》）提出的具体要求，对学生学业质量是否达到《课程标准》的要求，以及达到程度如何进行测查与评价，并在此基础上提出进一步提高北京市义务教育阶段学生学业质量的政策建议。

2005—2014 年，对五年级、八年级学生的语文、数学、英语学科开展监测的情况见表 2-1。

表 2-1　2005—2014 年各学科监测统计表

时间	五年级语文	八年级语文	五年级英语	八年级英语	五年级数学①
2005			√		
2006	√	√			√
2007				√	
2008	√	√			√
2009			√	√	
2010	√	√			
2011			√	√	√
2012	√	√			
2013			√	√	√
2014	√	√			

以下将分别从监测工具、测试对象、监测数据分析方法、基本概念四个方面来进行说明。

（一）监测工具

1. 测试方案

学科学业水平测试方案是对学科学业测试内容、结构、范围与标准的具体说明。学科学业水平测试方案是依据相应学科的《课程标准》相应学段内容，结合北京市义务教育教学的实际情况而制定的。各学科的测试方案是指导学科整体测试工作的重要基础，主要包括学业水平测试框架、学业水平测试内容标准、测试方式、题型和测试时间、测试领域的分数构成、学业成就水平标准、题目示例、往年测试题呈现八个部分。其中，学业水平测试框架、学业水平测试内容标准与学业成就水平标准是构成学科学业测试方案的三大核心要素。

2. 制定测试工具

制定学科学业水平测试工具的目的在于测查、评价相应年级、学科学生的学业质量。各学科命题小组以学科《课程标准》为依据，根据《手册》中学科学业水平测试方案的要求，制定测验细目表与命题蓝图，并在此基础上命制学科预测试卷。在对学科预测试卷测试数据结果进行充分研究、讨论、选择、调整与修改的基础上，形成由测试指标好的高质量试题组成学科测试卷，由专家审定后形成最终正式学科测试工具。2005—2014 年，项目组命制的五、八年级语文，五、八年级英语，五年

---

① 北京市义务教育教学质量监控与评价项目在 2005—2014 年同时对三年级和八年级数学进行了监测，本书的不同章节根据不同的目的，使用了不同年级的数据。

级数学的预测试试卷、正式测试试卷及锚卷的套数见表2-2。作为标准卷的锚卷的作用是在各年度的测试间进行等值分析。对学科测试工具的质量分析的结果表明，其具有较好的内部一致性信度、内容效度与结构效度。

表2-2　2005—2014年各学科测试工具套数统计表

单位：套

工具类型	五年级语文	八年级语文	五年级英语	八年级英语	五年级数学
预测试试卷	12	12	10	10	12
正式测试试卷	6	6	6	5	5
锚卷	3	3	3	3	3

（二）测试对象

BAEQ以北京市义务教育阶段五年级、八年级学生为主，主要采用多阶段随机抽样与分层整群抽样相结合的方式抽取学生样本，抽样所需要的基本信息主要来自当年《北京市教育事业统计资料》。具体步骤是：第一阶段，将北京市所有区县按照地域特征分成两层——城市与郊区，再在每一层采用简单随机方式抽取区县；第二阶段，将抽到的每个区县按照办学条件情况进行分层，可分为办学条件好校、办学条件较好校、办学条件一般校、办学条件较差校，再在每一层采用PPS系统抽样法（抽取率与单位大小成比例的多阶段抽样法）抽取学校（对于五年级来说，同时按照学校的性质即完全中学、初级中学、九年一贯校进行分层抽样）；第三阶段，在所抽取的学校中采用简单随机方式抽取1～2个平行班级作为测试班级。具体人数见表2-3。

表2-3　2005—2014年各学科测试人数统计表

单位：人

时间	五年级语文测试人数	八年级语文测试人数	五年级英语测试人数	八年级英语测试人数	五年级数学测试人数
2005			3 413		
2006	3 220	3 163			3 224
2007			3 264	3 282	
2008	6 116	5 966			6 127
2009			3 221	3 231	
2010	97 389	3 201			
2011			3 166	3 451	19 667
2012	36 848	6 024			
2013			5 874	6 793	69 191
2014	7 338	7 089			

(三)监测数据分析方法

1. 研究方法

2005—2014 年大样本学业质量监测,主要采用测验法,通过对学生在各学科上的学业水平表现进行统计分析,并作出评价和判断。

2. 数据处理与分析

根据测试研究的目的与现有数据结构,主要采用数据统计软件 SPSS(统计产品与服务解决方案)对于学生学业测试的结果部分进行统计分析。

(四)基本概念

北京市义务教育教学质量分析与评价反馈系统学业质量监测,旨在解释学生学业质量是否达到《课程标准》要求,以及达到程度如何两个核心问题。故在本年度学业质量监测报告中所使用的分析评价指标主要采用合格率、优秀率等指标。优秀率指达到优秀水平的学生人数占参加测试学生总人数的百分比,在数值上等于优秀水平人数百分比;合格率是指处于合格水平及其以上的学生人数占参加测试学生总人数的百分比,在数值上等于合格水平人数百分比、良好水平人数百分比与优秀水平人数百分比的和。

四、北京市 2005—2014 年义务教育阶段各学科学业水平测试结果

(一)学业水平测试的整体结果

表 2-4　2005—2014 年各学科合格率统计表

单位:%

时间	五年级语文合格率	八年级语文合格率	五年级英语合格率	八年级英语合格率	五年级数学合格率
2005			65.9		
2006	83.8	83.7			82.7
2007			77.3	80.1	
2008	94.7	89.1			94.5
2009			84.3	86.0	
2010	98.4	95.2			
2011			95.4	88.9	98.4
2012	97.8	91.7			
2013			88.0	89.0	93.4
2014	97.2	95.4			

从合格率来看，学生整体达到课程标准的基本要求，并逐年稳步提升。

历年语文学科合格率最高，且五年级合格率高于八年级合格率，整体呈上升趋势，五年级合格率由 2005 年的 83.8％一度上升至 2010 年的 98.4％，2014 年略有回落，为 97.2％；八年级合格率由 83.7％上升至 2014 年的 95.4％。五年级数学学科合格率次之，整体呈上升趋势，由 2006 年的 82.7％，一度上升至 2011 年的 98.4％，2013 年回落至 93.4％。英语学科的合格率相比之下最低，且五年级合格率低于八年级合格率，只有 2011 年达到 95.4％，其他各年的合格率均在 90％以下。但整体来看，英语学科的合格率也呈上升趋势，五年级合格率从 2005 年的 65.9％一度上升至 2011 年的 95.4％，2013 年回落至 88.0％；八年级合格率从 2007 年的 80.1％逐年上升至 89.0％。

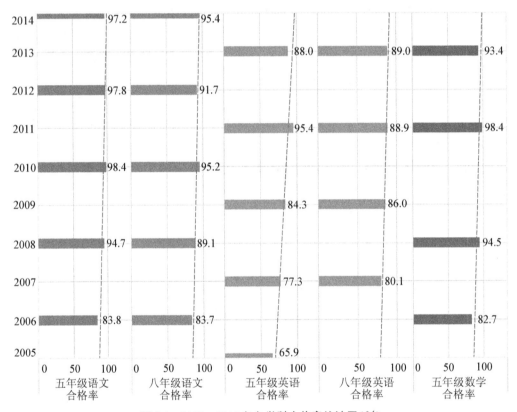

图 2-1　2005—2014 年各学科合格率统计图（％）

图 2-1 中虚线为趋势线，从趋势线的陡峭程度能够看出合格率变化的程度大小，趋势线越倾斜，变化越大，趋势线越垂直，变化越小。从图中可以看出，变化最大的是五年级英语学科，其合格率逐年上升的速度最快。

表 2-5　2005—2014 年各学科优秀率统计表

单位:%

时间	五年级语文 优秀率	八年级语文 优秀率	五年级英语 优秀率	八年级英语 优秀率	五年级数学 优秀率
2005			32.8		
2006	13.3	12.9			14.0
2007			20.6	25.6	
2008	19.9	23.7			27.0
2009			26.3	20.3	
2010	32.6	15.4			
2011			27.7	33.6	53.6
2012	28.3	23.2			
2013			38.6	44.3	62.4
2014	45.0	35.9			

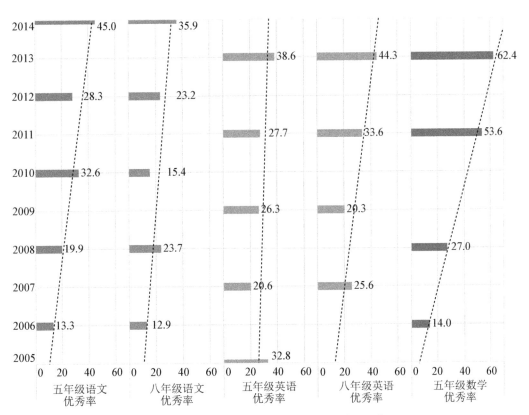

图 2-2　2005—2014 年各学科优秀率统计图(%)

从优秀率来看,学生整体优秀率较高,并逐年提升。

五年级数学学科优秀率最高，并呈现出逐年上升趋势，由 2006 年的 14.0％持续上升至 2013 年的 62.4％。英语学科优秀率次之，五、八年级均呈上升趋势，由 2007 年的 20.6％和 25.6％上升至 2013 年的 38.6％和 44.3％。语文学科的优秀率相对较低，且八年级优秀率低于五年级，但整体来看呈明显上升趋势，五年级优秀率从 2006 年的 13.3％上升至 2014 年的 45.0％；八年级优秀率从 2006 年的 12.9％上升至 2014 年的 35.9％。

从图 2-2 中的趋势线可以看出，变化最大的是五年级数学学科，其优秀率上升的速度最快。

（二）北京市不同性别学生学业水平测试结果

表 2-6　2007—2014 年不同性别学生合格率统计表

单位：％

项目		2007	2008	2009	2010	2011	2012	2013	2014
五年级语文合格率	男生		91.7		97.6		96.8		96.3
	女生		97.2		99.3		98.9		98.4
	差值		−5.5		−1.7		−2.1		−2.1
八年级语文合格率	男生		83.4		93.2		87.7		90.5
	女生		94.9		97.4		95.8		96.4
	差值		−11.5		−4.2		−8.1		−5.9
五年级英语合格率	男生	71.1		79.7		93.2		83.3	
	女生	84.0		89.5		98		93.3	
	差值	−12.9		−9.8		−4.8		−10.0	
八年级英语合格率	男生	72.8		79.3		83.3		83.6	
	女生	86.6		92.9		95.0		94.5	
	差值	−13.8		−13.6		−11.7		−10.9	
五年级数学合格率	男生		94.0			98.1		93.0	
	女生		95.0			98.8		93.8	
	差值		−1.0			−0.7		−0.8	

从合格率来看，纵观 2007 年至 2014 年五年级语文、数学、英语和八年级语文、英语的不同性别学生的学业水平测试成绩，男生的合格率均低于女生。其中，五年级数学学科上的差距最小，其次是五年级语文。五、八年级英语学科上，和八年级语文学科上，差距均较大。

表 2-7　2007—2014 年不同性别学生优秀率统计表

单位:%

项目		2007	2008	2009	2010	2011	2012	2013	2014
五年级语文优秀率	男生		12.7		24.2		21.9		36.2
	女生		26.0		41.9		35.5		55.2
	差值		−13.3		−17.7		−13.6		−19.0
八年级语文优秀率	男生		15.7		9.6		15.3		28.7
	女生		31.6		21.6		31.3		43.4
	差值		−15.9		−12.0		−16.0		−14.7
五年级英语优秀率	男生	16.5		21.0		21.0		32.2	
	女生	25.8		32.4		35.4		45.6	
	差值	−9.3		−11.4		−14.4		−13.4	
八年级英语优秀率	男生	20.6		14.7		25.0		35.4	
	女生	32.3		26.1		43.0		53.3	
	差值	−11.7		−11.4		−18.0		−17.9	
五年级数学优秀率	男生		26.7			53.0		62.5	
	女生		27.4			54.2		62.3	
	差值		−0.7			−1.2		0.2	

从优秀率来看，纵观 2007 年至 2014 年五年级语文、数学、英语，以及八年级语文、英语的不同性别学生的学业水平测试成绩，除 2013 年五年级数学外，其他各学科上，男生的优秀率均低于女生。其中，五年级数学学科上的差距非常小，基本在 1 个百分点左右。而五、八年级英语、语文学科上的差距均较大，在 10 个百分点以上。

(三)北京市不同户籍类别学生学业水平测试结果

表 2-8　2011—2014 年不同户籍类别学生合格率统计表

单位:%

项目		2011	2012	2013	2014
五年级语文合格率	本市城镇户籍学生		98.9		98.0
	本市农业户籍学生		94.8		95.1
	非本市城镇户籍学生		98.9		98.6
	非本市农业户籍学生		98.0		96.9

项目		2011	2012	2013	2014
八年级语文合格率	本市城镇户籍学生		93.8		94.9
	本市农业户籍学生		87.7		90.0
	非本市城镇户籍学生		94.0		95.8
	非本市农业户籍学生		89.6		94.4
五年级英语合格率	本市城镇户籍学生	96.6		93.8	
	本市农业户籍学生	93.4		78.5	
	非本市城镇户籍学生	97.3		92.6	
	非本市农业户籍学生	94.0		83.3	
八年级英语合格率	本市城镇户籍学生	92.4		93.8	
	本市农业户籍学生	82.6		81.1	
	非本市城镇户籍学生	94.0		88.8	
	非本市农业户籍学生	83.6		80.8	
五年级数学合格率	本市城镇户籍学生	98.9		95.6	
	本市农业户籍学生	96.7		87.8	
	非本市城镇户籍学生	98.9		95.8	
	非本市农业户籍学生	99.0		92.1	

从合格率来看，纵观 2011 年至 2014 年五年级语文、数学、英语，以及八年级语文、英语的不同户籍类别学生的学业水平测试成绩，除 2011 年五年级数学外，其他监测年各学科均表现为城镇户籍学生的合格率高于农业户籍学生。其中，对于城镇户籍学生来说，2013 年五年级英语、八年级英语的本市城镇户籍学生合格率高于非本市城镇户籍学生，而其他年度的各学科均是非本市城镇户籍学生合格率略高于或等于本市户籍学生。对于农业户籍学生来说，只有 2013 年的八年级英语本市农业户籍学生合格率高于非本市农业户籍学生，其他年份的各学科均是非本市农业户籍学生的合格率高于本市农业户籍学生。

表 2-9　2011—2014 年不同户籍类别学生优秀率统计表

单位：%

项目		2011	2012	2013	2014
五年级语文优秀率	本市城镇户籍学生		40.5		53.5
	本市农业户籍学生		13.3		31.9
	非本市城镇户籍学生		33.9		55.5
	非本市农业户籍学生		18.6		36.8

项目		2011	2012	2013	2014
八年级语文优秀率	本市城镇户籍学生		32.6		47.1
	本市农业户籍学生		10.5		22.8
	非本市城镇户籍学生		23.6		38.3
	非本市农业户籍学生		11.4		27.8
五年级英语优秀率	本市城镇户籍学生	41.4		54.6	
	本市农业户籍学生	14.0		16.5	
	非本市城镇户籍学生	33.0		51.0	
	非本市农业户籍学生	12.8		23.3	
八年级英语优秀率	本市城镇户籍学生	45.0		58.8	
	本市农业户籍学生	16.3		19.2	
	非本市城镇户籍学生	37.3		46.3	
	非本市农业户籍学生	21.2		18.7	
五年级数学优秀率	本市城镇户籍学生	59.5		68.7	
	本市农业户籍学生	40.8		47.5	
	非本市城镇户籍学生	57.0		69.7	
	非本市农业户籍学生	51.4		57.5	

从优秀率来看，纵观 2011 年至 2014 年五年级语文、数学、英语，以及八年级语文、英语的不同户籍类别学生的学业水平测试成绩，城镇户籍学生的优秀率均高于农业户籍学生。其中，对于城镇户籍学生来说，除 2013 年五年级数学和 2014 年五年级语文的非本市城镇户籍学生优秀率高于本市城镇户籍学生，其他年份的各学科均是本市城镇户籍学生优秀率高于非本市户籍学生。对于农业户籍学生来说，只有 2011 年的五年级英语和 2013 年的八年级英语本市农业户籍学生优秀率高于非本市农业户籍学生，其他年份的各学科均是非本市农业户籍学生的优秀率高于本市农业户籍学生。

（四）北京市不同地域学校学生学业水平测试结果

表 2-10　2011—2014 年不同地域学生合格率统计表

单位：%

项目		2011	2012	2013	2014
五年级语文合格率	城市校学生		99.0		98.5
	县镇校学生		98.0		97.3
	农村校学生		95.2		94.4

项目		2011	2012	2013	2014
八年级语文 合格率	城市校学生		93.0		95.3
	县镇校学生		91.3		92.2
	农村校学生		88.9		89.6
五年级英语 合格率	城市校学生	97.1		92.5	
	县镇校学生	90.8		81.4	
	农村校学生	94.5		82.1	
八年级英语 合格率	城市校学生	92.1		92.3	
	县镇校学生	84.8		85.1	
	农村校学生	81.8		77.2	
五年级数学 合格率	城市校学生	98.6		95.4	
	县镇校学生	99.2		91.7	
	农村校学生	97.3		90.0	

从合格率来看，纵观 2011 年至 2014 年五年级语文、数学、英语，以及八年级语文、英语的不同地域学校学生的学业水平测试成绩，除 2011 年五年级数学的县镇校学生合格率高于城市校及农村校，2011 年和 2013 年五年级英语的农村校学生合格率高于县镇校外，其他监测年各学科均表现为城市校学生合格率高于县镇校、县镇校学生合格率高于农村校。

表 2-11　2011—2014 年不同地域学校学生优秀率统计表

单位:%

项目		2011	2012	2013	2014
五年级语文 优秀率	城市校学生		36.4		51.5
	县镇校学生		26.9		46.0
	农村校学生		13.5		30.6
八年级语文 优秀率	城市校学生		27.9		44.8
	县镇校学生		24.6		28.0
	农村校学生		11.2		20.5
五年级英语 优秀率	城市校学生	35.4		52.4	
	县镇校学生	16.8		23.6	
	农村校学生	16.5		17.5	

项目		2011	2012	2013	2014
八年级英语优秀率	城市校学生	43.0		54.4	
	县镇校学生	20.8		25.0	
	农村校学生	15.1		16.7	
五年级数学优秀率	城市校学生	55.2		68.9	
	县镇校学生	59.3		55.9	
	农村校学生	44.8		52.2	

从优秀率来看，纵观2011年至2014年五年级语文、数学、英语，以及八年级语文、英语的不同地域学校学生的学业水平测试成绩，除2011年五年级数学的县镇校学生优秀率高于城市校及农村校外，其他监测年各学科均表现为城市校学生优秀率高于县镇校及农村校。并且语文学科上，农村校与县镇校的差距更大，而英语学科上，县镇校与城市校的差距更大。

（五）北京市不同规模学校学生学业水平测试结果

表 2-12　2011—2014 年不同规模学校学生合格率统计表

单位：%

项目		2011	2012	2013	2014
五年级语文合格率	大规模学校学生		98.8		98.5
	适宜规模学校学生		97.6		96.6
	小规模学校学生		95.7		93.9
八年级语文合格率	大规模学校学生		95.2		95.4
	适宜规模学校学生		89.3		94.6
	小规模学校学生		89.5		90.7
五年级英语合格率	大规模学校学生			94.4	
	适宜规模学校学生			86.0	
	小规模学校学生			72.6	
八年级英语合格率	大规模学校学生			95.3	
	适宜规模学校学生			89.2	
	小规模学校学生			79.0	
五年级数学合格率	大规模学校学生	97.9		95.6	
	适宜规模学校学生	98.3		92.9	
	小规模学校学生	98.8		88.2	

从合格率来看，纵观2011年至2014年五年级语文、数学、英语，以及八年级语文、英语的不同地域学校学生的学业水平测试成绩，除2011年五年级数学的小规模学校学生合格率高于适宜规模学校和大规模学校，其他监测年各学科均表现为大规模学校学生合格率高于适宜规模学校和小规模学校。在2013年的五年级英语和八年级数学学科上，小规模学校与适宜规模学校之间的差距较大，其他监测年各学科不同规模学校之间的差异相对较小。

表2-13　2011—2014年不同规模学校学生优秀率统计表

单位:%

项目		2011	2012	2013	2014
五年级语文优秀率	大规模学校学生		38.8		52.9
	适宜规模学校学生		22.3		39.2
	小规模学校学生		17.8		30.4
八年级语文优秀率	大规模学校学生		34.6		49.2
	适宜规模学校学生		17.0		33.3
	小规模学校学生		14.1		22.3
五年级英语优秀率	大规模学校学生			53.4	
	适宜规模学校学生			29.6	
	小规模学校学生			16.7	
八年级英语优秀率	大规模学校学生			60.2	
	适宜规模学校学生			45.4	
	小规模学校学生			18.1	
五年级数学优秀率	大规模学校学生	48.5		69.1	
	适宜规模学校学生	50.8		60.0	
	小规模学校学生	58.8		49.5	

　　从优秀率来看，纵观2011年至2014年五年级语文、数学、英语，以及八年级语文、英语的不同地域学校学生的学业水平测试成绩，除2011年五年级数学的小规模学校学生优秀率高于适宜规模学校、大规模学校外，其他监测年各学科均表现为大规模学校学生优秀率高于适宜规模学校、小规模学校。并且在五、八年级语文和五年级英语学科上，适宜规模与大规模学校之间的差距较大，而八年级英语学科上，小规模学校与适宜规模学校之间的差距较大。

五、学业质量影响因素分析

　　学生学业质量是教育教学质量的核心指标，对学生学业质量差异的影响因素分析是教育教学质量分析与评价的重要组成部分。随着我国教育改革和发展政策《国家中长期教育改革和发展规划纲要(2010—2020年)》《北京市中长期教育改革和发展规划纲要(2010—2020 年)》的出台和实施，在义务教育阶段对影响教育教学质量的相关因素进行研究和探索，成为当前学业评价研究领域的热点，为教育政策改进、教育教学促进、学校管理水平提高等方面提供实证支持的依据，从而推进区域教育公平及促进教育优质均衡发展。

BAEQ 以"为了学习的评价"(Assessment for/as Learning)为理念，强调对于学习的改进与促进，以教育投入—过程—产出框架(Input-Process-Outcome Framework)为依据(见图 2-3)，借鉴联合国教科文组织(United Nations Educational，Scientific and Cultural Organization，UNESCO)统计研究所政策研究分析模型(见图 2-4)，构建多层次、多元化、开放性的评价指标体系，分析影响义务教育阶段教育教学质量的相关因素。

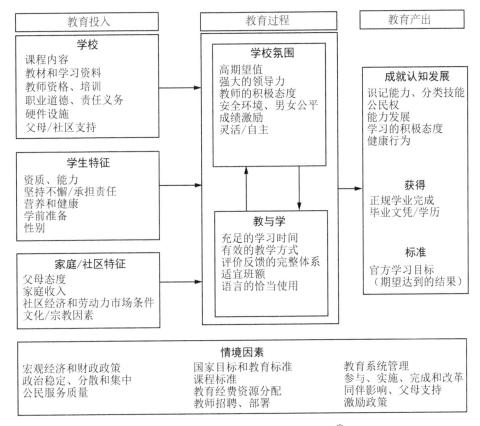

图 2-3　教育投入—过程—产出框架图[①]

①　W. Heneveld，H. Craig，*Schools Count*：*World Bank Project Designs and the Quality of Primary Education in Sub-Saharan Africa*，Washington DC，World Bank，1995，p. 303. OECD/INES，Education at a Glance. Paris，OECD，2001. J. Scheerens，*Improving School Effectiveness*，Paris，UNESCO，2000，p. 68.

自 2008 年始，BAEQ 将原有的《北京市义务教育阶段年度学业质量及其影响因素的报告》分成两个部分，其一为学生学业质量年度研究报告，其主要回答北京市义务教育阶段的学业质量现状问题；其二为学业质量差异分析研究报告，主要回答哪些因素可能会影响北京市义务教育阶段的学业质量的问题。连续开展多年的探索研究，分别对三年级数学、五年级数学、五年级语文等学科的学业质量差异及影响因素进行分析，并逐步建构符合北京市教育实际的 BAEQ 多元评价分析模型（学生、班级、学校、区域多层面多维度的均衡公平指标评价模型），对提高教育决策水平、提高学校管理水平、改进教与学的策略与方法，最终促进基础教育优质均衡发展有重要作用。

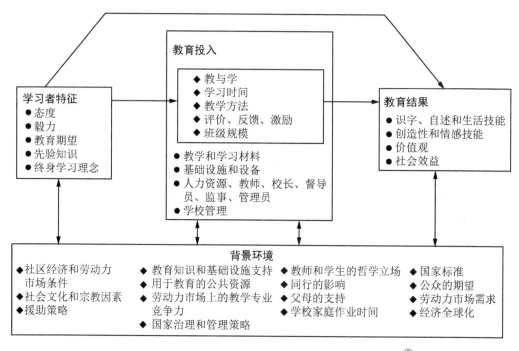

图 2-4　联合国教科文组织统计研究所政策研究分析模型图[①]

（一）基础模型框架

基于教育投入产出模型和 BAEQ 多元评价体系，项目组借鉴国内外学业评价项目研究进展，根据北京市教育教学发展的实际情况与往年分析结果，于 2012 年完善了 BAEQ 学业成绩差异及其影响因素分析的基础模型框架，如表 2-14 所示：

---

① UNESCO，*Education for All Global Monitoring Report* 2005：*The Quality Imperative*，Paris，UNESCO Publishing，2005，p. 36.

表 2-14   学业成绩差异及其影响因素分析的基础模型框架(2012 年)

差异来源	维度	调查指标
学校层面	学校基本特征	学校所属城市功能区、学校所属不同地域、学制、类别、规模、班额、班数、学校社会经济地位
学校层面	校长背景特征	校长性别、校长年龄、校长学历、校长职称、校长教龄、校长职位年限
学校层面	学校硬件资源	藏书总量、工具书种类、视听阅览室、生均使用计算机数、师均使用计算机数、普通教室是否有计算机、普通教室平均计算机数、普通教室平均联网计算机数
	学校教师特征	教师平均年龄、教师平均教龄、生师比、专任教师比例、女教师比例、本科及以上学历教师比例、研究生教师比例
	学校教学管理	每学期教师培训、校本课程开设、校本教研活动开展、学校备课方式、业绩评价标准建立、备课评价标准建立、课堂教学评价标准建立、家长委员会设立、校外社会机构合作、激励措施、课堂管理、团队氛围、学校氛围
班级(教师)层面	教师基本特征	教师性别、教师年龄、教师学历、教师教龄、教师职称、初始专业一致性、最终专业一致性、是否骨干教师、是否学科带头人
	教师工作情况	周课时量(测试班语文)、兼教年级、兼教学科、每天备课时间、每天批改作业时间、每天研究语文学科教学时间、每天工作时间、每天睡眠时间、工作负担、其他工作任务
	教师培训情况	学历教育、每学期继续教育时间、参加区级及以上课题研究、参加区级及以上教研活动时间、参加学校教研活动时间
	教师教学情况	教学设计能力、课堂教学能力、学生提问时的处理方式、帮助学生理解字义的方法、帮助学生理解重点语句的教学方法、学生阅读理解出现偏差的解决办法、指导学生课外阅读的方法、写作教学的指导方法、指导学生修改习作的方法、评价学生成绩的依据、差异教学方法等
学生层面	学生基本特征	学生性别、是否独生子女、学生户籍、是否随迁子女、学前教育
	学生家庭社会经济地位情况	家庭受教育程度、家庭职业等级、家庭环境、家庭收入
	学生课业状况	睡眠时间、校内课外学习科次、校外课外学习科次、是否参加校内课外语文学习、是否参加校外课外语文学习、作业种类、周课时、家庭作业时间、学习时间
	学生学习动机情况	父母对孩子的教育期待、自我教育期待、学业压力、学习效能感
	学生课堂学习情况	参与程度、倾听发言后的做法、被老师提问情况、回答老师提问情况、小组讨论的任务、阅读一篇文章遇到不理解的字词等问题时的处理方式、对作业中出现的错误的处理方式、背诵古诗文数量等

（二）数据分析方法

1. 样本

2010年、2011年、2012年BAEQ对学业质量影响因素进行了系统分析，历年样本情况见表2-15：

表2-15　各年影响因素分析样本情况

时间	区县数量/个	学校数量/所	学生人数/人	占全市年级学生总数百分比/%	对应的学业成绩科目
2010	19	1 166	99 162	94.4	五年级语文
2011	12	131	19 051	16.4	五年级数学
2012	17	443	36 622	31.5	五年级语文

2. 数据分析方法

由于当前数据具有明显的分层嵌套结构，即学生从属于班级、班级从属于学校，本研究将采用多层线性分析的方法（Hierarchical Linear Models）来处理数据。与传统回归方法相比，多层线性分析方法在进行学业成绩差异分析时具有三大优势：①统计假设相对较弱，适应性较强；②可以充分利用各层次信息，将学业成绩的变异在学校（或班级）层面、学生层面分解，对变异的来源与大小进行更合理、更准确的估计与解释；③可以充分地考虑学校层面、班级层面及学生层面的不同特征变量对于学业成绩的影响。

3. 数据分析模型

以学生学业成绩的原始分为因变量，以表2-14中的相关因素为自变量，采用三层线性模型进行数据分析：第一层为学生水平，第二层为班级水平，第三层为学校水平。分析过程使用的基础模型包括零模型、随机截距模型两类。

（三）历年分析结果

1. 学校层面影响因素

（1）学校基本特征对学生学业成绩的影响

2010年至2012年调查的学校基本特征部分包括学校所属城市功能区、学校所属不同地域、学制、类别、规模、班额、班数、学校社会经济地位等因素。其中适宜规模学校的定义依据《北京市中小学校办学条件标准细则（试行）》（京教基〔2009〕26号），按照其对不同学校类型的班级和人数规模的限定，对学校人数规模进行划分，符合相应类别学校人数规模要求的，称为适宜规模学校；低于相应类别学校人数规模要求的，称为小规模学校；高于相应类别学校人数规模要求的，称为大规模学校。学校社会经济地位定义为由本校所有学生的家庭社会经济地位指数的平均值得到作为本校社会经济地位数值，而学生家庭的社会经济地位指数（Social

Economic Status，SES)是通过采用统计学中的因子分析法根据父母一方最高职业地位、父母一方最高受教育程度及家庭拥有物三项指标合成的。

历年报告中显示学校的特征对学生学业质量存在不同程度的影响，在此主要列出了 2010 年、2011 年、2012 年均调查的学校层面变量，并整理和选取了对学校间学业成绩差异具有较大影响的因素。

表 2-16　学校基本特征及其对学生学业成绩差异的影响(2010—2012 年)

项目		2010			2011			2012		
		百分比/%	学业成绩/分	解释率/%	百分比/%	学业成绩分	解释率/%	百分比/%	学业成绩/分	解释率/%
学校学制	六三制	99.1	87.8	1.1	96.2	89.1	7.6	98.0	78.7	0.6
	五四制	0.9	92.1		3.8	96.8		2.0	82.8	
学校地域	城市	53.7	89.9	14.8	40.8	89.8	6.7	32.8	82.1	11.6
	农村	28.0	84.3		32.3	87.7		50.2	76.3	
	县镇	18.3	87.2		26.9	90.8		17.0	79.6	
学校年级规模	1～40 人/小规模	9.5	84.7	8.1	22.3	87.2	7.1	40.0	77.3	3.9
	41～80 人	21.1	86.3							
	81～160 人/适宜规模	29.3	86.9		46.9	89.5		43.4	78.9	
	161 人以上/大规模	40.1	90.1		30.8	90.8		16.5	82.0	
学校社会经济地位							5.6			12.9

注：1. 在解释率一栏中，解释率是指自变量对因变量的解释程度。解释率越大，则这个或这类因素与学业成绩相关程度或影响程度越大；解释率越小，则这个或这类因素与学业成绩的相关程度或影响程度越小。下同。

2. 此处将分类自变量作为虚拟变量(Dummy Variables)进行类别编码后分析。将每个自变量的最后一个类别作为参照类别，其他类别均与参照类别进行比较分析。由于分类自变量的回归系数是在控制了此部分其他自变量的情况下计算得到的，因此其值大小与类别间原始分差值存在差异。下同。

从表 2-16 看出，就各因素对于学生学业成绩差异的影响来说，在分别控制此类别中其他因素的条件下，学校学制、学校地域、学校年级规模、学校社会经济地位与学生学业成绩具有显著的相关关系。具体来讲，五四制学校学生成绩显著高于六三制学校学生，农村校学生成绩显著低于城市校学生或县镇校学生，大规模学校学生成绩显著高于小规模学校学生和适宜规模学校学生，学校社会经济地位越高，学生成绩越高。值得一提的是，2012 年除了以上因素外，不同城市功能区分类对学校学生成绩有显著影响，解释率高达 21.5%，首都功能核心区的学校学生成绩显著高于其余功能区学校学生。

2010年、2011年、2012年学校基本特征部分对于学校间学生学业成绩差异的总解释率分别为17.5%、35.5%和51.9%。

(2)学校校长背景特征部分及其对学生学业成绩的影响

2010年至2012年调查的学校校长背景特征部分包括校长性别、校长年龄、校长学历、校长职称、校长教龄、校长职位年限等因素。结果表明，学校校长背景特征对学生学业影响相对较低，2010年、2011年、2012年学校校长部分对于学校间学生学业成绩差异的总解释率分别为10.9%、7.1%和4.0%。

(3)学校教师特征对学生学业成绩的影响

2010年至2012年调查的学校教师特征部分包括教师平均年龄、教师平均教龄、生师比、专任教师比例、女教师比例、本科及以上学历教师比例、研究生教师比例等因素。相对来讲，女教师比例对学生学业影响较大，解释率分别为10.4%、5.9%和0.3%，女教师比例在70%～90%的学校学生学业成绩最高。本科及以上学历教师比例对学生学业也有一定影响，解释率分别是3.2%、2.2%和0.6%，本科及以上学历教师比例为80%及以上的学校，学生学业成绩较高。

2010年、2011年、2012年学校教师特征部分对于学校间学生学业成绩差异的总解释率分别为11.69%、9.3%和7.7%。

(4)学校硬件资源部分对学生学业成绩的影响

2010年至2012年调查的学校硬件资源部分包括藏书总量、工具书种类、视听阅览室、生均使用计算机数、师均使用计算机数、普通教室是否有计算机、普通教室平均计算机数、普通教室平均联网计算机数、生年购书数、师年购书数、生年订刊数、师年订刊数等因素。相对来讲，学校藏书总量/生均藏书量对学生学业影响较大，2010年、2011年、2012年藏书量对学生学业影响的解释了分别为3.5%、3.7%和0.5%，藏书量越大的学校，学生学业成绩越高。

2010年、2011年、2012年学校硬件资源部分对于学校间学生学业成绩差异的总解释率分别为5.8%、12.5%和5.4%。

(5)学校教学管理部分对学生学业成绩的影响

2010年至2012年调查的学校教学管理部分包括每学期教师培训、校本课程开设、校本教研活动开展、学校备课方式、业绩评价标准建立、备课评价标准建立、课堂教学评价标准建立、家长委员会设立、校外社会机构合作、激励措施、课堂管理、团队氛围、学校氛围等因素。相对来讲，每学期教师培训次数对学生学业成绩的影响较大，2011年、2012年解释率分别为2.7%和1.6%。另外，2011年调查的实行备课组织对学生学业成绩影响较大，解释率为9.5%。2010年调查的学校对社会资源的利用、学校氛围、学校校本教研开展情况对学生学业成绩差异的解释率也较高，分别为4.7%、3.3%，3.2%。

2010年、2011年、2012年学校教学管理部分对于学校间学生学业成绩差异的总解释率分别为7.3%、17.5%和4.4%。

2.班级(教师)层面影响因素

(1)教师基本特征部分及其对班级学业成绩的影响

2010年、2011年和2012年调查的教师基本特征部分包括教师性别、教师年龄、教师学历、教师教龄、教师职称、初始专业一致性、最终专业一致性、是否骨干教师、是否学科带头人等因素。历年报告中显示教师基本特征对学业质量存在不同程度的影响,在此主要列出了2010年、2011年、2012年均调查的教师基本特征变量,并整理和选取了对班级间学业成绩差异具有较大影响的因素。

表2-17 教师基本特征及其对学校学业成绩差异的影响

项目		2010			2011			2012		
		百分比/%	学业成绩/分	解释率/%	百分比/%	学业成绩/分	解释率/%	百分比/%	学业成绩/分	解释率/%
教师性别	男	11.5	85.2	3.6	16.8	89.1	2.6	12.9	75.9	2.2
	女	88.5	88.2		83.2	90.4		87.1	80.0	
最终专业一致性	一致	81.1	88.4	3.2	39.7	90.2	1.2	62.2	79.7	0.3
	不一致	18.9	86.5		14.9	90.9		35.1	79.0	
	没有特定专业				45.4	89.9		2.7	79.3	
教师教龄	2~5年	11.1	85.9	2.8	6.8	88.0	3.4	6.9	78.4	1.0
	6~10年				13.1	90.0		13.1	79.6	
	11~15年				23.1	89.4		23.7	78.8	
	16年及以上	88.9	88.1		53.9	90.8		53.2	80.0	
	2年以下				3.1	89.5		3.1	76.2	
教师职称	小学高级及以上	30.2	86.8	1.9	73.8	90.6	3.6	71.2	79.8	0.5
	小学一级及以下	69.8	88.3		26.2	89.0		28.8	78.5	
是否骨干教师	是	31.7	88.7	1.1	45.0	90.7		33.7	80.6	1.9
	不是	68.3	87.5		55.0	89.7		66.3	78.8	
是否学科带头人	是	12.3	89.4	0.8	15.1	91.6	0.5	8.1	82.1	1.2
	不是	87.7	87.6		84.9	89.9		91.9	79.2	

从表2-17看出,就各因素对于班级学业成绩差异的影响来说,在分别控制此类别中其他因素的条件下,教师性别、教师教龄、教师职称、是否骨干教师、是否学科带头人与班级学业成绩具有显著的相关关系。具体来讲,女教师所教班级学业成绩显著高于男教师所教班级学业成绩,16年及以上教龄教师所教班级成绩最高、

5 年及以下教龄教师所教班级学业成绩较低；骨干教师所教班级学业成绩显著高于非骨干教师所教班级；学科带头人所教班级学业成绩显著高于非学科带头人所教班级。

2010 年、2011 年、2012 年教师基本特征部分对于班级间学业成绩差异的总解释率分别为 8.6%、12.9% 和 7.7%。

(2)教师工作情况部分及其对班级学业成绩的影响

2010 年、2011 年和 2012 年调查的教师的工作情况部分包括周课时量、兼教年级、兼教学科、每天备课时间、每天批改作业时间、每天研究学科教学时间、每天工作时间、每天睡眠时间、工作负担、其他工作任务等因素。相对来讲，周课时量、每天工作时间对班级学业成绩影响较大。具体来讲，周课时量在 6～12 节的教师所教班级学业成绩较高，每天工作时间 8 小时以上教师所教班级学业成绩较高。周课时量的解释率分别为 3.9%、1.2%、1.3%，每天工作时间的解释率分别为 2.8%、3.3%、0.9%。

2010 年、2011 年、2012 年教师工作情况部分对于班级间学业成绩差异的总解释率分别为 7.5%、18.3% 和 11.7%。

(3)教师培训情况部分及其对班级学业成绩的影响

2010 年、2011 年和 2012 年调查的教师的培训情况部分包括学历教育、继续教育时间、参加区级及以上课题研究、参加区级及以上教研活动、参加学校教研活动等因素。相对来讲，参加区级及以上课题研究、参加区级及以上教研活动时间、参加学校教研活动时间对所教班级学业成绩有所影响。具体来讲，参加区级及以上课题研究的教师所教班级学业成绩高于没有参加区级及以上课题研究的教师；参加区级及以上教研活动、学校教研活动的次数或时间越多的教师，所教班级学业成绩越高。

2010 年、2011 年、2012 年教师工作情况部分对于班级间学业成绩差异的总解释率分别为 12.5%、7.1% 和 3.4%。

(4)教师课堂教学情况部分及其对班级学业成绩的影响

2010 年、2011 年和 2012 年调查的教师课堂情况部分针对不同学科的考察维度不尽相同。结果显示，2010 年评价学生成绩依据与班级学业成绩具有显著的相关关系；2011 年撰写教学反思频率、反思内容、计算题、课堂教学评价等因素对于班级学业成绩具有显著或边缘显著的影响；2012 年教学设计能力、课堂教学能力、一节语文课堂提问学生比例、帮助学生理解重点语句的教学方法、指导学生课外阅读的方法等因素对于班级学业成绩具有显著影响。

2010 年、2011 年、2012 年教师课堂教学情况部分对于班级间学业成绩差异的总解释率分别为 2.2%、10.9% 和 12.0%。

3. 学生层面影响因素

(1)学生基本特征及其对学生学业成绩的影响

2010 年至 2012 年调查的学生基本特征部分包括学生性别、是否独生子女、学生户籍、是否随迁子女、学前教育等因素。历年报告中显示学生基本特征对学业质量存在不同程度的影响，在此主要列出了 2010 年、2011 年、2012 年均调查的学生基本特征变量，并整理和选取了对学业成绩差异具有较大影响的因素。

表 2-18 学生基本特征及其对学生学业成绩差异的影响

项目		2010			2011			2012		
		百分比/%	学业成绩/分	解释率/%	百分比/%	学业成绩/分	解释率/%	百分比/%	学业成绩/分	解释率/%
学生性别	男	52.5	85.7	6.9	51.1	89.5	0.1	53.4	77.6	5.7
	女	47.5	90.3		48.9	90.0		46.6	82.2	
是否独生子女	是	68.6	88.8	1.3	71.3	90.2	0.2	62.7	81.1	1.9
	不是	31.4	85.8		28.7	88.6		37.3	77.6	
户籍类别	本市农业户籍	21.8	83.8	1.5	22.7	86.5	0.9	25.9	75.4	1.5
	非本市城镇户籍	10.7	89.5		9.5	90.5		9.2	81.9	
	非本市农业户籍	21.5	86.3		17.6	89.6		26.6	78.4	
	本市城镇户籍	46.1	90.2		50.2	91.1		38.4	83.2	

从表 2-18 看出，就各因素对于学业成绩差异的影响来说，在分别控制此类别中其他因素的条件下，学生性别、是否独生子女、户籍类别对学生学业成绩具有显著的影响。具体来讲，女生群体学业成绩显著高于男生群体；独生子女群体学业成绩显著高于非独生子女群体；本市城镇户籍学生群体学业成绩最高。学生性别对五年级语文(2010 年、2012 年)的解释率影响较高，分别是 6.9% 和 5.7%，对数学(2011 年)的解释率影响较低，为 0.1%。

2010 年、2011 年、2012 年学生基本特征部分对于学业成绩差异的总解释率分别为 11.5%、11.1% 和 11.0%。

(2)学生家庭社会经济地位对学生学业成绩的影响

2010 年、2011 年、2012 年调查的学生家庭社会经济地位情况包括家庭受教育程度、家庭职业等级、家庭环境、家庭收入等因素。历年报告中显示学生家庭社会经济地位对学生学业成绩存在不同程度的影响，在此主要列出了 2010 年、2011 年、2012 年均调查的学生家庭社会经济地位变量，并整理和选取了对学业成绩差异具有较大影响的因素。

表 2-19　学生家庭社会经济地位对学生学业成绩的影响

项目		2010			2011			2012		
		百分比/%	学业成绩/分	解释率/%	百分比/%	学业成绩/分	解释率/%	百分比/%	学业成绩/分	解释率/%
家庭受教育程度	高中教育				33.5	89.3		35.1	79.7	
	大学教育				28.1	91.3		25.8	82.2	
	大学以上教育				21.2	91.6	8.6	17.8	82.1	7.0
	初中及以下教育				17.3	88.3		21.3	77.8	
家庭职业等级	等级3				19.2	89.1		23.4	79.6	
	等级4				8.8	90.5		16.5	82.6	
	等级5				33.9	90.7	2.3	22.4	81.5	3.5
	等级6~7				8.7	93.3		5.6	85.6	
	等级1~2				29.4	88.4		32.0	77.2	
家庭学习条件/家庭环境条件/家庭环境及收入				3.6			0.3			1.6

注：1. 家庭受教育程度：以父母中受教育程度较高一方进行计算。

　　2. 家庭职业等级：参照我国学者李春玲等在《当代中国社会的声望分层——职业声望与社会经济地位指数测量》提出的标准对其父母职业进行相应等级编码。以此为基础，以父母家庭职业等级较高的一方进行计算。

从表 2-19 看出，就各因素对于学业成绩差异的影响来说，在分别控制此类别中其他因素的条件下，家庭受教育程度、家庭职业等级、家庭学习条件、家庭环境条件、家庭环境及收入因素均对学生学业成绩有显著影响。具体来讲，家庭受教育程度越高，学生学业成绩越高；家庭职业等级越高，学生成绩越高；家庭学习条件、家庭环境条件、家庭环境及收入越高，学生成绩越高。2011 年、2012 年家庭受教育程度的解释率分别是 8.6％和 7.0％；2011 年、2012 年家庭职业等级的解释率分别是 2.3％和 3.5％；家庭学习条件、家庭环境条件、家庭环境及收入的解释率分别是 3.6％、0.3％和 1.6％。

2010 年、2011 年、2012 年学生家庭社会经济地位部分对于学业成绩差异的总解释率分别为 3.6％、11.1％和 12.1％。

(3)学生课业状况及其对学生学业成绩的影响

2010 年、2011 年、2012 年调查的学生课业状况包括睡眠时间、校内课外学习科次、校外课外学习科次、是否参加校内课外学习、是否参加校外课外学习、作业种类、周课时、家庭作业时间、学习时间等因素。历年报告中显示学生课业状况对学生学业成绩存在不同程度的影响，在此主要列出了 2010 年、2011 年、2012 年均调查的学生课业状况变量，并整理和选取了对业成绩差异具有较大影响的因素。

表 2-20　学生课业状况及其对学生学业成绩的影响

项目		2010 百分比/%	2010 学业成绩/分	2010 解释率/%	2011 百分比/%	2011 学业成绩/分	2011 解释率/%	2012 百分比/%	2012 学业成绩/分	2012 解释率/%
睡眠时间	9～10 小时(不含 10 小时)				43.7	90.4		45.2	81.2	
	8～9 小时(不含 9 小时)	53.7	88.4	3.3	32.2	90.9	3.7	22.2	81.1	6.9
	7～8 小时(不含 8 小时)				10.7	89.2		5.5	79.1	
	7 小时以下(不含 7 小时)	4.4	83.0		2.7	84.6		1.9	74.0	
	10 小时及以上	41.9	87.9		10.6	87.0		25.2	78.8	
家庭作业时间	0～0.5 小时(不含 0.5 小时)	51.0	88.5	3.0	13.9	91.6	6.2	13.3	80.2	2.3
	0.5～1 小时(不含 1 小时)				45.8	90.7		37.2	80.7	
	1～1.5 小时(不含 1.5 小时)				25.0	89.5		20.4	80.7	
	1.5～2 小时(不含 2 小时)	49.0	87.3		14.8	88.5		14.4	79.6	
	2～2.5 小时(不含 2.5 小时)							6.3	78.5	
	2.5～3 小时(不含 3 小时)							4.4	78.1	
	3 小时及以上							3.5	73.0	
	0 小时	0			0.5	86.0		0.6	75.6	

从表 2-20 看出，就各因素对于学业成绩差异的影响来说，在分别控制此类别中其他因素的条件下，睡眠时间和家庭作业时间对学生学业成绩有显著影响。具体来讲，睡眠时间在 8～10 小时的学生学业成绩较高；家庭作业时间在 0.5～1 小时的学生学业成绩最高。2010 年、2011 年、2012 年睡眠时间的解释率分别是 3.3％、3.7％和 6.9％；2010 年、2011 年、2012 年家庭作业时间的解释率分别是 3.0％、

6.2%和2.3%。

2010年、2011年、2012年学生课业状况部分对于学业成绩差异的总解释率分别为16.2%、15.4%和12.1%。

(4)学生学习动机部分对学生学业成绩的影响

2010年、2011年、2012年调查的学生学习动机包括父母对孩子的教育期待、自我教育期待、学业压力、学习效能感等因素。历年报告中显示学生课业状况对学生学业成绩存在不同程度的影响,在此主要列出了2010年、2011年、2012年均调查的学习动机变量,并整理和选取了对业成绩差异具有较大影响的因素。

表2-21 学生学习动机及其对学校学业成绩差异的影响

项目	类别	2010年			2011年			2012年		
		百分比/%	学业成绩/分	解释率/%	百分比/%	学业成绩/分	解释率/%	百分比/%	学业成绩/分	解释率/%
父母教育期望	大学教育	20.7	86.2	5.9	21.0	88.1	0.4	22.6	78.6	1.9
	大学以上教育	75.3	88.8		75.9	90.6		73.1	80.9	
	高中教育	4.0	80.1		3.1	80.8		4.3	68.6	
自我教育期望	大学教育	23.2	85.4	5.9	23.7	87.7	2.1	25.2	78.1	0.9
	大学以上教育	71.1	89.4		71.7	91.1		68.6	81.4	
	高中教育	5.7	79.7		4.7	80.8		6.2	69.3	

从表2-21看出,就各因素对于学业成绩差异的影响来说,在分别控制此类别中其他因素的条件下,父母教育期望和自我教育期望对学生学业成绩有显著影响。具体来讲,父母的教育期望越高,学生学业成绩较高;自我的教育期望越高,学业成绩越高。2010年、2011年、2012年父母教育期望的解释率分别是5.9%、0.4%和1.9%;2010年、2011年、2012年自我教育期望的解释率分别是5.9%、2.1%和0.9%。

2010年、2011年、2012年学生学习动机部分对于学业成绩差异的总解释率分别为9.4%、7.0%和3.8%。

(5)学生课堂学习部分对学生学业成绩的影响

2011年、2012年调查的学生课堂学习包括与学科教学相关的诸多因素,例如数学学科的概念学习方式、计算题验算、解决实际问题验算、口算题频次、老师改作业方式、作业订正方式、学习策略等因素,语文学科的参与程度、倾听发言后的做法、被老师提问情况、回答老师提问情况、小组讨论的任务、阅读一篇文章遇到不理解的字词等问题时的处理方式、学习新课文时老师指导学生动笔写的内容、老师指导习作修改内容、老师批改习作方式、老师讲解字义方法、老师板书出现错别字或倒插笔现象、老师课外阅读指导方法、对作业中出现的错误的做法、背诵古诗文数量等因素。结果显示,影响学生学业成绩的主要因素是学习策略和课堂参与程度。具体表现为学习策略越好的学生，学业成绩越高；课堂参与程度越高的学生，学业成绩越高。其解释率分别为 1.9％和 4.0％。另外，在数学学习中，概念学习的方法对学生学业成绩也有显著影响。具体表现为，用自己能理解的话把概念叙述一遍的学生、自己举例子来说明的学生学业成绩显著高于把书上的定义背一遍的学生。

2011 年、2012 年学生学习动机部分对于学业成绩差异的总解释率分别为 9.4％、6.0％和 11.5％。

六、监测总结论

(一) 监测总结论

1. 整体来看，语文、数学、英语三学科学生整体达到课程标准的基本要求，年度间稳步提升

具体来看，语文、数学学科合格率较高，自 2008 年开始，合格率均在 90％以上，甚至有些监测年高达 98％以上。英语学科合格率略低，大部分监测年接近 90％，2007 年及以前出现过合格率低于 80％的情况。

从趋势上来看，八年级语文和英语学科的合格率逐年增高，五年级语文、数学、英语的合格率 2005—2012 年逐年升高，2013、2014 年略有下降。五年级语文、数学学科的优秀率逐年增高，五年级英语、八年级英语的优秀率先略有下降，后持续上升，八年级语文的优秀率波动较大，但整体为上升趋势。

2. 在语文、英语学科上，男生的合格率和优秀率均低于女生，在数学学科上，男生的合格率和优秀率与女生的差距很小，甚至有些监测年略高于女生

具体来看，数学学科的合格率和优秀率差距最小，男生只比女生低 1.0％左右，甚至在 2013 年五年级数学优秀率上，男生比女生高出 0.2％。在语文和英语学科上，男生和女生的差距较大，五年级语文的合格率差距最小，在 1.7％~5.5％，而八年级语文以及五、八年级英语的合格率和优秀率的差距达到 4.2％~19.0％，大多差距在 10％左右，并且优秀率的差距普遍大于合格率的差距。从合格率来看，在语文和英语学科上，越是高学段男生与女生的差距越大。而从优秀率来看，在英语学科上，越是高学段男生与女生的差距越大。

3. 在语文、数学、英语学科上，城镇户籍学生的合格率和优秀率普遍高于农业户籍学生

具体来看，除个别监测年个别学科(2011 年五年级数学和英语、2013 年八年级英语、2014 年五年级语文)外，城镇户籍学生的合格率和优秀率普遍高于农业户籍学生，且本市城镇户籍学生高于非本市城镇户籍学生，而本市农业户籍学生低于非本市农业户籍学生。即，对于城镇户籍学生而言，本市学生比非本市学生的优秀率和合格率更高；对于农业户籍学生而言，本市学生低于非本市学生。

城镇户籍和农业户籍学生的差异体现出三个特点：(1)农业户籍学生在优秀率上与城镇户籍学生的差距较大；(2)农业户籍学生在英语学科上与城镇户籍学生的

差距最大;(3)农业户籍学生与城镇户籍学生在高学段上的差距更大。

4. 在语文、数学、英语学科上,城市校学生的合格率和优秀率普遍高于县镇校和农村校

具体来看,除个别年份个别学科(2011年五年级数学和英语、2013年五年级英语)外,城市校学生的合格率和优秀率普遍高于县镇校和农村校。

这种差异体现出两个特点:(1)农村校学生在优秀率上与城市校学生差距较大;(2)农村校学生在英语学科上与城市校学生差距较大,在数学学科上差异最小。

5. 在语文、数学、英语学科上,大规模学校学生的合格率和优秀率普遍高于适宜规模学校和小规模学校学生

具体来看,除个别年份个别学科(2011年五年级数学和英语)外,大规模学校学生的合格率和优秀率普遍高于适宜规模学校和小规模学校学生。

这种差异体现出三个特点:(1)小规模学校学生在优秀率上与大规模学校、适宜规模学校学生差距较大;(2)小规模学校学生在英语学科上与大规模学校、适宜规模学校学生差距较大,在数学学科上差异最小;(3)小规模学校学生与大规模学校、适宜规模学校学生在高学段上的差距更大。

(二)学业影响因素总结论

纵观2010年至2012年的学业影响因素分析结果,发现如下结论:

1. 学校层面影响因素

学校的基本特征对学校学业成绩的影响最大,其中学校所属地域、学校规模、学校社会经济地位、学校学制对学校学业成绩的影响较大。城市校、大规模学校、学校社会经济地位较高的学校、五四制学校的学业成绩相对较高。

2. 班级(教师)层面影响因素

教师工作情况对班级学业成绩影响最大,其中周课时量、每天工作时间对班级学业成绩影响较大。周课时量在6~12节的教师所教班级学业成绩较高,每天工作时间为8小时以上教师所教班级学业成绩较高。

3. 学生层面影响因素

学生课业状况对学业成绩的影响最大,其中睡眠时间和家庭作业时间对学生学业成绩有显著影响。具体来讲,睡眠时间在8~10小时的学生学业成绩较高;家庭作业时间在0.5~1小时的学生学业成绩最高。

学生基本特征对学业成绩的影响较大,其中学生性别、是否独生子女、户籍类别对学生学业成绩具有显著的影响。女生群体学业成绩显著高于男生群体,独生子女群体学业成绩显著高于非独生子女群体,本市城镇户籍学生群体学业成绩最高。

学生家庭社会经济地位对学业成绩影响较大,其中家庭受教育程度、家庭职业等级、家庭学习条件/家庭环境条件/家庭环境及收入因素均对学生学业成绩有显著影响。家庭受教育程度越高,学生学业成绩越高;家庭职业等级越高,学生成绩越高;家庭学习条件/家庭环境条件/家庭环境及收入越好,学生成绩越高。

七、未来工作建议

总体来看，北京市各学科的教育教学质量整体保持稳定且部分学科有一定的进步，但是在某些学科上还存在一定的问题。为进一步提高义务教育阶段学生的学业质量，结合相关问题提出以下建议：

（一）逐步减小不合格率，保证北京市义务教育阶段各学科学生的学业质量100%达到国家课程标准基本要求

建议教育行政主管部门认真总结测试成绩较好区县、学校、学生的经验，找出各层面存在的问题，加强差异教学方面的指导。有针对性地以低学业水平学生为各学科教学改进工作的重点，采取有效措施，缩小学生之间的差异，继续保证北京市义务教育阶段各学科学业质量均达到国家课程标准基本要求的同时，大幅度提高北京市学生学业质量的整体水平。

建议教研部门在努力提升整体质量方面进行深入研究。要继续深入研读各学科新课程标准，将"以学生发展为本"的课程理念贯穿学科教学的全过程，引领教师明确学科教学领域的内容、标准和要求，学习并掌握必要的学科知识和基本技能，形成基本的"学科素养"，为学生进一步的学习打好基础，整体提升学业质量。要充分发挥教研员、学科骨干教师的作用，引导教师能深入课程、教材、学生、教学之中，指导教师在日常教学的设计与实施中更加有效地落实分层教学。加强对不同学科不同表现的深入研究，加强各学科中不合格学业水平学生、优秀学业水平学生的典型特征的调查分析，共同探讨差异教学的方法以及改进课堂教学的方式，在保证学生的各学科达到国家课程基本要求的前提下，多方位、多角度认识学生群体的学业表现，有侧重点地全面提高学生的学业质量，进一步推动义务教育向优质方向发展。

建议一线教师落实分层教学，缩小学生之间的差距。在日常教学的设计与实施中，教师要清楚各年级段的基本要求，明确学生在每一单元、每节课应掌握的内容标准、应达到的学习结果，对于学生的发展做到保底、不限高。调研表明，在一节语文课上能提问到的学生占全班人数的"80%及以上"的教师占总人数的34.7%，而他们所教的学生学业成就显著高于其他类别。因此在课堂学习上，教师应有意识地增加不合格水平学生发言的次数，增加他们参与教学活动的积极性，适当增加对他们的表扬。在课后学习上，教师应规范不合格学业水平学生改作业的行为，要认真对待作业中的错误，并及时改正；教师还要引导他们正确看待一些开放性作业的意义，并给他们提供必要的支持以帮助学生顺利完成作业。在学习习惯与策略上，教师应培养不合格学业水平学生养成预习、复习的习惯，引导学生善于发现适合自己的学习方式与方法并尽可能多地尝试运用；在学习情意上，教师应引导不合格学业水平学生进行正向的归因，避免他们将自己学业成绩不理想归因为自己的学习能力不强，应引导他们多反思自己的学习方式、方法与态度，从而坚定他们能够学好的

信心，同时教师还要善于发现他们的进步，通过及时肯定、鼓励等方式降低学生的学习压力，激发学生学习的积极性。

（二）关注区域校间差异，促进不同地域教学质量的均衡发展，继续落实向薄弱学校的政策倾斜，推进薄弱区域办学条件的改善

2011—2014 年的监测结果显示，大多数科目的城镇校、大规模学校学生的优秀率、合格率高于农村校、小规模学校学生。虽然不同学校规模的学业成绩差距较大，但仔细分析就会发现，大规模学校多集中在城镇，小规模学校多集中在农村，因此，学校规模引起的成绩差异，也有可能是因学校地域间的差异导致的。因此，建议教育行政管理部门继续加大对农村学校基础教育的投入。第一，现阶段首先应尽快采用行政手段，通过制定相关教育政策将现有不同类别学校的规模控制到《北京市中小学校办学条件标准细则（试行）》（京教基〔2009〕26 号）规定的范围；在继续推进义务教育阶段学校办学的标准化建设、规范化建设工程的同时，加大对大规模学校的控制监督力度；另外，应尽快落实向不同类别的薄弱学校（如农村校、小规模学校、社会经济地位较低学校）倾斜的相关教育政策。例如，通过倾斜投入来加快对薄弱地区和学校改善条件的速度；提高教师的社会地位，对长期在农村、县镇基层工作的教师，在工资、职称等方面实行倾斜政策，在核准岗位结构比例时将高级教师岗位向农村校和薄弱学校倾斜；改善教师资源的初次配置，采取各种有效措施，吸引优秀高校毕业生和志愿者到农村校或薄弱学校任教等。第二，开展对于非本市户籍学生群体（外地在京务工人员子女群体）、本市农业户籍学生群体的专项深入研究，在保证全部学生能够达到合格标准的同时，加大对相应类别学生群体中具有较高学业水平基础学生群体的关注与研究力度，结合不同学生群体的需要，提供更具针对性的、更适宜的学习环境、课程与教师资源，进一步促进其优秀率的提升，整体促进北京市义务教育质量优质、均衡发展。

（三）关注教师自我成长，减轻教师工作负担，促进教师专业化发展，提高教师课堂教学能力

历年数据分析结果表明，教师基本特征、工作情况、培训情况、教学情况均对于班级学业成绩影响较大。建议：第一，继续关注男女教师比例严重失衡问题。教师队伍的性别构成出现了明显偏于正常比例的女性化趋势，教师队伍性别构成的失衡不利于学生的认知和行为发展，男女教师在语文课堂、学习行为等方面对学生的影响也是不同的，需要进一步均衡发展。第二，在客观减轻教师工作量的同时，关注教师自我成长，提高教师工作兴趣和效率，建立科学的教师评价指标体系，纠正仅以升学率、成绩等单一指标评价教师的方式，对教师的工作、能力和业绩进行客观、公正评价；教育管理部门要加大对学校的督导力度，督促学校实行民主管理，以人为本，为教师减负减压提供人性化支持。第三，着力提升教师教学设计能力、课堂教学

能力，结合新课改理念，以提高课堂教学实效性为目的，因材施教，选择适于学生认知发展规律的教育教学方法。课前对教学内容进行梳理、归纳、总结、加深，巩固学生所学知识并使之系统化；课堂激发并维持学生的学习动机，培养学生的主动精神和创造能力；课后促进知识的拓展、延伸和迁移，为新知识的学习储备资源。

（四）关注北京市学生个体间的学业成绩差异情况，进一步推进教育公平，消减社会经济地位对教育结果的影响；培养激发学生形成良好的学习动机，掌握有效的学习策略

历年数据分析结果表明，学生基本特征、家庭社会经济地位、课业状况、学习动机对学业成绩影响较大。建议：第一，针对性别差异方面，组织开展对于男女生学习过程、学习方式的追踪研究，深入探求在当前学校教育条件下学习领域中性别差异产生的时间起点及原因；认真审视、反思、改进当前数学教育的教学内容、教学材料、教学方式，增强数学学科对于男生的吸引力，提高其相应学业表现。第二，针对家庭社会经济地位方面，建议在努力获得整体教育结果高水平发展的同时，把机会公平也作为一项教育改革的重点，考虑对教育结构、制度和方法进行调整，以完善教育体制来弥补学生家庭社会经济地位不利所带来的影响。第三，针对学习动机方面，培养激发学生形成良好的学习动机，掌握有效的学习策略。鼓励学生提高自我教育期待，鼓励家长提高对于孩子的未来教育期待的同时，要合理地引导、提高学生的学习兴趣，降低学生的压力感和焦虑水平，提高学生的自信心、效能感，进而提高学业成绩；也应该理性引导其定位于一个合理、适当的水平，否则期待本身也可能会成为学生的沉重学习负担与压力；还应激发学生的好奇性，提高学生的学科学习兴趣，增强学生学习的信心。

第二节　课堂教学质量分析结果

录像课分析是北京市义务教育教学质量监测的重要组成部分。自 2012 年开始，项目组在样本校中收集测试学科的常态录像课，开发录像课分析平台和工具，聘请专家对录像课进行分析。

一、录像课分析框架与工具

基于对课堂教学及其评价的理解，项目组设计了课堂教学评价整体框架，分为三级，第一级和第二级为等级指标，第三级为分类指标和质性记录。

（一）等级指标

等级指标是对课堂教学各个要素的有效性进行价值判断的工具，是从抽象的一

节好课的特征演绎出来的具体指标，每一级指标下面，往往又分为二级和三级指标。评课者依据指标所描述的课堂教学特征进行等级判断。是我国教育领域最常用的一种评价工具。

项目组在文献研究的基础上，将课堂教学评价指标分为四个一级指标，即教学目标、教学内容、教学过程和教学效果，各学科的一级指标相同。二级指标中，既有公共的指标，也有学科特色指标。每个二级指标的得分为1—10分，评课者依据三级的分类指标和质性记录的证据进行赋分。一级指标的分值，在二级指标得分基础上计算得到（见表2-22）。

表 2-22　课堂教学评价一级、二级指标举例

一级指标	二级指标	得分	证　据
教学目标	符合课程标准的程度	1………10	
	符合学生实际的程度	1………10	
	可操作的程度	1………10	
教学内容	教学内容的结构化程度	1………10	
	教学内容与学生认知水平的适切度	1………10	
	教学内容的趣味性	1………10	● 分类指标数据
教学过程	时间安排的合适程度	1………10	● 质性记录信息
	教学方式的适切度	1………10	
	师生互动有效程度	1………10	
	对全体学生的关注程度	1………10	
	及时指导的实效性	1………10	
教学效果	目标达成度	1………10	
	学生的参与度	1………10	

（二）分类指标

分类指标是收集分类信息的工具，是对预期可能出现的行为进行分类的指标，也叫行为分类系统（category system）。[1] 例如著名的弗兰德斯语言互动分析工具，将课堂教学语言分为10类，评课者每3秒对教学中的语言种类进行编码，计算每一类语言出现的次数和百分比，以定量的数据分析师生互动语言的特征。分类指标在西方课堂教学评价中运用较多。

在本项目中，分类指标包括两大类：一是时间抽样指标，如弗兰德斯语言互动分析工具和生师行为（S-T）分析工具，每3秒钟观察和编码1次；二是行为抽样指

---

① 丁兆蓬：《我国课堂教学评价研究概况问题与设想》，载《教育科学研究》，2006(12)。

标，又称核查指标或记号体系，如对提问问题类别、学生回答类别、教师指导类别等进行观察，每次行为出现时进行记录和编码（见表2-23）。

表 2-23　分类指标举例

一级指标	等级指标	证据	
		分类指标	具体分类
教学内容	教学内容与学生认知水平适切度	所提问题	①简单判断问题 ②事实陈述性问题 ③解释性问题 ④评价性问题 ⑤操作性问题
教学过程	师生语言互动有效程度	教师反馈	①教师引申或概括 ②简单重复学生的答案 ③让其他学生再回答 ④重复问题 ⑤教师代替学生回答
	对全体学生的关注度	提问学生的范围	①被提问0次 ②被提问1次 ③被提问2次 ④被提问3次及以上
教学效果	学生的参与度	学生非参与行为	①瞌睡 ②发呆 ③做其他学科作业 ④扰乱课堂秩序

(三)质性记录

课堂教学评价证据，除了定量的数据，还有描述性信息，包括案例、图片、文字描述等。这些描述性信息称为质性记录。质性记录虽不属于定量的数据，但能成为课堂教学评价的有力证据。

综上所述，此课堂教学评价框架，将等级指标与分类指标、质性记录结合起来。等级指标的判定，一方面依赖专家的经验，另一方面依据分类指标的数据、质性记录的证据。

二、录像课分析样本及分析者

(一)录像课分析样本

样本均来自2012年、2013年和2014年参加项目组学业测试和问卷调查的学科

（见表 2-24）。从课型来看，所选择的录像课都是新授课。

表 2-24　录像课分析样本（2012—2014 年）

项目	学科／数量				
2012 年	小学语文／11	小学音乐／10	初中语文／10	初中物理／7	初中音乐／10
2013 年	小学数学／20	小学英语／18	初中数学／20	初中英语／20	初中历史／17
2014 年	小学语文／20	小学品德与社会／19	初中语文／21	初中地理／20	
总计	98		125		

（二）录像课分析者

分析者包括两部分，一部分是市区优秀教研员，另一部分是一线优秀教师。每节课由两位评课者进行背对背分析。

三、录像课分析结果

录像课分析结果按照录像课分析框架来呈现，包括教学目标、教学内容、教学过程等部分。

（一）教学目标

教学目标是用可操作性的行为动词来表达的一定教学内容范围内学生学习行为的变化，是课堂教学过程中可观察、可描述的标准。项目组对教学目标的评价，分别从符合课程标准的程度、符合学生实际的程度、目标的可操作性三个维度进行。

1. 总体情况

总体来看，三年的教学目标评价结果差异不大。从二级指标来看，符合课程标准的程度得分最高，如 2012 年，均值为 8.4 分；目标的可操作性得分最低，如 2014 年，均值仅有 7.4 分（见表 2-25）。由此可以看出，教师所设计的课堂教学目标比较符合课程标准的要求和学生的实际程度，但是目标的可操作性较低，表现为部分目标笼统、不具体，描述的主体是教师而不是学生，描述的是学习的过程而不是学习的结果。

表 2-25　教学目标评价结果（2012—2014 年）

指　标	平 均 值		
	2012	2013	2014
教学目标	8.3	7.8	7.7
符合课程标准的程度	8.4	7.9	8.0
符合学生实际的程度	8.3	7.9	7.7
目标的可操作性	8.3	7.6	7.4

2. 教学目标的优点

适切的教学目标有四个特点：一是教学活动预期的是结果，而不是教学过程；二是教学目标是可以观察、可描述的；三是教学目标体现为学生认知与行为的变化，行为主体是学生；四是教学目标能与具体的教学内容、方式、活动相结合。分析发现，教学目标存在的优点有：①多数教学目标描述的是学习结果；②多数教学目标符合课程标准的要求；③部分学科如英语、地理学科的教学目标比较关注与教学方式与教学内容的结合。试举两例如下：

案例1：①能抓住人物和事件用简练的语言归纳主要内容。②会运用联系上下文、抓住重点词语、借助资料等方法理解文章含义深刻的句子。③能有感情地朗读课文，体会琳达一家人无私奉献的精神和高尚的情操。（摘自小学语文学科《永生的眼睛》一课的教学设计）

这个教学目标的可操作性体现在：①通过让学生结合具体的课文中的人物和事件进行简练地归纳主要内容，培养学生的阅读概括能力；②通过联系上下文、抓重点词语和借助资料等方法，解读文章的含义，培养学生形成解释的能力，不仅有具体的教学内容载体——课文的人物和事件，而且有教学的方式、学习的方法——联系上下文、抓重点词语等。

案例2：通过读巴西的位置图和地形图，说出巴西的位置、范围、自然环境、经济和城市等基本概况；通过对各种图片、资料的分析和归纳，说出巴西种族构成的特点和特色的文化现象；利用资料讨论，说出种族构成和文化特征的成因。（摘自初中地理学科《巴西》一课的教学设计）

该目标描述了教学的结果，采用了可观察的行为动词"说出"，同时描述了目标达成的手段和方式，如阅读地图、资料分析、讨论等。

3. 教学目标的问题

教学目标的主要问题表现在四个方面：①部分教学目标与本节课的教学内容、教学方式、教学活动脱节；②部分教学目标混同了教学过程、学习过程；③部分教学目标的行为主体是教师；④部分教学目标中可观察、可检测的行为动词较少。试举几例如下：

案例1：通过小组交流、实验操作，培养学生自己动手的实验能力、独立思考能力、总结、归纳能力；通过课下的资料查找，培养学生多渠道获取信息的能力。（摘自初中物理学科《特殊法测电阻》一课的教学设计）

这一目标没有与这节课的具体实验内容和技能相结合，笼统地说培养学生的实验能力、独立思考能力，不容易在课堂教学中观察和检测，不能保证教学中能够实现。

案例 2：模仿课文，以"悼词"为载体，针对"观点明确"的演讲要求学写演讲稿。（摘自初中语文学科《悼念玛丽·居里》一课的教学设计）

"学写演讲稿"是教学过程或者是学习过程，不是学习结果。在表述教学目标时，应该关注通过学习过程，学生要获得的学习结果是什么，而不是仅仅停留在过程上。只有关注了学生学习的结果，才能够使学生在这个学习过程中学有所获。如果将教学目标——学习结果——混同于学习过程，就会将注意力放在过程上，忽略学生在过程中的所得，可能会导致教学目标的落空，即学生经历了过程，却没有情感的体验，没有知识的理解，没有技能的掌握。

案例 3：（教师）引导学生通过对课文的学习，感受到文章的语言优美，从而感受独特的地域风情之美。（摘自小学语文《威尼斯的小艇》一课的教学设计）

案例 4：（教师）通过对相关资料的阅读，提高学生收集整理运用信息的能力和探究问题分析问题的学习能力，以及解释说明问题的能力。（摘自小学品德与社会学科《四大发明》一课的教学设计）

案例 5：引导学生通过读图、阅读、讨论，学习和掌握巴西的首都、地理位置、地形、气候及河流的特征；引导学生主动参与课堂讨论、小组合作，形成积极思考与乐于探究的学习态度；提高综合分析地理问题的能力，进一步掌握学习国家地理的一般方法。（摘自初中地理《巴西》一课的教学设计）

案例 3 至案例 5 都是以教师为行为主体的，不利于教师从学生的角度思考学习后的变化，容易形成以教为中心。例如，初中地理《巴西》一课的教学目标，运用的动词（如"掌握""体会""感知"等）都是不可观察的，学生是否掌握，是否能体会，是否能感知，教学中可能无法判断。因此，如果仅仅用这些动词来描述教学目标，可能会使教学目标模糊而无法达成。

（二）教学内容

教学内容是教学的载体，既是有意传递的主要信息，也是教学过程中师生相互作用动态生成的素材及信息，它服务于教学目的的达成。因此，教学内容是否有助于教学目标的达成，是否符合课程标准的要求，是评价教学内容的首要标准。其他指标还包括教学内容的科学性和正确性、教学内容的结构化程度、与学生的认知水平适切、激发学生的兴趣等。

1. 总体情况

总体来看，三年的教学内容评价结果差异不大。从二级指标来看，教学内容的科学性和正确性得分最高，其次是围绕教学目标/符合课程标准（见表 2-26）。这表明，多数录像课教学内容没有科学性错误，而且与课程标准的要求相符，为教学目标的达成服务。得分较低的指标是教学内容的结构化程度、与学生的认知水平适切和激发学生的兴趣。

表 2-26　教学内容评价结果(2012—2014 年)

指　标	平　均　值		
	2012	2013	2014
教　学　内　容	8.3	7.8	7.7
围绕教学目标/符合课程标准	8.4	8.0	7.9
教学内容的科学性和正确性	8.8	8.3	8.1
教学内容的结构化程度		7.7	7.5
与学生的认知水平适切		7.7	7.7
激发学生的兴趣	8.0	7.4	7.6

2. 教学内容的优点

教学内容的优点体现在两个方面。

①多数录像课的教学内容与课程标准适切。从广度来看，教学内容的选择与组织围绕本节课的教学目标；从深度来看，内容难度不超出课程标准要求的程度。总体来看，多数录像课的教学内容符合课程标准的要求，并且围绕教学目标的达成。

②多数录像课的教学内容科学性、正确性较高。主要表现为教学内容的呈现和讲解没有错误。这种错误，从类别看，既包括知识技能的错误，也包括情感、态度价值观的引导错误。从来源看，既包括教师所选择和加工的教材上的内容的错误，也包括教师所选择的课外资源的错误。例如，2013 年的录像课中，81.7% 的课设计的教材内容无错误，81.7% 的课设计的课外资源无错误，80.7% 的课教学内容的讲解无错误(见表 2-27)。

表 2-27　教学内容的科学性与正确性(2013 年 95 节录像课)

教学内容科学性、正确性	符合百分比/%
设计的教材内容无错误	81.7
设计的课外资源无错误	81.7
教学内容的讲解无错误	80.7

3. 教学内容的缺点

教学内容的缺点体现在两个方面。

①教学内容与学生认知水平的适切度有待提高，主要体现在总量与学生认知规律的适切度较低(见表 2-28)。例如，小学语文《珍珠鸟》第一课时如果只安排朗读课文、学习生字、感知主要内容三个内容，整节课就会容量较少、思维含量较低。初中语文《狼牙山五壮士》第二课时，在理解内容、感受情感、领悟写法之外，又安排

了阅读 1 300 多字的《八女投江》一文，并与课文进行比较，整节课的容量太多，每一个环节都匆匆而过，学生没有时间深入思考和理解。

表 2-28　教学内容与学生认知水平的适切度(2013 年 95 节录像课)

教学内容与学生认知水平的适切度	符合百分比/%
难度与学生认知水平的适切	97
总量与学生认知规律的适切	77.8
重点内容的突出	95
呈现顺序循序渐进	97.5

②教学内容的结构化程度有待提高。体现为教学内容前后脱节，与单元教学目标没有联系。例如，2014 年小学品德与社会学科《四大发明》共 10 节课，统计发现，有 6 节课能够将课程主题与单元主题相联系，有 4 节课单元主题意识欠缺。"教学内容需要思考与单元、主题内容之间的关系，整节课都在分析造纸术印刷术的发展过程。"如果教学内容不能与"单元主题——中华民族的古代科学成就"相结合，就无法让学生体会中华民族的勤劳与智慧，以及对世界文明的巨大贡献。

(三)教学过程

教学过程是教学活动的展开过程，也是教学目标的达成过程。对教学过程的评价，共有 4 个二级指标，即时间安排的合适程度、教师行为和学生行为比例合适程度、教学方式的适切度、师生语言互动。

1. 总体情况

总体来看，对教学过程的评价，三年差异不大。从二级指标来看，教学方式的适切度指标得分最高，师生语言互动指标得分最低(见表 2-29)。

表 2-29　教学过程评价结果(2012—2014 年)

指　标	2012 年得分	2013 年得分	2014 年得分
时间安排的合适程度	7.8	7.5	7.4
教师行为和学生行为比例合适程度	8.1	7.5	7.4
教学方式的适切度	8.0	7.5	7.6
师生语言互动	7.8	7.3	7.2

2. 教学过程的优点

教学过程的优点主要体现在两个方面：

①教学方式的适切度较高。课堂上教师不再以讲授为唯一的教学方式，讨论、游戏、操作、角色扮演等多样化的教学方式改变了以往较为沉闷的课堂。例如，

2014年小学品德与社会学科的学习活动类型（见表 2-30），就体现出了课堂教学方式多样性。这种多样性契合了教学的内容和目标，符合学生的心理特点。

表 2-30　学习活动的类型（2014 年小学品德与社会学科）

学习活动的类型	次数/次	百分比/％
讨论	14	23.0
自学	8	13.1
游戏	6	9.8
操作、实践	4	6.6
汇报、展示	13	21.3
角色扮演、模拟情境	1	1.6
讲故事、案例等	12	19.7
其他	3	4.9

②教师行为和学生行为百分比合适。项目组运用 S-T 分析方法，分析了录像课中师生行为的百分比，同时，依据这些定量数据，结合教学目标、教学内容和教学活动的具体情况，由专家判断这些定量数据是否合适。由表 2-29 的数据可以看出，专家对师生行为比例评价较高。分析录像课也发现，教师不再一言堂，而是通过多样的学生活动和师生互动等方式，调动学生参与学习过程。

3. 教学过程的问题

①师生语言互动存在问题。纵观每年的数据，多数学科的二级指标中，师生互动得分一直较低（见表 2-31）。

表 2-31　2014 年录像课分析中教学过程与师生互动平均得分

指　标	初中地理均分 （共 20 节）	小学品德与社会均分 （共 19 节）	小学语文均分 （共 20 节）	小学数学均分 （共 12 节）
教学过程	7.4	7.2	7.9	7.3
师生互动	7.3	6.9	7.6	7.2

教师提问是师生互动的开端，问题质量的高低影响着互动效果的好坏。课堂教学中，多数问题都是简单判断和事实陈述性问题，思维层次较低，而诸如"为什么"的解释性问题和"你怎么看"的评价性问题比例较低。导致学生不能深入思考，也失去了师生深入互动的机会。

以小学品德与社会学科为例，教师设计的问题类别集中在知识或事实性问题上，占 62.3％；而理解性问题占 16.3％；应用性问题仅占 3.5％（见表 2-32）。这表明，教师所设计的问题多是浅显的问题。又如小学语文学科，教师设计的问题中，从课文中直接找答案的问题占 27.3％，占的比重比较大；需要学生作出判断的问题占 21％；

需要学生进行评价的问题占 16.8%，占的比重相对较小；需要学生进行论述的问题占 27.9%（见表 2-33）。

表 2-32　小学品德与社会课堂提问问题的类别

问题类别	百分比/%
是不是，好不好的问题	17.8
知识或事实性问题	62.3
理解性问题	16.3
应用性问题	3.5

表 2-33　小学语文课堂提问问题的类别

问题类别	百分比/%
从课文中直接找答案的问题	27.3
需要学生作出判断的问题	21.0
需要学生进行评价的问题	16.8
需要学生进行论述的问题	27.9

在教师提问—学生回答—教师反馈的教学片段中，教师反馈是师生互动的关键环节。以小学语文和小学品德与社会学科为例，只有约三分之一的教师能够对学生的回答进行补充或引申，不少教师出现了重复学生答案、让其他学生回答、重复问题和代替学生回答的现象（见表 2-34），这些也是师生互动效果不佳的表现。

表 2-34　教师反馈行为分类①

教师反馈行为类型	小学品德与社会学科比例/%	小学语文学科比例/%
对学生的回答补充或引申	38.3	35.4
简单重复学生的答案	26.9	12.0
让其他学生回答	19.5	24.8
重复问题	7.4	8.6
教师代替学生回答	2.5	5.9
其他	5.2	13.2

运用分类指标弗兰德斯师生语言分析，将教师语言分为接纳学生情感、接纳学生观点、称赞鼓励、提问、讲授、命令指示、批评 7 种，学生语言分为主动发言和被动发言。通过对多年数据的统计，发现师生语言互动存在的共性问题，即以教师讲授、提问激发学生被动发言为主要互动方式。学生主动发言、教师接纳和利用学生想法的互动较少。

从图 2-5 可以看出：以教师语言为主（1～7 列/行总和），教师语言平均为 540 次，且以讲授（第 5 列总和）和提问（第 4 列总和）为主；学生语言平均为 210 次，且以被动发言为主，平均为 188 次；教师接纳和利用学生的观点有待提高，平均为 55 次。

从语言互动方式来说，以教师提问—学生回答问题为主要的互动方式，是一种教师驱动的互动方式。而主动发言后，教师对学生观点的接纳和利用次数只有 1 次（第 9 行，第 3 列）。可以看出，一方面学生主动发言较少，另一方面教师对学生主

---

① 因进位问题，各列数据的百分比相加可能不等于 100%，下同。

	1	2	3	4	5	6	7	8	9	10	合计
1	2	0	0	0	0	0	0	0	0	0	2
2	0	16	1	2	2	1	0	1	0	1	24
3	0	1	33	7	6	0	0	4	0	1	54
4	0	1	3	102	7	7	0	25	1	6	152
5	0	1	1	17	177	7	0	4	1	7	215
6	0	0	1	4	4	64	0	9	1	10	93
7	0	0	0	0	0	0	0	0	0	0	0
8	0	4	14	12	9	4	0	141	0	3	187
9	0	0	1	1	1	0	0	0	19	0	22
10	0	0	1	7	9	7	0	4	0	217	246
合计	2	24	55	152	215	92	0	188	22	245	995

图 2-5　2012—2014 年师生语言分析弗兰德斯矩阵总图

动发言的接纳和利用也不够。还没有形成以学生为驱动的互动方式。

②学生独立学习时间有待增加。独立学习时间是指学生独立思考、独立练习的时间，一般包括学生阅读时间、练习时间、小组讨论时间等。以 2014 年的阅读课为例，阅读时间超过 5 分钟的不到一半(见表 2-35)。其中默读时间 3 分钟以上的，初中仅有 1 节，小学仅有 3 节。这表明，阅读课教学并没有给学生足够的阅读时间。

表 2-35　学生阅读时间统计(2014 年语文学科 41 节课)

阅读时间	初中阅读课节数(共 21 节)	小学阅读课节数(共 20 节)
5 分钟以上	10	17
5 分钟以下(含)	11	3

四、结论与建议

(一)结论

1. 录像课分析发现的共性优点

从教学目标来看，主要表现为：①多数教学目标描述的是学习结果。②多数教学目标符合课程标准的要求。③部分学科如英语、地理学科的教学目标比较关注与教学方式及教学内容的结合。

从教学内容来看，主要表现为：①教学内容的选择与组织围绕本节课的教学目标，内容难度不超出课程标准要求的程度。②选择和呈现的教学内容没有科学性和价值观方面的错误。

从教学过程来看，主要表现为：①教学方式的适切度较高。课堂上教师不在以讲授为唯一的教学方式，讨论、游戏、操作、角色扮演等多样化的教学方式改变了以往较为沉闷的课堂。②师生行为比例合适。教师注重通过活动和提问，给学生更多学习时间。

2. 录像课分析发现的共性问题

从教学目标来看，主要表现在四个方面：①部分学科教学目标与本节课的教学内容、教学方式、教学活动脱节。②很多课把教学过程、学习过程混同于教学目标。③部分课的教学目标行为主体是教师。④教学目标中可观察、可检测的行为动词较少。

从教学内容来看，主要表现在两个方面：①教学内容与学生的认知水平适切度有待提高。主要体现在总量与学生认知规律的适切度较低。②教学内容的结构化程度有待提高。体现为教学内容前后脱节，与单元教学目标没有联系。

从教学过程来看，主要表现在：①师生语言互动存在问题。一方面，教师设计的多数问题都是简单判断和事实陈述性问题，导致学生不能深入思考；另一方面，教师对学生情感与观点的接纳和利用较少。②尽管学生学习行为占有一定的比例，但是学生独立学习时间有待增加。

（二）建议

1. 改进教学目标的设计

（1）设计教学目标时，要以学生为行为主体

教学目标应该是学生的学习结果。因此，建议教师在设计和描述教学目标时要以学生为行为主体，描述为"学生能够掌握……学生能运用……"。杜绝在一句话中既有教师主体，又有学生主体的目标描述。

（2）设计教学目标时，要结合教学内容和教学方式方法

教学目标的达成是以教学内容为载体，以教学方式方法为途径的。因此在设计教学目标时，要与教学内容和教学方式相结合。三者相结合的教学目标描述，一般是这样的："通过……方法（活动），学生能……。""通过学习……内容，学生能够……。"

（3）将学习过程与学习结果区别开来

教学目标是学习预期的学习结果，因此，设计进行目标时，不能仅仅写学习过程，如"学习写说明文""学习四大发明的起源"，这样的目标都是学习过程，不是学习的预期结果。建议将上述目标改为："通过学习写说明文，理解说明文的特点和基本要求，初步完成一篇说明文。""通过学习四大发明的起源，知道四大发明的基本内容，体会我国古代的灿烂文明。"

（4）尽可能采用可观察的行为动词，体现教学目标的可观察性或可检测性

设计教学目标时，一方面，尽量采用诸如说出、列出、写出、操作、完成某个技能等可观察的行为动词；另一方面，设计一些问题或活动，让学生通过回答问题或参与活动来达成教学目标。

2. 改进教学内容的设计

（1）设计教学内容时，注重激发学生的兴趣

对于小学教学来说，教学内容与学生生活实际的联系、教学内容的故事性、教学内容呈现形式的丰富、教学内容的朗朗上口（儿歌）等都容易激发学生的学习兴趣。

（2）设计教学内容时，适当增加具有较高思维水平的问题

布卢姆曾将问题按照思维的层次分为6种：知识性问题、理解性问题、应用性问题、分析性问题、综合性问题、评价性问题。目前，课堂上知识或事实性问题占比多，理解性、应用性等需要高级思维能力的问题占比少。建议适当减少知识或事实性问题，增加较高层次的问题，多问"为什么"的问题，让学生进行解释；增加评价性问题，多问"你怎么看"的问题，让学生进行评价，提出自己的观点；增加应用性问题，多问"怎么样、怎么办"的问题，让学生表达自己的想法。

3. 提高师生语言互动的实效性

（1）做好提问后的预设

要从学生的角度来预设答案，并根据预设的答案设计指导的策略。

（2）对学生的回答给予积极的反馈

当学生回答正确时，教师应给予肯定，并进一步追问学生为什么这样想。当学生回答正确但不完整时，教师应进行提示，"还有其他吗？""还有其他原因吗？"或者给予一定线索，启发学生继续深入思考。当学生回答问题有困难时，教师要进行启发。具体做法有：①换一个问法。②分解成小问题，降低难度。③适当提示。④当学生回答错误时，不是直接给出答案，而是给出思路。

（3）选择合适的反馈类型，多使用精致性反馈

课堂教学中的反馈类型很多，有的学者总结出了6种：①无反馈，学习者回答后，不指出是否正确。②确定性反馈，指出答案是否正确。③答案性反馈，教师仅给出正确答案。④重试性反馈，告诉学生不正确，允许学生再次进行回答，直至回答正确。⑤错误标记反馈，强调答案是错误的。⑥精致性反馈，解释说明一个具体的回答正确与否的原因，可能提供答案，也可能不提供。可以看出，精致性反馈信息丰富，不仅提供了答案的范例，而且提供了为什么正确，甚至提供得出答案的策略信息等。教师需要依据学生的实际，选择合适的反馈类型，加强精致性的反馈的使用，促进教师与学生之间语言互动的深入和持续。

（4）选择反馈的时机

反馈有即时反馈和延迟反馈，即时反馈的优点是能促进结论的形成，激发学习

动机，缺点是学习者过于依赖反馈信息，不善于主动发现问题。延迟反馈能激发学习者积极主动地进行认知和元认知加工，但对于学有困难和动机不强的学习者而言，延迟反馈不利于知识和技能的掌握。鉴于这些研究，教师应该依据学习任务的难度、不同的学习者来选择合适的反馈时机。

（5）学会接纳学生的情感

在弗兰德斯语言互动指标中，第一个指标是"接纳学生的情感"。从数据来看，这种语言出现的次数非常低。这表明，教师认同学生的感受、接纳学生情感的语言少。而这些语言是营造良好师生关系的关键，如"嗯，我明白""我知道，你很失望""题目确实有点难"等。这样的语言能够使学生知道，即使有一些消极的想法也没有关系，从而促使学生愿意与教师接近，改善师生关系。

4. 给学生留出独立学习的时间

（1）留出独立思考的机会

课堂上教师提问很多，学生往往被动发言，很少主动质疑。因此建议教师给学生留出独立思考、进行质疑的机会。

（2）增加独立思考的时间

当前课堂上小组学习时间、师生互动时间都很充分，唯独学生独立学习时间较少。课堂是学生思考和练习的主要场所，很多内容需要学生理解和掌握，学生必须经历独立思考、练习、巩固的过程。只有这样才能够掌握课堂教学的内容，减少回家练习的时间，进而减少课业负担。因此，建议增加学生独立思考的时间。

5. 关注课堂上的生成资源

（1）要有对学生生成资源的设计，并做好指导的准备

通过问卷、谈话、测验，让学生说一说、画一画等方式，深入了解学生，调查学生原有的认识基础。教学设计要依据这些调查的结果进行。

（2）观察、收集不同层次学生学习过程中的问题

在师生互动阶段，给更多学生回答问题的机会。多数教师在提问时，提问对象少而且比较集中，影响教师对学生学习进程的把握。因此，需要给予更多学生回答问题的机会，通过让中等生、学困生回答问题或者板演，发现不同层次学生的问题；在学生独立学习或小组学习期间，积极观察学习进程中出现的问题；给学生时间，让学生说出想法，使学生的思维外显等。这些都可以充分呈现学生的思维方式和思维水平，为课堂上生成资源的处理奠定基础。

（3）提高活动指导的实效性

布置活动时需要详细说明活动，包括五个方面：一是活动目的，二是活动的方式，三是活动的步骤，四是活动持续的时间，五是活动的反馈要求。通过说明，使学生明白活动的步骤，尽量避免因为对活动本身不清楚而浪费时间。

第三节　五年级语文监测结果

第一部分　北京市义务教育阶段
五年级语文学科学业水平测试及评价概况

学生学业质量是教育教学质量的核心指标。学业质量监测是反映学生学业质量的重要手段，是北京市义务教育教学质量分析与评价反馈系统体系的重要组成部分。学业质量监测的目的主要在于，依据课程标准，按照《手册》提出的具体要求，对学生学业质量是否达到《课程标准》的要求，以及达到程度如何进行测查与评价，并在此基础上提出进一步提高北京市义务教育阶段学生学业质量的政策建议。

依据《手册》，五年级语文学科的监测年是 2006、2008、2010、2012、2014 年。以下将分别从监测工具、测试对象、监测数据分析方法、基本概念四个方面来进行说明。

一、监测工具

（一）制定学科学业水平测试方案

学科学业水平测试方案是对学科学业测试内容、结构、范围与标准的具体说明。语文学科学业水平测试方案是依据相应学科的《课程标准》相应学段内容，结合北京市义务教育教学的实际情况而制定的。各学科的学业水平测试方案是指导学科整体测试工作的重要基础，主要包括学科学业水平测试框架、学业水平测试内容标准、测试方式、题型和测试时间、测试领域的分数构成、学业成就水平标准、题目示例、往年测试题呈现八个部分。

其中，学科学业水平测试框架、学业水平测试内容标准与学业成就水平标准是构成学科学业水平测试方案的三大核心要素。语文学科学业水平测试框架主要由内容领域构成，且学业成就水平主要以内容领域进行标准划定。

（二）制定测试工具

制定学科学业水平测试工具的目的在于测查、评价相应年级、学科学生的学业质量。语文学科命题小组以学科《课程标准》为依据，根据《手册》中学科学业水平测试方案的要求，制定测验细目表与命题蓝图，并在此基础上命制学科预测试卷。在对学科预测试卷测试数据结果进行充分研究、讨论、选择、调整与修改的基础上，形成由测试指标好的高质量试题组成学科测试卷，由专家审定后形成最终正式学科测试工具。2006—2014 年，项目组共命制五年级语文预测试卷 12 套，正卷 6 套，锚卷 3 套。五年级语文测试了作为标准卷的锚卷，以便于在各年的测试间进行等值分析。对学科测试工具的质量分析的结果表明，其具有较好的内部一致性信度、内容效度与结构效度。

二、测试对象

本研究以北京市义务教育阶段五年级学生为测试对象，主要采用多阶段随机抽样与分层整群抽样相结合的方式抽取学生样本，抽样所需要的基本信息主要来自该年《北京市教育事业统计资料》。具体步骤是：第一阶段，将北京市所有区县按照地域特征分成两层——城市与郊区，再在每一层采用简单随机方式抽取区县；第二阶段，将抽到的每个区县按照办学条件情况进行分层，可分为办学条件好校、办学条件较好校、办学条件一般校、办学条件较差校，再在每一层采用 PPS 系统抽样法（抽取率与单位大小成比例的多阶段抽样法）抽取学校（对于五年级来说，同时按照学校的性质即完全中学、初级中学、九年一贯校进行分层抽样）；第三阶段，在所抽取的学校中采用简单随机方式抽取 1~2 个平行班级作为测试班级。具体人数见表 2-36。

表 2-36　北京市 2006、2008、2010、2012、2014 年五年级语文测试人数统计表

时间	五年级语文测试人数/人
2006	3 220
2008	6 116
2010	97 389
2012	36 848
2014	7 338

三、监测数据分析方法

（一）研究方法

2006—2014 年大样本学业质量监测，主要采用测验法，通过对学生在各学科上的学业水平表现进行统计分析，并作出评价和判断。

（二）数据处理与分析

根据测试研究的目的与现有数据结构，主要采用数据统计软件 SPSS 18.0 对于学生学业测试的结果部分进行统计分析。

四、基本概念

北京市义务教育教学质量分析与评价反馈系统学业质量监测，旨在解释学生学业质量是否达到《课程标准》要求，以及达到程度如何两个核心问题。故在各年学业质量监测报告中所使用的分析评价指标主要采用合格率、优秀率等指标。优秀率指达到优秀水平的学生人数占参加测试学生总人数的百分比，在数值上等于优秀水平

人数百分比；合格率是指处于合格水平及其以上的学生人数占参加测试学生总人数的百分比，在数值上等于合格水平人数百分比、良好水平人数百分比与优秀水平人数百分比的和。

第二部分　北京市五年级语文学科学业水平测试结果及分析

经过数据分析，北京市 2006、2008、2010、2012、2014 年义务教育阶段五年级语文学业质量发展趋势结果分析如下：

一、整体学业水平测试结果

表 2-37　北京市 **2006、2008、2010、2012、2014** 年五年级语文合格率和优秀率情况表

单位：%

项目	2006	2008	2010	2012	2014
五年级语文合格率	83.8	94.7	98.4	97.8	97.2
五年级语文优秀率	13.3	19.9	32.6	28.3	45.0

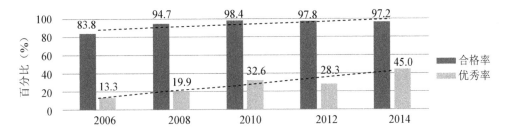

图 2-6　北京市 **2006、2008、2010、2012、2014** 年五年级语文合格率和优秀率情况图

由表 2-37 和图 2-6 可以看出，从 2006 年至 2014 年，五年级语文合格率有很大提高，至 2014 年达到 97.2%；优秀率有所波动，2010 年达到高点 32.6%，2012 年下降至 28.3%，但 2014 年又上升至 45.0%，整体呈现上升趋势。

二、各内容领域学业水平测试结果

表 2-38　北京市 **2008、2010、2012、2014** 年五年级语文学科各内容领域合格率和优秀率情况表

单位：%

项目	合格率				优秀率			
	2008	2010	2012	2014	2008	2010	2012	2014
识字与写字	93.9	96.0	95.5	96.9	33.2	47.2	39.8	52.4
阅读	93.7	97.2	95.9	96.0	32.2	44.7	35.2	41.0
写作	95.9	98.8	98.9	97.9	26.4	39.8	54.8	43.7

由表 2-38 可以看出，2008、2010、2012、2014 年的五年级语文学科识字与写字、阅读、写作分领域的合格率相对比较稳定，均在 90% 以上。五年级语文学科识字与写字分领域优秀率波动较大，2010 年较高（47.2%），2014 年最高（52.4%）；阅读分领域优秀率波动也较大，2010 年最高（44.7%），2014 年较高（41.0%）；写作分领域的优秀率同样有所波动，2012 年提高至 54.8%，2014 年又降至 43.7%。

三、性别差异情况

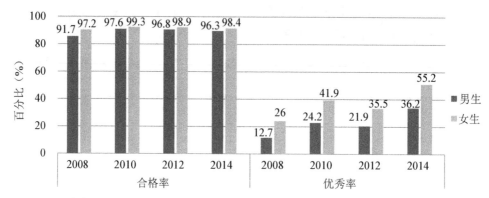

图 2-7　北京市 **2008**、**2010**、**2012**、**2014** 年五年级语文不同性别学生合格率和优秀率情况图

表 **2-39**　北京市 **2008**、**2010**、**2012**、**2014** 年五年级语文合格率和优秀率性别差异情况表

性别比较	合格率				优秀率			
	2008	2010	2012	2014	2008	2010	2012	2014
差值	−5.5	−1.7	−2.1	−2.1	−13.3	−17.7	−13.6	−19.0
效应值	0.318	0.287	0.336	0.423	0.414	0.443	0.509	0.460
	0.323*（/）				0.459*（O）			
合格率和优秀率	（⊙）							

注：* 表示性别差异显著存在，且如果 0＜效应值＜1，表示女生表现好于男生，如果效应值＞1，男生表现好于女生，O 表示不同年度间的性别差异发生显著的变化。⊙ 表示优秀率的性别差异与合格率的性别差异有显著不同。/ 表示不同年度间的性别差异没有发生变化或者优秀率的性别差异与合格率的性别差异基本相同。后同。

由图 2-7 和表 2-39 可以看出，就合格率而言，女生群体显著高于男生，男女生群体的差别幅度在年度间较为稳定；就优秀率而言，女生群体同样显著高于男生，且男女生群体的差别幅度在年度间波动较大。进一步比较发现，男女生群体在优秀率上的年度间差异显著高于合格率。

四、户籍差异情况

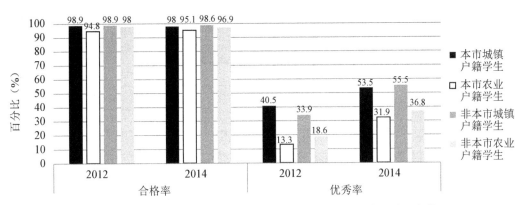

图 2-8　北京市 **2012**、**2014** 年五年级语文不同户籍学生合格率和优秀率情况图

表 2-40　**2012**、**2014** 年五年级语文合格率和优秀率户籍差异情况表

类别		合格率		优秀率	
		2012	2014	2012	2014
本市城镇户籍学生 与本市农业户籍 学生比较	差值	4.1	2.9	27.2	21.6
	效应值	4.932	2.525	4.437	2.456
		3.610*(O)		3.312*(O)	
	合格率和优秀率	(/)			
本市城镇户籍学生 与非本市城镇户 籍学生比较	差值	0	−0.6	6.6	−2.0
	效应值	1.000	0.696	1.327	0.923
		0.868(/)		1.112(O)	
	合格率和优秀率	(/)			
本市城镇户籍学生 与非本市农业户籍 学生比较	差值	0.9	1.1	21.9	16.7
	效应值	1.835	1.568	2.979	1.976
		1.711*(/)		2.434*(O)	
	合格率和优秀率	(/)			
本市农业户籍学生 与非本市城镇户籍 学生比较	差值	−4.1	−3.5	−20.6	−23.6
	效应值	0.203	0.276	0.299	0.376
		0.224*(/)		0.331*(O)	
	合格率和优秀率	(⊙)			

类别		合格率		优秀率	
		2012	2014	2012	2014
本市农业户籍学生与非本市农业户籍学生比较	差值	−3.2	−1.8	−5.3	−4.9
	效应值	0.372	0.621	0.671	0.804
		0.451*(O)		0.731*(O)	
	合格率和优秀率	(⊙)			
非本市城镇户籍学生与非本市农业户籍学生比较	差值	0.9	1.7	15.3	18.7
	效应值	1.835	2.253	2.244	2.142
		1.945*(/)		2.17*(/)	
	合格率和优秀率	(/)			

由图 2-8 和表 2-40 可以看出，在 2012—2014 年，依据效应值比较结果，将合格率从高到低排序依次为：本市城镇户籍学生和非本市城镇户籍学生并列首位，随后分别是非本市农业户籍学生和本市农业户籍学生。将优秀率从高到低的依次排序为：本市城镇户籍学生、非本市城镇户籍学生、非本市农业户籍学生、本市农业户籍学生。

进一步分析发现，无论是合格率还是优秀率，本市城镇户籍学生均显著高于本市农业户籍学生，两种户籍学生差别幅度在年度间显著减小。此外，两群体不同年度间优秀率的差异与合格率的差异基本相同。

无论是合格率还是优秀率，本市城镇户籍学生和非本市城镇户籍学生间均无显著差异；两种户籍学生合格率差别幅度在年度间基本稳定，而优秀率差别幅度在年度间显著减小。此外，两种户籍学生不同年度间优秀率差异与合格率差异基本相同。

无论是合格率还是优秀率，本市城镇户籍学生显著高于非本市农业户籍学生；两种户籍学生合格率差别幅度在年度间基本保持稳定，而优秀率差别幅度在年度间显著减小。此外，两种户籍学生不同年度间优秀率差异与合格率差异基本相同。

无论是合格率和优秀率，本市农业户籍学生显著低于非本市城镇户籍学生；两种户籍学生合格率差别幅度在年度间保持稳定，而优秀率差别幅度在年度间显著增大。此外，两种户籍学生不同年度间优秀率的差异边缘显著大于合格率的差异。

无论是合格率和优秀率，本市农业户籍学生显著低于非本市农业户籍学生；且无论是合格率还是优秀率，两种户籍学生差别幅度在年度间均显著增大。此外，两种户籍学生不同年度间优秀率的差异显著大于合格率的差异。

无论是合格率和优秀率，非本市城镇户籍学生显著高于非本市农业户籍学生；且无论是合格率还是优秀率，两种户籍学生差别幅度在年度间均基本保持稳定。此外，两种户籍学生不同年度间优秀率差异与合格率差异基本相同。

五、地域差异情况

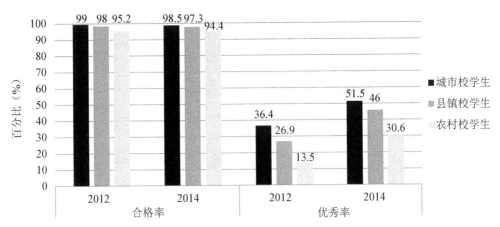

图 2-9　北京市 2012、2014 年五年级语文不同地域学校学生合格率和优秀率情况图

表 2-41　北京市 2012、2014 年五年级语文合格率和优秀率不同地域学校学生差异情况表

类别		合格率		优秀率	
		2012	2014	2012	2014
城市校学生与 县镇校学生比较	差值	1	1.2	9.5	5.5
	效应值	2.020	1.822	1.555	1.247
		1.947*(/)		1.400*(O)	
	优秀率和合格率	(/)			
城市校学生与 农村校学生比较	差值	3.8	4.1	22.9	20.9
	效应值	4.992	3.895	3.667	2.408
		4.472*(/)		2.983*(O)	
	优秀率和合格率	(/)			
县镇校学生与 农村校学生比较	差值	2.8	2.9	13.4	15.4
	效应值	2.471	2.138	2.358	1.932
		2.354*(/)		2.155*(O)	
	优秀率和合格率	(/)			

由图 2-9 和表 2-41 可以看出，在 2012、2014 年，依据效应值比较结果，将合格率和优秀从高到低各自排序，结果均为：城市校、县镇校、农村校学生群体。就合格率和优秀率来说，城市校—县镇校、城市校—农村校、县镇校—农村校两两相比，前者均显著高于后者，且两者合格率差别幅度在年度间均保持稳定，而优秀率差别幅度在年度间均显著减少。此外，各群体不同年度间优秀率差异与合格率差异基本相同。

六、不同规模学校学生差异情况

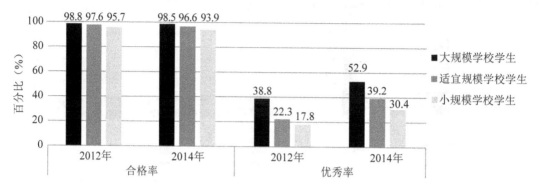

图 2-10 北京市 2012、2014 年五年级语文不同规模学校学生合格率和优秀率情况图

表 2-42 北京市 2012、2014 年五年级语文合格率和优秀率不同规模学校学生差异情况表

类别		合格率		优秀率	
		2012	2014	2012	2014
大规模学校学生群体与适宜规模学校学生群体比较	差值	1.2	1.9	16.5	13.7
	效应值	2.025	2.311	2.209	1.742
		2.219*(/)		1.970*(O)	
	优秀率和合格率	(/)			
大规模学校学生群体与小规模学校学生群体比较	差值	3.1	4.6	21	22.5
	效应值	3.699	4.266	2.928	2.571
		3.807*(/)		2.846*(/)	
	优秀率和合格率	(/)			
适宜规模学校学生群体与小规模学校学生群体比较	差值	1.9	2.7	4.5	8.8
	效应值	1.827	1.846	1.325	1.476
		1.830*(/)		1.349*(/)	
	优秀率和合格率	(⊙)			

由图 2-10 和表 2-42 可以看出，在 2012、2014 年，依据效应值比较结果，将合格率和优秀率从高到低各自依次排序，结果均为：大规模学校学生群体、适宜规模学校学生群体和小规模学校学生群体。

无论是合格率和优秀率，大规模学校学生群体显著高于适宜规模学校学生群体；两群体合格率差别幅度在年度间保持稳定，而优秀率差别幅度在年度间显著减少。此外，两群体不同年度间优秀率差异与合格率差异基本相同。

无论是合格率和优秀率，大规模学校学生群体显著高于小规模学校学生群体，两群体合格率与优秀率差别幅度在年度间均保持稳定。此外，两群体不同年度间优秀率的差异显著大于合格率的差异。

无论是合格率和优秀率，适宜规模学校学生群体显著高于小规模学校学生群体，两群体在合格率与优秀率差别幅度在年度间均保持稳定。此外，两群体不同年度间优秀率的差异显著大于合格率的差异。

第三部分　北京市五年级语文学科学生学业水平测试结果相关因素的结果及分析

一、学生因素与学业水平测试结果的相关结果

（一）学习条件

学习条件包括家里是否拥有喜欢的课外读物、课外练习册或参考书、安静的学习环境、学习类的光盘、自己的书柜或书架等。2008—2014 年，90% 以上的学生拥有基本的学习条件，如拥有喜欢的课外读物、课外练习册或参考书、安静的学习环境，没有基本的学习条件的学生比例逐年降低（见表 2-43）。由此看出，学生家庭学习环境逐步改善。同时可以发现，学习条件对学业成绩的影响也较大，拥有基本的学习条件的学生其学业成绩高于没拥有的学生。

表 2-43　学生学习条件与学业成绩对照

选　项	百分比/%				学业成绩/分			
	2008	2010	2012	2014	2008	2010	2012	2014
有喜欢的课外读物	95.9	97.4			77.4	83.9		
无喜欢的课外读物	4.1	2.6			68.8	76.2		
有课外练习册或参考书	88.8	89.6	89.2	86.9	77.7	84.3	81.7	517
无课外练习册或参考书	11.2	10.4	10.8	13.1	71.9	78.7	76.1	482
有安静的学习环境	92.8	92.6	92.7	94.7	77.3	84.0	81.5	515
无安静的学习环境	7.2	7.4	7.3	5.3	72.9	79.6	76.2	457
有学习类的光盘	67.3	67.2	71.0	77.0	77.7	84.4	81.8	517
无学习类的光盘	32.7	32.8	29.0	23.0	75.5	82.2	79.5	497
有自己的书柜或书架			82.1	86.0			82.0	520
无自己的书柜或书架			17.9	14.0			76.9	467

注：由于 2014 年为了采用同一量尺衡量不同内容测试学生的分数，因此项目基于量尺分数的基本原理，使用多维度项目反应理论模型，依据学生原始作答模式，将其在某学科及各领域的潜在能力特征值转换到平均分为 500 分、标准分为 100 分的量尺分数上进行报告。

（二）学习兴趣

学习兴趣的调查包括是否喜欢语文学习、是否喜欢语文老师、是否喜欢写作

文、是否愿意向同学介绍自己读过的好书、是否愿意举手回答问题、认为语文老师的课讲得如何、认为自己学得如何等。2008、2010 年的调查结果显示，喜欢语文学习、喜欢语文老师的学生比例较高，分别有 66％和 80％左右，并且喜欢语文老师的学生比例在逐年增加，到 2010 年增加到 80％以上。喜欢写作文的学生比例逐年增加，从 2008 年的 49％逐步增长到 2014 年的 70.4％。可以看出，学生对语文学科及教师的喜爱程度在逐年增加。大多数学生能够积极地参与课堂学习和讨论，愿意向同学介绍自己读过的书，大多数学生认可语文教师的课堂教学，认为老师的课上得很好。从学业成绩来看，学习兴趣高的学生学业表现明显优于其他学生。

表 2-44　关于学生是否喜欢语文学习的调查结果

选　项	百分比/%				学业成绩/分			
	2008	2010	2012	2014	2008	2010	2012	2014
喜欢	66.5	66.1			77.8	84.8		
一般	30.0	31.0			75.8	81.7		
不喜欢	3.5	2.9			74.3	79.3		

表 2-45　关于学生是否喜欢语文老师的调查结果

选　项	百分比/%				学业成绩/分			
	2008	2010	2012	2014	2008	2010	2012	2014
喜欢	78.3	80.3			77.6	84.4		
一般	18.7	17.2			75.2	81.0		
不喜欢	3.0	2.5			73.9	80.1		

表 2-46　关于学生是否喜欢写作文的调查结果

选　项	百分比/%				学业成绩/分			
	2008	2010	2012	2014	2008	2010	2012	2014
不喜欢	17.3	13.4	26.1	19.1	75.4	80.9	79.2	487
不确定	33.7	32.1	13.2	10.5	76.3	82.4	78.9	490
喜欢	49.0	54.6	60.8	70.4	78.1	85.1	82.1	522

表 2-47　关于学生修改自己习作的情况的调查结果

选　项	百分比/%				学业成绩/分			
	2008	2010	2012	2014	2008	2010	2012	2014
主动修改	69.8	80.9			77.9	83.0		
在老师的要求下修改	27.9	17.8			75.7	84.4		
从不修改	2.4	1.2			67.5	74.8		

表 2-48　关于"我愿意向同学介绍我读过的好书"这种说法是否符合学生情况的调查结果

选　项	百分比/%				学业成绩/分			
	2008	2010	2012	2014	2008	2010	2012	2014
完全不符合			6.3				77.7	
基本不符合			10.3				79.7	
不确定			14.1				78.5	
基本符合			36.5				81.6	
完全符合			32.7				82.8	

表 2-49　关于"上课时，我愿意举手回答问题"这种说法是否符合学生情况的调查结果

选　项	百分比/%				学业成绩/分			
	2008	2010	2012	2014	2008	2010	2012	2014
完全不符合			4.1	3.6			76.6	454
基本不符合			11.4	10.3			79.3	488
不确定			11.3	9.7			76.9	479
基本符合			38.5	30.1			81.0	505
完全符合			34.7	46.3			83.7	533

表 2-50　关于学生认为语文老师的课讲得如何的调查结果

选　项	百分比/%				学业成绩/分			
	2008	2010	2012	2014	2008	2010	2012	2014
好	87.5	88.0			77.3	83.9		
一般	11.2	11.0			75.3	82.2		
不好	1.4	1.0			72.9	80.5		

表 2-51　关于学生认为自己语文学得如何的调查结果

选　项	百分比/%				学业成绩/分			
	2008	2010	2012	2014	2008	2010	2012	2014
好	35.9	40.5			80.4	86.3		
一般	58.5	54.5			75.8	82.4		
不好	5.6	5.0			68.8	75.8		

(三)学习习惯

学习习惯的调查包括预习与复习、倾听与发言、课外阅读情况等。数据表明，

2008 年经常预习和复习的学生均在 60% 以上,其学业成绩也高于很少预习、复习,以及从不预习、复习的学生。调查数据表明,预习时"读课文后思考课后问题"的学生最多,占 40% 左右;复习时"反复朗读、背诵重点内容"和"总结学习的方法""对学过的内容分类整理"的学生较多;70%~80% 的学生在上课之前读过要学的课文,这部分学生的成绩显著高于其他学生。可以看出,预习和复习对学业成绩有提高作用,且在复习时,采用深度加工的复习方法(如总结学习的方法、对学过的内容分类整理)的学生,其学业成绩要高于抄写好词佳句、反复朗读、背诵重点内容等浅层次加工的复习方法的学生。

关于课堂倾听的调查结果显示,大部分学生能够在课堂上认真倾听老师及同学的发言,并且比例逐年升高,且成绩也远高于不认真倾听的学生。并且,在别人发言时,"倾听后发表自己的看法"的学生占 65.1%,"注意倾听,但不发表看法"的学生占 32.3%,这两部分学生的成绩远高于不倾听的学生。

关于课外阅读的调查发现,平均每天阅读 11 页以上课外书的学生占 50% 以上,且逐年增高,其学业成绩也明显高于阅读 10 页及以下的学生。能够背诵 51 篇以上古诗文的学生占 40% 左右,2010 年达到 49.1%,其学业成绩明显高于其他学生。

表 2-52　关于学生对语文课内容进行预习的情况的调查结果

选　项	百分比/%				学业成绩/分			
	2008	2010	2012	2014	2008	2010	2012	2014
从不预习	2.4				70.8			
很少预习	29.5				75.0			
经常预习	68.1				78.1			

表 2-53　关于学生对语文课内容进行课后复习的情况的调查结果

选　项	百分比/%				学业成绩/分			
	2008	2010	2012	2014	2008	2010	2012	2014
从不复习	2.7				71.7			
很少复习	34.2				75.9			
经常复习	63.0				77.9			

表 2-54　关于学生最常用的一种预习方法的调查结果(选做题,不预习的同学不答此题)

选　项	百分比/%				学业成绩/分			
	2008	2010	2012	2014	2008	2010	2012	2014
读几遍课文		27.9	22.5			81.0	78.9	
读课文后思考课后问题		37.6	40.2			85.6	82.8	

选 项	百分比/%				学业成绩/分			
	2008	2010	2012	2014	2008	2010	2012	2014
查字典学习生字词		23.8	19.4			84.0	81.8	
提出不懂的问题		10.7	17.9			83.4	79.4	

表 2-55 关于学生最常用的一种复习方法的调查结果(选做题,不复习的同学不答此题)

选 项	百分比/%				学业成绩/分			
	2008	2010	2012	2014	2008	2010	2012	2014
抄写好词佳句		16.0	9.4			79.8	74.8	
反复朗读、背诵重点内容		36.8	24.8			83.2	79.2	
总结学习的方法		17.1	38.1			84.2	83.9	
对学过的内容分类整理		30.1	27.7			86.3	81.2	

表 2-56 关于"上课之前,我已经把要学的课文读过了"这种说法是否符合学生情况的调查结果

选 项	百分比/%				学业成绩/分			
	2008	2010	2012	2014	2008	2010	2012	2014
完全不符合			4.2	3.4			75.5	442
基本不符合			7.8	6.1			77.6	465
不确定			11.6	6.8			77.2	454
基本符合			30.2	26.3			80.6	500
完全符合			46.2	57.4			83.6	534

表 2-57 关于"老师讲课时,我会认真倾听"这种说法是否符合学生情况的调查结果

选 项	百分比/%				学业成绩/分			
	2008	2010	2012	2014	2008	2010	2012	2014
完全不符合			1.3	1.1			73.4	392
基本不符合			2.9	1.9			71.3	406
不确定			5.2	4.3			73.0	432
基本符合			34.5	27.5			79.5	486
完全符合			56.2	65.1			83.5	533

表 2-58　关于"别人发言时，我能认真倾听"这种说法是否符合学生情况的调查结果

选　项	百分比/%				学业成绩/分			
	2008	2010	2012	2014	2008	2010	2012	2014
完全不符合			1.5	1.0			73.3	393
基本不符合			2.7	1.5			72.6	420
不确定			5.7	4.1			74.8	445
基本符合			31.8	26.4			80.1	491
完全符合			58.3	67.1			82.9	529

表 2-59　关于学生对课堂上别人发言时采取的做法的调查结果

选　项	百分比/%				学业成绩/分			
	2008	2010	2012	2014	2008	2010	2012	2014
不予理睬		0.9				72.8		
不倾听，只思考 自己的发言		1.7				74.9		
注意倾听， 但不发表看法		32.3				83.0		
倾听后发表 自己的看法		65.1				84.4		

表 2-60　关于学生在家和学校平均每天大约阅读多少页课外书(不包括课本)的调查结果

选　项	百分比/%				学业成绩/分			
	2008	2010	2012	2014	2008	2010	2012	2014
0 页	3.4	1.8			69.0	76.7		
1～5 页	23.1	19.3			73.2	79.6		
6～10 页	21.8	22.0			76.6	83.0		
11～20 页	18.1	20.6			79.0	85.0		
20 页以上	33.6	36.3			79.7	85.9		

表 2-61　关于学生会背诵的古诗文数量的调查结果

选　项	百分比/%				学业成绩/分			
	2008	2010	2012	2014	2008	2010	2012	2014
51 篇(首)及以上	38.6	49.1	44.4	37.8	79.0	86.4	84.1	541
31～50 篇(首)	32.7	24.1	22.9	27.1	77.6	83.5	81.8	523

选 项	百分比/%				学业成绩/分			
	2008	2010	2012	2014	2008	2010	2012	2014
21～30篇(首)	20.4	18.0	21.0	22.5	75.2	80.6	78.5	493
0～20篇(首)	8.3	8.9	11.8	12.5	70.2	75.6	73.4	438

(四)学习方法

1. 阅读理解方法

关于阅读理解的方法调查数据表明，大部分学生都能掌握良好的阅读理解方法，如结合上下文理解重点词句、把课文与生活实际结合起来理解等，并且掌握良好方法的学生比例逐年上升，到2014年达到80%以上。掌握和使用良好的阅读理解方法的学生学业成绩明显高于其他学生。由此可见，良好的阅读理解方法有助于学业成绩的提高。

表2-62 关于"阅读时，我能结合上下文理解重点词句"这种说法是否符合学生情况的调查结果

选 项	百分比/%				学业成绩/分			
	2008	2010	2012	2014	2008	2010	2012	2014
不符合	5.6	7.6	9.2	6.6	71.3	78.4	76.1	451
不确定	34.9	28.1	14.7	10.8	75.3	81.6	78.3	477
符 合	59.5	64.3	76.0	82.6	78.7	85.2	82.3	522

表2-63 关于"阅读时，我尽可能把课文与生活实际结合起来理解"这种说法是否符合学生情况的调查结果

选 项	百分比/%				学业成绩/分			
	2008	2010	2012	2014	2008	2010	2012	2014
不符合	6.6	7.6	12.5	9.5	72.6	80.6	77.8	478
不确定	29.1	28.1	15.5	10.5	75.3	82.3	78.8	486
符 合	64.3	64.3	72.0	80.0	78.3	84.7	82.1	520

表2-64 关于"阅读时，我尽可能用已学的知识解决学习中的问题"这种说法是否符合学生情况的调查结果

选 项	百分比/%				学业成绩/分			
	2008	2010	2012	2014	2008	2010	2012	2014
不符合	3.8				70.0			

选 项	百分比/%				学业成绩/分			
	2008	2010	2012	2014	2008	2010	2012	2014
不确定	20.5				74.3			
符合	75.7				78.2			

表 2-65 关于"阅读时，我能想到以前读过的相关文章"这种说法是否符合学生情况的调查结果

选 项	百分比/%				学业成绩/分			
	2008	2010	2012	2014	2008	2010	2012	2014
符合		74.9	78.6	82.2		84.7	82.2	522
不确定		20.7	12.2	10.1		81.0	77.7	474
不符合		4.3	9.2	7.7		78.9	75.9	467

表 2-66 关于"在仔细阅读课文后，我还能从全篇的角度再次审视课文的内容和写法"
这种说法是否符合学生情况的调查结果

选 项	百分比/%				学业成绩/分			
	2008	2010	2012	2014	2008	2010	2012	2014
完全不符合			2.8	1.7			76.6	422
基本不符合			7.8	5.1			79.2	471
不确定			15.0	9.9			79.1	487
基本符合			40.2	34.0			81.4	513
完全符合			34.2	49.3			82.4	524

2. 习作方法

关于习作方法的调查数据表明，大部分学生都能掌握良好的习作方法（如能有意识地运用积累的好词佳句、写完作文后会自己先通读一遍并修改发现的问题等），并且掌握良好方法的学生比例逐年上升。通过对比学业成绩发现，使用某些习作方法的学生学业成绩明显高于不使用该方法的学生，如弄明白要求、感到有的可写、有意识地运用积累的好词佳句。但考试之前背几篇优秀作文、只是抄下来或者背下来阅读中遇到好词佳句这些方法对学业成绩的提高帮助不明显。

表 2-67 关于"每次习作我都能够弄明白要求"这种说法是否符合学生情况的调查结果

选 项	百分比/%				学业成绩/分			
	2008	2010	2012	2014	2008	2010	2012	2014
不符合	6.7	3.4			71.7	75.9		

选 项	百分比/%				学业成绩/分			
	2008	2010	2012	2014	2008	2010	2012	2014
不确定	23.9	23.8			74.2	80.6		
符合	69.4	72.8			78.6	85.1		

表 2-68 关于"写作文时，我感到有的可写"这种说法是否符合学生情况的调查结果

选 项	百分比/%				学业成绩/分			
	2008	2010	2012	2014	2008	2010	2012	2014
不符合	9.7	5.9			74.5	79.3		
不确定	27.7	23.6			75.6	81.9		
符合	62.6	70.5			78.1	84.7		

表 2-69 关于"写作文时，我能有意识地运用积累的好词佳句"
这种说法是否符合学生情况的调查结果

选 项	百分比/%				学业成绩/分			
	2008	2010	2012	2014	2008	2010	2012	2014
不符合	12.9	5.8	10.9	8.1	74.1	77.9	75.8	443
不确定	32.2	29.5	12.9	9.7	76.2	81.8	77.7	470
符合	54.9	64.7	76.1	82.1	78.3	85.1	82.2	521

表 2-70 关于"每次考试之前，我会背几篇优秀作文"这种说法是否符合学生情况的调查结果

选 项	百分比/%				学业成绩/分			
	2008	2010	2012	2014	2008	2010	2012	2014
完全不符合			18.4	13.7			82.1	531
基本不符合			14.8	13.9			81.5	519
不确定			14.7	12.3			78.8	488
基本符合			26.8	24.7			80.8	507
完全符合			25.3	35.4			81.8	516

表 2-71 关于"生活中遇到有意义或者好玩的事情，我会主动记下来"
这种说法是否符合学生情况的调查结果

选 项	百分比/%				学业成绩/分			
	2008	2010	2012	2014	2008	2010	2012	2014
完全不符合			8.6	5.8			79.3	478

选 项	百分比/%				学业成绩/分			
	2008	2010	2012	2014	2008	2010	2012	2014
基本不符合			12.6	10.5			81.5	522
不确定			14.3	10.5			79.8	492
基本符合			33.5	30.2			81.5	510
完全符合			30.9	43.0			81.6	522

表 2-72　关于"阅读中遇到好词佳句，我会把它抄下来或者背下来"
这种说法是否符合学生情况的调查结果

选 项	百分比/%				学业成绩/分			
	2008	2010	2012	2014	2008	2010	2012	2014
完全不符合			7.8	4.6			78.7	470
基本不符合			13.8	12.5			81.0	507
不确定			16.1	12.4			79.9	493
基本符合			35.3	32.7			81.7	518
完全符合			27.0	37.8			81.9	521

表 2-73　关于"我写完作文后，会自己先通读一遍，修改发现的问题"
这种说法是否符合学生情况的调查结果

选 项	百分比/%				学业成绩/分			
	2008	2010	2012	2014	2008	2010	2012	2014
完全不符合			3.9	2.8			75.3	423
基本不符合			7.8	6.6			77.8	476
不确定			10.0	7.1			77.1	476
基本符合			34.4	30.2			81.0	502
完全符合			43.9	53.4			83.2	532

3. 课堂学习

课堂学习调查了课堂上有效的学习方式、小组讨论的情况等。结果显示，42.6%的学生认为最有效的学习方式是"听老师讲授"，31.9%的学生认为是"边默读边画、批注"，21.4%的学生认为是"小组合作学习"。从学业成绩看，"边默读边画、批注"，以及小组合作学习的学生成绩高于听老师讲授或者自己读的学生，这说明学生在学习过程中的主动思考和参与程度都会对其学业成绩有积极的影响。此外，约50%的学生不会因为在小组讨论中承担什么任务和同学争论，这部分学生的学业成绩也明显高于经常争论的学生，说明良好的小组合作可以促进学生的学业成绩。

表 2-74　关于在语文课堂上学生认为最有效的学习方式的调查结果

选项	百分比/%				学业成绩/分			
	2008	2010	2012	2014	2008	2010	2012	2014
小组合作学习	21.4				77.9			
听老师讲授	42.6				76.0			
自己读	4.1				72.3			
边默读边画、批注	31.9				78.4			

表 2-75　关于"我常常因为在小组讨论中承担什么任务和同学争论"
这种说法是否符合学生情况的调查结果

选项	百分比/%				学业成绩/分			
	2008	2010	2012	2014	2008	2010	2012	2014
完全不符合			31.1	43.6			83.9	543
基本不符合			18.6	17.0			82.6	519
不确定			16.5	12.8			78.5	477
基本符合			21.2	14.2			79.0	472
完全符合			12.5	12.4			78.9	477

（五）教师教学

　　关于教师教学的调查包括课堂提问情况、小组讨论前的安排、推荐课外读物情况等。结果显示，被提问次数较多的学生在40%以上，到2014年达到55.9%，被提问次数较少的学生也占40%以上，值得注意的是，从来没有被提问的学生从2008年的3.0%到2014年下降到1.7%，虽然有所下降，但仍有少部分学生从来没被提问，且这部分学生的成绩远低于其他学生，教师需格外关注。在课堂上向老师提出问题时，老师最常采用的处理方式是"耐心给你解释"或"引导你自己寻求答案"，均占35%以上，但"以后再说"的比例也有3%左右，且这部分学生的学业成绩远低于其他学生，因此教师应在课堂上及时处理学生的提问。

　　小组讨论之前，大部分教师会先让学生认真默读课文、深入思考，且这部分学生的成绩高于其他学生。学完一篇文章后，教师的做法会影响学生的学业成绩，如要求把课文的主要内容背下来的占50%左右，所教学生的学业成绩较低；而经常向学生推荐读物的教师占50%，所教学生的学业成绩较高，但安排专门的时间让学生介绍自己课外读的书则对学业成绩的影响不大。因此，在学习完一篇文章后，经常向学生推荐读物有助于学业成绩的提高，而要求学生背诵课文的主要内容对学生学业成绩的提高帮助不大。

表 2-76　关于学生在语文课上被老师提问情况的调查结果

选　项	百分比/%				学业成绩/分			
	2008	2010	2012	2014	2008	2010	2012	2014
从来没有	3.0	2.1			70.0	80.0		
次数较少	43.5	53.7			76.3	82.7		
次数较多	53.5	44.2			78.0	85.1		

表 2-77　关于学生在升入五年级后被语文老师提问情况的调查结果

选　项	百分比/%				学业成绩/分			
	2008	2010	2012	2014	2008	2010	2012	2014
从来没有			2.2	1.7			77.0	455
次数较少			47.9	42.4			80.4	499
次数较多			49.9	55.9			82.0	526

表 2-78　关于学生在课堂上向老师提出问题时，老师最常采用的一种处理方式的调查结果

选　项	百分比/%				学业成绩/分			
	2008	2010	2012	2014	2008	2010	2012	2014
耐心给你解释		46.2	35.1			83.1	81.1	
引导你自己寻求答案		38.6	45.1			84.8	82.2	
让其他同学帮助你		12.5	16.6			83.3	80.1	
以后再说		2.8	3.2			79.9	73.3	

表 2-79　关于"小组讨论之前，老师总是先让我们认真默读课文，深入思考"
这种说法是否符合学生情况的调查结果

选　项	百分比/%				学业成绩/分			
	2008	2010	2012	2014	2008	2010	2012	2014
完全不符合			2.1	1.5			74.5	406
基本不符合			2.5	2.5			76.3	461
不确定			4.8	4.1			75.4	464
基本符合			28.0	22.8			81.0	499
完全符合			62.6	69.1			82.0	524

表 2-80 关于"学完一篇课文后，老师总要求我们把课文的主要内容背下来"
这种说法是否符合学生情况的调查结果

选 项	百分比/%				学业成绩/分			
	2008	2010	2012	2014	2008	2010	2012	2014
完全不符合			13.0	19.9			82.3	529
基本不符合			16.4	16.7			82.9	536
不确定			16.9	12.7			80.3	510
基本符合			29.1	23.9			80.8	507
完全符合			24.6	26.9			80.1	494

表 2-81 关于教师在学完一篇课文后向学生推荐读物情况的调查结果

选 项	百分比/%				学业成绩/分			
	2008	2010	2012	2014	2008	2010	2012	2014
经常	50.7	50.7			78.2	84.1		
很少	34.8	41.2			76.6	83.5		
没有	14.5	8.1			74.0	82.4		

表 2-82 关于"老师会安排专门的时间让我们介绍自己课外读的书"
这种说法是否符合学生情况的调查结果

选 项	百分比/%				学业成绩/分			
	2008	2010	2012	2014	2008	2010	2012	2014
完全不符合			22.4	14.3			82.5	514
基本不符合			15.9	13.2			83.0	526
不确定			16.2	12.0			79.5	498
基本符合			23.4	23.4			80.1	506
完全符合			22.1	37.0			80.6	515

二、教师因素

(一)专业发展

专业发展部分调查了教师工作量变化、遇到困难的解决途径、业务阅读书籍种类等。结果显示，大部分教师认为工作量比前两年有所增加，认为"增加很多"的教师比例逐年减少，由 2010 年的 44.8％下降到 2014 年的 38.9％，由此看出，教师的工作量逐年增加，但增加的幅度在减小。当在语文教学中遇到困惑或困难时，80％以上的教师选择"与其他教师交流"，选择"向专家请教"的人数较少。在业余时间阅读的书籍类型主要是科学技术、政治历史及其他，均有超过90％的教师选择，而选择看文学作品的教师较少，并且逐年减少，由 2012 年的 35.5％ 下降到 24.8％，选择教育理论和教学案例的教师均在 50％ 左右，并且逐年增多。

从对学生学业成绩影响来看，教师工作量变化、遇到困难的解决途径、业务阅读书籍种类等对学生学业成绩的影响没有明显规律。

表 2-83　关于教师的工作量与两年前相比情况的调查结果（2010 年）

选　项	百分比/％				学业成绩/分			
	2008	2010	2012	2014	2008	2010	2012	2014
增加许多		44.8				83.2		
增加一些		34.2				83.5		
基本没变化		17.1				83.4		
有所减少		2.6				83.2		
不清楚		1.2				81.1		

表 2-84　关于教师的工作量与两年前相比的调查结果（2012、2014 年）

选　项	百分比/％				学业成绩/分			
	2008	2010	2012	2014	2008	2010	2012	2014
增加许多			39.9	38.9			88.6	518
增加一些			35.2	38.9			88.9	502
基本没变化			21.9	18.4			89.1	510
有所减少			3.1	3.8			87.5	537

表 2-85　关于教师在语文教学中遇到困惑或困难时最常用的一种做法的调查结果（2012 年）

选　项	百分比/％				学业成绩/分			
	2008	2010	2012	2014	2008	2010	2012	2014
自己独立解决			1.6				88.1	
与其他教师交流			81.5				89.0	
向专家请教			2.8				90.2	
上网查询			13.8				87.3	
其他			0.2				92.2	

表 2-86 关于教师在语文教学中遇到困惑或困难时最常用的一种做法的调查结果(2014 年)

选 项	百分比/%				学业成绩/分			
	2008	2010	2012	2014	2008	2010	2012	2014
自己独立解决				4.7				485
与其他教师交流				89.7				513
向专家请教				4.7				509
上网查询				0.9				502

表 2-87 关于"您在业余时间阅读的书籍类型主要有哪些(最多可选 3 项)"的调查结果

项 目	百分比/%				学业成绩/分			
	2008	2010	2012	2014	2008	2010	2012	2014
选择了"生活娱乐"类			79.0	70.5			88.8	512
未选择"生活娱乐"类			21.0	29.5			88.6	508
选择了"科学技术"类			96.8	94.0			88.9	511
未选择"科学技术"类			3.2	6.0			86.2	507
选择了"教育教理论"类			57.3	61.1			88.5	515
未选择"教育教理论"类			42.7	38.9			89.1	504
选择了"教学案例"类			46.3	53.0			88.4	508
未选择"教学案例"类			53.7	47.0			89.2	515
选择了"文学作品"类			35.5	24.8			87.7	510
未选择"文学作品"类			64.5	75.2			89.4	511
选择了"新闻专辑"类			86.1	70.5			88.7	507
未选择"新闻专辑"类			13.9	29.5			89.4	520
选择了"政治、历史"类			91.7	87.6			88.9	506
未选择"政治、历史"类			8.3	12.4			87.8	550
选择了"其他"类			99.3	94.0			88.8	511
未选择"其他"类			0.7	6.0			84.7	510

(二)学情理解

2010 年,教师多认为"没有形成良好的语文学习习惯"是影响学生语文学习成绩最主要的因素,有 44.8%的教师选择此项;而 2012、2014 年,教师多认为"缺乏语文学习兴趣"是影响学生语文学习成绩最主要的因素,分别有 48.9%和 51.3%的教师选择此项。由此说明,教师对学情的理解发生了变化。

从对学生学业成绩的影响来说，认为影响学生语文学习成绩最主要的因素是"缺乏语文学习兴趣""没有形成良好的语文学习习惯"的教师，所教班级学生学业成绩较低，而认为"教材内容难""考试压力大""与数学和英语相比，学生课外(下)学习语文的时间少"是影响学生语文学习成绩最主要的因素的教师，所教班级学生学业成绩较高。

表2-88　关于教师认为影响学生语文学习成绩最主要的因素的调查结果

选　项	百分比/%				学业成绩/分			
	2008	2010	2012	2014	2008	2010	2012	2014
教材内容难		7.6	10.4	6.8		84.9	90.9	536
考试压力大		14.4	13.2	13.2		84.1	88.6	536
缺乏语文学习兴趣		17.4	48.9	51.3		82.1	88.5	500
没有形成良好的语文学习习惯		44.8	15.0	19.2		82.8	87.2	500
与数学和英语相比，学生课外(下)学习语文的时间少		15.8	12.5	6.4		84.2	90.1	550

(三)备课与反思

备课与反思调查包括教师研究教材情况和重复使用教案的情况。调查结果表明，因工作量太大，实际操作中没有精力深入研究教材的教师在2012年约占65%，2012年约占58%，2014年约占42%，说明教师逐渐认识到钻研教材的重要性，更多教师投入精力深入研究教材。因为工作太忙，不得不采用曾经使用过的教案的教师比例在逐年下降，2010年有27.4%，2012年有24.3%，到2014年下降到17.9%，说明教师重复使用教案的情况有所减少。

从对学生学业成绩的影响来看，深入研究教材的教师所教班级学生的学业成绩较高，而是否重复使用教案对2010、2012年调查的学生学业成绩有影响，不重复使用教案的教师所教班级学生的学业成绩较高，而对2014年调查的学生影响不大。

表2-89　关于"虽然深入钻研教材很重要，但工作量太大，实际操作中没有精力深入研究教材"这种说法是否符合教师情况的调查结果(2010年)

选　项	百分比/%				学业成绩/分			
	2008	2010	2012	2014	2008	2010	2012	2014
完全不符合		6.6				84.7		

选 项	百分比/%				学业成绩/分			
	2008	2010	2012	2014	2008	2010	2012	2014
基本不符合		27.8				83.8		
基本符合		47.3				83.1		
完全符合		18.4				82.5		

表 2-90　关于"虽然深入钻研教材很重要，但工作量太大，实际操作
中没有精力深入研究教材"这种说法是否符合教师情况的调查结果(2012、2014 年)

选 项	百分比/%				学业成绩/分			
	2008	2010	2012	2014	2008	2010	2012	2014
完全不符合			11.1	19.2			91.1	519
基本不符合			22.7	30.8			89.6	506
不确定			8.0	7.7			88.5	502
基本符合			39.2	30.3			88.2	512
完全符合			19.0	12.0			87.9	513

表 2-91　关于"因为工作太忙，我不得不采用曾经使用过的教案"这种说法
是否符合教师情况的调查结果(2010 年)

选 项	百分比/%				学业成绩/分			
	2008	2010	2012	2014	2008	2010	2012	2014
完全不符合		29.6				83.7		
基本不符合		43.0				83.3		
基本符合		24.2				82.9		
完全符合		3.2				82.2		

表 2-92　关于"因为工作太忙，我不得不采用曾经使用过的教案"这种说法
是否符合教师情况的调查结果(2012、2014 年)

选 项	百分比/%				学业成绩/分			
	2008	2010	2012	2014	2008	2010	2012	2014
完全不符合			26.8	35.0			89.3	521
基本不符合			34.1	32.1			89.3	509
不确定			14.7	15.0			88.2	498
基本符合			20.6	17.5			88.2	504
完全符合			3.7	0.4			86.5	529

（四）教学实施——阅读教学

阅读教学调查包括教师经常利用的信息、占用教学时间最多的活动、要求学生在阅读过程中动笔所写的内容、具体的教学方法等。调查结果显示，在阅读教学中，教师最经常利用的一种相关信息是"文中人物、事件的介绍"，2010年、2014年分别占52.8%和44.9%；其次是"与课文内容相近的文章""作者的资料"，均占15%左右。在阅读课上，占用教学时间最多的是"掌握学习方法"和"理解课文内容"两项，共占60%以上；其次是"帮助学生感知课文的描写"和"领悟表达方法"，均占20%以上。2010年的调查结果显示"简单批注"是要求学生在阅读过程中动笔所写的最主要的内容，占71.8%；而2014年结果显示，"读课文后的感想"是最主要的内容，占41.9%，这一项内容在2010年的调查中只占0.1%。由此说明，教师对学生动笔所写的内容要求发生了很大的变化，由简单批注到读课文的感想，体现了教师对学生高级思维能力的锻炼意识增强。为了帮助学生理解重点语句，教师最常采用的一种教学方法是"联系上下文""抓住关键词语"，分别占40.3%和33.6%。有些教师不愿意让学生在课堂上质疑，他们多认为"教学任务紧""与自己的预设问题出入太大"，分别占30.3%、38.5%。以更好地帮助学生理解《凡卡》中乡下生活的描写为例，教师觉得最有效的一种教学策略是"补充相关资料"，占30.8%。

表2-93　关于教师在阅读教学中最经常利用的一种相关信息的调查结果

选　项	百分比/%				学业成绩/分			
	2008	2010	2012	2014	2008	2010	2012	2014
作者的资料		13.1		16.2		84.1		525
文中人物、事件的介绍		52.8		44.9		83.2		508
动画、图片		4.8		4.3		81.9		530
工具书中的注释		9.4		13.7		83.0		508
相关的诗文、名言、谚语		4.3		3.4		83.0		494
与课文内容相近的文章		15.6		17.5		83.6		509

表2-94　关于在阅读课上占用教师教学时间最多的部分的调查结果（2010年）

选　项	百分比/%				学业成绩/分			
	2008	2010	2012	2014	2008	2010	2012	2014
帮助学生理解课文内容		33.5				82.8		

选 项	百分比/%				学业成绩/分			
	2008	2010	2012	2014	2008	2010	2012	2014
帮助学生掌握学习方法		41.5				83.7		
帮助学生感知课文的描写		20.8				83.2		
让学生阅读与课文相关的资料		2.0				82.4		
朗读和背诵训练		1.7				83.3		
其他		0.5				85.8		

表 2-95 关于在阅读课上占用教师教学时间最多的部分的调查结果(2014 年)

选 项	百分比/%				学业成绩/分			
	2008	2010	2012	2014	2008	2010	2012	2014
理解课文内容				35.9				514
掌握学习方法				26.9				508
领悟表达方法				21.4				514
阅读相关资料				0.9				505
有感情地朗读				13.7				510
背诵和积累				1.3				487

表 2-96 关于在阅读课上教师要求学生在阅读过程中动笔所写的最主要内容的调查结果(2010 年)

选 项	百分比/%				学业成绩/分			
	2008	2010	2012	2014	2008	2010	2012	2014
仿照课文的描写方法写一小段		16.2				83.4		
简单批注		71.8				83.5		
课文的主要内容		11.2				82.4		
读课文后的感想		0.1				80.1		
生字词		0.4				77.7		
其他		0.3				83.3		

表 2-97 关于在阅读课上教师要求学生在阅读过程中动笔所写的最主要内容的调查结果(2014 年)

选 项	百分比/%				学业成绩/分			
	2008	2010	2012	2014	2008	2010	2012	2014
仿写				23.9				512
课文的主要内容				27.8				507
读课文后的感想				41.9				510
生字词				1.7				498
其他				4.7				546

表 2-98 关于教师为帮助学生理解重点语句最常采用的教学方法的调查结果

选 项	百分比/%				学业成绩/分			
	2008	2010	2012	2014	2008	2010	2012	2014
联系上下文			40.3				88.4	
抓住关键词语			33.6				89.1	
补充相关资料			0.4				82.6	
有感情朗读			1.9				88.3	
鼓励多元理解			17.7				89.0	
结合课文整体			6.1				89.7	

表 2-99 关于部分教师不愿意让学生在课堂上质疑的原因的调查结果

选 项	百分比/%				学业成绩/分			
	2008	2010	2012	2014	2008	2010	2012	2014
学生年龄小				0.4				546
教学任务紧				30.3				514
与自己的预设问题出入太大				38.5				513
有人听课				3.4				505
学生不会提问题				17.5				500
处理不了学生的问题				6.8				529
其他				3.0				483

表 2-100　关于教师认为更好地帮助学生理解《凡卡》中乡下生活的描写最有效的教学策略的调查结果

选　项	百分比/%				学业成绩/分			
	2008	2010	2012	2014	2008	2010	2012	2014
联系上下文				11.1				498
抓住关键词语				19.7				509
补充相关资料				30.8				524
有感情朗读				9.0				508
鼓励多元理解				12.4				522
结合课文整体理解				17.1				491

第四部分　当前取得的成绩及对全面提高教学质量的建议

一、当前北京市五年级语文学科教育教学所取得的成绩

（一）学生整体达到《课程标准》的基本要求，合格率和优秀率在年度间稳步提升

整体来看，2006、2008、2010、2012、2014 年北京市五年级语文学科的总体学业水平达到了该学段《课程标准》的基本要求，合格率在 2006、2008、2010 年有很大提高，2010、2012、2014 年维持高位稳定的状态，一直在 97.2% 以上。优秀率整体呈现上升趋势，2014 年达到了 45.0%。

（二）学生在各内容领域的表现不断提升，"识字与写字"和"习作"领域提升较为明显

从学生在各内容领域的表现来看，2008、2010、2012、2014 年，学生在"识字与写字""阅读""习作"三个内容领域中的合格率一直保持高位稳定，均在 90% 以上；优秀率也呈现出波动中整体提升的趋势。特别是"识字与写字"和"习作"领域，优秀率提升的幅度均超过了"阅读"领域。

（三）不同群体学生均达到了《课程标准》的基本要求，优秀率在年度之间显著提升

从不同群体学生的表现看，不同地域、户籍、性别、规模学校学生群体的优秀率在年度间均有显著提升，特别是县镇校学生、非本市城镇户籍学生、女生、适宜规模学校学生在同类型群体中优秀率提升幅度最大。

（四）部分群体学生学业差异在年度之间显著减少

从不同群体学生年度间表现的变化看，2012—2014 年，本市城镇户籍群体与

本市农业户籍群体、非本市农业户籍群体、非本市城镇户籍群体优秀率差别幅度在年度间显著减少。城市校—县镇校、城市校—农村校、县镇校—农村校两两之间优秀率差别幅度在年度间均显著减少。大规模学校学生群体与适宜规模学校学生群体的优秀率差别幅度在年度间显著减少。

（五）养成良好学习习惯的学生比例在逐年增加，学生学习状态、师生关系都比较好

从问卷调研分析的结果看，良好的学习条件能够保证学生的学习效果。家里拥有喜欢的课外读物、课外练习册或参考书、安静的学习环境等学习条件的学生学业表现优于其他学生。绝大部分学生拥有较好的学习条件，年度间略有提升，变化不明显。

良好的师生关系保证了学生对语文学科学习的喜爱。2008年和2010年两年的测试结果都显示，喜欢语文老师的学生比例高于喜欢语文学科学习的学生比例，喜欢语文老师的学生比例在逐年增加，到2010年增加到80%以上。大多数学生认可语文老师的课堂教学，认为老师的课上得很好。

学习兴趣决定了学生学习的主动性。大多数学生能够积极地参与课堂学习和讨论，愿意向同学介绍自己读过的书，并且这部分学生的学业表现明显优于其他学生。

从2008年到2014年，养成良好学习习惯的学生比例也在逐年增加。2008年，能经常预习和复习的人数比例分别为68.1%和63.0%；到2014年，这一比例有了大幅提高，能够在上课前读过课文的学生比例已经达到了83.7%。课堂上能够认真倾听老师和同学发言的学生比例也在逐年增加，到2014年已经达到了94%左右。

（六）学生在"习作"领域的提升较为明显

从2008年到2014年，学生在"习作"领域的提升不仅表现在学业测试中，同时也表现在学生习作兴趣的提高和习作习惯的养成上。从"习作"领域的合格率和优秀率看，学生在和合格率上提升了两个百分点，达到了97.9%；在优秀率上提升了17.3%，达到了43.7%，超过了学生在"阅读"领域中的表现。

喜欢作文的人数比例逐年增加，到2014年增加至70.4%。到2010年，主动修改自己习作的学生比例已经达到了80.9%；2014年，习作后自己通读修改的学生比例提高到83.6%。从2008年到2014年，在习作中运用积累的好词佳句的意识也得到了大幅提高，从54.9%提高到82.1%，这些都说明了学生在"习作"领域的表现不仅仅是能力上的提升，更伴随着学习兴趣、学习习惯等情感态度的改变，而这些对于学生语文素养的持续提升、对学生的终身发展都是有帮助的。

二、当前北京市五年级语文学科教育教学存在的问题和建议

总体来看，2006、2008、2010、2012、2014年五年级学生语文学科学业水平

总体逐步提升，但在不同领域、不同类别等方面还有提升的空间。为进一步提高北京市五年级语文学科学业质量，根据数据显示的问题提出以下建议。

（一）面向全体，关注学习困难学生，逐渐缩小学生间学业水平的差异

测试结果显示，虽然部分群体学生间的学业差异在逐渐减少，但是不同地域、不同类别学校学生之间的学业差异仍然显著存在，还有个别群体（如本市农业户籍群体与非本市城镇户籍群体、非本市农业户籍群体）之间的优秀率差别幅度在年度间显著增大。2008、2010、2012 年，非本市农业户籍学生的合格率在同类别群体中下降比例最大。这些都提示我们，缩小学生间学业水平的差异要从面向全体学生，尤其是关注学习困难学生做起。

因此，建议各级教育行政部门，在教育综合改革和就近入学政策实施之后，应重新对农村校、县镇校和城市校展开调研，了解学生来源、教师配备、课程设置、教学设备等对学业成就的影响。从宏观上找准影响学生学业质量的主要因素，借北京市教育综合改革的契机，抓住主要矛盾解决主要问题。

建议教研部门开展更加细致的调研，有的放矢地针对农村完全小学、城镇集团化办学开展"个性化"的教研活动，减少全员、全体式的教学研究。比如，测查数据表明，虽然农村校在各内容领域得分分布的离散程度普遍大于城市校，但是在"习作"领域的集中趋势比其他领域明显。这就需要我们关注并了解原因，从既有优势入手开展研究。

建议学校从管理角度着手，引导教师在面向全体学生的同时，更多地"雪中送炭"，去帮助学习困难学生。从课堂观察角度，学习困难学生参与学习实践的机会更少，这影响到了学生的学业水平。调研显示，语文课上被老师提问次数较多的学生比例虽略有提升，但到 2014 年为止，仍然有不足一半的学生被老师提问的次数比较少或从来没有被提问过，并且这部分学生的学业表现也不及经常被老师提问的学生。可见，老师的提问范围还是主要集中在学习比较扎实的学生中，对薄弱学生的关注度还有待进一步提高。针对以上问题，学校应从课堂教学评价和校本教学研究着手，鼓励教师课上更多地给予学习困难学生实践的机会，课下能够给予个性化的辅导等。

建议教师一方面在面向全体学生教学的同时，更多关注学习困难学生，给予学习困难学生更多课堂发言、参与课堂学习的机会。数据显示，在一节语文课上能提问到的学生占全班人数的"80％及以上"的教师所教的学生学业成就显著高于其他类别。上文学生被提问的次数也同样证实了这一点。这提示我们，在教学中面向全体学生，更多地给予学生实践的机会，可有效地提升学生的学业成就。另一方面应关爱学习困难学生，及时肯定他们的学业表现，提升他们的学习自信和学习主动性。调研表明，学生对自身语文学习的认同感不高，只有 40％左右的学生认为自己的语文学得好，10％左右的学生认为自己能当堂学会的内容不足一半。虽然大多数学生

能够积极地参与课堂学习和讨论，愿意向同学介绍自己读过的书，但仍有 20％以上的学生参与学习的主动性不够。这些都影响了学生的学习效果。

(二)关注语文与生活的联系，创设开放的语文学习环境，落实《北京市中小学语文学科教学改进意见》

2014 年，《北京市中小学语文学科教学改进意见》中明确提出要"扎实推进教与学方式转变，倡导开放学习"。语文学习是母语的学习，它和生活有着千丝万缕的联系。语文教学不仅要注重得法于课内，还要得益于课外，要加强语文与生活的联系，在生活中学习、巩固、提升学生的语文素养。

因此，建议教育行政部门监督和指导学校、教师认真学习和积极落实《北京市中小学语文学科教学改进意见》。帮助并鼓励学校利用中小学生社会大课堂实践基地，开展以语文应用为主的综合实践活动。

建议教研部门积极探索开放性的、课内外结合的提升学生语文能力的教学研究活动。将"怎样使学生课内的语文学习在广阔的课外生活中应用和实践并得以真正掌握""怎样让学生把课外获得的语言实践能力和生活积累服务于课堂的语文学习"作为今后教学研究活动新的增长点。

建议学校积极拓展、整合学校的教学资源，促进语文和其他学科教学、与生活实践的衔接，如成立学生阅读、写作、辩论、课本剧的主题俱乐部，启动校内跨年级阅读、写作主题活动，启动经典诵读征文活动、汉字听写大赛、成语大赛等活动。从学校管理角度指导、组织和促进学生语文学习过程的开放性、体验性和实践性，构建满足学生个性需求的语文教与学方式。

建议教师积极转变教学理念和教学方式，探索开展与生活实际相结合的综合实践活动，满足学生语文学习的开放性、体验性和实践性需求。在实践初期，也可以某一领域为突破口，研究课内外相结合促进学生语文学习有效性的具体方式。比如，调研中显示，虽然学生对阅读理解方法的掌握程度在逐年提高，阅读过程中能提出问题、关联整体、关注细节、联系已知的学生比例均在逐年增加，但相对而言，不能把所读内容与生活实际结合起来理解的学生比例最大，约为 20％。针对这一问题，教师可以探索开展与生活紧密相关的主题阅读活动，在阅读中帮助解决生活中的相关问题，同时在活动中提升阅读能力。

(三)立足语文素养的整体性，在丰富的言语实践活动中提升学生语用能力

《义务教育语文课程标准(2011 年版)》明确了语文"是一门学习语言文字运用的综合性、实践性课程"。学习语言文字运用是新课标的精髓，是语文教学的终极任务和教学目标。关注语文素养的整体性特点，在丰富具体的言语实践活动中加强听说读写的关联性运用，是提升学生语文素养的主要渠道。

但 2006 年至 2014 年学生学业表现的数据表明，仍有半数以上的教师没能给予

学生的自主探究、自主实践足够的重视。学生向老师提出问题后，引导学生自己寻求答案的教师比例，到 2012 年仍不足一半；一半以上的教师要求学生在学完一篇课文后把课文的主要内容背下来，这一数据在多个年度间没有明显的变化。38.5%的教师会因为学生的质疑与自己的预设有太大出入而不让学生质疑。2014 年，仍有 35.9%的教师在阅读教学中占用时间最多的是理解课文内容。这说明对教学内容（课文内容）本身的理解和记忆仍然是很多教师教学的主要目标，教师的教学理念还没能和教学实践有效结合，学生的"语用"能力还没有得到充分重视。

为此，首先，建议教育行政部门加强对教师的专业培训，要把课标精神和课堂教学行为建立联系，把学习课标精神和践行课标精神结合起来。其次，建议教育行政部门为一线教师提供更多与教学专家接触的渠道。教师的专业发展需要必要的专家支持，目前来看，绝大多数教师遇到教学中的困难只能自己独立解决或与其他教师交流，能向专家请教的不足 5%。最后，建议教育行政部门合理评价教师的工作量，确保教师有足够的精力进行专业的学习和研究。调研结果显示，认为工作量在2008 年到 2014 年"增加许多"的教师比例始终在 40%左右，"有所减少"的比例始终不足 4%。但值得注意的是，教师工作量的增加与否与学生的学业提升与否并没有明显的关系。特别是 2014 年的调研结果显示，工作量与两年前相比有所减少的教师群体所教学生的学业表现最好。因工作量大而影响教师深入研究教材的比例虽然在逐年缩小，但到 2014 年为止，仍然有 42.3%的教师存在这种状况，也仍然有17.9%的教师因为工作太忙而重复使用曾经的教案。这些都说明保证教师合理的工作量是确保教师专业发展、学生学业提升的基本保障和基础条件。

建议教研部门积极开展以"学习语言文字运用"为专题的教研活动，拿出典型的课例、案例，帮助教师认识"语用"型教学的本质特征，切实实现从追求"内容理解"到追求"语言文字运用"，从"教师讲解"到"学生实践"的转变。

一方面，建议教师积极提升自身的专业知识，多进行教育、文学方面的阅读。调研显示，教师业余阅读的书籍虽然年度之间略有变化，但先后顺序基本一致，教师阅读比例排在前四位的分别是科学技术、政治历史、新闻专辑和生活娱乐类图书，阅读文学作品的比例仅为 24.8%，并且呈下降趋势。教师自身的专业高度决定了学生发展的空间，教师应基于对语文素养整体性的理解，积极创设多样的言语实践活动，并在实践的过程中努力促进学生在听、说、读、写几方面的发展。另一方面，建议教师鼓励学生的自主语言实践。既要抓住教学中的契机为学生设计言语实践的机会，又要给足学生实践、运用的时间；同时对学生实践的过程给予必要的指导，才能最终形成语用能力。例如到 2014 年，仍然分别有 27.8%和 41.9%的教师要求学生在阅读过程中动笔所写的最主要的内容是课文的主要内容和读课文的感想，这就是过于拘泥于结论的获得。教师可以基于课文特点更多地引导学生学习课文的表达方法，也可以联系生活情境引导学生对文本进行再造性表达等。

（四）培养阅读习惯，关注阅读方法，鼓励课外阅读，努力提高学生阅读素养

语文的学习是一个不断积累的过程，正所谓"博观而约取，厚积而薄发"。积累的主要途径便是阅读。同时，阅读能力还是学生学习各学科的基础能力，是语文素养的重要组成部分。但测试结果显示，"阅读"部分一直是学生能力发展的薄弱环节，也是学生学业表现提升的弱势环节。

为此，一方面，建议教师关注学生学习习惯的真正养成。联系问卷分析结果可以发现，虽然养成预习和复习习惯的学生比例在逐年增加，但一大部分学生还没有掌握良好的预习和复习的方法，预习复习流于表面的现状还比较严重。预习时，一半左右的学生只是"读几遍课文"或"查字典学习生字词"，不能对新的学习内容进行必要的思考。这一比例在 2012 年有所下降，但趋势并不明显。复习时，虽然机械进行抄写、背诵的比例在 2012 年有了明显的下降，但是仍然有 34.2％的学生通过简单抄写、背诵进行复习。虽然养成倾听习惯的学生比例在逐年提升，但三分之一左右的学生在倾听他人发言后，并不发表自己的看法，听的活动还没有和自身的思考、学习活动有效地融为一体。建议教师对学习习惯的关注不仅要从行为上关注学生做了没有，更要关注学生的行为是否对他们的学习起到了帮助或促进的作用。比如，关注学生预习时是否能够带着自己对文本的预期走进文本，上课前能否对文本有初步的思考和质疑，以此来提高课堂学习的目的性和针对性。再如，关注学生在课堂倾听后能否把听到的和自己想到的加以简单比对，并形成自己的判断，以此来提高课堂学习的深度。

另一方面，建议教师积极创设各种课外阅读活动，鼓励、推动学生课外阅读和课外积累。与 2008 年相比，2010 年每天阅读 20 页以上的学生比例虽然增加了 2.7％，但这一数值也仅仅是 36.3％。2008、2010、2012、2014 年，背诵古诗文 51 篇（首）及以上的学生比例始终不足一半，还有相当一部分学生没有达到课程标准要求的"到第三学段积累古诗文 70 首"的要求。课外阅读和课外积累是提升学生阅读素养，甚至是语文素养的重要途径。但目前的调研显示，只有一半左右的教师会在课文学习之后向学生推荐课外读物，到 2014 年，60.4％的教师会安排专门的时间让学生介绍他们课外读的书。因此，建议教师应积极开展各种课外阅读活动，这些活动可以是基于课文的拓展式阅读活动，也可以是师生共同参与的主题阅读活动或情境式阅读活动，通过多样的活动调动学生阅读的主动性，增加学生的课外阅读量。

当然，阅读素养的提升除了阅读量的提升，对学生阅读能力本身的培养也是至关重要的。因此，建议教师要关注学生的阅读过程，进行必要的阅读方法的指导。特别是培养学生关联的意识和能力，引导学生在阅读过程中能基于文本信息，建立文本信息之间的关联、文本信息与创作背景的关联、文本信息与作者经历的关联、文本信息与自身经验的关联等。调研显示，虽然教师在阅读教学中运用作者资料、与课文内容相近的文章两项的比例正在逐渐增加，但到 2014 年仍分别只有 16.2％和 17.5％。教师的资源意识和利用资源的范围还应逐步从课文内容本身走向更大的

空间。此外，培养学生还要有长远意识，在学段关键能力上下足功夫，打好基础。"整体—局部—整体"是阅读教学的基本规律。"整体感知"是"深入局部"的基础，是提高学生学习能力，进而提高整个语文课堂教学效果的前提。因此，在小学阶段就应该关注学生对文本的整体把握和具体细节理解之间的辩证关系。教师要根据文本的特点、学生实际，创设有效环节，指导学生在阅读时注意整体把握课文内容（材料内容和形式），让课文中的"人"有个整体形象，让课文中的"事"有个整体概念，让课文中的"景物"有个整体轮廓，让课文中的"问题"有个整体思考，而不是一味关注细节。

（五）关注学生学习需要，积极转变教学方式，提高教学实效性

优质的教学设计要通过具体的教学方式才能在学生身上生根。教学方式本身的适切性决定了教学的实效。调研显示，教师虽然掌握了多种教学方式的实施策略，但在教学方式运用的适切性上还存在比较明显的问题，部分教师对教学策略与学生学习需要之间的一致性是缺少必要的认识的。例如，2012年，在阅读教学中，为了帮助学生理解重点语句，采用"结合课文整体"方法的教师所教学生学业表现最好，但是只有6.1%的教师能采用这种办法；为了帮助学生更好地理解《凡卡》中乡下生活的描写，只有17.1%的教师认为"结合课文整体理解"是最有效的办法；当学生回答问题不得要领时，仍然有79.0%的教师认为提醒同学们认真倾听是有效的教学策略。习作教学也是如此。习作内容的选择和确定一直是困扰学生习作的重要因素。2008年和2010年，分别有30.6%和27.2%的学生不是每次都能弄清习作的要求，37.4%和29.5%的学生每次写作文时会感觉没有内容可写。而面对这一问题，教师并没有给予学生有效的方法指导或能力训练，2012年，52.1%的学生通过考试之前背诵几篇优秀作文来应对考试；这一比例到2014年还提高到了60.1%。与此同时，能够主动记录生活中有意思或者好玩的事情、能够主动记录阅读中遇到的好词佳句的学生比例却只有30%～40%。

因此，一方面，建议教师加强对学生学习需要的关注，增加对学情的了解程度。调研显示，2012年和2014年，分别有48.9%和51.3%的教师认为影响学生语文学习成绩最主要的因素是缺乏语文学习兴趣。但同年的学生调研却显示出大部分学生对语文学习是有兴趣的。可见教师对学生学习状态和学习需要的了解和学生的学习实际之间还是存在一定的距离的。教师应通过多种方式增加对学生的了解程度，不仅了解学生知道什么、会了什么，更要去了解学生不知道什么、为什么不会、学习的难点在哪里。

另一方面，建议教师根据学生的学习需要采用恰当的教学方式，或者引导学生选择恰当的学习方式。不同学习方式的有效性并不是绝对的，特别是对于小学生而言。调研显示，学生认为课堂学习中最有效的学习方式是"边默读边画批"的学业表现最好，其次是"小组合作学习"，但是选择"听老师讲授"的学生比例最高。可见，不仅要关注学习方式的选择，更要关注学习方式的有效实施。到 2014 年，仍有 26.6％的学生常常因为在小组讨论中承担什么任务和同学争论，小组讨论前总是能给学生安排充分的默读、思考时间的比例也只有 69.1％。

同时，建议教师立足于学生的学习基础，有针对性地进行教学。例如，学生在低、中年级都会学习写作，到了高年级应如何在原有基础上进行有效指导？教师可以通过分析学生在低、中年级的学习基础，着重引导学生从细微处观察生活，从寻常的生活中挖掘有新意的素材；借助多样的言语实践活动提高学生的认识能力，促进学生的思维发展；注意写作规律的传授，尤其是对学生最感困惑的"写什么""怎么写"等问题加强有效指导。

第四节　八年级语文监测结果

第一部分　北京市义务教育阶段八年级语文学科学业水平测试及评价概况

学生学业质量是教育教学质量的核心指标。学业质量监测是反映学生学业质量的重要手段，是北京市义务教育教学质量分析与评价反馈系统体系的重要组成部分。学业监测的目的主要在于，依据《课程标准》，按照《手册》提出的具体要求，对学生学业质量是否达到《课程标准》的要求，以及达到程度如何进行测查与评价，并在此基础上提出进一步提高北京市义务教育阶段学生学业质量的政策建议。

依据《手册》，八年级语文学科的监测年是 2006、2008、2010、2012、2014 年。以下将分别从监测工具、测试对象、监测数据分析方法、基本概念四个方面来进行说明。

一、监测工具

（一）制定学科学业水平测试方案

学科学业水平测试方案是对学科学业测试内容、结构、范围与标准的具体说明。语文学科学业水平测试方案是依据相应学科的《课程标准》相应学段内容，结合北京市义务教育教学的实际情况而制定的。各学科的测试方案是指导学科整体测试工作的重要基础，主要包括学科学业水平测试框架、学业水平测试内容标准、测试方式、题型和测试时间、测试领域的分数构成、学业成就水平标准、题目示例、往年测试题呈现八个部分。

其中，学科学业水平测试框架、学业水平测试内容标准与学业成就水平标准是构成学科学业水平测试方案的三大核心要素。语文学科学业水平测试框架主要由内容领域构成，且学业成就水平主要以内容领域进行标准划定。

（二）制定测试工具

制定学科学业水平测试工具的目的在于测查、评价相应年级、学科学生的学业质量。各学科命题小组以学科《课程标准》为依据，根据《手册》中学科学业水平测试方案的要求，制定测验细目表与命题蓝图，并在此基础上命制学科预测试卷。在对学科预测试卷测试数据结果进行充分研究、讨论、选择、调整与修改的基础上，形成由测试指标好的高质量试题组成学科测试卷，由专家审定后形成最终正式学科测试工具。项目组共命制八年级语文预测试试卷 12 套，正式测试试卷 6 套，锚卷 3 套。八年级语文测试了作为标准卷的锚卷，以便于在各年度的测试间进行等值分析。对学科测试工具的质量分析的结果表明，其具有较好的内部一致性信度、内容效度与结构效度。

二、测试对象

本研究以北京市义务教育阶段八年级学生为测试对象，主要采用多阶段随机抽样与分层整群抽样相结合的方式抽取学生样本，抽样所需要的基本信息主要来自当年《北京市教育事业统计资料》。具体步骤是：第一阶段，将北京市所有区县按照地域特征分成两层——城市校与郊区校，再在每一层采用简单随机方式抽取区县；第二阶段，将抽到的每个区县，按照学校分类情况进行分层，在每一层采用按照概率与抽样元素的规模大小成比例的抽样方法（简称 PPS 抽样）系统抽样法抽取学校；第三阶段，在所抽取的学校中采用简单随机方式再抽取 2 个班作为测试班级，只有一个班的学校则全部抽样。每年具体人数见表 2-101。

表 2-101　北京市 2006、2008、2010、2012、2014 年八年级语文测试人数统计表

时间	八年级语文测试人数/人
2006	3 163
2008	5 966
2010	3 201
2012	6 024
2014	7 089

三、监测数据分析方法

（一）研究方法

通过连续年度大样本学业质量监测，主要采用测验法和问卷调查法，通过对学生在各学科上的学业水平表现和相关影响因素进行统计分析，并作出评价和判断。

（二）数据处理与分析

根据测试研究的目的与现有数据结构，主要采用数据统计软件 SPSS 18.0 和

Comprehensive Meta Analysis V3 分别对学生学业测试的结果部分和影响因素部分进行描述性统计和元分析。

四、基本概念

北京市义务教育教学质量分析与评价反馈系统学业质量监测，旨在解释学生学业质量是否达到《课程标准》要求，以及达到程度如何两个核心问题。故在各年度学业质量监测报告中所使用的分析评价指标主要采用合格率、优秀率等指标。优秀率指达到优秀水平的学生人数占参加测试学生总人数的百分比，在数值上等于优秀水平人数百分比；合格率是指处于合格水平及其以上的学生人数占参加测试学生总人数的百分比，在数值上等于合格水平人数百分比、良好水平人数百分比与优秀水平人数百分比的和。

第二部分　北京市八年级语文学科学业水平测试结果及分析

一、整体学业水平测试结果

经过数据分析，将北京市 2006、2008、2010、2012、2014 年义务教育阶段八年级语文学业质量发展趋势结果分析如下：

表 2-102　北京市 2006、2008、2010、2012、2014 年八年级语文合格率和优秀率情况表

单位:%

项目	2006	2008	2010	2012	2014
八年级语文合格率	83.7	89.1	95.2	91.7	95.4
八年级语文优秀率	12.9	23.7	15.4	23.2	35.9

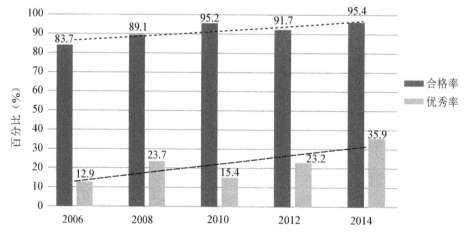

图 2-11　北京市 2006、2008、2010、2012、2014 年八年级语文合格率和优秀率情况图

由表 2-102 和图 2-11 可以看出，从 2006 年至 2014 年，八年级语文合格率有很大提高，至 2014 年达到 95.4％；优秀率有所波动，2008 年达到 23.7％，2010 年下降至

15.4%，但 2012 年又升至 23.2%，2014 年升至 35.9%，整体呈现上升趋势。

二、各内容领域学业水平测试结果

表 2-103　北京市 2008、2010、2012、2014 年八年级语文各内容领域合格率和优秀率情况表

单位:%

项目	合格率				优秀率			
	2008	2010	2012	2014	2008	2010	2012	2014
识字与写字	96.4	92.2	95.2	96.1	79.1	50.0	12.6	51.8
阅读	70.8	89.0	90.2	86.3	7.5	24.9	44.7	45.1
写作	94.1	97.7	93.4	96.1	34.7	33.1	44.5	22.5

由表 2-103 可以看出，从 2008 年至 2014 年，八年级语文学科阅读分领域合格率整体呈现上升趋势，至 2012 年达到最高点 90.2%，2014 年下降至 86.3%；识字与写字、写作分领域相对比较稳定，合格率均在 90% 以上。八年级语文学科识字与写字分领域优秀率波动较大，2008 年最高，为 79.1%，2014 年为 51.8%；阅读分领域优秀率有很大提高，从 2008 年 7.5% 提高至 2014 年的 45.1%；写作分领域的优秀率有所波动，2008 年为 34.7%，2010 年为 33.1%，2012 年升至 44.5%，2014 年又降至 22.5%。

三、性别差异情况

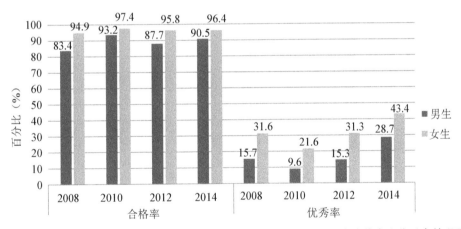

图 2-12　北京市 2008、2010、2012、2014 年八年级不同性别学生语文合格率和优秀率情况图

表 2-104　北京市 2008、2010、2012、2014 年八年级语文合格率和优秀率性别差异情况表

性别比较	合格率				优秀率			
	2008	2010	2012	2014	2008	2010	2012	2014
差值	−11.5	−4.2	−8.1	−5.9	−15.9	−12.0	−16.0	−14.7

性别比较	合格率				优秀率			
	2008	2010	2012	2014	2008	2010	2012	2014
效应值	0.29	0.37	0.31	0.36	0.40	0.39	0.40	0.53
	0.33*(/)				0.43*(O)			
合格率和优秀率的性别差异	(⊙)							

注：* 表示性别差异显著存在，且如果 0＜效应值＜1，表示女生表现好于男生，如果效应值＞1，男生表现好于女生，O 表示不同年度间的性别差异发生显著的变化。⊙ 表示优秀率的性别差异与合格率的性别差异有显著不同。/表示不同年度间的性别差异没有发生变化或者优秀率的性别差异与合格率的性别差异基本相同。后同。

由图 2-12 和表 2-104 可以看出，八年级语文学科存在性别差异，女生合格率和优秀率均高于男生，且男女生优秀率差异显著高于合格率差异。2008、2010、2012、2014 年，男女生合格率差异较稳定；2008、2010、2012 年，男女生优秀率差异较稳定，2014 年呈现出增大的趋势。

四、户籍差异情况

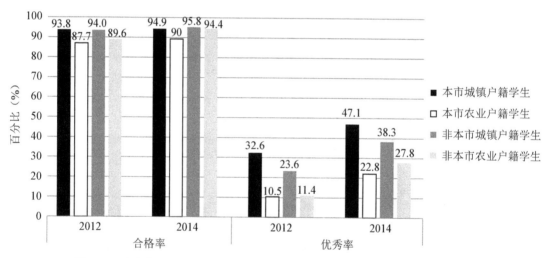

图 2-13　北京市 2012、2014 年八年级不同户籍学生语文合格率和优秀率情况图

表 2-105　北京市 2012、2014 年八年级语文合格率和优秀率不同户籍学生差异情况表

类别		合格率		优秀率	
		2012	2014	2012	2014
本市城镇户籍学生与本市农业户籍学生比较	差值	6.1	4.9	22.1	24.3
	效应值	2.12	2.07	4.12	3.02
		2.10*(/)		3.48*(O)	
	合格率和优秀率	(⊙)			

类别		合格率		优秀率	
		2012	2014	2012	2014
本市城镇户籍学生与非本市城镇户籍学生比较	差值	−0.2	−0.9	9.0	8.8
	效应值	0.97	0.82	1.57	1.43
		0.89(/)		1.48*(/)	
	合格率和优秀率	(⊙)			
本市城镇户籍学生与非本市农业户籍学生比较	差值	4.2	0.5	21.2	19.3
	效应值	1.76	1.10	3.76	2.31
		1.40(O)		2.93*(O)	
	合格率和优秀率	(⊙)			
本市农业户籍学生与非本市城镇户籍学生比较	差值	−6.3	−5.8	−13.1	−15.5
	效应值	0.46	0.40	0.38	0.48
		0.42*(/)		0.44*(/)	
	合格率和优秀率	(/)			
本市农业户籍学生与非本市农业户籍学生比较	差值	−1.9	−4.4	−0.9	−5.0
	效应值	0.83	0.53	0.37	0.77
		0.67(O)		0.53*(O)	
	合格率和优秀率	(/)			
非本市城镇户籍学生与非本市农业户籍学生比较	差值	4.4	1.4	12.2	10.5
	效应值	1.82	1.35	2.40	1.61
		1.57*(/)		1.93*(O)	
	合格率和优秀率	(/)			

由图 2-13 和表 2-105 可以看出，合格率从高到低依次排序为：非本市城镇户籍学生、本市城镇户籍学生、非本市农业户籍学生、本市农业户籍学生。优秀率从高到低依次排序为：本市城镇户籍学生、非本市城镇户籍学生、非本市农业户籍学生、本市农业户籍学生。本市城镇户籍学生与其他群体间比较时，其优秀率差异均显著高于合格率差异。且本市城镇户籍和本市、非本市农业户籍学生的优秀率差异分别均在逐渐减小，非本市城镇户籍和非本市农业户籍学生的优秀率差异也在逐渐减小，本市农业和非本市农业户籍学生的优秀率差异在逐渐增大。

五、地域差异情况

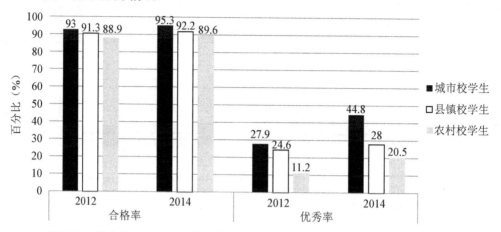

图 2-14　北京市 2012、2014 年八年级不同地域学生语文合格率和优秀率情况图

表 2-106　北京市 2012、2014 年八年级语文合格率和优秀率不同地域差异情况表

类别		合格率		优秀率	
		2012	2014	2012	2014
城市校学生与县镇校学生比较	差值	1.7	3.1	3.3	16.8
	效应值	1.27	1.72	1.19	2.09
		1.47(/)		1.58(O)	
	合格率和优秀率	(/)			
城市校学生与农村校学生比较	差值	4.1	5.7	16.7	24.3
	效应值	1.66	2.35	3.07	3.15
		1.97*(O)		3.11*(/)	
	合格率和优秀率	(⊙)			
县镇校学生与农村校学生比较	差值	2.4	2.6	13.4	7.5
	效应值	1.31	1.37	2.59	1.51
		1.34(/)		1.96*(O)	
	合格率和优秀率	(/)			

　　由图 2-14 和表 2-106 可以看出，城市校学生的合格率和优秀率显著高于农村校学生，且城市校学生和农村校学生之间的优秀率差异显著高于合格率差异。而城市校学生和县镇校学生的合格率和优秀率差异不大，县镇校学生和农村校学生的合格率差异不大，县镇校学生的优秀率显著高于农村校学生。2012 和 2014 年，城市校学生和农村校学生的合格率差异有增大的趋势，优秀率差异较为稳定。县镇校学生和农村校学生的优秀率差异明显减小。

六、不同规模学校学生差异情况

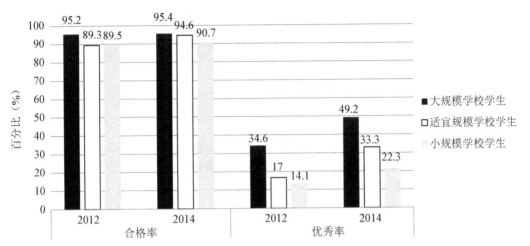

图 2-15　北京市 2012、2014 年八年级不同规模学校学生语文合格率和优秀率情况图

表 2-107　北京市 2012、2014 年八年级语文合格率和优秀率不同地域差异情况表

类别		合格率		优秀率	
		2012	2014	2012	2014
大规模学校学生与适宜规模学校学生比较	差值	5.9	0.8	17.6	15.9
	效应值	2.38	1.18	2.58	1.94
		1.69*(O)		2.24*(O)	
	合格率和优秀率	(/)			
大规模学校学生与小规模学校学生比较	差值	5.7	4.7	20.5	26.9
	效应值	2.33	2.13	3.22	3.38
		2.22*(O)		3.32*(/)	
	合格率和优秀率	(⊙)			
适宜规模学校学生与小规模学校学生比较	差值	−0.2	3.9	2.9	11.0
	效应值	0.98	1.80	1.25	1.74
		1.33(O)		1.48(O)	
	合格率和优秀率	(/)			

　　由图 2-15 和表 2-107 可以看出,大规模学校学生语文合格率和优秀率显著高于适宜规模学校学生和小规模学校学生,而适宜规模学校学生和小规模学校学生的语文合格率和优秀率不存在显著差异。大规模学校学生和小规模学校学生的优秀率差异显著高于合格率差异。且 2012 和 2014 年,大规模学校学生和适宜规模学校学生、小规模学校学生的合格率差异和优秀率差异基本在逐渐减小,但是,适宜规模

学校学生和小规模学校学生的合格率差异和优秀率差异在逐渐增大。

第三部分 北京市八年级语文学科学生学业水平测试结果相关因素的结果及分析

一、学生因素

（一）课后学习

课后学习主要调查了学生阅读课外书和完成作业的情况。在阅读课外书方面，调查集中在每天课外阅读的页数以及对指定书目的阅读册数。数据表明，学生每天阅读课外书的页数存在逐年增加的趋势，平均每天阅读量在 11 页以上的比例有所提高。从阅读量与成绩的相关可以看出，在平均每天阅读 20 页及以下的阅读页数范围内，成绩随着阅读量增加而增加，超过 20 页的阅读量学生群体对应的成绩有所降低；而指定范围的课外书阅读量与成绩基本呈现正相关关系，即读书数量多的群体对应较高的学业成绩（"在以上范围之外"对应的学生群体比例仅 1.6%，不具有明显的推断意义）。可见一方面广泛的阅读与学业成绩的良好表现之间存在关联，另一方面阅读量也应控制在符合学生认知水平和接受理解能力的范围内，以利于所读内容能够内化为学生的知识结构，产生有助于学业的积极作用。

在完成作业方面，调查呈现了学生完成"背诵默写古诗文""完成不同文体的阅读题""读名著等课外书，写读书笔记""完成手抄报、研究性学习等实践性作业"四类作业频次，调查结果表明，在四类作业中"背诵默写古诗文"的布置频率最高，每周安排和每天安排的比例达到 81.9%；其次是"完成不同文体的阅读题"，每周和每天安排的比例达到 70.2%；"读名著等课外书，写读书笔记"的布置频率较少，每周和每天安排的比例为 38.3%，极少或基本不安排的比例达到 38.5%；"完成手抄报、研究性学习等实践性作业"的比例最低，极少和基本不安排的比例达到 59.1%。可以明显看出这四类作业所训练的认知能力是由低到高的，背诵古诗文属于识记层次，而完成手抄报最高可达到创作层次，但是由于指向不同水平的认知能力培养的作业如认真完成所需时间也有所不同，因此想要达到通过作业训练提升学生语文水平的目的，教师需掌握好不同作业的布置频次。从结果看，背诵默写类的作业每天布置并不对应最好效果，每周或每月布置此类作业所对应的学生成绩最高；不同文体阅读每天、每周或每月布置所对应的学业成绩大致相同；而阅读课外书写读书笔记则是每月安排对应最好的学习效果。因此，如何合理安排不同难度水平的作业使其收到最好的效果，需要进一步研究，本调查在此方面仅呈现了一个年度的调查数据，教师可在教学实践中更多地关注和总结。

表 2-108　关于学生在家和学校平均每天大约阅读多少页课外书(不包括课本)的调查结果

选　项	百分比/%				学业成绩/分			
	2008	2010	2012	2014	2008	2010	2012	2014
0 页	11.7	8.2			72.0	72.9		
1～5 页	33.9	25.7			75.4	77.2		
6～10 页	22.9	22.9			76.2	78.2		
11～20 页	12.2	15.9			78.3	79.2		
20 页以上	19.3	27.3			76.2	77.3		

表 2-109　关于学生整本读完的课外读物(《安徒生童话》《格林童话》
《伊索寓言》《克雷洛夫寓言》《稻草人》《宝葫芦的秘密》《繁星·春水》《艾青诗选》
《西游记》《水浒》《红岩》《骆驼祥子》《朝花夕拾》《鲁滨孙漂流记》
《格列佛游记》《简·爱》《童年》《钢铁是怎样炼成的》《名人传》)的调查结果

选项	百分比/%				学业成绩/分			
	2008	2010	2012	2014	2008	2010	2012	2014
0			4.3				64.5	
1～2 本			13.5				64.9	
3～4 本			23.6				68.7	
5～6 本			22.1				72.0	
7 本以上			34.9				74.5	
在以上范围之外			1.6				73.5	

表 2-110　关于背诵默写古诗文类作业布置的实际情况的调查结果

选　项	百分比/%				学业成绩/分			
	2008	2010	2012	2014	2008	2010	2012	2014
基本不安排				1.3				453
极少安排				6.2				462
每月安排				10.6				478
每周安排				48.6				479
每天安排				33.3				462

表 2-111　关于完成不同文体的阅读题类作业布置的实际情况的调查结果

选　项	百分比/%				学业成绩/分			
	2008	2010	2012	2014	2008	2010	2012	2014
基本不安排				2.8				420

选　项	百分比/%				学业成绩/分			
	2008	2010	2012	2014	2008	2010	2012	2014
极少安排				10.0				438
每月安排				17.0				477
每周安排				52.1				479
每天安排				18.1				477

表2-112　关于读名著等课外书、写读书笔记类作业布置的实际情况的调查结果

选　项	百分比/%				学业成绩/分			
	2008	2010	2012	2014	2008	2010	2012	2014
基本不安排				10.9				464
极少安排				27.6				475
每月安排				23.2				486
每周安排				27.7				472
每天安排				10.6				444

表2-113　关于完成手抄报、研究性学习等实践性作业布置的实际情况调查结果

选　项	百分比/%				学业成绩/分			
	2008	2010	2012	2014	2008	2010	2012	2014
基本不安排				21.4				470
极少安排				37.7				476
每月安排				27.0				481
每周安排				10.9				459
每天安排				3.0				401

（二）语文学习信心

在语文学习信心方面，调查了总体上的学习信心和针对特定语文学习任务的学习信心。从总体情况看，大部分学生认为自己的语文学习较好或一般，约有15%的学生认为自己语文学习水平好；在遇到语文作业的困难时超过八成的学生基本有信心或完全有信心解决问题；从自信心与学业成绩的关系看两者呈现较为明显的正相关。对于特定任务而言，调查涉及了指向整体感知能力的"概括济南冬天特点"和说出"苏州园林的总体特点是什么"的信心程度调查，结果表明，有信心和非常有信心的学生比例分别为72.2%和64.6%；指向形成解释能力的"说说比喻句作用"的信心程度调查，结果表明，有信心和非常有信心的学生比例为76.8%；以及指向写作

领域的"仿照最后三个比喻句,写一段话来赞美秋天"的信心程度的调查,结果表明有信心和非常有信心的学生比例为75%。针对这些问题,学业成绩均与信心程度呈现正相关。这些结果表明,语文课堂教学中,教师对教材内文本的讲解涉及了不同层级的认知水平;语文课堂教学中,教师借助课文对学生开展多项能力训练,且收到较好的效果;从学生的角度看,对教师完成课文教学给予肯定;从学生的角度看,对教材内散文、说明文文章本身的阅读基本达成。

表 2-114　关于学生有多少信心完成"概括济南冬天的特点(《济南的冬天》)"
这个语文问题的调查结果

选　项	百分比/%				学业成绩/分			
	2008	2010	2012	2014	2008	2010	2012	2014
非常有信心				21.6				506
有信心				50.6				478
不清楚				19.3				441
不太有信心				7.3				425
完全没信心				1.2				399

表 2-115　关于学生有多少信心完成"请你说说这个比喻句的作用(《济南的冬天》)"
这个语文问题的调查结果

选　项	百分比/%				学业成绩/分			
	2008	2010	2012	2014	2008	2010	2012	2014
非常有信心				26.7				511
有信心				50.1				475
不清楚				16.5				425
不太有信心				5.7				416

表 2-116　关于学生有多少信心完成"仿照最后三个比喻句,
写一段话来赞美秋天(《春》)"这个语文问题的调查结果

选　项	百分比/%				学业成绩/分			
	2008	2010	2012	2014	2008	2010	2012	2014
非常有信心				32.3				502
有信心				42.7				471
不清楚				16.5				439
不太有信心				7.1				441
完全没信心				1.3				401

表 2-117　关于学生有多少信心完成"苏州园林的总体特点是什么(《苏州园林》)"
这个语文问题的调查结果

选　项	百分比/%				学业成绩/分			
	2008	2010	2012	2014	2008	2010	2012	2014
非常有信心				22.0				502
有信心				42.6				480
不清楚				25.7				448
不太有信心				7.3				440
完全没信心				2.4				419

表 2-118　关于"每当在语文家庭作业中遇到问题时，我总有信心解决它"
这种说法符合学生感受程度的调查结果

选　项	百分比/%				学业成绩/分			
	2008	2010	2012	2014	2008	2010	2012	2014
完全不符合			3.0	3.9			61.8	421
基本不符合			19.7	17.2			67.6	442
基本符合			57.4	48.2			71.9	473
完全符合			19.8	30.7			74.0	495

表 2-119　关于学生认为自己语文阅读领域学习水平如何的调查结果

选　项	百分比/%				学业成绩/分			
	2008	2010	2012	2014	2008	2010	2012	2014
好			13.2	17.8			73.5	493
较好			35.3	37.7			73.8	496
一般			41.7	38.5			69.6	450
较差			8.0	5.3			65.4	404
差			1.9	0.7			64.0	387

(三)语文学习方法——资源获得

这部分主要调查了学生对于从生活中的不同素材资源中学习语文的可能性的看法，结果显示，无论是特别说明的"名著、报刊"还是泛指的"生活处处"，绝大部分学生都认为可以从中学习语文。而从观点与成绩的相关性上看，认同程度高的学生群体对应的学业成绩也相对较高，两者呈现明显的正相关关系。语文学习的资源丰富，适合的学习方法和可从中学习的内容也因素材而异，后续进一步了解学生是如何从中学习的，取得了什么收获，有什么问题将对于语文教学有所启发。

表 2-120　关于"从名著、报刊中也可以学习语文"这种说法符合学生感受程度的调查结果

选　项	百分比/%				学业成绩/分			
	2008	2010	2012	2014	2008	2010	2012	2014
完全不符合	1.6	4.6			63.0	72.7		
基本不符合	2.6	4.2			66.3	72.8		
基本符合	27.8	32.5			73.2	76.2		
完全符合	68.1	58.7			77.4	78.8		

表 2-121　关于"生活中处处有语文学习的资源"这种说法符合学生感受程度的调查结果

选　项	百分比/%				学业成绩/分			
	2008	2010	2012	2014	2008	2010	2012	2014
完全不符合	1.6				63.3			
基本不符合	3.5				69.0			
基本符合	29.4				74.3			
完全符合	65.5				77.0			

（四）语文学习方法——阅读

在阅读学习方法方面，遇到难以理解的文章时变换阅读方式，以及带着问题阅读并结合经验解决都是可以提高阅读水平的方法。数据表明，均有 70% 以上的学生表示完全或基本使用这些方法。从其与学业成绩的关系上看，两者具有一定程度的正相关关系。但同时也有约 40% 的学生没有找到提高阅读水平的有效方法，且这样的学生成绩显著低于能够找到提高阅读方法的学生群体，针对这部分学生应给予特别的关注。阅读水平的提升不是一蹴而就的事，往往是日积月累的过程，阅读方法也并非单一机械的应用就可取得效果，因此也需要长期的关注和实践探索。

从关于具体的阅读方面困难的调查可以看出，在调查的 3 项内容中，表示"我很少得到自己需要的阅读知识"的学生比例逐年提高，表示"我很难在短时间内读懂阅读材料"的学生比例在 2012、2014 年均较前一年有所提高，而没有困难的学生则持续明显降低。随着阅读教育力度的加强以及对阅读能力的要求提高，学生能够明显感觉到自己在这方面的欠缺，能够意识到自己的具体不足之处，对于其自身的提高和教师找到教学入手点都是有益信息。

关于具体的两部名著内容获取途径的调查显示，学生通过其他同学的讲述以及电视剧动画片获得相关信息的比例相对最高，分别约有三分之一和四分之一；而在老师的指导下阅读、老师讲述或上初中前读过原著的比例相对较低，为 10%～

15％；阅读连环画的比例最低。可见，学生之间的交流和电视媒体作为学生获取信息的重要途径作用不容小觑。但是从效果看，老师指导下的集体阅读和初中前的原著阅读均对应着最高的学业成绩，若从发展性的角度看，进入初中后教师指导下的阅读是对所有学生而言更有效的方法。

表2-122　关于"阅读一篇文章难以理解时，我会尝试着变换另一种阅读方式"
这种说法在多大程度上符合学生感受的调查结果

选　项	百分比/%				学业成绩/分			
	2008	2010	2012	2014	2008	2010	2012	2014
完全不符合	5.8				67.7			
基本不符合	20.4				75.6			
基本符合	51.8				76.4			
完全符合	22.0				76.4			

表2-123　关于"我常带着'问题'阅读，并结合自己的知识经验尝试解决'问题'"
这种说法在多大程度上符合学生感受的调查结果

选　项	百分比/%				学业成绩/分			
	2008	2010	2012	2014	2008	2010	2012	2014
完全不符合	4.8				69.2			
基本不符合	20.4				76.2			
基本符合	47.3				76.0			
完全符合	27.6				76.0			

表2-124　关于"我找不到提高阅读水平的有效办法"这种说法在多大程度上符合学生感受的调查结果

选　项	百分比/%				学业成绩/分			
	2008	2010	2012	2014	2008	2010	2012	2014
完全不符合	23.7				76.8			
基本不符合	36.6				77.4			
基本符合	29.3				74.4			
完全符合	10.4				71.2			

表2-125　关于学生认为在阅读方面最主要的困难的调查结果

选　项	百分比/%				学业成绩/分			
	2008	2010	2012	2014	2008	2010	2012	2014
我很少得到自己所需要的阅读知识		15.6	19.6	22.4		76.0	71.1	481

选项	百分比/%				学业成绩/分			
	2008	2010	2012	2014	2008	2010	2012	2014
我找不到提高阅读水平的有效办法		41.4	41.0	40.5		78.4	71.7	475
我很难在短时间内读懂阅读材料		24.3	26.7	26.0		77.2	69.1	454
没有困难		18.7	12.8	11.1		76.9	74.1	497

表 2-126 关于学生了解《西游记》《水浒传》等名著内容的途径的调查结果(限选两项)

选项	百分比/%				学业成绩/分			
	2008	2010	2012	2014	2008	2010	2012	2014
老师讲述相关情节,并要求我们记忆				12.4				453
别的同学给我讲了一些名著中的故事				32.6				461
老师组织并指导我们集体阅读名著				14.5				487
我上初中之前曾经阅读过原著				13.8				486
我曾看过根据名著改编的连环画(小人书)				2.6				448
我曾看过根据名著改编的电视剧或动画片				24.0				476

(五)学校资源

在学校资源方面,图书馆阅览室是学生课余时间学习材料的良好来源,但是仅58.1%的学生完全或基本认同学校的相关资源丰富且定时开放,有23.6%的学生完全不认同。从与成绩的关系上看,显然完全认同学校资源丰富的学生成绩最高。

表 2-127 关于"学校图书馆、阅览室书刊资料丰富,并定时向同学们开放"
这种说法在多大程度上符合学生感受的调查结果

选项	百分比/%				学业成绩/分			
	2008	2010	2012	2014	2008	2010	2012	2014
完全不符合	23.6				75.1			

选 项	百分比/%				学业成绩/分			
	2008	2010	2012	2014	2008	2010	2012	2014
基本不符合	18.4				75.8			
基本符合	26.7				75.5			
完全符合	31.4				76.4			

二、教师因素

(一)教师个人基本信息

在教师基本情况方面，女教师比例持续持续在高位增加，四个测试年度中从82％增至87.3％。教师学历仍以本科为主要。从学历与成绩的关系看，具有研究生学历的教师群体对应最高的学生学业成绩。

表 2-128　关于教师性别的调查结果

选 项	百分比/%				学业成绩/分			
	2008	2010	2012	2014	2008	2010	2012	2014
男	18.0	17.5	13.4	12.7	74.9	77.8	68.8	460
女	82.0	82.5	86.6	87.3	74.9	76.8	70.5	467

表 2-129　关于教师当前学历的调查结果

选 项	百分比/%				学业成绩/分			
	2008	2010	2012	2014	2008	2010	2012	2014
中专及以下		0	0	0.4				514
大专		3.1	0	0.4		77.1		423
本科		90.8	90.4	91.5		76.7	69.7	463
研究生		6.1	9.6	7.6		78.8	75.2	503

(二)教师进修

在教师毕业后参加的学历教育情况方面，数据表明，在两个测试年度，均有约70％的教师参加了学历教育，从年度变化情况看，学历教育的水平有提升的趋势，主要表现为参加专科、本科进修的教师比例降低或不存在，而参加研究生学历相关的进修教师比例在增加。在成绩方面，参加研究生学历进修的教师对应的学生群体成绩最高。

在教师需要提高的能力方面，认为需要提高自己"激发学生学习动机能力"的教师最高，非常需要和基本需要的比例均为41.2%，合计超过80%；其次是需要"提高课外教学资源的选择和加工能力"，非常需要和基本需要的比例分别为35.1%和47.4%，合计达到82.5%；还有"提高教学中生成资源利用能力"，非常需要和基本需要额比例分别为31.3%和49.0%，合计达到80.3%；此外教师对于"调控学生自主活动的能力"提升也有较大需求，非常需要和基本需要的比例分别为33.7%和31.6%，合计达到65.3%；仍有26.8%和37.1%的教师非常需要和基本需要提升"设计课堂教学目标的能力"。教师能力的提升是教学保证的重要有效的前提条件，结合教师所反映的问题，在教研活动中可增加相应问题的具体研讨和分析指导。

表 2-130 关于教师毕业后参加所教学科学历教育情况的调查结果
（如果参加了多项，请选择最高级别）

选　项	百分比/%				学业成绩/分			
	2008	2010	2012	2014	2008	2010	2012	2014
大专学历进修		4.5	0			76.1		
专升本进修		37.1	28.4			78.2	68.4	
研究生学历进修		5.6	10.8			80.5	74.1	
研究生课程班		23.6	27.3			75.8	69.4	
没参加过		29.2	33.5			75.3	71.5	

表 2-131 关于教师是否认为需要通过培训提高设计课堂教学目标的能力的调查结果

选　项	百分比/%				学业成绩/分			
	2008	2010	2012	2014	2008	2010	2012	2014
完全不需要		10.3				73.7		
基本不需要		25.8				77.6		
基本需要		37.1				76.6		
非常需要		26.8				77.5		

表 2-132 关于教师是否认为需要通过培训提高课外教学资源的选择和加工能力的调查结果

选　项	百分比/%				学业成绩/分			
	2008	2010	2012	2014	2008	2010	2012	2014
完全不需要		1.0				76.0		
基本不需要		16.5				76.4		
基本需要		47.4				77.4		
非常需要		35.1				76.3		

表 2-133　关于教师是否认为需要通过培训提高调控学生自主活动的能力的调查结果

选　项	百分比/%				学业成绩/分			
	2008	2010	2012	2014	2008	2010	2012	2014
完全不需要		5.1				71.9		
基本不需要		29.6				77.5		
基本需要		31.6				77.4		
非常需要		33.7				77.8		

表 2-134　关于教师是否认为需要通过培训提高教学中生成资源的利用能力的调查结果

选　项	百分比/%				学业成绩/分			
	2008	2010	2012	2014	2008	2010	2012	2014
完全不需要		4.2				72.2		
基本不需要		15.6				77.4		
基本需要		49.0				77.7		
非常需要		31.3				75.8		

表 2-135　关于教师是否认为需要通过培训提高激发学生学习动机的能力的调查结果

选　项	百分比/%				学业成绩/分			
	2008	2010	2012	2014	2008	2010	2012	2014
完全不需要		3.1				73.9		
基本不需要		14.4				77.4		
基本需要		41.2				76.9		
非常需要		41.2				76.9		

（三）教师教学

在教师教学角度，主要包括两个类别的问题，一类是教师的教学行为，另一类是教师对待学生的态度。

在教学行为方面，从基本的不针对具体学科内容的教学行为角度看，97.5%的教师完全或基本认同自己能够监控自己的教学质量和学生的学习质量，其中完全认同的比例高达60.2%；而聚焦到具体的行为层面，在能够完整保存自己或学生的各种活动记录方面，基本或完全认同的教师比例达到86.8%，但其中完全认同的教师仅占29.2%。监控自己的教学质量和学生的学习质量是一个专业又复杂的工作，教师的作答一定程度上反映了教师在这方面的意识，但具体的方法可能因人而异，有待进一步关注与研究。从其与学业成绩的关系角度看，能够监控教学与学习质量的教师，以及能够保存记录的教师对应的学生学业成绩最高，呈现明显的正相关。

从与语文学习密切相关的学习活动指导角度看，教师参与最多的一项是"知道学生阅读名著"，经常实施的教师比例为60％～80％，测试进行的四个年度情况有所变化，并呈现降低的趋势。能够经常"指导学生进行文学创作"的教师比例在40％左右，除2012年有显著降低，仅为28.4％；能够经常"为学生发表作品提供帮助"的教师比例不高，其中2012年这一比例最低，在2014年明显提升，可见教师对学生的指导力度升级。能够经常"为学生开设校本课程"的教师比例在项目实施的四个年度中有明显波动，同样2012年最低，2014年最高。较少教师能够经常参与指导学生文学社团活动，但是参与的教师比例在项目实施的四个年度呈现上升趋势，在2014年已经从前三个年度均不足10％的比例增加至17.8％。

从参与以上行为的频率与学业成绩的关系看，这些行为在四个年度均表现为与学业成绩的正相关关系，即教师多进行有助于学生学业水平提升的活动对应更好的学业成绩。

在对待学生的态度方面，85.1％的教师基本或完全能够"相信学生的潜力，对学生充满信心，表现出良好的期望"，97.5％的教师基本或完全能够"把学生看作是具有独立主体的人，用行动表现出对他们的尊重"。这些都体现了教师积极正确的师生关系理念。

表2-136 关于"我能够完整地保存自己或学生的各种活动记录"
这一描述在多大程度上符合教师情况的调查结果

选 项	百分比/％				学业成绩/分			
	2008	2010	2012	2014	2008	2010	2012	2014
完全不符合				0.4				407
基本不符合				5.5				448
不确定				7.2				456
基本符合				57.6				466
完全符合				29.2				472

表2-137 关于"我能够监控自己的教学质量和学生的学习质量"
这一描述在多大程度上符合教师情况的调查结果

选 项	百分比/％				学业成绩/分			
	2008	2010	2012	2014	2008	2010	2012	2014
完全不符合				1.7				440
基本不符合				0.8				424

选 项	百分比/%				学业成绩/分			
	2008	2010	2012	2014	2008	2010	2012	2014
基本符合				37.3				462
完全符合				60.2				470

表 2-138　关于教师通过指导学生文学社团活动来发展学生语文能力的情况的调查结果

选 项	百分比/%				学业成绩/分			
	2008	2010	2012	2014	2008	2010	2012	2014
从不	32.6	33.0	26.2	21.2	75.2	77.1	67.8	469
偶尔	62.9	57.7	67.8	61.0	74.7	76.5	70.9	464
经常	4.5	9.3	6.0	17.8	77.4	78.0	72.5	471

表 2-139　关于教师通过指导学生阅读名著来发展学生语文能力的情况的调查结果

选 项	百分比/%				学业成绩/分			
	2008	2010	2012	2014	2008	2010	2012	2014
从不	1.1	0	8.6	0.8	74.4	0	67.7	439
偶尔	28.5	17.3	28.1	36.8	73.9	75.5	69.0	457
经常	70.4	82.7	63.2	62.4	75.4	77.1	71.0	482

表 2-140　关于教师通过指导学生进行文学创作来发展学生语文能力的情况的调查结果

选 项	百分比/%				学业成绩/分			
	2008	2010	2012	2014	2008	2010	2012	2014
从不	4.5	5.2	7.1	7.6	73.1	73.2	66.4	451
偶尔	51.1	52.6	64.5	50.4	74.6	76.4	69.6	465
经常	44.4	42.3	28.4	42.0	75.4	77.9	72.7	468

表 2-141　关于教师通过为学生发表作品提供帮助来发展学生语文能力的情况的调查结果

选 项	百分比/%				学业成绩/分			
	2008	2010	2012	2014	2008	2010	2012	2014
从不	10.6	10.2	10.9	17.4	75.4	75.8	66.2	470
偶尔	66.5	62.2	76.0	46.6	75.1	76.6	70.1	465
经常	22.9	27.6	13.1	36.0	74.3	77.9	74.3	478

表 2-142　关于教师通过为学生开设校本课程来发展学生语文能力的情况的调查结果

选　项	百分比/%				学业成绩/分			
	2008	2010	2012	2014	2008	2010	2012	2014
从不	25.3	18.6	17.3	11.4	75.2	77.5	69.4	460
偶尔	45.5	50.5	61.6	45.9	74.3	76.7	69.8	458
经常	29.2	30.9	21.1	42.7	75.7	76.6	72.2	478

表 2-143　关于"我相信学生的潜力，对学生充满信心，表现出良好的期望"
这种描述在多大程度上符合教师情况的调查结果

选　项	百分比/%				学业成绩/分			
	2008	2010	2012	2014	2008	2010	2012	2014
完全不符合				4.7				458
基本不符合				5.1				466
不确定				5.1				414
基本符合				43.6				460
完全符合				41.5				480

表 2-144　关于"我把学生看作是具有独立主体的人，用行动表现出对他们的尊重"
这种描述在多大程度上符合教师情况的调查结果

选　项	百分比/%				学业成绩/分			
	2008	2010	2012	2014	2008	2010	2012	2014
完全不符合				1.7				440
基本不符合				0.8				424
基本符合				25.0				460
完全符合				72.5				469

（四）学生作业

在作业布置方面，20.8%的教师表示每天布置"抄写字词"类作业，52.5%的教师表示每周布置这类作业；从与成绩的关系上看，抄写字词类作业的布置频率与学生学业成绩呈现负相关关系。6.4%的教师表示每天布置"读名著等课外书，写读书笔记"，44.5%的教师表示每周布置，36.9%的教师表示每月布置此类作业，从与成绩的关系上看，"阅读名著等课外书，写读书笔记"类作业的布置频率与学生学业成绩呈现正相关关系。可见有思维深度的作业训练有助于学生的成绩提升。

在对"读整本名著"这一作业任务难度的认知方面，教师存在差异，分别有接近半数的教师认为容易或较容易，而同时有接近半数的教师认为难或较难。对此现象有待于进一步的分析研究，例如从学生的既有阅读水平、阅读文本的文体类型、长度、熟悉性的角度进行深入分析。

在"不同文体阅读"对语文学习的帮助角度，教师普遍认为有较大帮助或很大帮助，两者比例分别为 66.9％和 23.3％。

表 2-145　关于教师安排"抄写字词"类作业的频率的调查结果

选　项	百分比/%				学业成绩/分			
	2008	2010	2012	2014	2008	2010	2012	2014
基本不安排				4.2				548
极少安排				14.8				478
每月安排				7.6				464
每周安排				52.5				463
每天安排				20.8				449

表 2-146　关于教师安排"读名著等课外书，写读书笔记"类作业的频率的调查结果

选　项	百分比/%				学业成绩/分			
	2008	2010	2012	2014	2008	2010	2012	2014
基本不安排				1.3				419
极少安排				11.0				447
每月安排				36.9				464
每周安排				44.5				473
每天安排				6.4				476

表 2-147　关于教师认为"读整本名著"类作业的难度情况的调查结果

选　项	百分比/%				学业成绩/分			
	2008	2010	2012	2014	2008	2010	2012	2014
容易				3.8				469
较容易				42.4				474
较难				39.4				466
难				14.4				441

表 2-148 关于教师认为"完成不同文体的阅读题"类作业对学生语文学习的帮助程度的调查结果

选 项	百分比/%				学业成绩/分			
	2008	2010	2012	2014	2008	2010	2012	2014
很小				1.7				468
较小				8.1				468
较大				66.9				468
很大				23.3				468

(五) 教师专业素养

教师专业素养主要调查了教师的阅读情况,数据显示,教师阅读最多的书籍是"文学作品",比例达到 45.1%,其次是"教育类",比例达到 25.3%。教师专业素养通常可以包括指向学科专业知识技能的学科专业素养和指向教育学知识技能的教育专业素养,从这个角度看,教师平时的阅读主题主要集中在这两个角度。但更侧重语文学科专业素养的积累与提升。从与学生成绩的关系上看,这两类阅读群体并非对应着最高的学生学业成绩,因此,广泛的阅读也是需要注意和加强的。

表 2-149 关于教师工作之余最经常阅读的图书类型的调查结果

选 项	百分比/%				学业成绩/分			
	2008	2010	2012	2014	2008	2010	2012	2014
政治哲学		3.3				75.8		
生活类		8.8				75.6		
历史类		5.5				82.1		
文学作品		45.1				77.4		
文艺评论		3.3				77.7		
新闻传记		1.1				75.1		
文化艺术		5.5				78.3		
教育类		25.3				74.7		
没有偏好		2.2				73.6		

(六) 学校资源

在学校资源方面,主要调查了学术文献查阅的资源情况。在"期刊论文库"(如中国知网等)这一资源配置上,半数教师表示学校具备而另外半数教师表示没有;在数字图书馆方面,仅 37.3% 的教师表示学校具备,高达 62.7% 的教师表示没有。而从与学业成绩的关系角度看,具备这些资源的教师明显对应更高的学生学业成绩。论文库资源提供了对教师教学颇有裨益的丰富文章,有相对理论化的学术论文也有来自实践层面的教师基于教学的日常研究的实用易懂的学术分享，是教师提高教学及研究水平的良好参考，学校可根据条件逐渐完善相关配置。

表 2-150　关于所在学校是否能为教师免费提供期刊论文库(如中国知网等)资源的调查结果

选　项	百分比/%				学业成绩/分			
	2008	2010	2012	2014	2008	2010	2012	2014
是				50.0				475
否				50.0				457

表 2-151　关于所在学校是否能为教师免费提供数字图书馆
(如中国国家数字图书馆、超星数字图书馆等)资源的调查结果

选　项	百分比/%				学业成绩/分			
	2008	2010	2012	2014	2008	2010	2012	2014
是				37.3				473
否				62.7				462

第四部分　当前取得的成绩及对全面提高教学质量的建议

一、当前北京市八年级语文学科教育教学所取得的成绩

整体来看，2006—2014 年北京市八年级语文学科的总体学业水平达到了该学段课程标准的基本要求，且合格率及优秀率均呈上升趋势，2010、2012、2014 年合格率均在 90% 以上，2014 年的优秀率达到了 35.9%。通过分析可以看出，2008 年至 2014 年，学生总体上识字写字和写作领域的合格率均在 90% 以上，阅读领域的合格率一直呈上升趋势发展。具体取得的成绩如下。

(一)教育均衡向好的方向发展，校际、城乡差异逐步缩小

"十三五"时期教育改革发展的主要目标是"教育成果更公平地惠及全民"。2012、2014 年，北京市八年级语文学科不同户籍学生比较结果表明，本市城镇户籍学生和本市、非本市农业户籍学生的优秀率差异均在逐渐减小，非本市城镇户籍学生和非本市农业户籍学生的优秀率差异也在逐渐减小，本市与非本市户籍学生学业水平差异的逐渐减小，说明近几年随迁子女的教育问题得到了改善；不同地域比较结果表明，县镇校学生和农村校学生的优秀率差异有明显减小；不同规模学校比较结果表明，大规模学校学生和适宜规模学校学生、小规模学校学生的合格率差异和优秀率差异基本在逐渐减少。

(二)教师队伍的专业化发展：年轻化，高学历，适应时代发展

2010、2012 年，研究生教师所占百分比由 6.1％上升到 9.6％，参与研究生学历进修的教师由 5.6％上升到 10.8％，越来越多的教师开始关注自身的专业化发展。调查显示，学历为研究生的教师，或毕业后参加所教学科研究生学历进修的教师，其学生的学业成绩是最高的。教师的学历代表着教师对自身发展的要求，同时也是教师个人的起点定位及学术高度的标志，这些对学生都会有潜移默化的影响。与此同时，随着新一轮教育改革的深化，教师自身要不断学习，适应当前教育改革发展的需要。数据结果显示，注意监控自己的教学质量和学生学习质量的教师，其学生的学业成绩高于不监控的教师。2014 年，全市 60％以上的教师都会监控自身的教学质量和学生的学习质量，以期提高自身的教育教学水平。

(三)教师角色的转变：正确的定位成就优秀的师生

调查显示，无论是教师还是学生，自信都很重要。教师的自信及学生的自信对于学生的学业成绩都有很大影响。如关于阅读，认为自己学得好或较好的学生其学业成绩要远远高于一般或不好的学生，自信学生的百分比由 2012 年的 48.5％上升至 2014 年的 55.5％；80％以上的教师相信学生的潜力，对学生充满信心，表现出良好的期望，其所教学生的学业成绩明显高于没有自信或期待较低的教师。

语文是一门人文学科，教师的人文关怀显得尤为重要。教师尊重并关注学生，80％以上的教师都会完整地保存学生的活动记录，87.5％的教师都会用行动表现出对学生的尊重，教师用自己的实际行动培养学生的自信心，对于学生语文学习兴趣及动力的提升都有着重要的影响，正确的教师角色定位成就优秀的师生。

(四)语文学习内容的改变：关注生活，适应社会要求

生活中处处可以学语文，数据显示，50％以上的学生认为自己从报刊、名著、生活中都可以学习语文，其学业成绩普遍较高。65.5％的学生认为生活中处处有语文学习资源。除此之外，"读书"且"读整本书"是语文学习绕不开的话题，50％以上的学生会在学校的图书馆读书，图书馆会定时向学生开放，这与当前提倡的"整本书阅读"紧密结合。

(五)教学方式的多元化：在活动中提高语文素养

数据显示，经常指导学生文学社团活动的教师由 2008 年的 4.5％增长到 2014 年的 17.8％，40％以上的教师会经常指导学生进行文学创作，这类活动在语文教学中是非常必要的，学生的学业成绩高于从不指导学生的教师。再如，还有 36％的教师会为学生发表作品提供帮助，约 42％的教师会为学生开设个性化的校本课程等。这些教师的学生学业成绩都要明显高于其他教师的学生学业成绩。教师教学方式的

多元化，使语文教学不再仅仅局限在一堂课、一本书，有助于进一步增强学生学习语文的兴趣，提高语文素养。

二、当前北京市八年级语文学科教育教学存在的问题和建议

总体来看，北京市八年级语文学生基本完成了《课程标准》规定的语文学习任务，学业水平达到了课程标准的要求。这一成绩的取得与现行的课堂教学管理制度、教学过程和评价方式等有着密不可分的关系。系统的市、区（县），校教研方式，规范的课堂教学要求等都为提高课堂教学实效奠定了良好的基础。

2006—2014 年，八年级学生语文学科学业水平总体上在逐步提升，但在不同领域、不同类别等方面还有很大的提升空间。为进一步提高北京市八年级语文学科学业质量，根据数据结果显示的问题提出以下相应的建议。

（一）重视读写结合，加强各内容领域之间的联系

聚焦 2008—2014 年八年级语文学科各内容领域学业水平测试结果发现，识字与写字、阅读、写作之间的变化差异很大，如 2012 年识字与写字的优秀率最低，仅为 12.6%，但是 2012 年的阅读与写作领域均比 2008、2010 年有了大幅增长，尤其是阅读领域，实现了近一倍的增长。从语文学科规律来看，识字写字、阅读、写作三个内容领域并不是完全割裂的，而是相互融合、相互促进的。学生进行大量的经典阅读不仅有助于学生阅读能力的提升，在阅读的过程中，识字写字能力、写作能力都能够得到相应的提高。

在教师问卷中显示，多数教师选择每周或每天安排学生抄写字词这类作业，但是结合学业水平成绩来看，基本不安排抄写字词这类指向单一、机械性作业的教师所教学生学业成绩最高，达到了 548，每天安排的为最低，仅有 449；每天布置学生完成阅读名著、写读书笔记作业的教师所教学生的学业成绩高于基本不安排的教师所教学生的学业成绩。除此之外，学生的阅读习惯及策略阻碍了学生阅读能力的发展。数据结果显示，约 45% 的学生都是通过记忆相关情节和听同学讲故事的方式"阅读"名著的，根本没有自己读过；40% 以上的学生找不到提高阅读水平的方法，24.3% 及以上的学生表示很难在短时间内读懂阅读材料。

语文与部分理科不同，需要不断积累，正所谓"博观而约取，厚积而薄发"，题海战术无法从根本上解决问题。积累的主要途径便是阅读。《北京市中小学语文学科教学改进意见》第八条指出："初中要聚焦语言运用，引导学生掌握随文学习的基本词汇、语法知识、常用的修辞方法，体会实际运用效果。要重视听说读写的结合，加强语文学习与生活实际应用的联系。"因此，从教师的角度来看，一方面，教师在日常教学中应重视读写结合，扩大教学领域，充实内容，引导学生随文识字，与表达结合，形成语文活动，让学生在真实的情境中完成任务，是提升学生语文素养的重要方式，进而实现三大领域的全面发展；另一方面，在作业布置方面，尽量避免指向单一的机械性作业，建议教师培养学生多读书、读好书、读整本书、写读

书笔记的语文学习习惯，但过犹不及，数据结果显示，每周或每月布置读书笔记的教师，所教学生的学业成绩相对较高，这就表明需要给学生充分阅读并思考的时间。

从学校的角度，既要为学生提供良好的读书氛围，如图书馆的开放等；也要为教师组织语文综合性学习活动提供支持。

（二）关注不同性别学业水平的差异

测试结果显示，2008—2014年男女生的学业水平依然存在显著差异，尤其是优秀率差异，显著高于合格率差异且2014年呈现出增大的趋势。

国际学生评估项目（PISA）2009年测试结果显示，上海男生的阅读成绩低于女生40分。更值得关注的是，平均值男生比女生低39分。这说明男女生阅读能力存在差距是一个普遍问题。

关于造成男女生语文学习，尤其是阅读能力差异的原因有过很多的相关研究，除了生理上的差异外，有研究表明，语文教师队伍性别构成的失衡、学校语文课程相关学习内容的女性化以及家庭教育中存在的问题，均构成相关影响因素。

从教师队伍的性别构成来看，本次调查结果显示，2008年女教师的比例为82%，到2014年增长到87.3%，同理，男教师的人数比例在相应地减少。当然，男女教师各有其优势，有些方面女教师更有优势，但是如果只接受来自女教师的传授，可能会影响男生认知思维的全面性。

也有研究者指出，目前学校系统中相关文学的内容与题材在一定程度上偏离了男生的选择。男生喜欢探索、冒险、刺激，偏好历史、科普、军事、武侠小说等题材的阅读，但这些在课堂上往往较少作为教学题材。在本次的教师问卷中显示，工作之余，有45.1%的教师最经常阅读文学作品类图书，只有5.5%的教师选择历史类图书。语文虽然是审美性较强的学科，但是也离不开理性、抽象、辩证思维，这些在教师的日常教学及备课方面需要予以关注，建议教师工作之余扩大阅读范围。

除此之外，有研究表明，家庭中父母的角色也是影响男女生学业水平差异的重要因素；还有语文学习中的学习兴趣、策略等方面的差异也是造成男女生学业水平差异的重要因素，在此不一一赘述。

需要注意的是，PISA研究报告强调，任何一个可能影响阅读素养性别差异的因素都不是绝对的。教育者在考虑这些性别差异的同时，也要注意不能将这种差异过度夸大。

关于男女生性别学业水平，尤其是阅读方面的差异，虽然是个世界性的问题，但忧中有喜的是，北京市2008—2014年学业水平测试中，男生的阅读优秀率逐年提升，尤其是2010—2012年提升了近20%，且与女生的差距逐渐缩小。

（三）加强经典原著的"整本书"阅读

测试结果显示，阅读领域的合格率除了2012年的90.2%之外，2008、2010、

2014年均低于90%，需要引起关注。

32.6%的学生表示自己阅读名著的途径是"别的同学给我讲了一些名著中的故事"，24%的学生则是通过影视作品，只有14.5%的学生表示"老师组织并指导我们集体阅读名著"，13.8%的学生表示"我上初中之前曾经阅读过原著"，换句话说，阅读过经典原著的学生不到30%。数据结果显示，从2008年到2014年，"经常"阅读名著的学生学业成绩均高于"偶尔"或"从不"阅读的学生的成绩。

与此同时，数据结果显示，70%的教师工作之余经常阅读的图书类别为文学作品类和教育类，而哲学类、历史类等均不到10%。在当前"互联网＋"教育时代的大背景下，62.7%的学校并没有为教师免费提供诸如数字图书馆等阅读通道，50%的学校没有为教师提供免费的期刊论文库，这也减少了教师工作之余的阅读途径。

基于上述问题，我们提出如下建议。

其一，关注"整本书阅读"，提高学生的阅读能力。整本书阅读是语文学习的基础。关于整本书阅读，很多专家学者、一线教师对此都进行了探索。《中国学生发展核心素养》提出的"文化基础"，在语文课程中主要表现为"人文底蕴"，指向对人文积淀、人文情怀的关注。基础、底蕴和情怀都需要积淀，积淀需要长时间的稳定状态，散点式、碎片化、拼接型的阅读却在不断切割、打断、搅动学生的阅读。我们期望达成的课程目标和目前主要的教学组织形式产生了巨大矛盾，怎样解决呢？增加整本书阅读在语文课程中的权重是比较合理的策略。

整本书的"整"，绝不是阅读内容的完整，或逐字、逐段、逐篇的讲授，而是认知角度和认知过程的统整。课段确立之后，要与学生商定课时计划，将课段目标融入每天的课时，制定完整、明确的课时计划表。科学规划课段、课时，统整散碎课时，共同致力于课程总体目标的达成；在有效使用课时的前提下，发挥课时的整体效用，跳出"课时主义"的窠臼。当然，课程规划是预设的，教师在课程实施前应使学生周知，在实施过程中也应本着质量优先的原则灵活调整。

整本书阅读落实到具体的教学中，有以下几点建议：（1）以教科书单元主题为"引子"，寻找阅读材料的联系性；（2）以出现的重点人物为线索，突出阅读内容的整体性；（3）以学生的问题为突破口，提高阅读策略的有效性；（4）以人情风俗解读为抓手，挖掘阅读思维的纵深度；（5）以专题研究为切入点，关注阅读探究的过程性。

其二，教师对于经典名著的阅读面应当拓宽。很多时候教师的阅读兴趣也会影响到学生的阅读兴趣。文史哲不分家，语文的阅读也不仅仅是文学作品，高考中的长文本阅读基本都是实用类文本；"以古为镜，可以知兴替"，阅读历史题材的作品有助于培养一个人的责任感和使命感；哲学类作品可以提高阅读者的辩证思维，加强思考的广度和深度等。

学校也应为教师提供便捷的阅读途径，如为教师免费提供网络期刊、数字图书馆，定期组织教师、师生、生生读书交流活动等，营造书香校园。

第五节 五年级英语监测结果

第一部分 北京市义务教育教学阶段
五年级英语学科学业水平测试及评价概况

学生学业质量是教育教学质量的核心指标。学业质量监测是反映学生学业质量的重要手段，是北京市义务教育教学质量分析与评价反馈系统体系的重要组成部分。学业监测的目的主要在于，依据《课程标准》，按照《手册》提出的具体要求，对学生学业质量是否达到《课程标准》的要求，以及达到程度如何进行测查与评价，并在此基础上提出进一步提高北京市义务教育阶段学生学业质量的政策建议。

依据《手册》，五年级英语学科的监测年是 2005、2007、2009、2011、2013 年。以下将分别从监测工具、测试对象、监测数据分析方法、基本概念四个方面来进行说明。

一、监测工具

（一）制定学科学业水平测试方案

学科学业水平测试方案是对学科学业测试内容、结构、范围与标准的具体说明。英语学科学业水平测试方案是依据相应学科的《课程标准》相应学段内容，结合北京市义务教育教学的实际情况而制定的。各学科的测试方案是指导学科整体测试工作的重要基础，主要包括学科学业水平测试框架、学业水平测试内容标准、测试方式、题型和测试时间、测试领域的分数构成、学业成就水平标准、题目示例、往年测试题呈现八个部分。

其中，学科学业水平测试框架、学业水平测试内容标准与学业成就水平标准是构成学科学业水平测试方案的三大核心要素。英语学科学业水平测试框架主要由内容领域构成，且学业成就水平主要以内容领域进行标准划定。

（二）制定测试工具

制定学科学业水平测试工具的目的在于测查、评价相应年级、学科学生的学业质量。英语学科命题小组以学科《课程标准》为依据，根据《手册》中学科学业水平测试方案的要求，制定测验细目表与命题蓝图，并在此基础上命制学科预测试卷。在对学科预测试卷测试数据结果进行充分研究、讨论、选择、调整与修改的基础上，形成由测试指标好的高质量试题组成学科测试卷，由专家审定后形成最终正式学科测试工具。2005—2013 年，项目组共命制五年级英语正卷 12 套，锚卷 2 套。五年级英语测试了作为标准卷的锚卷，以便于在各年度的测试间进行等值分析。对学科测试工具的质量分析的结果表明，其具有较好的内部一致性信度、内容效度与结构效度。

二、测试对象

本研究以北京市义务教育阶段五年级学生为测试对象，主要采用多阶段随机抽样与分层整群抽样相结合的方式抽取学生样本，抽样所需要的基本信息主要来自当年度《北京市教育事业统计资料》。具体步骤是：第一阶段，将北京市所有区县按照地域特征分成两层——城市与郊区，再在每一层采用简单随机方式抽取区县；第二阶段，将抽到的每个区县，按照办学条件情况进行分层，可分为办学条件好校、办学条件较好校、办学条件一般校、办学条件较差校，再在每一层采用 PPS 系统抽样法(抽取率与单位大小成比例的多阶段抽样法)抽取学校(对于五年级来说，同时按照学校的性质即完全中学、初级中学、九年一贯校进行分层抽样)；第三阶段，在所抽取的学校中采用简单随机方式抽取 1～2 个平行班级作为测试班级。具体人数见表 2-152。

表 2-152　2005、2007、2009、2011、2013 年五年级英语测试人数统计表

时间	五年级英语测试人数/人
2005	3 413
2007	3 264
2009	3 221
2011	3 166
2013	5 874

三、监测数据分析方法

(一)研究方法

通过连续年度大样本学业质量监测，主要采用测验法和问卷调查法，通过对学生在各学科上的学业水平表现和相关影响因素进行统计分析，并作出评价和判断。

(二)数据处理与分析

根据测试研究的目的与现有数据结构，主要采用数据统计软件 SPSS 18.0 和 Comprehensive Meta Analysis V3 分别对学生学业测试的结果部分和影响因素部分进行描述性统计和元分析。

四、基本概念

北京市义务教育教学质量分析与评价反馈系统学业质量监测，旨在解释学生学业质量是否达到《课程标准》要求，以及达到程度如何两个核心问题。故在本年度学业质量监测报告中所使用的分析评价指标主要采用合格率、优秀率等指标，具体解释如下：

优秀率指达到优秀水平的学生人数占参加测试学生总人数的百分比，在数值上

等于优秀水平人数百分比；合格率是指处于合格水平及以上的学生人数占参加测试学生总人数的百分比，在数值上等于合格水平人数百分比、良好水平人数百分比与优秀水平人数百分比的和。

第二部分　北京市五年级英语学科学业水平测试结果及分析

一、整体学业水平测试结果

经过数据分析，将北京市 2005、2007、2009、2011、2013 年义务教育阶段五年级英语学业质量发展趋势结果分析如下：

表 2-153　北京市 **2005**、**2007**、**2009**、**2011**、**2013** 年五年级英语合格率和优秀率情况表

单位:%

项　目	2005	2007	2009	2011	2013
五年级英语合格率	65.9	77.3	84.3	95.4	88.0
五年级英语优秀率	32.8	20.6	26.3	27.7	38.6

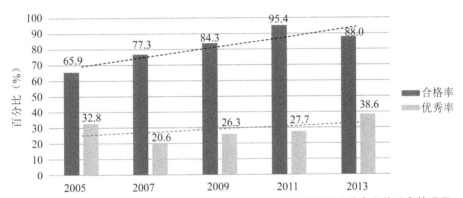

图 2-16　北京市 **2005**、**2007**、**2009**、**2011**、**2013** 年五年级英语合格率和优秀率情况图

由表 2-153 和图 2-16 可以看出，从 2005 年至 2011 年，五年级英语合格率有很大提高，至 2011 年达到 95.4%，2013 年有所降低，为 88.0%；优秀率 2005 年较高，为 32.8%；2007 年最低，为 20.6%，但是从 2007 年至 2013 年不断提高，至 2013 年达到最高（38.6%），整体呈现上升趋势。

二、各内容领域学业水平测试结果

表 2-154　北京市 **2009**、**2011**、**2013** 年五年级英语各内容领域合格率和优秀率情况表

单位:%

项　目	合格率			优秀率		
	2009	2011	2013	2009	2011	2013
词汇	91.3	97.5		63.3	64.7	
语法	68.2	77.1		28.0	0	

项　目	合格率			优秀率		
	2009	2011	2013	2009	2011	2013
听	82.7	92.0		46.7	57.9	
说	73.5	93.0		24.7	47.4	
读	85.1	93.0		40.0	40.1	
写	79.4	96.3		33.6	0	
听力理解			98.1			51.5
口语表达			74.3			35.8
阅读理解			91.1			39.5
书面表达			80.5			35.7
综合技能			66.2			33.0

注：五年级英语学科 2009、2011 年内容领域为词汇、语法、听、说、读、写；2013 年内容领域为听力理解、口语表达、阅读理解、书面表达、综合技能。2011 年语法和写分领域未划优秀分数线，因此没有优秀率。

　　由表 2-154 可以看出，2009 年和 2011 年，五年级英语学科在全部分领域的合格率上均有所提升，其中增幅最大的是说分领域，增幅达到近 20 个百分点；其次是写分领域增幅达到 16.9 个百分点，语法、听和读分领域的增幅近 10 个百分点，增幅最低的词汇分领域增幅为 6.2 个百分点。在词汇、听、说和读分领域上的优秀率在 2009、2011 年亦保持了平稳或提升的趋势。其中增幅最大的仍是说分领域，达到 22.7 个百分点，听分领域的增幅达到约 10 个百分点，词汇和读分领域基本保持稳定。

　　2013 年五年级英语学科的内容领域有所调整，因此无法进行纵向的趋势比较。

三、性别差异情况

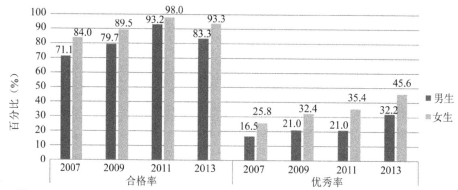

图 2-17　2007、2009、2011、2013 年五年级不同性别学生英语合格率和优秀率情况图

表 2-155　北京市 2007、2009、2011、2013 年五年级英语合格率和优秀率性别差异情况表

性别比较	合格率				优秀率			
	2007	2009	2011	2013	2007	2009	2011	2013
差值	−12.9	−9.8	−4.8	−10	−9.3	−11.4	−14.4	−13.4

性别比较	合格率				优秀率			
	2007	2009	2011	2013	2007	2009	2011	2013
效应值	0.469	0.461	0.280	0.358	0.568	0.555	0.485	0.567
	0.408*(O)				0.544*(/)			
合格率和优秀率	(⊙)							

注：*表示性别差异显著存在，且如果0＜效应值＜1，表示女生表现好于男生，如果效应值＞1，男生表现好于女生，O表示不同年度间的性别差异发生显著的变化。⊙表示优秀率的性别差异与合格率的性别差异有显著不同。/表示不同年度间的性别差异没有发生变化或者优秀率的性别差异与合格率的性别差异基本相同。下同。

由图2-17和表2-155可以看出，五年级英语学科存在性别差异，且女生合格率和优秀率均高于男生，且男女生优秀率差异显著高于合格率差异。且2007、2009、2011、2013年，男女生合格率差异有所变化，2011年减小，2013年又有所增大。而男女生优秀率差异较稳定。

四、户籍差异情况

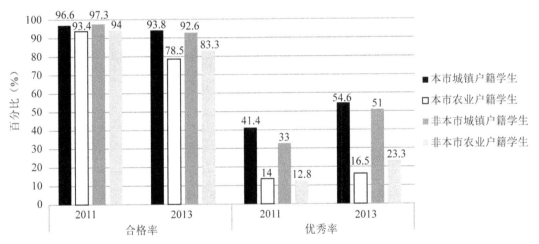

图2-18 北京市2011、2013年五年级不同户籍学生英语合格率和优秀率情况图

表2-156 北京市2011、2013年五年级英语合格率和优秀率不同户籍学生差异情况表

类别		合格率		优秀率	
		2011	2013	2011	2013
本市城镇户籍学生与本市农业户籍学生比较	差值	3.2	15.3	27.4	38.1
	效应值	2.008	4.144	6.086	4.340
		3.038*(O)		5.165*(O)	
	合格率和优秀率	(/)			

类别		合格率		优秀率	
		2011	2013	2011	2013
本市城镇户籍学生与非本市城镇户籍学生比较	差值	-0.7	1.2	8.4	3.6
	效应值	0.788	1.209	1.434	1.155
		1.104(/)		1.260*(/)	
	合格率和优秀率	(/)			
本市城镇户籍学生与非本市农业户籍学生比较	差值	2.6	10.5	28.6	31.3
	效应值	1.814	3.033	4.813	3.959
		2.530*(O)		4.321*(/)	
	合格率和优秀率	(⊙)			
本市农业户籍学生与非本市城镇户籍学生比较	差值	-3.9	-14.1	-19	-34.5
	效应值	0.393	0.292	0.331	0.190
		0.325*(/)		0.247*(O)	
	合格率和优秀率	(/)			
本市农业户籍学生与非本市农业户籍学生比较	差值	-0.6	-4.8	1.2	-6.8
	效应值	0.903	0.732	1.109	0.650
		0.800(/)		0.837(O)	
	合格率和优秀率	(/)			
非本市城镇户籍学生与非本市农业户籍学生比较	差值	3.3	9.3	20.2	27.7
	效应值	2.300	2.509	3.355	3.426
		2.471*(/)		3.405*(/)	
	合格率和优秀率	(/)			

由图 2-18 和表 2-156 可以看出，除 2011 年优秀率外，其他年份合格率和优秀率从高到低依次排序均为：本市城镇户籍学生、非本市城镇户籍学生、非本市农业户籍学生、本市农业户籍学生。不同群体间比较时，本市城镇户籍学生与其他群体进行比较时，其合格率与优秀率均显著高于其他群体学生。就合格率的群体差异变化情况而言，在 2013 年，本市城镇户籍学生与本市农业户籍学生和非本市农业户籍学生的合格率差异较 2011 年有所增加；就优秀率的群体差异变化情况而言，较为复杂，本市城镇户籍学生与本市农业户籍学生之间的优秀率差异在 2013 年增加，本市农业户籍学生与非本市城镇户籍学生之间的优秀率差异在 2013 年增加，本市农业户籍学生在 2011 年优秀率高于非本市农业户籍学生，而在 2013 年则低于非本市农业户籍学生。

五、地域差异情况

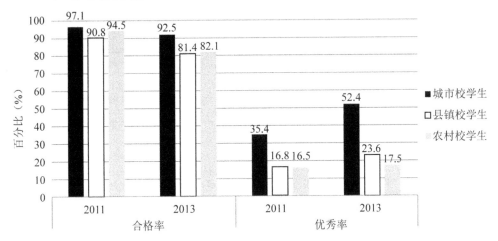

图 2-19　2011、2013 年五年级不同地域学生英语合格率和优秀率情况图

表 2-157　北京市 2011、2013 年五年级英语合格率和优秀率不同地域差异情况表

类别		合格率		优秀率	
		2011	2013	2011	2013
城市校学生与县镇校学生比较	差值	6.3	11.1	18.6	28.8
	效应值	3.393	2.818	2.714	3.564
		2.992*(/)		3.155*(O)	
	合格率和优秀率	(/)			
城市校学生与农村校学生比较	差值	2.6	10.4	18.9	34.9
	效应值	1.949	2.689	2.773	5.190
		2.328*(/)		3.811*(O)	
	合格率和优秀率	(/)			
县镇校学生与农村校学生比较	差值	−3.7	−0.7	0.3	6.1
	效应值	0.574	0.954	1.022	1.456
		0.764(O)		1.228(O)	
	合格率和优秀率	(/)			

由图 2-19 和表 2-157 可以看出，城市校学生的合格率和优秀率显著高于县镇校学生和农村校学生。从年度变化的角度看，在合格率方面，不同群体合格率差异较为稳定。在优秀率方面，城市校学生与县镇校学生之间的差异，以及城市校学生与农村校学生之间的差异在 2013 年均有所增加。

六、不同规模学校学生差异

表2-158 北京市2013年五年级英语合格率和优秀率不同规模学校差异情况表

单位:%

项目	合格率		优秀率	
	2011	2013	2011	2013
大规模学校		94.4		53.4
适宜规模学校		86.0		29.6
小规模学校		72.6		16.7

注:仅有2013年对学校规模进行大规模学校、适宜规模学校、小规模学校的分类。

由表2-158可以看出,合格率和优秀率从高到低依次排序均为:大规模学校、适宜规模学校、小规模学校。

第三部分 五年级英语学科学生学业水平测试结果相关因素的结果及分析

一、学生因素

(一)受教育程度的期待

受教育程度期待包括父母对孩子受教育程度的期待与学生自己接受教育程度的期待。数据表明,父母对孩子受教育程度的期待与学生自我期待之间具有较高的相关性。从父母期待孩子接受教育的比例来看,期待孩子只接受高中教育的比例在逐年下降,另外,希望孩子接受大学以上教育的比例也在逐年下降,其下降的速率要高于与同期希望自己接受高中教育学生的一个百分点。说明无论学生及家长不满足于只接受高中教育,而对于大学以上的教育程度,理解更加多元化,是去向更高学历层次,还是趋于对就业有帮助的学历层次,如职业教育,这需要数据才能具体分析。

表2-159 对学生希望自己接受教育的程度的调查结果

选 项	百分比/%				学业成绩/分			
	2007	2009	2011	2013	2007	2009	2011	2013
高中教育	7.2	6.3	4.9		58.0	66.76	79.8	
大学教育	17.0	21.2	25.2		61.4	73.09	86.2	
大学以上教育	75.8	72.5	69.8		67.5	80.48	89.6	

表 2-160　关于学生的父母希望其接受教育的程度的调查结果

选　　项	百分比/%				学业成绩/分			
	2007	2009	2011	2013	2007	2009	2011	2013
高中教育	5.2	4.69	3.8		58.1	65.68	81.0	
大学教育	14.9	16.67	20.5		63.8	75.1	86.8	
大学以上教育	79.8	77.86	75.7		66.8	79.47	89.1	

(二)家庭学习环境、业余生活

家庭学习环境包括家里喜欢的课外读物、课外练习册或参考书、安静的学习环境、学习类的光盘、计算机上网条件等。2009、2011、2013 年，90％左右的学生家庭拥有基本的学习条件，例如安静的学习环境，没有拥有基本学习条件的比例在2011 年和 2013 年分别为 5.3％、6.6％，较 2009 年的 10.4％下降了一半左右。学生家庭拥有计算机和上网条件的比例逐年提高。可以看出，学生家庭学习环境的逐步改善，但对于学生学业成绩的影响在逐渐下降。可见，拥有安静的学习环境、课外参考书和计算机及上网条件并不是提高学生学业成绩的必要条件。

家庭业余生活包括平均每天看电视的时间和每天睡眠时间。数据显示，看电视时间为半小时以内的学生比例在 2009 年增至 44.9％，2011 年又降至 34.5％。可以看出，看电视时间为半小时以内的学生学业成绩相对较高。2011 年学生每天睡眠时间为 10 小时及以上的比例为 15.0％，9～10 小时的比例为 50.2％，8～9 小时的比例为 25.1％。可以看出，睡眠时间为 8～10 小时的学生学业成绩较高，其次为睡眠时间为 10 小时及以上的学生。

表 2-161　关于学生在家里是否拥有喜欢的课外读物的调查结果

选　　项	百分比/%				学业成绩/分			
	2007	2009	2011	2013	2007	2009	2011	2013
是		95.6				78.8		
否		4.4				62.7		

表 2-162　关于学生在家里是否拥有课外练习册或参考书的调查结果

选　　项	百分比/%				学业成绩/分			
	2007	2009	2011	2013	2007	2009	2011	2013
是		87.5	91.2	89.8		79.9	88.7	502
否		12.5	8.8	10.2		65.2	83.6	423

表 2-163　关于学生在家里是否拥有安静的学习环境的调查结果

选项	百分比/%				学业成绩/分			
	2007	2009	2011	2013	2007	2009	2011	2013
是		89.6	94.7	93.4		79.3	88.5	498
否		10.4	5.3	6.6		66.8	84.0	439

表 2-164　关于学生在家里是否拥有学习类的光盘的调查结果

选项	百分比/%				学业成绩/分			
	2007	2009	2011	2013	2007	2009	2011	2013
是		67.3	75.6	68.0		80.5	89.1	507
否		32.7	24.4	31.9		72.9	85.6	470

表 2-165　关于学生在家里是否拥有计算机的调查结果

选项	百分比/%				学业成绩/分			
	2007	2009	2011	2013	2007	2009	2011	2013
是		75.9	83.3	91.0		80.6	88.7	503
否		24.1	16.7	9.0		70.0	86.0	417

表 2-166　关于学生在家里是否拥有上网条件的调查结果

选项	百分比/%				学业成绩/分			
	2007	2009	2011	2013	2007	2009	2011	2013
是		62.8	74.6	85.2		82.3	89.1	507
否		37.2	25.4	14.8		70.9	85.7	422

表 2-167　关于学生周一至周五放学后平均每天看电视的时间的调查结果

选项	百分比/%				学业成绩/分			
	2007	2009	2011	2013	2007	2009	2011	2013
0 小时	13.8	15.2	10.4		72.0	82.5	89.9	
0.5 小时以内(含 0.5 小时)	23.7	29.7	24.1		67.5	80.61	89.9	
0.5～1 小时(含 1 小时)	31.4	30.5	36.5		65.7	77.83	88.4	
1～2 小时(含 2 小时)	19.3	14.6	22.4		63.6	74.58	87.0	
2 小时以上	11.8	9.9	6.7		58.9	69.36	83.2	

表 2-168　关于学生通常每天睡眠时间的调查结果

选　项	百分比/%				学业成绩/分			
	2007	2009	2011	2013	2007	2009	2011	2013
10 小时及以上			15.0				87.7	
9～10 小时(不含 10 小时)			50.2				88.9	
8～9 小时(不含 9 小时)			25.1				88.8	
7～8 小时(不含 8 小时)			8.2				86.4	
7 小时以下			1.6				79.4	

(三)学生学习压力

学生学习压力调查包括学生学习压力大小、学生学习压力的根本原因、缓解压力的方法等。数据表明,2007—2011 年认为自己"没有学习压力"的学生人数逐步递减,其所代表的人数百分比从 8% 左右下降到 3% 左右,感觉压力很大学生人数的百分比从 16.0% 降到了 4.3%,表明学生的压力感逐渐向适中的区间发展。其中感觉压力较小的学生的比例从 25% 左右发展到 54% 左右,即近半数的学生感觉轻松;同时,感到压力较大的学生的比例也从 50% 左右下降到 38% 左右。从学生学业成绩来看,2007 年压力较大的学生学业成绩较高,2009 年压力很大的学生学业成绩较高,而 2011 年压力较小的学生学业成绩较高。可以看到,从发展趋势看,2007—2011 年学生整体压力在减小,且给学生减压和保持较低的压力效果可能会更好。

从学生学习面对的压力来源来看,把升入好中学作为选项的学生比例一直较高,维持在 34% 以上,变化幅度在 5% 以上;而其他各项的选择趋于平均,按年度比较变化在 2%～3% 的范围内。从各个压力源对于学生学业成绩的影响来看,来自各方面的压力源对于学生成绩的提高没有显著的影响。

从缓解学习压力的方法来看,选择不需要和不太需要的学生比例从 2011 年的 55.6% 降低到 2013 年的 36.5%,需要和非常需要的比例由 44.5% 提高到 63.5%。从学生调节压力的方法看,不了解和基本不了解的学生比例从 23% 提高到 45.9%,幅度提高较大;基本了解和了解的从 2011 年 77.0% 降低到 2013 年的 54.1%。说明学生的需求上升,但掌握调节方法人数的比例反而减少。从缓解压力的方法对学生学业成绩的影响来看,选择不太需要和基本了解、了解的学生群体中,从 2011 年到 2013 年成绩均相对较高。说明自己了解缓解压力方法的学生的学业成绩相对较高。学习缓解压力的方法有教师和家长两个渠道,期望从教师的得到帮助的选择人数来看,选择有时教和经常教的 2011 年是 71.7%,2013 年为 57.5%,呈下降趋势;期望从家长的得到帮助的选择人数来看,选择有时教和经常教的 2011 年是 67.7%,2013 年为 48.2%,呈下降趋势。从学习缓解压力的方法对学生学业成绩的影响来看，教师和父母"有时教过"和"经常教"的学生的学业成绩相对较高。

表 2-169 关于在过去的一年里学生认为自己学习压力大小的调查结果

选 项	百分比/%				学业成绩/分			
	2007	2009	2011	2013	2007	2009	2011	2013
没有	8.4	8.51	2.9		59.1	71.81	87.7	
较小，感觉轻松	25.6	35.86	54.4		65.2	75.13	89.2	
较大，常常感觉有些吃力	50.1	47.31	38.3		67.7	80.93	87.3	
很大，常常感觉无法承受	16.0	7.92	4.3		63.7	81.11	84.5	

表 2-170 关于学生认为学习压力大的最根本原因的调查结果

选 项	百分比/%				学业成绩/分			
	2007	2009	2011	2013	2007	2009	2011	2013
父母对我的要求高		21.7	21.1			73.1	85.2	
老师的要求严厉		12.3	11.9			68.1	86.9	
同学之间竞争激烈		16.6	14.6			73.5	86.7	
自己的要求高		9.7	12.0			73.6	86.3	
想升入好中学		39.7	34.1			75.8	87.5	
学习内容难		0	6.4			0	84.0	

表 2-171 关于学生是否需要缓解学习压力的办法的调查结果

选 项	百分比/%				学业成绩/分			
	2007	2009	2011	2013	2007	2009	2011	2013
不需要			11.0	13.5			88.1	490
不太需要			44.6	23.0			89.2	522
需要			34.8	36.1			87.6	491
非常需要			9.7	27.4			86.5	470

表 2-172 关于学生是否了解缓解学习压力的心情调节方法的调查结果

选 项	百分比/%				学业成绩/分			
	2007	2009	2011	2013	2007	2009	2011	2013
不了解			8.7	21.9			83.1	460
基本不了解			14.3	24.0			87.3	501
基本了解			56.1	40.4			88.9	505
了解			20.9	13.7			89.6	505

表 2-173　关于老师是否教过缓解学习压力的办法的调查结果

选　项	百分比/%				学业成绩/分			
	2007	2009	2011	2013	2007	2009	2011	2013
没有教过			10.5	22.8			86.5	494
很少教过			17.8	19.6			87.0	500
有时教过			40.2	35.7			88.6	500
经常教			31.5	21.8			89.2	472

表 2-174　关于家长是否教过缓解学习压力的办法的调查结果

选　项	百分比/%				学业成绩/分			
	2007	2009	2011	2013	2007	2009	2011	2013
没有教过			12.5	31.0			84.9	472
很少教过			19.8	20.8			87.4	493
有时教过			32.5	26.5			88.5	507
经常教			35.2	21.7			89.8	506

(四)课堂学习

课堂学习包括学生课堂活动形式、课堂发言情况、问题处理、小组活动的表现等。数据表明,2007、2009、2011、2011 年,关于学生在每节英语课上回答老师问题的平均次数,回答问题次数为 0 的学生的百分比逐年减少,从 2007 年的 8.3% 降到了 2011 年的 1.1%;回答问题次数大于 3 次的比例大幅提高,从 2007 年的 44.9%升到了 2011 年的 64.9%。在上课说英语时,能够大胆说不怕错的学生比例在 45%左右,2009 年在英语课上小组活动能够积极交流的学生比例较 2007 年提高了约 10%,2011 年在小组活动中能够争着说的学生比例为 34.0%,56.3%的学生选择轮到自己时才说。在英语课上,73.6%的学生选择主动举手说。从对学生学业成绩的影响来看,能够阅读英语故事书、大胆说不怕错、英语课上多回答老师问题、小组活动积极参与交流、争着说、主动举手发言的学生学业成绩较高。

表 2-175　关于提高学生英语水平最有帮助的学习方式的调查结果

选　项	百分比/%				学业成绩/分			
	2007	2009	2011	2013	2007	2009	2011	2013
模仿视听材料				12.2				475
反复朗读课文				16.7				466
坚持背诵课文				13.2				479
与同伴对话				17.6				500

选 项	百分比/%				学业成绩/分			
	2007	2009	2011	2013	2007	2009	2011	2013
记背单词和句型				20.0				490
阅读英文故事书				12.2				553
学唱英文歌曲				8.1				514

表 2-176　关于上课说英语时学生的情况的调查结果

选 项	百分比/%				学业成绩/分			
	2007	2009	2011	2013	2007	2009	2011	2013
大胆说不怕错	43.9	45.5			71.9	84.4		
有些担心还能说	28.8	35.7			66.2	77.6		
怕出错不敢说	18.9	18.1			57.7	63.3		
不会说	8.5				49.3			

表 2-177　关于学生在每节英语课上回答老师问题的平均次数的调查结果

选 项	百分比/%				学业成绩/分			
	2007	2009	2011	2013	2007	2009	2011	2013
0 次	8.3	4.97	1.1		55.5	62.1	76.6	
1～2 次	46.8	41.7	34.0		62.8	76.0	87.1	
3 次及以上	44.9	52.8	64.9		70.6	81.1	89.0	

表 2-178　关于学生在英语课上小组活动时的表现的调查结果

选 项	百分比/%				学业成绩/分			
	2007	2009	2011	2013	2007	2009	2011	2013
主要听别人讲	25.1	16.3			57.3	67.6		
积极参与交流	70.0	80.8			69.6	80.7		
什么都不做	4.8	2.6			51.5	61.0		

表 2-179　关于学生在英语课上小组活动时的表现情况的调查结果

选 项	百分比/%				学业成绩/分			
	2007	2009	2011	2013	2007	2009	2011	2013
争着说			34.0				90.1	
轮到自己时说			56.3				88.4	

选 项	百分比/%				学业成绩/分			
	2007	2009	2011	2013	2007	2009	2011	2013
没有机会说			1.2				80.0	
想发言，但不会说			8.5				80.8	

表 2-180 关于学生在英语课上发言的情况的调查结果

选 项	百分比/%				学业成绩/分			
	2007	2009	2011	2013	2007	2009	2011	2013
主动举手说			73.6				89.5	
等老师点名后说			19.7				86.2	
只跟着全班同学一起说			6.7				80.8	

（五）课后学习

课后学习主要包括每次完成英语作业的时间、课下收听英语课文录音磁带和朗读英语课文的情况、完成英语口头作业的情况和是否注意观察生活（电视或公共场所）中使用的简单英语。从学生完成英语作业的时间来看，除 2009 年，每次完成英语作业时间在 10 分钟之内的学生比例逐年上升，也就是说学生完成作业所用的时间逐年递减；同样，完成作业时间在 30 分钟以上的学生比例逐年降低，可以看出，学生完成作业的时间基本上以 10 到 20 分钟为主。能够每天听读收听英语课文录音磁带和朗读英语课文的、经常注意观察生活（电视或公共场所）中使用的简单英语的学生比例均增加 10％以上。对学生学业成绩的影响来看，完成每天作业时间在 20 分钟内的学生成绩较高；用时超出 20 分钟的学生的成绩较低，说明这部分学生学习效率不高。

表 2-181 关于学生每次完成英语作业的时间的调查结果

选 项	百分比/%				学业成绩/分			
	2007	2009	2011	2013	2007	2009	2011	2013
10 分钟以内	37.4	26.8	53.0	66.9	67.9	80.6	88.7	503
10～20 分钟	38.9	45.8	33.1	22.3	66.6	79.1	88.3	490
21～30 分钟	16.8	19.3	10.0	7.6	62.9	76.3	87.9	458
30 分钟以上	7.0	7.8	3.9	3.2	54.8	67.6	82.7	433

表 2-182　关于学生在课下收听英语课文录音磁带和朗读英语课文的情况的调查结果

选　项	百分比/%				学业成绩/分			
	2007	2009	2011	2013	2007	2009	2011	2013
从不听读		6.4	3.2			66.2	77.1	
很少听读		34.0	19.9			72.1	84.4	
经常听读		35.4	41.6			82.5	89.0	
每天听读		24.2	35.3			83.2	90.5	

表 2-183　关于学生完成英语口头作业的情况的调查结果

选　项	百分比/%				学业成绩/分			
	2007	2009	2011	2013	2007	2009	2011	2013
很少完成		13.9				65.6		
在家长要求下完成		14.7				72.6		
主动完成		71.4				81.6		

表 2-184　关于学生是否注意观察生活(电视或公共场所)中使用的简单英语的调查结果

选　项	百分比/%				学业成绩/分			
	2007	2009	2011	2013	2007	2009	2011	2013
从不观察		8.9	4.2			66.2	78.7	
很少观察		45.2	37.3			74.9	86.0	
经常观察		45.9	58.5			83.6	90.4	

(六)学习策略

学生的学习策略包括学生的课堂学习方法、课后复习方式、课后完成作业情况等。数据表明,在英语课上,90%以上的学生均能够对所学内容产生疑问或者有问题时举手问老师或者下课后问老师或同学,当没听清或者不理解老师的要求时,能够问老师或者同伴,能听懂英语授课的大部分内容。70%左右的学生英语课上经常有朗读的机会、模仿录音中的语音和语调,经常对老师提供的图片进行回答和描述,受老师的鼓励将学过的内容编入新对话。50%以上的学生能够在课上老师组织口语活动时积极主动地说,且在每节英语课上,发言次数大约 3 次及以上的学生占50%以上。英语课后,70%左右的学生能够经常复习当天老师所讲课程的情况,而且 33.8%的学生复习方式为总结整理学习过的内容,21.2%的学生选择朗读或背诵自己喜欢的内容,15%左右的选择会反复听自己喜欢的录音内容并模仿、做书上的或其他的配套练习、抄写句子或默写单词。30%以上的学生认为与同伴对话、反复朗读课文对于提高口语水平最有帮助。对于英语单词的记忆方法，64.9%的学生选择按照拼读规则记忆。

从对学生学业成绩的影响来看，英语课上经常有朗读的机会、模仿录音中的语音和语调，经常对老师提供的图片进行回答和描述，受老师的鼓励将学过的内容编入新对话的学生学业成绩相对较高。能够经常复习当天老师所讲课程的情况，复习方式为总结整理学习过的内容，认为与同伴对话、模仿视听材料对于提高口语水平最有帮助的学生，以及按照拼读规则记忆英语单词的学生学业成绩较高。

表 2-185　关于英语课上学生对所学内容产生疑问或有问题时最经常的一种做法的调查结果

选　项	百分比/%				学业成绩/分			
	2007	2009	2011	2013	2007	2009	2011	2013
举手问老师			46.8				88.4	
下课后问老师或同学			46.0				88.9	
回家后问家长			5.5				86.2	
不管它			1.7				72.5	

表 2-186　关于英语课上学生没听清或不理解老师的要求时最经常的一种做法的调查结果

选　项	百分比/%				学业成绩/分			
	2007	2009	2011	2013	2007	2009	2011	2013
问老师			64.0	46.3			88.6	502
问同伴			28.4	40.4			88.8	494
模仿其他同学做			5.4	8.0			85.3	475
按照自己的猜测做			1.8	5.3			80.4	453
什么都不做			0.5				71.1	

表 2-187　关于当老师用英语授课时学生能听懂的情况的调查结果

选　项	百分比/%				学业成绩/分			
	2007	2009	2011	2013	2007	2009	2011	2013
基本听不懂			2.2				73.4	
只能听懂一部分			13.3				80.8	
能听懂大部分			51.2				87.9	
全部能听懂			33.3				92.8	

表 2-188　关于该学期英语课上学生听录音、看视频材料的情况的调查结果

选　项	百分比/%				学业成绩/分			
	2007	2009	2011	2013	2007	2009	2011	2013
没有			1.0				81.2	
有时有			28.4				85.6	
经常有			70.6				89.4	

表 2-189　关于"英语课上，老师经常给我们提供练习朗读的机会"
这种说法在多大程度上符合英语老师的情况的调查结果

选　项	百分比/%				学业成绩/分			
	2007	2009	2011	2013	2007	2009	2011	2013
符合			77.9				89.1	
基本符合			20.2				85.8	
基本不符合			1.4				78.1	
不符合			0.5				75.4	

表 2-190　关于"朗读时，老师经常要求我们模仿录音中的语音、语调"
这种说法在多大程度上符合英语老师的情况的调查结果

选　项	百分比/%				学业成绩/分			
	2007	2009	2011	2013	2007	2009	2011	2013
符合			68.5	48.6			89.1	521
基本符合			25.7	32.9			87.1	480
基本不符合			3.6	14.2			84.5	453
不符合			2.2	4.2			80.7	429

表 2-191　关于"英语课上，老师经常提供图片让我们进行问答或描述"
这种说法在多大程度上符合英语老师的情况的调查结果

选　项	百分比/%				学业成绩/分			
	2007	2009	2011	2013	2007	2009	2011	2013
符合			65.2	49.7			88.7	510
基本符合			29.4	36.5			87.9	485
基本不符合			4.2	11.7			86.1	463
不符合			1.1	2.2			80.1	455

表 2-192 关于"练习对话时，老师经常鼓励我们把学过的内容编入新对话"
这种说法在多大程度上符合英语老师的情况的调查结果

选 项	百分比/%				学业成绩/分			
	2007	2009	2011	2013	2007	2009	2011	2013
符合			70.7	51.2			88.7	513
基本符合			24.1	33.1			87.3	479
基本不符合			3.9	12.7			86.2	465
不符合			1.3	3.0			86.5	457

表 2-193 关于练习对话时，老师鼓励学生把学过的内容编入新对话的情况的调查结果

选 项	百分比/%				学业成绩/分			
	2007	2009	2011	2013	2007	2009	2011	2013
从不				3.0				457
很少				12.7				465
有时				33.1				479
经常				51.2				513

表 2-194 关于学生复习当天老师所讲课程(不包括写作业)的情况的调查结果

选 项	百分比/%				学业成绩/分			
	2007	2009	2011	2013	2007	2009	2011	2013
从不复习			3.0	3.1			77.3	448
很少复习			25.0	33.6			85.2	465
经常复习			72.0	63.4			89.8	512

表 2-195 关于学生经常采用的复习方式的调查结果

选 项	百分比/%				学业成绩/分			
	2007	2009	2011	2013	2007	2009	2011	2013
朗读或背诵自己喜欢的内容			21.2				87.3	
反复听自己喜欢的录音内容并模仿			14.1				86.9	
做书上的或其他的配套练习			13.3				88.7	
抄写句子或默写单词			17.6				86.8	
总结整理学习过的内容			33.8				91.4	

表 2-196　关于学生认为对于提高口语水平最有帮助的复习方式的调查结果

选　项	百分比/%				学业成绩/分			
	2007	2009	2011	2013	2007	2009	2011	2013
模仿视听材料			19.9				88.5	
反复朗读课文			30.2				86.6	
坚持背诵课文			16.0				87.7	
与同伴对话			33.9				89.8	

表 2-197　关于学生是否逐个按字母来记忆英语单词的调查结果

选　项	百分比/%				学业成绩/分			
	2007	2009	2011	2013	2007	2009	2011	2013
否			73.3				88.9	
是			26.7				86.3	

表 2-198　关于学生是否按照拼读规则来记忆英语单词的调查结果

选　项	百分比/%				学业成绩/分			
	2007	2009	2011	2013	2007	2009	2011	2013
否			35.1				84.8	
是			64.9				90.1	

表 2-199　关于学生是否通过反复抄写来记忆英语单词的调查结果

选　项	百分比/%				学业成绩/分			
	2007	2009	2011	2013	2007	2009	2011	2013
否			74.4				88.9	
是			25.6				86.2	

表 2-200　关于学生是否通过听录音跟读来记忆英语单词的调查结果

选　项	百分比/%				学业成绩/分			
	2007	2009	2011	2013	2007	2009	2011	2013
否			62.1				88.2	
是			37.9				88.2	

表 2-201　关于英语老师批改完作业发回之后，如果有错题，学生的做法的调查结果

选　项	百分比/%				学业成绩/分			
	2007	2009	2011	2013	2007	2009	2011	2013
只是浏览一遍			2.8				80.6	
在原题上改错			42.9				87.1	
重新做一遍			54.4				89.5	

表 2-202　关于课上老师组织口语活动时学生参与情况的调查结果

选　项	百分比/%				学业成绩/分			
	2007	2009	2011	2013	2007	2009	2011	2013
积极主动地说				51.7				539
同学与我交流时才说				16.3				478
主要是听同学说				10.9				444
老师点到我时才说				10.5				456
想说，但不会说				10.6				387

表 2-203　关于该学期每节英语课上学生发言的次数的调查结果

选　项	百分比/%				学业成绩/分			
	2007	2009	2011	2013	2007	2009	2011	2013
0 次				3.0				416
1～2 次				45.9				477
3 次及以上				51.0				514

二、教师因素

（一）教师基本信息

教师基本信息包括教师性别、年龄、在一线教学的年限、学历、专业和教学学科的一致性。数据表明，95％左右的英语教师为女教师，55.5％的教师年龄为 35 岁及以下，34.3％的教师年龄为 36～40 岁。50％以上的教师一线教学年限达到 10 年及以上，且比例呈现 2011 年和 2013 年比 2009 年增长了 20％左右。90％以上的教师学历均能达到大学本科及以上。教师毕业时的专业与目前所教学科一致的比例达到 65％以上，2011 年和 2013 年比 2009 年增长了 10％。

从对学生学业成绩的影响来看，女教师所教学生成绩高于男教师，年龄在 46～50 岁、36～40 岁、30 岁以下的教师所教学生成绩较高。教师一线教学年限越高，

学生成绩越高。但是 2009 年，教师教学年限在 11～15 年的教师所教学生成绩出现下降趋势，而在 2011 年，教学年限在 6～10 年的教师所教学生成绩出现下降趋势。可以看出，教学年限在 10 年左右的教师容易出现职业倦怠的现场，而且近年来，出现职业倦怠的教师教学年限在减小。另外，毕业时的专业与所教学科一致的教师所教的学生学业成绩更高。

表 2-204　关于教师性别的调查结果

选　项	百分比/%				学业成绩/分			
	2007	2009	2011	2013	2007	2009	2011	2013
男		6.4	5.6	3.7		68.4	87.8	440
女		93.6	94.4	96.3		77.4	89.4	487

表 2-205　关于教师年龄的调查结果

选　项	百分比/%				学业成绩/分			
	2007	2009	2011	2013	2007	2009	2011	2013
30 岁以下			29.6				88.4	
30～35 岁			25.9				87.4	
36～40 岁			34.3				88.4	
41～45 岁			8.3				85.3	
46～50 岁			1.9				89.4	
51 岁及以上			0.0					

表 2-206　关于教师到目前为止在一线教学的年限的调查结果

选　项	百分比/%				学业成绩/分			
	2007	2009	2011	2013	2007	2009	2011	2013
2 年以下		11.5	2.8	8.5		71.4	88.6	471
2～5 年		24.0	20.4	20.6		75.6	87.6	471
6～10 年		31.3	25.0	18.0		80.4	86.8	451
11～15 年		19.8	20.4	23.8		76.0	87.2	477
16 年及以上		11.5	31.5	29.1		85.2	89.4	526

表 2-207　关于教师当前学历的调查结果

选　项	百分比/%				学业成绩/分			
	2007	2009	2011	2013	2007	2009	2011	2013
大专及以下		12.5	8.3			74.9	87.4	
大学本科及以上		87.5	91.7			78.5	87.9	

表 2-208　关于教师毕业时(第一次参加工作前)的专业与目前所教学科是否一致的调查结果

选　项	百分比/%				学业成绩/分			
	2007	2009	2011	2013	2007	2009	2011	2013
一致		54.2	68.5	64.6		79.8	87.4	502
不一致		33.3	23.1	32.3		73.5	89.4	460
中师或高中毕业, 没有特定专业		12.5	8.3	3.2		73.0	87.6	383

(二)教师兼教情况

教师兼教情况主要包括教师兼教年级和教师兼教学科情况。2007—2013 年,教师不兼教其他年级的比例从 22.8% 增加至 34.4%,兼教 1 个年级的教师比例从 51.0% 降低到 46.0%,兼教 2 个年级的教师从 21.7% 降低到 15.3%,兼教 3 个年级及以上的教师比例占 4% 以上。不兼教其他学科的教师比例从 80.4% 降低到 73.0%,兼教 1 个学科的教师比例从 16.3% 增加至 22.8%,兼教 2 个学科的教师比例整体呈现下降趋势,在 2013 年占 4.2%。

从对学生学业成绩的影响来看,教师兼教年级越少、兼教学科越少,所教学生的学业成绩越高。

表 2-209　关于除了测试班年级,当前教师兼教其他年级的情况的调查结果

选　项	百分比/%				学业成绩/分			
	2007	2009	2011	2013	2007	2009	2011	2013
不兼教其他年级	22.8	17.7	21.3	34.4	74	80.9	91.0	529
兼教 1 个年级	51.0	39.6	45.4	46.0	66	80.7	88.2	477
兼教 2 个年级	21.7	33.3	20.4	15.3	54	73.7	86.5	435
兼教 3 个年级及以上	4.3	7.3	13.0	4.2	58	72.8	83.8	424

表 2-210　关于除了本学科,当前教师兼教其他学科的情况的调查结果

选　项	百分比/%				学业成绩/分			
	2007	2009	2011	2013	2007	2009	2011	2013
不兼教其他学科	80.4	72.3	72.2	73.0	65.82	78.6	87.9	496
兼教 1 个学科	16.3	19.1	16.7	22.8	60.41	77.6	87.9	470
兼教 2 个学科	1.1	8.5	8.3	4.2	57.48	73.3	88.4	
兼教 3 个学科及以上	1.1		2.8		60.10		87.1	

(三)教师继续教育情况

教师继续教育情况包括其毕业后参加所教学科学历教育的情况、平均每周参加或接受继续教育所用的时间、是否作为主要成员参加过与所教学科相关的课题研究、参加所教学科市级、区级研讨活动的次数、参加所教学科校级研讨活动的次数等。2009 年，60.2％以上的教师参加专升本进修，2011 年降低了 5.7％。平均每周参加或接受继续教育所用的时间为 1 小时以上的教师比例为 60％左右。能够作为主要成员参加所教学科相关课题研究的教师比例占 30％以上。能够参加所教学科市级、区级研讨活动次数为 11 次及以上的比例为 20％以上，而能够参加所教学科校级研讨活动次数为 11 次及以上的比例达到 60％左右。

从对学生学业成绩的影响来看，教师进行研究生学历进修班的比例较少，但是这部分所教学生的学业成绩较高。近年来，教师每周参加或接受继续教育对所教学生的学业成绩的影响越来越小。能够作为主要成员参加过所教学科相关的课题研究的教师所教学生成绩高于不参加的教师所教学生。大体上，教师参加市级、区级、校级研讨活动次数越多，所教学生学业成绩越高。

表 2-211　关于教师毕业后参加所教学科学历教育的情况的调查结果

选　项	百分比/%				学业成绩/分			
	2007	2009	2011	2013	2007	2009	2011	2013
大专学历进修		9.7	13.1			84.5	88.5	
专升本进修		60.2	54.5			77.9	87.3	
研究生学历进修		1.1	2.0			90.4	93.1	
研究生课程班		5.4	2.0			63.9	91.8	
没参加过		23.7	28.3			74.5	89.0	

表 2-212　关于教师平均每周参加或接受继续教育所用的时间(记学分的教育)的调查结果

选　项	百分比/%				学业成绩/分			
	2007	2009	2011	2013	2007	2009	2011	2013
0 小时	5.4	1.1	4.7		56	68.1	92.8	
1 小时以下	34.8	30.1	37.4		68	75.4	88.4	
1～2 小时	37.0	44.1	36.4		62	77.7	86.8	
2 小时以上	20.7	24.7	21.5		67	77.9	88.5	

表 2-213　关于教师一年来是否作为主要成员参加过与所教学科相关的课题研究的调查结果

选　项	百分比/%				学业成绩/分			
	2007	2009	2011	2013	2007	2009	2011	2013
是		37.5	31.8			79.4	89.5	
否		62.5	68.2			77.1	87.2	

表 2-214　关于教师参加所教学科市级、区级研讨活动的次数的调查结果

选　项	百分比/%				学业成绩/分			
	2007	2009	2011	2013	2007	2009	2011	2013
0 次		6.3	3.7			61.8	90.0	
1～3 次		22.9	18.7			76.6	86.3	
4～6 次		28.1	29.9			77.8	88.7	
7～10 次		11.5	24.3			70.5	87.8	
11 次及以上		29.2	23.4			85.2	88.5	

表 2-215　关于教师参加所教学科校级研讨活动的次数的调查结果

选　项	百分比/%				学业成绩/分			
	2007	2009	2011	2013	2007	2009	2011	2013
5 次以下		11.8	7.4			68.9	83.1	
5～10 次		25.8	33.3			77.1	89.2	
11～15 次		16.1	16.7			76.7	87.7	
15～20 次		20.4	18.5			79.7	86.1	
21 次及以上		25.8	24.1			82.2	89.2	

（四）教师负担

教师负担主要包括心理感受、工作负担和教师负担重的原因等。数据表明，75%以上的教师感觉到压力较大，50%以上的教师感到自己的注意力不如以前集中，40%以上的教师经常睡眠质量不好，感觉很累，但是又不得不去面对一天的工作。35.1%的教师会经常因为工作上的事情情绪不稳定。有较强成就感的教师所占比例从 2009 年的 53.2%增至 2011 年的 73.1%。70%以上的教师认为自己的工作负担较重，且 2013 年 65.1%的教师任班主任，且每天批改作业时间超过 1 小时的教师比例占 40%以上。教师的负担重的原因主要包括班级管理、跨学科或跨年级教学、培训和学习、撰写各类材料、参加各类考核和评比、升学压力、同事竞争等方面。数据表

明，按照选择各项原因的教师比例排序，选择比例由高到低的顺序是课时量大、跨学科或跨年级教学，升学的压力太大，考核、评比检查活动太多，需要上交的书面及电子材料太多，班级规模太大，班级管理任务重，培训和学习任务较重，同事之间竞争激烈，各种会议太多。2009 年和 2011 年，除了认为培训和学习任务较重、需要上交的书面及电子材料太多，考核、评比和检查活动太多，以及升学压力太大的教师比例增加外，其他各项原因的比例均在减少。

从对学生学业成绩的影响来看，有一定压力并且有较强责任感的教师所教学生的学业成绩较高，认为不符合各项原因的教师所教的学生学业成绩相对较高。

表 2-216　关于"我感到自己的注意力不如以前集中了"这种
感受在多大程度上符合教师情况的调查结果

选 项	百分比/%				学业成绩/分			
	2007	2009	2011	2013	2007	2009	2011	2013
完全符合		19.1	16.7			74.1	87.1	
基本符合		31.9	40.7			79.2	88.2	
基本不符合		35.1	32.4			75.8	88.3	
完全不符合		13.8	10.2			77.9	86.9	

表 2-217　关于"我的睡眠质量不好，受失眠、易醒等问题困扰"这种
感受在多大程度上符合教师情况的调查结果

选 项	百分比/%				学业成绩/分			
	2007	2009	2011	2013	2007	2009	2011	2013
从不		19.1	12.0			76.7	90.3	
半年一次或更少		16.0	23.1			74.7	85.9	
一个月一次或更少		22.3	21.3			75.1	88.2	
一个月几次		17.0	24.1			80.7	90.7	
每星期几次		25.5	19.4			77.4	85.1	

表 2-218　关于"早晨起床时，我感觉很累，可是又不得不去面对一天的工作"这种
感受在多大程度上符合教师情况的调查结果

选 项	百分比/%				学业成绩/分			
	2007	2009	2011	2013	2007	2009	2011	2013
从不		14.9	16.7			74.3	88.8	
半年一次或更少		16.0	16.7			78.5	87.5	
一个月一次或更少		19.1	19.4			75.5	86.8	

选　项	百分比/%				学业成绩/分			
	2007	2009	2011	2013	2007	2009	2011	2013
一个月几次		22.3	25.9			79.2	88.8	
每星期几次		27.7	21.3			76.3	87.4	

表 2-219　关于"从事教师这份工作我感觉压力较大"这种

感受在多大程度上符合教师情况的调查结果

选　项	百分比/%				学业成绩/分			
	2007	2009	2011	2013	2007	2009	2011	2013
完全符合		27.7	24.1			74.3	88.0	
基本符合		48.9	49.1			78.2	88.0	
基本不符合		14.9	23.1			77.8	88.2	
完全不符合		8.5	3.7			75.9	85.0	

表 2-220　关于"我因为工作上的事情情绪不稳定"这种

感受在多大程度上符合教师情况的调查结果

选　项	百分比/%				学业成绩/分			
	2007	2009	2011	2013	2007	2009	2011	2013
从不		21.3				79.8		
半年一次或更少		22.3				77.9		
一个月一次或更少		21.3				77.9		
一个月几次		28.7				73.3		
每星期几次		6.4				75.9		

表 2-221　关于"我有较强的成就感"这种

感受在多大程度上符合教师情况的调查结果

选　项	百分比/%				学业成绩/分			
	2007	2009	2011	2013	2007	2009	2011	2013
完全符合		6.4	14.8			83.1	89.7	
基本符合		46.8	58.3			78.0	87.2	
基本不符合		42.6	20.4			75.8	88.2	
完全不符合		4.3	6.5			66.2	89.0	

表 2-222 关于"学校工作带给我很多快乐"这种感受在多大程度上符合教师情况的调查结果

选 项	百分比/%				学业成绩/分			
	2007	2009	2011	2013	2007	2009	2011	2013
完全符合		14.9	13.9			73.4	88.9	
基本符合		58.5	60.2			79.8	87.4	
基本不符合		24.5	22.2			73.3	89.1	
完全不符合		2.1	3.7			61.7	85.1	

表 2-223 关于"尽管很累,我对工作仍旧充满激情"这种感受在多大程度上符合教师情况的调查结果

选 项	百分比/%				学业成绩/分			
	2007	2009	2011	2013	2007	2009	2011	2013
完全符合		30.9	25.0			75.8	88.9	
基本符合		57.4	64.8			78.8	87.7	
基本不符合		10.6	10.2			71.3	86.4	
完全不符合		1.1	0.0			60.8		

表 2-224 关于教师平均每周教所有班级所有学科(不含课外活动)的总课时的调查结果

选 项	百分比/%				学业成绩/分			
	2007	2009	2011	2013	2007	2009	2011	2013
12 课时及以下		6.5	13.9			82.6	90.4	
13~15 课时		29.3	23.1			80.4	88.5	
16 课时及以上		64.1	63.0			74.6	87.5	

表 2-225 关于教师对自己的工作负担的认识的调查结果(2009、2011 年)

选 项	百分比/%				学业成绩/分			
	2007	2009	2011	2013	2007	2009	2011	2013
一般		24.5	28.0			75.8	88.8	
较重		75.5	72.0			77.2	87.5	

表 2-226 关于教师对自己的工作负担的认识的调查结果(2013 年)

选 项	百分比/%				学业成绩/分			
	2007	2009	2011	2013	2007	2009	2011	2013
非常重				23.8				491
比较重				55.0				489

选 项	百分比/%				学业成绩/分			
	2007	2009	2011	2013	2007	2009	2011	2013
一般				20.6				466
没有				0.5				498

表 2-227 关于教师除了课程表上的学科教学工作，是否担任班主任工作的调查结果

选 项	百分比/%				学业成绩/分			
	2007	2009	2011	2013	2007	2009	2011	2013
是			13.6	65.1			89.3	503
否			86.4	34.9			87.6	452

表 2-228 关于教师平均每天批改作业的时间的调查结果

选 项	百分比/%				学业成绩/分			
	2007	2009	2011	2013	2007	2009	2011	2013
0 小时				0.0				
0~0.5(含)小时				22.2				494
0.5~1(含)小时				34.4				453
1~1.5(含)小时				26.5				475
1.5~2(含)小时				14.3				500
2 小时以上				2.6				529

表 2-229 关于"课时量太大"导致负担较重在多大程度上符合教师情况的调查结果

选 项	百分比/%				学业成绩/分			
	2007	2009	2011	2013	2007	2009	2011	2013
完全符合		31.5	28.7			79.6	87.2	
基本符合		51.1	40.7			74.6	87.4	
基本不符合		13.0	20.4			73.5	88.8	
完全不符合		4.3	10.2			90.6	90.1	

表 2-230 关于"班级管理任务重"导致负担较重在多大程度上符合教师情况的调查结果

选 项	百分比/%				学业成绩/分			
	2007	2009	2011	2013	2007	2009	2011	2013
完全符合		13.3	14.3			71.7	85.9	

选 项	百分比/%				学业成绩/分			
	2007	2009	2011	2013	2007	2009	2011	2013
基本符合		37.8	25.7			75.2	88.3	
基本不符合		31.1	33.3			79.9	87.4	
完全不符合		17.8	26.7			77.4	89.4	

表 2-231　关于"跨学科或跨年级教学"导致负担较重在多大程度上符合教师情况的调查结果

选 项	百分比/%				学业成绩/分			
	2007	2009	2011	2013	2007	2009	2011	2013
完全符合		42.4	30.8			76.0	86.4	
基本符合		31.5	40.2			74.5	87.9	
基本不符合		10.9	9.3			81.6	89.6	
完全不符合		15.2	19.6			80.1	89.4	

表 2-232　关于"培训和学习任务较重"导致负担较重在多大程度上符合教师情况的调查结果

选 项	百分比/%				学业成绩/分			
	2007	2009	2011	2013	2007	2009	2011	2013
完全符合		9.9	12.4			75.8	86.3	
基本符合		38.5	41.0			79.8	88.4	
基本不符合		39.6	36.2			74.3	88.3	
完全不符合		12.1	10.5			76.9	86.3	

表 2-233　关于"需要上交的书面及电子材料(如表格、论文、教案、班主任手册、反思笔记、光盘等)太多"导致负担较重在多大程度上符合教师情况的调查结果

选 项	百分比/%				学业成绩/分			
	2007	2009	2011	2013	2007	2009	2011	2013
完全符合		27.2	23.4			76.3	87.6	
基本符合		33.7	43.2			78.8	87.8	
基本不符合		31.5	28.0			74.5	88.6	
完全不符合		7.6	5.6			78.5	86.2	

表 2-234　关于"班级规模太大"导致负担较重在多大程度上符合教师情况的调查结果

选 项	百分比/%				学业成绩/分			
	2007	2009	2011	2013	2007	2009	2011	2013
完全符合		27.2	14.0			79.3	86.8	
基本符合		25.0	26.2			77.4	87.7	
基本不符合		31.5	35.5			73.5	88.7	
完全不符合		16.3	24.3			77.9	87.5	

表 2-235　关于"各种会议太多"导致负担较重在多大程度上符合教师情况的调查结果

选 项	百分比/%				学业成绩/分			
	2007	2009	2011	2013	2007	2009	2011	2013
完全符合		8.7	10.4			73.2	85.4	
基本符合		34.8	26.4			79.4	87.5	
基本不符合		38.0	50.0			76.7	88.8	
完全不符合		18.5	13.2			73.5	87.1	

表 2-236　关于"考核、评比、检查等活动太多"导致负担较重在多大程度上符合教师情况的调查结果

选 项	百分比/%				学业成绩/分			
	2007	2009	2011	2013	2007	2009	2011	2013
完全符合		25.0	28.3			74.5	88.3	
基本符合		41.3	39.6			79.8	87.8	
基本不符合		26.1	26.4			74.7	87.5	
完全不符合		7.6	5.7			74.4	88.7	

表 2-237　"升学的压力太大"导致负担较重在多大程度上符合教师情况的调查结果

选 项	百分比/%				学业成绩/分			
	2007	2009	2011	2013	2007	2009	2011	2013
完全符合		33.0	31.7			75.7	87.2	
基本符合		35.2	39.4			78.7	88.8	
基本不符合		24.2	22.1			76.8	86.9	
完全不符合		7.7	6.7			70.2	89.8	

表 2-238　关于"同事之间的竞争激烈"导致负担较重在多大程度上符合教师情况的调查结果

选 项	百分比/%				学业成绩/分			
	2007	2009	2011	2013	2007	2009	2011	2013
完全符合		8.7	4.8			78.2	88.6	
基本符合		46.7	38.1			77.3	87.9	
基本不符合		29.3	44.8			77.0	87.8	
完全不符合		15.2	12.4			73.9	88.1	

(五)教师课前准备情况

教师课前准备情况包括教师平均每天备课时间、备课时花费时间最多的事项。数据表明,2007 年,每天有 30.4% 的教师备课时间为 2 小时以上;2013 年,备课时间为 2 小时以上的教师比例有所降低,而备课时间为 1 小时以下的教师比例也有所降低,备课时间为 1~2 小时的教师比例增加至 68.2%。2009 备课花费时间最多的是钻研教材,而 2011 年备课花费时间最多的是制作多媒体课件。

从对学生学业成绩的影响来看,2007 年,备课时间为 1~2 小时教师所教学生学业成绩较高,而 2013 年备课时间为 1 小时以下的教师所教学生的学业成绩更高。2009 年,备课花费时间最多为钻研教材的教师所教学生的学业成绩较高;而 2011 年,备课花费时间最多为制作多媒体课件和寻找有关教学辅助材料的教师所教学生的学业成绩较高。

表 2-239　关于教师平均每天备课的时间的调查结果

选 项	百分比/%				学业成绩/分			
	2007	2009	2011	2013	2007	2009	2011	2013
1 小时以下	7.6			4.8	65.1			497
1~2 小时	60.9			68.2	67.2			485
2 小时以上	30.4			27.0	61.6			487

表 2-240　关于教师备课时花费时间最多的项目的调查结果(2009 年)

选 项	百分比/%				学业成绩/分			
	2007	2009	2011	2013	2007	2009	2011	2013
多媒体课件的制作		14.8				77.1		
撰写教案		28.4				76.6		
钻研教材		38.3				78.2		
学习有关教学辅助材料		3.7				76.8		

选 项	百分比/%				学业成绩/分			
	2007	2009	2011	2013	2007	2009	2011	2013
研究学生		6.2				68.4		
其他		8.6				72.6		

表 2-241　关于教师备课时花费时间最多的项目的调查结果（2011 年）

选 项	百分比/%				学业成绩/分			
	2007	2009	2011	2013	2007	2009	2011	2013
制作多媒体课件			38.2				88.5	
寻找有关教学辅助材料			16.9				88.2	
撰写教案、学案			36.0				87.3	
分析学情			9.0				85.0	

（六）教师课堂教学情况

教师课堂教学情况包括在英语课上使用的语言、采用的教学方法、课上使用的学习活动形式、针对学生问题的解决方法等。数据表明，2009 年，52.1％的教师基本使用英语，33％的教师英语、汉语各一半；而 2011 年，基本使用英语的教师比例降至 4.7％，英语、汉语各一半的教师比例增至 62.3％。31.1％的教师采用学生双人活动形式，44.4％采用学生小组活动。47.4％的教师采用情景教学法，36.4％的教师采用 3P 教学法。95％以上的教师能够在布置完学生同伴或小组课堂活动后，观察学生参与活动的情况。课堂训练或考查后，针对学生出现的问题，67.8％的教师能够耐心、细致地给学生讲解，22.2％的教师会组织学生双人或小组讨论。58.9％的教师认为教学中感到最困难的是培养学生语言能力，21.6％的教师则认为最困难的是帮助学生形成良好的学习策略。在对话教学的操练环节，40.1％的教师会选择练习对话中的重点功能句型，只有 21.4％的教师指导学生创编新对话。在指导学生看图讲故事时，95％以上的教师能够去激活话题相关的词汇和短语，同时他们也会提供语言结构和词汇等的支持。当在英语教学中遇到困难时，2011 年有 51.8％的教师会选择与其他教师交流，2013 年增至 81.4％。

从对学生学业成绩的影响来看，课上使用最多的学习活动形式为学生双人活动、在布置完学生同伴或小组课堂活动后能够观察学生参与活动的情况、采用情景教学法、认为教学最困难的是在教学中实施德育的教师所教学生的学业成绩较高。在对话数学的操练环节，能激活话题相关的词汇和短语，且基本不提供语言结构和词汇等的支持的教师，所教学生的学业成绩较高。

表 2-242　关于教师在英语课上使用语言的情况的调查结果

选　项	百分比/%				学业成绩/分			
	2007	2009	2011	2013	2007	2009	2011	2013
完全使用汉语		1.1	0.9			67.8	89.8	
基本使用汉语		6.4	32.1			67.0	85.4	
英语、汉语各一半		33.0	62.3			75.1	89.0	
基本使用英语		52.1	4.7			78.4	87.5	
完全使用英语		7.4	0.9			83.5	89.8	

表 2-243　关于教师在课上使用最多的学习活动形式的调查结果

选　项	百分比/%				学业成绩/分			
	2007	2009	2011	2013	2007	2009	2011	2013
学生集体听讲		23.3				76.4		
学生双人活动		31.1				77.2		
学生小组活动		44.4				76.3		
学生个体学习		1.1				59.3		

表 2-244　关于教师在布置完学生同伴或小组课堂活动后的通常做法的调查结果

选　项	百分比/%				学业成绩/分			
	2007	2009	2011	2013	2007	2009	2011	2013
准备下一步教学活动		1.1				67.8		
参与到一个组去活动		1.1				59.3		
巡视并给予适当指导		2.2				60.0		
观察学生参与活动的情况		95.6				77.3		

表 2-245　关于教师在课堂教学中采用最多的教学方法的调查结果

选　项	百分比/%				学业成绩/分			
	2007	2009	2011	2013	2007	2009	2011	2013
3P 教学法		36.4				77.1		
情景教学法		47.7				79.1		
讲授教学法		10.2				64.2		
交际教学法		5.7				70.4		

表 2-246 关于教师在课堂训练或考查后，针对学生所出现的问题通常的做法的调查结果

选 项	百分比/%				学业成绩/分			
	2007	2009	2011	2013	2007	2009	2011	2013
耐心、细致地给学生讲解		67.8				76.1		
组织学生双人或小组讨论		22.2				75.9		
鼓励学生独立思考解决		8.9				79.5		
宣读正确答案后进行 下一教学环节		1.1				83.6		

表 2-247 关于教师在教学中感到最困难的方面的调查结果

选 项	百分比/%				学业成绩/分			
	2007	2009	2011	2013	2007	2009	2011	2013
完成本单元知识目标				13.0				489
培养学生语言能力				58.9				480
帮助学生形成良好的学习策略				21.6				499
在教学中实施德育				1.6				597
在教学中渗透文化意识				4.9				456

表 2-248 关于教师通常把主要精力放在在对话教学操练环节的哪一部分的调查结果

选 项	百分比/%				学业成绩/分			
	2007	2009	2011	2013	2007	2009	2011	2013
指导学生朗读对话				18.2				431
练习对话中的重点功能句型				40.1				474
分角色表演对话				20.3				492
指导学生创编新对话				21.4				542

表 2-249 关于"在指导五年级学生看图讲故事的训练时，您通常会激活话题
相关的词汇和短语"这种表述在多大程度上符合教师情况的调查结果

选 项	百分比/%				学业成绩/分			
	2007	2009	2011	2013	2007	2009	2011	2013
完全不符合				0.5				445
基本不符合				0.5				544
基本符合				56.1				468
完全符合				42.8				505

表 2-250 关于"在指导五年级学生看图讲故事的训练时，您通常会提供语言结构、词汇等的支持"这种表述大多大程度上符合教师情况的调查结果

选 项	百分比/%				学业成绩/分			
	2007	2009	2011	2013	2007	2009	2011	2013
完全不符合				0.5				445
基本不符合				0.5				544
基本符合				57.2				474
完全符合				41.7				498

表 2-251 关于教师在英语教学中遇到困惑或困难时最通常的做法的调查结果

选 项	百分比/%				学业成绩/分			
	2007	2009	2011	2013	2007	2009	2011	2013
自己思考并解决			12.0	9.6			86.6	488
与其他教师交流			51.8	81.4			87.4	481
向专家请教			21.7	6.4			90.0	539
上网查询			14.5	2.7			86.6	455

（七）教师课后培训情况

教师课后培训包括教师提高自身英语水平的方式、提升专业的活动方式、教学中遇到困难时的做法，以及通过培训想提高的能力等。30.9%、34.0%的教师会选择提升学历进修、考证书（等级证书、口语证书）来提高自身英语水平，仅有 16.0% 的教师选择收听和收看英文节目。在教师专业发展方面，55.6% 的教师认为观摩学习优秀教师的展示课受益最大，30.9% 的教师则认为参与校、区级研究课的研讨交流受益最大，11.1% 的教师会选择日常与教研员交流切磋，仅 2.5% 的教师选择课题研究和论文撰写。2013 年，89.9% 的教师均能给自己制订一个计划，促进自身语言能力的提高，授课后主动撰写教学反思、每学期阅读 2～3 篇有关英语教学的文章，会观看自己和同伴的教学录像，主动学习借鉴，改进教学，经常将学到的语言教学技能在教学中尝试运用。相比 2011 年提高了 10% 左右。30% 以上的教师能够参加区级及以上与英语学科相关的课题研究。2009 年，85% 以上的教师认为需要通过培训提高设计课堂教学目标的能力、设计教学活动的能力、设计课堂教学中各种问题的能力、课外提高课外教学资源的选择和加工能力；2011 年，认为需要提高设计课堂教学目标能力的教师比例降低 10%，但是认为需要提高设计教学活动能力的教师比例确未发生太大变化。80% 左右的教师认为需要通过培训提高处理教材上教学内容的能力、调控学生自主活动的能力、根据学生的反馈灵活地调节教学

内容和方法的能力，提高教学中生成资源的利用能力。70％以上的教师认为需要通过培训提高激发学生学习动机的能力和使用信息技术手段进行教学的能力。2011年，认为需要提高学生学习动机的教师比例提高了10％。

从对学生学业成绩的影响来看，收听和收看英文节目来提高自身英语水平、认为课题和论文撰写对教师专业发展收益最大的教师所教学生的学业成绩较高。能够作为主要成员参加区级及以上与英语学科相关课题研究的教师所教学生的学业成绩较高。

表 2-252 关于教师每年参加何种级别的研究课听课的调查结果

选 项	百分比/%				学业成绩/分			
	2007	2009	2011	2013	2007	2009	2011	2013
市级		35.5				83.6		
区级		53.8				75.2		
学区		1.1				78.8		
校级		9.7				61.3		

表 2-253 关于近三年以来教师提高自身英语水平的主要方式的调查结果

选 项	百分比/%				学业成绩/分			
	2007	2009	2011	2013	2007	2009	2011	2013
参加英语培训				12.2				442
考证书(等级证书、口语证书)				34.0				493
收听和收看英文节目				16.0				509
阅读英文报刊和书籍				3.7				426
学历进修				30.9				485
没有				3.2				509

表 2-254 关于教师认为在专业发展方面受益最大的活动方式的调查结果

选 项	百分比/%				学业成绩/分			
	2007	2009	2011	2013	2007	2009	2011	2013
课题研究和论文撰写			2.5				92.1	
日常与教研员交流切磋			11.1				89.7	
观摩学习优秀教师的展示课			55.6				87.6	
参与校、区级研究课的研讨交流			30.9				86.4	

表 2-255 关于"我能给自己制订一个计划，
以促进自身英语语言能力的提高"这种描述在多大程度上符合教师情况的调查结果

选 项	百分比/%				学业成绩/分			
	2007	2009	2011	2013	2007	2009	2011	2013
完全不符合			14.8	4.3			89.8	538
基本不符合			10.2	5.9			86.6	491
基本符合			58.3	63.8			87.2	475
完全符合			16.7	26.1			89.5	498

表 2-256 关于"在授课后我经常能够主动撰写教学反思"
这种描述在多大程度上符合教师情况的调查结果

选 项	百分比/%				学业成绩/分			
	2007	2009	2011	2013	2007	2009	2011	2013
完全不符合			15.7	1.6			88.9	617
基本不符合			8.3	5.3			83.5	487
基本符合			55.6	68.1			88.1	475
完全符合			20.4	25.0			88.3	503

表 2-257 关于"我能够每学期阅读 2～3 篇有关英语教学的文章"
这种描述在多大程度上符合教师情况的调查结果

选 项	百分比/%				学业成绩/分			
	2007	2009	2011	2013	2007	2009	2011	2013
完全不符合			15.7	0.5			89.8	642
基本不符合			4.6	8.0			83.6	475
基本符合			50.9	61.2			87.2	474
完全符合			28.7	30.3			88.8	507

表 2-258 关于"我会观看自己和同伴的教学录像，主动学习借鉴，改进教学"
这种描述在多大程度上符合教师情况的调查结果

选 项	百分比/%				学业成绩/分			
	2007	2009	2011	2013	2007	2009	2011	2013
完全不符合			14.8	1.1			89.7	570
基本不符合			5.6	11.2			87.0	464

选 项	百分比/%				学业成绩/分			
	2007	2009	2011	2013	2007	2009	2011	2013
基本符合			52.8	58.5			87.8	480
完全符合			26.9	29.3			87.2	499

表 2-259 关于"我经常能将学到的语言教学技能在教学中尝试运用"
这种描述在多大程度上符合教师情况的调查结果

选 项	百分比/%				学业成绩/分			
	2007	2009	2011	2013	2007	2009	2011	2013
完全不符合			15.7	0.5			89.7	642
基本不符合			0	0.5				448
基本符合			49.1	61.2			87.3	476
完全符合			35.2	37.8			87.9	498

表 2-260 关于 2010 年 9 月以来,教师是否作为主要成员参加过区级及以上
与英语学科相关的课题研究的调查结果

选 项	百分比/%				学业成绩/分			
	2007	2009	2011	2013	2007	2009	2011	2013
是			31.8				89.5	
否			67.3				87.2	

表 2-261 关于教师认为目前自己是否需要通过培训提高设计课堂教学目标的能力的调查结果

选 项	百分比/%				学业成绩/分			
	2007	2009	2011	2013	2007	2009	2011	2013
非常需要		46.8	24.1			77.3	86.9	
基本需要		41.5	52.8			76.6	88.1	
基本不需要		9.6	18.5			75.7	87.6	
完全不需要		2.1	4.6			77.6	91.9	

表 2-262 关于教师认为目前自己是否需要通过培训提高设计教学活动的能力的调查结果

选 项	百分比/%				学业成绩/分			
	2007	2009	2011	2013	2007	2009	2011	2013
非常需要			60.6	36.1			78.9	87.1

选　项	百分比/%				学业成绩/分			
	2007	2009	2011	2013	2007	2009	2011	2013
基本需要		27.7	52.8			72.4	87.8	
基本不需要		11.7	7.4			76.6	91.0	
完全不需要			3.7				91.7	

表 2-263　关于教师认为目前自己是否需要通过培训提高设计课堂教学中
各种问题的能力的调查结果(2009 年)

选　项	百分比/%				学业成绩/分			
	2007	2009	2011	2013	2007	2009	2011	2013
非常需要		44.7				78.3		
基本需要		40.4				75.7		
基本不需要		14.9				75.8		

表 2-264　关于教师认为目前自己是否需要通过培训提高设计课堂教学中
各种问题的能力的调查结果(2011 年)

选　项	百分比/%				学业成绩/分			
	2007	2009	2011	2013	2007	2009	2011	2013
非常需要			29.9				87.7	
基本需要			53.3				87.3	
基本不需要			15.0				90.7	
完全不需要			1.9				88.6	

表 2-265　关于教师认为目前自己是否需要通过培训提高处理教材上的教学内容的能力的调查结果

选　项	百分比/%				学业成绩/分			
	2007	2009	2011	2013	2007	2009	2011	2013
非常需要		40.4	29.6			80.6	86.1	
基本需要		38.3	49.1			74.2	88.1	
基本不需要		20.2	18.5			74.4	90.2	
完全不需要		1.1	2.8			76.5	88.7	

表 2-266　关于教师认为目前自己是否需要通过培训提高课外教学资源的选择和加工能力的调查结果

选　项	百分比/%				学业成绩/分			
	2007	2009	2011	2013	2007	2009	2011	2013
非常需要		39.4	31.8			78.0	88.5	
基本需要		45.7	50.5			77.1	87.5	
基本不需要		12.8	15.9			72.9	88.2	
完全不需要		2.1	1.9			74.9	86.0	

表 2-267　关于教师认为目前自己是否需要通过培训提高调控学生自主活动的能力的调查结果

选　项	百分比/%				学业成绩/分			
	2007	2009	2011	2013	2007	2009	2011	2013
非常需要		40.4	29.0			79.7	87.7	
基本需要		35.1	44.9			73.2	87.5	
基本不需要		20.2	23.4			78.0	88.7	
完全不需要		4.3	2.8			74.6	91.5	

表 2-268　关于教师认为目前自己是否需要通过培训提高根据学生
的反馈灵活地调节教学内容和方法的能力的调查结果

选　项	百分比/%				学业成绩/分			
	2007	2009	2011	2013	2007	2009	2011	2013
非常需要		38.7	38.9			78.2	88.1	
基本需要		38.7	33.3			76.9	87.9	
基本不需要		20.4	25.9			74.9	87.5	
完全不需要		2.2	1.9			71.0	88.6	

表 2-269　关于教师认为目前自己是否需要通过培训提高教学中生成资源的利用能力的调查结果

选　项	百分比/%				学业成绩/分			
	2007	2009	2011	2013	2007	2009	2011	2013
非常需要		38.3	32.4			79.4	90.2	
基本需要		44.7	53.7			74.3	86.7	
基本不需要		14.9	13.0			77.9	86.8	
完全不需要		2.1	0.9			78.1	88.0	

表 2-270　关于教师认为目前自己是否需要通过培训提高激发学生学习动机的能力的调查结果

选　项	百分比/%				学业成绩/分			
	2007	2009	2011	2013	2007	2009	2011	2013
非常需要		48.9	37.0			79.4	88.0	
基本需要		33.0	46.3			72.7	87.2	
基本不需要		13.8	13.9			78.4	89.1	
完全不需要		4.3	2.8			75.1	92.5	

表 2-271　关于教师认为目前自己是否需要通过培训提高使用信息技术手段
进行教学的能力的调查结果

选　项	百分比/%				学业成绩/分			
	2007	2009	2011	2013	2007	2009	2011	2013
非常需要		39.4	32.4			78.9	86.1	
基本需要		35.1	41.7			76.6	89.6	
基本不需要		19.1	21.3			75.3	87.1	
完全不需要		6.4	4.6			70.4	88.8	

第四部分　当前取得的成绩及对全面提高教学质量的建议

一、当前北京市五年级英语学科教育教学所取得的成绩

(一)五年级学生的英语学业水平总体达到了《课程标准》的要求

从整体来看,北京市五年级学生较好地完成了《课程标准》规定的学业任务,学业水平总体上达到了《课程标准》的要求。几年来,测试学生平均学业水平处于良好水平。其总体合格率逐年提升,从 2005 年的 65.9% 达到 2013 年的 88%;优秀率保持在 20% 以上。从各内容领域的学业水平情况来看,"词汇"分领域的合格率最高,"语法"的合格率较低;"技能"分领域中听及听力理解的合格率最高,写及书面表达的合格率最低。就优秀率而言,"听力理解"领域优秀率最高;"阅读理解""口语表达"和"书面表达"领域的优秀率也较高。

(二)不同性别、户籍学生的学业成绩都得到了提高

从北京市五年级不同性别学生整体学业水平来看,男生与女生的平均学业水平均达到良好水平,从优秀率上看,2013 年男生和女生的优秀率分别为 32.2% 和

45.6%，与 2011 年相比，分别提高了 11.2 和 10.2 个百分点。

从北京市不同地域学校学生整体学业水平看，城市校学生平均学业水平由 2011 年的良好水平提高到优秀水平，县镇校学生平均学业水平由 2011 年的合格水平提高到良好水平；从合格率上来看，与 2011 年相比，县镇校与农村校之间的差距减少了 3 个百分点；从优秀率上来看，与 2011 年相比，城市、县镇及农村校的优秀率分别提高了 17、6.8 和 1 个百分点。

（三）加强了薄弱环节的教学，补充了学生语言学习中的"短板"。

表达能力包括学生的口语表达能力和书面表达能力，这也是我国学生比较弱的两个技能。为大量收集和分析学生的口语数据，从 2009 年开始的评价项目就引入了人机对话的方式，经过几年的不断发展和完善，使得这个测试平台更加稳定和有效，数据也更加全面和真实。从 2009 年至 2011 年，五年级英语学科在全部分领域的合格率上均有所提升，其中增幅最大的是说分领域，增幅达到近 20 个百分点；其次是写分领域，增幅达到 16.9 个百分点；语法和听分领域的增幅达到约 10 个百分点，词汇分领域基本保持稳定。

（四）学生主体地位在课堂上逐步得到重视

数据表明，从 2007 年到 2011 年，学生在每节英语课上回答老师问题的平均次数得到增加，回答问题次数为 0 的学生的百分比逐年减少，从 2007 年的 8.3% 降到了 2011 年的 1.1%；回答问题次数大于 3 次的比例大幅提高，从 2007 年的 44.9% 上升到了 2011 年的 66.9%。

相对于学生成绩的影响。从 2007 年到 2011 年，平均回答问题 0 次和 3 次以上的学生的成绩差距始终维持在 13 分以上；而 1～2 次和 3 次以上之间的分数差距在缩小，从 2007 年的 7.8 分，到 2009 年的 5.1 分，再到 2011 年的 1.9 分。

因此，学生在表达，尤其在口语表达能力方面的提高，与教师能够在课堂教学中给学生较多的回答问题、参与课堂口语活动机会的行为是分不开的。

（五）更多的教师注重自身专业发展，教师专业化程度不断增强

教师的专业化水平是有效实施英语课程的关键，教师应在实践与反思中努力提高自身的专业素养，适应英语课程改革对教师提出的要求。教师能够通过观看、收听英文影视素材和节目、参加语言培训或者学历进修以及阅读英文报刊和书籍等方式保持和提高自身英语专业水平。数据表明，越来越多的教师能给自己制订计划，在英语教学中遇到困惑或困难时会主动与其他教师交流，在授课后经常主动撰写教学反思。这些数据表明，教师们在自我发展意识、自我反思、自我改进能方面均表现出良好的专业素质。

在参加测试调研的教师中，半数以上曾参与校级、区级、市级课题研究。说明教师在教学中能够及时发现、梳理问题并进行提升，通过课题研究的形式解决实际问题，从而促进教学实效性的提高，促进教师的自身专业发展。

二、当前北京市五年级英语学科教育教学存在的问题和建议

（一）继续关注不合格水平学生的学业成绩，逐渐缩小学生学业水平的差异

从北京市 2013 年五年级整体学业水平情况来看，优秀率为 38.6％，合格率为 88.0％，整体学生在优秀率上表现较好，但在合格率的表现上略显不足。与 2011 年相比较，2013 年整卷的合格率下降了 7.4 个百分点，优秀率提高了 10.9 个百分点。

北京市 2011—2013 年的趋势表明，五年级英语学科不同群体学生间英语水平差异依然存在，学生整体学业水平在均衡方面有待进一步提高。在本市城镇户籍学生、非本市城镇户籍学生、非本市农业户籍学生、本市农业户籍学生中，本市城镇户籍学生的合格率与优秀率均显著高于其他群体学生。

城市校学生学业水平与县镇和农村校学生的学业水平差距仍然较大，两个方面的数据都表明，城市校学生与县镇校学生、农村校学生在优秀率和合格率方面差异显著。县镇校学生和农村校学生在合格率和优秀率上相比差距并不显著，而且存在进一步提升的空间。

在分析本次问卷的相关因素的基础上，提出以下建议：教研部门应引领教师分析优秀学业水平学生与不合格学业水平学生的典型特征，在教学中做到合理借鉴、互促提高，在保持优秀学业水平学生良好发展态势的基础上，进一步关注不合格水平学生的学业成绩。

在课堂学习上，教师应有意识地增加不合格水平学生发言的次数，调动他们参与教学活动的积极性，让他们经常模仿录音中的语音、语调，适当增加对他们的表扬。在课后学习上，教师应规范不合格学业水平学生改作业的行为，要让他们认真对待作业中的错误，并及时改正；教师还要引导他们正确对待一些开放性作业的意义，如创编对话或制作手抄报等，并给他们提供必要的支持以帮助学生顺利完成作业。在学习习惯与策略上，教师应培养不合格学业水平学生养成预习、复习的习惯，并引导学生善于发现利于自己的学习方式与方法并尽可能多的尝试运用。在学习情意上，教师应引导不合格学业水平学生进行正向的归因，避免他们将自己学业成绩不理想归因为自己的学习能力不强，应引导他们多反思自己的学习方式方法与态度，从而坚定他们能够学好英语的信心，同时教师还要善于发现他们的进步，通过及时肯定、鼓励等方式降低学生的学习压力，激发学习的积极性。

教师在日常教学的设计与实施中要更加有效地落实分层教学，力求满足不同类型和不同层次学生的需求。教师要清楚各年级段的基本要求，明确学生在每一单

元、每节课应掌握的内容标准、应达到的学习结果，帮助所有的学生达到教学目标，一旦学生出现了差异，教师可通过课上关注、课下过问、家校协同等方式帮助学生缩小差距，获得成功的体验，逐渐树立和不断强化学习的自信心。

（二）关注教师工作压力，加大资源配置，减少教师备课时间

数据显示了教师在面对教学工作时的一些感受：感到自己的注意力不如以前集中，睡眠质量不好，受失眠、易醒等问题困扰，从事教师这份工作感觉压力较大等。2009—2011 年，有半数左右的教师工作压力较大。2013 年，65% 以上的教师要担任班主任工作，平均每天批改作业的时间在半小时以上的人数为 77.8%；教师备课时间 1～2 小时的为 68.2%，两小时以上的 27%。2011 年的数据统计表示，教师在备课过程中选择、制作多媒体课件的人数百分比较 2009 年提高了近 24 个百分点；寻找有关教学辅助材料的提高了 13 个百分点以上。由此可见教师的负担有相当一部分存在于备课中，而教学资源的不足可能成为加大教师备课负担的重要的原因之一。外语学习本身就缺少语言环境，在县镇和农村地区更是如此，而丰富的音视频资源无疑会丰富教学手段、改变教学方式、创造真实的语言学习环境、提高学生学习兴趣。

建议教育行政部门加大对相关教学资源的投入，如为学校配备英文影视素材和英文报刊和书籍等。这样既为教师自身学习提供了条件，又解决了教师缺少教学资源的问题，有利于减少教师的重复性工作，提高工作效率。

为薄弱校提供教学资源的技术支持，如建立英语图书角、安排优秀骨干教师进驻支教或定期指导、优质校和薄弱校教研组结对帮扶、薄弱校组建学科教研联盟教研、为学生配备英语学习资源等。

特别加强对郊县、农村学校的投入，可通过为学校提供贴近生活、贴近时代的内容健康和丰富的视听材料、英语动画、课外读物等课程资源，为学生的英语学习营造良好环境。

建议教研部门加强对于教学的分类、分层指导和评价，有针对性地以县镇、农村、城区规模较小校为重点实施英语教学薄弱学校的课堂教学改进计划，引导教师深入课程、教材、学生、教学之中。指导教师充分利用、开发资源，并在选用、开发相关资源时，要与学生的年龄特征、语言水平、认知基础相适应。教研部门还要指导教师创造性地开展语言实践等课程，充分调动学生参与的积极性，拓展学用渠道。

（三）教师职业化发展不足，应改进师资培训体系适应教师需求

通过问卷可以看出，在保持和提高自身英语专业水平方面，教师们最主要的做法是看英文影视素材和节目、参加语言培训或者学历进修、阅读英文报刊和书籍；

在专业发展方面，对教师来说收益最大的活动方式是参加培训班或外出考察学习、观摩学习优秀教师的展示课以及参与各级研究课的研讨交流，只有少数教师认为参加校本培训和校本教研的收益大；教师们认为最需要提高的方面是教学技能、技巧以及自身英语语言水平；备课时，占用教师时间最多的工作是撰写教案和学案、搜集素材和资源；当教师在英语教学中遇到困惑或困难时，最通常的做法是与其他教师交流。了解以上这些内容，对教育行政部门以及研训部门制定相关政策、培训内容与形式具有十分重要的意义。

各国教育实践证明，教师已成为小学外语课程质量的关键的因素之一，教师的专业化水平更是有效实施英语课程的关键。在课程实施的过程中，教师应不断加深对课程理念和课程目标的理解与认识，充分吸收各种方法的可取之处，优化教学方式，提高教学效率，在实践与反思中努力提高自身的专业素养，适应英语课程改革对教师提出的要求。建议教育行政部门以及研训部门要认真分析教师的需求，进一步改进师资培训体系与方式，并为教师提供相关资源，避免低效培训，减少教师的重复性工作。

建议教育行政部门拓宽师资来源，严把进人关，选择那些专业素质相对过硬的人员补充到英语教师队伍中。对于现有教师队伍，要丰富教师培训渠道，针对教师需求加强对其专业素养方面的培训力度，凸显外语学习的特点，设立英语教师出国培训项目，激发教师专业进取意识，从而不断提升整体英语教师队伍的专业素养与业务能力。提倡并支持校本教研制度，提高学校领导对于校本教研的重视程度。

建议各区域研训部门对教师来源、教师成长环境、教育教学态度、现有专业情况等方面进行调研和评估，针对其主要问题进行有针对性的教师培训，如根据教师需求，多组织一些观摩优秀教师的展示课以及研究课的研讨与交流活动等。在培训形式上，尽可能采用分层培训，可采用骨干教师一带一的方式，将区域内优秀的骨干教师组织起来，每人带一名需要提升的教师，通过定期互访的方式，对其进行教学指导。增加对培训效果的长效监控，如在教师参与培训后走进参训教师的课堂，将培训与教师的实际教学结合起来，从而促进教师的成长。以研究解决英语学科教学中的关键问题为核心，引领教师进行课题研究，促进教师的专业成长，培养研究型乃至专家型教师。加大对校本教研的指导力度，引导学校及时梳理校本研修经验，开展一些基于校本教研的区级展示交流活动，在全区内营造良好的校本教研氛围。

建议学校立足学校实际情况，切实开展校本研究，定期组织学科教研活动，鼓励校内教师互相听课、评课，以有经验的教师带领新教师，充分发挥优秀教师的作用，通过"同伴研修"等方式促进全体教师的发展。

广大教师更要认识到自身专业素养对于提高学生学业水平的重要意义。在语言素养方面，可通过阅读英文报刊和书籍、看英文影视素材和节目、参加语言培训或者学历进修，以及听英文有声读物等方式来提高语言素养。在业务素养方面，要尽可能多地学习教育教学理论知识、教学技能和技巧，以及英语国家的相关文化背景知识；要积极参与市、区、校级教研及培训活动，并在教学中尝试运用学习到的语言教学技能。积极参与课题研究工作，研究课堂教学中的真问题，用行动研究的方式不断探索改进自身教学的途径，最大限度提高学生的学业质量。

（四）关注学生需求，立足全人发展理念，注重学生学习能力培养

数据表明，经常预习和复习的学生英语分数显著高于其他类别的学生。在与2011年的数据对比中我们发现，经常预习的学生2013年为64.5%，比2011年减少了7.3个百分点；经常复习的学生2013年为63.4%，比2011年减少了8.4个百分点。我们还看到，能够全部完成作业的学生的学业成绩显著高于其他类别学生，但是能够全部完成的只有64.4%的学生。这些数据都提醒我们，广大教师要关注学生良好学习习惯的培养，从而促进自主学习能力的形成。

通过2013年课例分析的数据看到，在教学内容的评价结果中激发学生兴趣程度一栏内得分为7.7，最低分为5.0，说明教师没有充分调动学生对于语言学习的潜在动力。数据还显示，只有27.8%的游戏是符合学生年龄特点的。深入分析发现，英语课例中讲授式居多，在学生的语言中，被动语言占决定性地位，相当一部分课例中没有学生的主动发言，学生的发言仍然是教师控制下的被动发言，学生还没有真正掌握学习的主动权。

在义务教育阶段，学生逐步形成有效的学习策略对于提高学习效果十分重要。发展有效的学习策略是英语课程的重要目标之一。同样，培养学生良好的学习习惯也是提高学生学习效率的有效手段。

建议教研部门加强对于学习策略专题的研讨，通过教学设计分析以及课堂片段分析的方式直观呈现学习策略培养的方式与方法，使教师进一步明确学习策略的意义，并知道如何在英语教学中帮助学生形成适合自己的学习策略。

在策略培养方面，教师可做到：在预习环节，要求学生了解教学内容和教学目标，让学生思考如何使用教科书和可以得到的学习资源来达到这些目标。尽可能为学生提供多种多样的语言材料，满足不同类型学习者的需要。在结束学习任务后，要组织学生进行学后小结。比如通过写学习日记、与同学交流等方法鼓励和帮助学生回顾、检查、反思和评估学习内容、学习过程、学习结果，以及自己所采用的方法和策略。

建议教研部门在不同学段开展激发学生学习兴趣的主题教研活动，引导教师在思考如何教的基础上，进一步思考如何简单、有趣地教。一方面关注学生情感发展，提升课堂实践活动的有效性，另一方面激活学生思维，促进学生全身心地参与全过程的参与学习的全过程。教研部门可借助课例，帮助教师认识到学生是学习的主体，并在教学中努力落实这一理念，及时总结教学中有效激发学生主动性的途径和方法，并引导一线教师尝试运用。抓住在激发学生主动性方面做的好的典型教

师，发挥其辐射示范作用，向更多教师展示激发学生主动性的实例。

建议教师在课堂上尽量给学生营造一种宽松愉悦的学习氛围，利用游戏、歌曲、对话表演等多种形式激发学生的学习兴趣，要根据学生的认知水平选择恰当的游戏，使学生感到学习英语既容易又有趣。教师要避免教学中学生更多的被动行为，关注问题意识的培养，要围绕教学目标设计能产生真正的思考的问题，设计有利于学生表达完整想法的问题，了解学生的最近发展区，设计更适合学生发散思维和深入思维的问题和活动形式，去发展学生的兴趣和创造能力。在保证学生行为数量的前提下，激发学生主动性，真正做到还课堂于学生。

（五）转变语言教学观念，提高学生语用能力

语言技能是语言运用能力的重要组成部分，主要包括听、说、读、写等方面的技能，以及这些技能的综合运用。听和读是理解的技能，说和写是表达的技能，它们在语言学习和交流中相互促进。学生应通过大量的专项和综合性语言实践活动，形成综合语言运用能力，为真实语言交际打基础。

数据显示，学生在"综合技能""口语表达"和"书面表达"三个分领域的表现较差，合格率分别为66.2%、74.3%和80.5%。问卷调查的数据也反映出，教师虽然对于学生"写"的形式予以了关注，但是对于如何"写"缺乏相关的指导。因此，如何在课堂教学中进一步落实语言技能的训练，尤其是"说""写"和"综合"技能的发展，是需要进一步思考并解决的问题。

建议各区域教育行政部门为学校提供更多原音输入的技术支持，如能够将语言文字转换为纯正英语语言的设备，从而为学生提供尽可能多的原音输入，还可以采用人机对话方式进行口语、听力练习，提高学生的听力理解以及口语表达能力。

建议教研部门以"语用能力"训练的落实为专题开展研训活动，启迪并引领广大教师深入思考，采用课堂观察或采集、提炼，以及分析关键教学事件的方式提升语言技能训练的实效，并梳理出有利于形成相关技能的具体方式方法，从而使教师进一步明确如何在课堂上进行语言技能的训练。

教师要正确理解语言知识与语言技能的关系，并在课堂上有具体的教学环节落实技能的训练，如在培养学生"说"的技能方面，教师可多采用一些学生自编对话并表演和采访、调查活动；在对话教学的操练环节，要将主要精力放在指导学生创编新对话上，问卷调查显示，采用这样活动方式的教师所教的学生在口语表达方面表现最好。这提示我们，教师在提高学生口语表达能力方面，应尽可能采取互动交流等语言实践活动，增加学生用所学语言进行表达的机会，进而提高学生的口语表达能力。在进行学生看图讲故事的训练时，教师要激活学生话题相关的词汇和短语，引导学生围绕一个主题说细节信息，并引导学生关注图片中的非文本信息。在进行语言技能训练的时候，一定要鼓励学生开口多说，并模仿录音中的语音、语调，调研显示，这会在很大程度上促进学生学业水平的提高。

在培养学生"写"的技能方面，教师要有计划地对学生进行写作指导，在写作时要指导学生积累相关的短语、句型和常用表达方式。可提供写作框架，引导学生根据框架完成笔头描述和表达。要鼓励学生开放地写，尝试用英语进行真实的表达。可提供写作标准，鼓励学生进行自我评价，或者进行同伴间的修改。

"综合技能"的训练要建立在听、说、读、写技能全面训练的基础上，在教学中教师要有意识地训练学生的综合技能，达到以听促说、以读促说、以读促写、以说促写，将听、说、读、写四项技能有机结合，从而整体促进学生语言综合技能的发展。

第六节　八年级英语监测结果

第一部分　北京市义务教育教学阶段八年级英语学业水平测试及评价概况

学生学业质量是教育教学质量的核心指标。学业质量监测是反映学生学业质量的重要手段，是北京市义务教育教学质量分析与评价反馈系统体系的重要组成部分。学业监测的目的主要在于，依据《课程标准》，按照《手册》提出的具体要求，对学生学业质量是否达到《课程标准》的要求，以及达到程度如何进行测查与评价，并在此基础上提出进一步提高北京市义务教育阶段学生学业质量的政策建议。

依据《手册》，八年级英语学科的监测年是 2007、2009、2011、2013 年。以下将分别从监测工具、测试对象、监测数据分析方法、基本概念四个方面来进行说明。

一、监测工具

（一）制定学科学业水平测试方案

学科学业水平测试方案是对学科学业测试内容、结构、范围与标准的具体说明。英语学科学业水平测试方案是依据英语学科的《课程标准》相应学段内容，结合北京市义务教育教学的实际情况而制定的。英语学科的测试方案是指导学科整体测试工作的重要基础，主要包括学科学业水平测试框架，学业水平测试内容标准，测试方式、题型和测试时间，测试领域的分数构成，学业成就水平标准，题目示例，往年测试题呈现七个部分。

其中，学科学业水平测试框架、学业水平测试内容标准与学生成就水平标准是构成学科学业水平测试方案的三大核心要素。英语学科学业水平测试框架主要由内容领域和能力领域构成，且学业成就水平主要以内容领域和能力领域进行标准划定。

（二）制定测试工具

制定学科学业水平测试工具的目的在于测查、评价相应年级、学科学生的学业质量。英语学科命题小组以学科《课程标准》为依据，根据《手册》中学科学业水平测试方案的要求，制定测验细目表与命题蓝图，并在此基础上命制学科预测试卷。在对学科预测试卷测试数据结果进行充分研究、讨论、选择、调整与修改的基础上，形成由测试指标好的高质量试题组成的学科测试卷，由专家审定后形成最终正式学科测试工具。项目组共命制八年级英语正卷6套，锚卷2套。八年级英语测试了作为标准卷的锚卷，以便于在各年的测试间进行等值分析。对学科测试工具的质量分析的结果表明，其具有较好的内部一致性信度、内容效度与结构效度。

二、测试对象

本研究以北京市义务教育阶段八年级学生为测试对象，主要采用多阶段随机抽样与分层整群抽样相结合的方式抽取学生样本，抽样所需要的基本信息主要来自当年度的《北京市教育事业统计资料》。具体步骤是：第一阶段，将北京市所有区县按照地域特征分成两层——城市与郊区，再在每一层采用简单随机方式抽取区县；第二阶段，将抽到的每个区县，按照办学条件情况进行分层，可分为办学条件好校、办学条件较好校、办学条件一般校、办学条件较差校，再在每一层采用PPS系统抽样法（抽取率与单位大小成比例的多阶段抽样法）抽取学校（对于八年级来说，同时按照学校的性质即完全中学、初级中学、九年一贯校进行分层抽样）；第三阶段，在所抽取的学校中采用简单随机方式抽取1～2个平行班级作为测试班级。具体人数见表2-272。

表 2-272　北京市 **2007、2009、2011、2013** 年八年级英语测试人数统计表

时间	八年级英语测试人数/人
2007	3 282
2009	3 231
2011	3 451
2013	6 793

三、监测数据分析方法

（一）研究方法

各年的大样本学业质量监测，主要采用测验法，通过对学生在八年级英语学科上的学业水平表现进行统计分析，并作出评价和判断。

（二）数据处理与分析

根据测试研究的目的与现有数据结构，主要采用数据统计软件 SPSS 18.0 对于

学生学业测试的结果部分进行统计分析。

四、基本概念

北京市义务教育教学质量分析与评价反馈系统学业质量监测，旨在解释学生学业质量是否达到《课程标准》要求以及达到程度如何两个核心问题。故在各年度学业质量监测报告中所使用的分析评价指标主要采用合格率、优秀率等指标，具体解释如下：优秀率指达到优秀水平的学生人数占参加测试学生总人数的百分比，在数值上等于优秀水平人数百分比；合格率是指处于合格水平及其以上的学生人数占参加测试学生总人数的百分比，在数值上等于合格水平人数百分比、良好水平人数百分比与优秀水平人数百分比的和。

第二部分　北京市八年级英语学科学业水平测试结果及分析

一、整体学业水平测试结果

经过数据分析，将北京市 2007、2009、2011、2013 年义务教育阶段八年级英语学业质量发展趋势结果分析如下：

表 2-273　北京市 2007、2009、2011、2013 年八年级英语合格率和优秀率情况表

单位：%

项目	2007	2009	2011	2013
八年级英语合格率	80.1	86.0	88.9	89.0
八年级英语优秀率	25.6	20.3	33.6	44.3

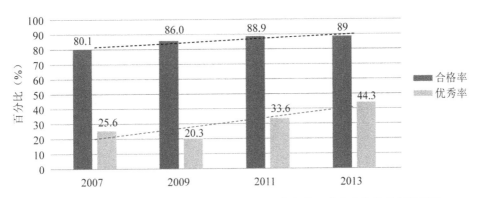

图 2-20　北京市 2007、2009、2011、2013 年八年级英语合格率和优秀率情况图

由表 2-273 和图 2-20 可以看出，2007、2009、2011、2013 年，八年级英语合格率有较大提高，至 2013 年达到 89%；优秀率近年来有所波动，2009 年有所下降至20.3%，但 2011 年又升至 33.6%，2013 年达到最高点，为 44.3%，整体呈现上升趋势。

二、各内容领域测试结果

表 2-274　北京市 2009、2011、2013 年八年级英语各内容领域合格率和优秀率情况表

单位:%

项　目	合格率			优秀率		
	2009	2011	2013	2009	2011	2013
词汇		97.4			94.0	
语法		91.1			71.8	
语言知识	90.7			57.1		
听	96.7	97.9	96.3	57.5	58.5	54.0
说	64.1	63.3	83.4	21.7	28.6	44.1
读	92.7	93.0	90.7	45.8	59.2	48.2
写	64.3	74.9	82.5	32.7	51.7	37.3
综合/综合技能	73.8	90.1	90.6	30.1	61.4	42.2

注:八年级英语学科 2009 年内容领域为语言知识、听、说、读、写、综合;2011 年内容领域为词汇、语法、听、说、读、写、综合技能;2013 年内容领域为听、说、读、写、综合技能。

由表 2-274 可以看出,2009、2011、2013 年,八年级英语学科听、说、读、写、综合技能分领域合格率整体呈现上升趋势,尤其是说和写,至 2013 年达到最高点为 83.4% 和 82.5%。八年级英语学科读、写、综合技能分领域优秀率波动较大,在 2011 年达到最高点,至 2013 年又有所下降。

三、性别差异情况

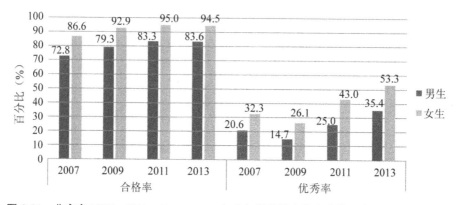

图 2-21　北京市 2007、2009、2011、2013 年八年级英语合格率和优秀率性别差异情况图

表 2-275　北京市 2007、2009、2011、2013 年八年级英语合格率和优秀率性别差异情况表

性别比较	合格率				优秀率			
	2007	2009	2011	2013	2007	2009	2011	2013
差值	−13.8	−13.6	−11.7	−10.9	−11.7	−11.4	−18	−17.9

性别比较	合格率				优秀率			
	2007	2009	2011	2013	2007	2009	2011	2013
效应值	0.414	0.293	0.263	0.297	0.544	0.488	0.442	0.480
	0.317*（O）				0.486*（/）			
合格率和优秀率	（⊙）							

注：*表示性别差异显著存在，且如果 0＜效应值＜1，表示女生表现好于男生，如果效应值＞1，男生表现好于女生，O 表示不同年度间的性别差异发生显著的变化。⊙表示优秀率的性别差异与合格率的性别差异有显著不同。/表示不同年度间的性别差异没有发生变化或者优秀率的性别差异与合格率的性别差异基本相同。下同。

由图 2-21 和表 2-275 可以看出，八年级英语学科存在性别差异，女生合格率和优秀率均高于男生，且男女生优秀率差异显著高于合格率差异。此外，男女生合格率差异在减小，男女生优秀率差异较稳定。

四、户籍差异情况

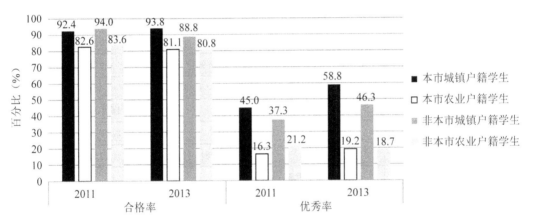

图 2-22　北京市 2011、2013 年八年级不同户籍学生英语合格率和优秀率情况图

表 2-276　北京市 2011、2013 年八年级英语合格率和优秀率不同地域差异情况表

类别		合格率		优秀率	
		2011	2013	2011	2013
本市城镇户籍学生与本市农业户籍学生比较	差值	9.8	12.7	28.7	39.6
	效应值	2.56	3.53	4.20	6.01
		3.03*（O）		5.06*（O）	
	合格率和优秀率	（⊙）			

六、不同规模学校学生差异情况

表2-278　北京市2013年八年级英语合格率和优秀率不同规模学校学生差异情况表

单位:%

类别	合格率		优秀率	
	2011	2013	2011	2013
大规模学校学生		95.3		60.2
适宜规模学校学生		89.2		45.4
小规模学校学生		79.0		18.1

注:仅2013年对学校规模进行大规模学校、适宜规模学校、小规模学校的分类。

由表2-278可以看出,合格率和优秀率从高到低依次排序均为:大规模学校学生、适宜规模学校学生、小规模学校学生。

第三部分　北京市八年级英语学科学生学业水平测试结果相关因素的结果及分析

一、学生因素

(一)家庭拥有物

家庭拥有物包括课外读物、课外练习册或参考书、安静学习环境、学习类光盘、计算机、上网条件等。数据表明,2007、2009、2011年,拥有喜欢的课外读物的比例由93.1%上升到95.3%,相应的学业成绩和阅读分领域成绩也表现为拥有喜欢课外读物的学生成绩较高。2007、2009、2011、2013年,拥有课外练习册或参考书的比例不太稳定,2009年有所下降,2013年又有所回升。相应的学业成绩也表现为拥有课外练习册或参考书的学生成绩较高。2007、2009、2011、2013年,拥有安静学习环境的比例基本维持在90%以上,相应的学业成绩也较高。拥有学习类光盘的比例波动较大,但相应的学业成绩较高。2007、2009、2011、2013年拥有计算机和上网条件的比例上升迅速,从60%左右上升到90%以上,从侧面也反映了近年来信息技术条件的迅猛发展,其相应的学业成绩也表现为拥有计算机和上网条件的学生成绩较高。

表2-279　关于学生在家里是否拥有喜欢的课外读物的调查结果

选项	百分比/%				学业成绩/分				阅读分领域成绩/分			
	2007	2009	2011	2013	2007	2009	2011	2013	2007	2009	2011	2013
有	93.1	92.3	95.3		76.0	74.2	83.5		79.0	79.2	83.5	
无	6.8	7.7	4.7		64.7	67.6	70.1		70.6	74.5	71.7	

表 2-280 关于学生在家里是否拥有课外练习册或参考书的调查结果

选 项	百分比/%				学业成绩/分			
	2007	2009	2011	2013	2007	2009	2011	2013
有	91.6	88.7		93.2	76.3	75.0		506
无	8.2	11.3		6.8	63.5	63.4		427

表 2-281 关于学生在家里是否拥有安静的学习环境的调查结果

选 项	百分比/%				学业成绩/分			
	2007	2009	2011	2013	2007	2009	2011	2013
有	93.5	92.1	95.8	94.5	75.9	74.3	83.2	503
无	6.2	7.9	4.2	5.5	66.2	66.1	76.2	455

表 2-282 关于学生在家里是否拥有学习类光盘的调查结果

选 项	百分比/%				学业成绩/分			
	2007	2009	2011	2013	2007	2009	2011	2013
有	57.9	53.5	66.7	58.4	77.0	75.6	84.6	513
无	41.8	46.5	33.3	41.5	72.8	71.4	79.5	484

表 2-283 关于学生在家里是否拥有计算机的调查结果

选 项	百分比/%				学业成绩/分			
	2007	2009	2011	2013	2007	2009	2011	2013
有	63.6	76.0	86.2	91.9	78.2	74.4	84.2	508
无	36.1	24.0	13.8	8.1	70.1	71.3	75.3	432

表 2-284 关于学生在家里是否拥有上网条件的调查结果

选 项	百分比/%				学业成绩/分			
	2007	2009	2011	2013	2007	2009	2011	2013
有	54.0	65.2	83.5	90.6	79.2	75.0	84.1	507
无	45.7	34.8	16.5	9.4	70.6	71.2	76.5	440

(二)学习策略

学习策略包括在英语单词、听力、口语、写作等方面的学习方法和状况。数据表明,50%以上的学生有适合自己学习英语单词的方法,或者可以找到适合自己的方法，其相应的学习成绩较高。2011、2013 年，经常查找测验错误的学生比例有所下降，但其对应的学业成绩较高。提高英语听力水平的方法包括听课本配套录音、听英语广播或看英语节目、做课外听力练习题、和外国人口头交流，这些方法均占一定的比例，但从与成绩的关系可以看出，听英语节目以及和外国人交流的学生，所对应的学业成绩和听领域的成绩较好。练习朗读的方法也有很多，2011、2013 年，多数学生选择跟着录音朗读、跟着老师朗读、看着课本朗读等方法，总体来看，看着课本朗读所对应的成绩较高。此外，参加英语课外活动和积极参加小组活动的学生学业成绩及口语成绩较好。2013 年，通过阅读课外读物记单词的学生比例为 17.3%，相应的成绩最高。

表 2-285　关于学生学习英语单词的状况的调查结果(2007 年)

选　项	百分比/%				学业成绩/分			
	2007	2009	2011	2013	2007	2009	2011	2013
找到适合自己的方法	70.0				78.8			
完全按照老师的方法	15.7				69.0			
没有方法	14.3				65.3			

表 2-286　关于学生学习英语单词的状况的调查结果(2009 年)

选　项	百分比/%				学业成绩/分			
	2007	2009	2011	2013	2007	2009	2011	2013
没有自己的方法		9.3				62.7		
死记硬背		26.7				66.5		
完全按照老师的方法		7.3				69.4		
有适合自己的方法		56.7				79.4		

表 2-287　关于学生学习英语的方法的调查结果

选　项	百分比/%				学业成绩/分			
	2007	2009	2011	2013	2007	2009	2011	2013
探索适合自己的方法			57.7	57.4			83.9	523
按照老师所介绍的方法			30.2	30.4			77.0	478
借鉴其他同学的方法			6.2	5.7			75.8	465
没有明确的方法			5.9	6.5			75.7	449

表 2-288　关于学生在英语考试和测验之后，针对自己出现错误的原因所采取的做法的调查结果

选　项	百分比/%				学业成绩/分			
	2007	2009	2011	2013	2007	2009	2011	2013
经常查找			53.9	46.2			85.8	529
有时查找			36.4	41.1			82.5	492
很少查找			7.6	9.3			72.0	440
从不查找			2.2	3.4			61.9	401

表 2-289　关于学生提高听力水平最主要的方法的调查结果(2011 年)

选　项	百分比/%				学业成绩/分				听力分领域成绩/分			
	2007	2009	2011	2013	2007	2009	2011	2013	2007	2009	2011	2013
听课本配套录音			31.8				76.9				92.5	
听英语广播或看英语节目			33.2				84.6				95.7	
做课外听力练习题			22.0				79.5				93.7	
和外国人口头交流			13.1				83.1				95.5	

表 2-290　关于学生提高听力水平最主要的方法的调查结果(2013 年)

选　项	百分比/%				学业成绩/分				听力分领域成绩/分			
	2007	2009	2011	2013	2007	2009	2011	2013	2007	2009	2011	2013
做听力练习题				38.4				478				91.8
听课本配套录音				13.1				468				91.0
和外国人交谈				9.3				521				94.8
听英文歌曲和有声读物				24.5				528				95.2
看英文影视素材和节目				14.7				533				95.4

表 2-291　关于学生练习朗读的最主要做法的调查结果

选　项	百分比/%				学业成绩/分				说分领域成绩/分			
	2007	2009	2011	2013	2007	2009	2011	2013	2007	2009	2011	2013
跟着录音朗读			44.1	50.6			81.5	498			73.8	74.4

选 项	百分比/%				学业成绩/分				说分领域成绩/分			
	2007	2009	2011	2013	2007	2009	2011	2013	2007	2009	2011	2013
跟着老师朗读			23.7	10.6			75.9	451			65.6	64.7
看着课本朗读			26.5	32.0			84.9	531			80.1	81.3
看着课本默读			5.7	6.8			76.8	460			69.8	67.6

表 2-292 关于学生参加学校组织的英语课外活动情况的调查结果

选 项	百分比/%				学业成绩/分			
	2007	2009	2011	2013	2007	2009	2011	2013
总是参加			46.0				84.1	
有时参加			30.0				81.3	
偶尔参加			15.3				75.9	
从不参加			8.7				70.9	

表 2-293 关于学生平时练习英语口语最主要的方法的调查结果

选 项	百分比/%				学业成绩/分				说分领域成绩/分			
	2007	2009	2011	2013	2007	2009	2011	2013	2007	2009	2011	2013
反复朗读课文			48.3				79.0				70.1	
坚持背诵课文			17.1				81.5				73.2	
参与双人活动			11.7				81.7				74.6	
参与小组活动			22.9				83.1				77.1	

表 2-294 关于学生学习英语单词最主要的方法的调查结果

选 项	百分比/%				学业成绩/分			
	2007	2009	2011	2013	2007	2009	2011	2013
通过默写课后单词表记单词				50.6				492
通过背诵例句或课文记单词				25.9				503
通过阅读课外读物记单词				17.3				538
通过记忆软件或电子词典记单词				6.2				464

(三)学习兴趣

学习兴趣包括学生对于学习、教师、课堂等方面的喜欢程度。数据表明,喜欢英语学习的比例近年来在 45% 左右,喜欢英语教师的比例在 60% 以上,认为学英语是愉快的事情也在 50％左右。其相应的学习成绩均较高。表明学生的学习兴趣越高，学习体验越好，对应的学习成绩越高。对于喜欢英语的原因，认为学好英语有用的学生比例为 45％左右，其相应的成绩越高。

表 2-295　关于学生对英语学习的喜欢程度的调查结果

选　项	百分比/%				学业成绩/分			
	2007	2009	2011	2013	2007	2009	2011	2013
喜欢	45.9	43.8			82.3	80.8		
一般	40.9	41.9			72.1	71.3		
不喜欢	13.0	14.3			60.6	58.8		

表 2-296　关于学生对英语老师的喜欢程度的调查结果

选　项	百分比/%				学业成绩/分			
	2007	2009	2011	2013	2007	2009	2011	2013
喜欢	60.7	60.2			78.1	76.4		
一般	30.8	33.8			72.2	71.1		
不喜欢	8.0	6.1			66.3	61.7		

表 2-297　关于学生学习英语的感受的调查结果(2007 年)

选　项	百分比/%				学业成绩/分			
	2007	2009	2011	2013	2007	2009	2011	2013
愉快	40.2				81.8			
普通	35.7				76.4			
枯燥	17.2				65.5			
痛苦	6.6				55.4			

表 2-298　关于学生学习英语的感受的调查结果(2009、2011、2013 年)

选　项	百分比/%				学业成绩/分			
	2007	2009	2011	2013	2007	2009	2011	2013
不愉快		12.8	4.5	4.8		58.0	61.6	413
一般		40.9	8.4	9.0		70.2	71.9	431
愉快		29.9	37.7	37.9		80.2	80.2	495
很愉快		16.4	49.5	48.3		82.6	84.6	527

表 2-299　关于学生喜欢上英语课最主要的原因的调查结果

选　项	百分比/%				学业成绩/分			
	2007	2009	2011	2013	2007	2009	2011	2013
喜欢英语老师			20.7	24.1			77.2	488
感觉教材中的内容有趣			13.7	16.1			76.9	476
认为学好英语有用			45.9	42.7			85.8	532
喜爱英语课的活动方式			13.4	9.3			79.4	493
不喜欢英语课			6.3	7.8			68.6	430

(四)英语课外学习及感受

英语课外学习及感受包括学生每周所参加的课外英语学习、课外阅读、辅导班、家教等课外学习方式以及这些课外学习给学生带来的压力感受。数据表明,学生每周参加本校组织的课外学习情况是,不参加的比例占 71.8%,参加 1 小时及以内的比例占 17.4%,参加 1 小时以上的比例为 10.8%,但是学业成绩没有呈现明显区别。同时,学生认为本校组织的英语课外学习是负担的比例 2011 年为 33.7%,2013 年为 12.0%,比例有所下降,与学业成绩关系不明显。2013 年,学生每周参加校外英语课外学习的情况是,不参加的占 57.8%,参加 1 小时以内的占 8.7%,30% 以上的学生参加 1 小时以上,其相应的学业成绩也没有呈现明显区别。此外,每周阅读的课外文章,大约 50% 的学生阅读 1~5 篇,15% 的学生阅读 6~10 篇,2007、2009、2011、2013 年比例基本趋于稳定,其相应的学业成绩也较高。每周到课外辅导班上课的比例,2007 年为 47.6%,2009 年为 45.4%,到 2011 年达到 67.0%,每周家教补习的比例基本维持在 20% 左右,其对应的成绩没有明显规律。此外,喜欢朗读背诵课文和阅读课外书的比例在 50% 以上,相应的学业成绩较高。

表 2-300　关于学生升入八年级以来每周参加本校组织的英语课外学习时间的调查结果

选　项	百分比/%				学业成绩/分			
	2007	2009	2011	2013	2007	2009	2011	2013
0 小时				71.8				501
1 小时及以内				17.4				498
1~2 小时(含)				7.8				513
2~3 小时(含)				3.0				515

表 2-301　关于学生升入八年级以来是否认为参加本校组织的英语课外学习是负担的调查结果

选 项	百分比/%				学业成绩/分			
	2007	2009	2011	2013	2007	2009	2011	2013
是			33.7	12.0			80.7	464
否			66.3	87.9			80.7	509

表 2-302　关于学生升入八年级以来每周参加校外英语课外学习的时间

选 项	百分比/%				学业成绩/分			
	2007	2009	2011	2013	2007	2009	2011	2013
0 小时				57.8				485
1 小时及以内				8.7				469
1～2 小时(含)				16.1				521
2～3 小时(含)				12.3				559
3 小时以上				5.3				547

表 2-303　关于学生升入八年级以来是否认为参加英语课外学习是负担的调查结果

选 项	百分比/%				学业成绩/分			
	2007	2009	2011	2013	2007	2009	2011	2013
是				14.7				488
否				85.2				512

表 2-304　关于学生除了课本以外每周阅读的课外英语文章数的调查结果

选 项	百分比/%				学业成绩/分				阅读分领域成绩/分			
	2007	2009	2011	2013	2007	2009	2011	2013	2007	2009	2011	2013
0 篇	21.5	26.9	8.0	10.6	79	64.7	69.3	423	69.4	72.2	73.1	73.2
1～5 篇	57.7	52.0	53.5	54.2	80	75.8	80.5	497	80.7	80.3	82.7	85.1
6～10 篇	14.0	12.0	18.1	17.8	77	79.7	83.6	529	84.2	83.4	86.3	89.4
10 篇以上	6.9	9.0	20.4	17.3	64	80.3	83.9	531	82.3	84.5	85.5	89.7

表 2-305　关于学生每周到英语课外辅导班上课的时间的调查结果(2007 年)

选 项	百分比/%				学业成绩/分			
	2007	2009	2011	2013	2007	2009	2011	2013
0 小时	52.3				72.5			
3 小时以内	34.5				78.3			

选 项	百分比/%				学业成绩/分			
	2007	2009	2011	2013	2007	2009	2011	2013
3~6小时	11.3				79.2			
6小时以上	1.8				74.8			

表2-306 关于学生每周到英语课外辅导班上课的时间的调查结果(2009年)

选 项	百分比/%				学业成绩/分			
	2007	2009	2011	2013	2007	2009	2011	2013
0小时		54.6				71.9		
3小时以内		33.5				76.0		
3小时及以上		11.9				75.8		

表2-307 关于学生每周到英语课外辅导班上课的时间的调查结果(2011年)

选 项	百分比/%				学业成绩/分			
	2007	2009	2011	2013	2007	2009	2011	2013
0小时			33.0				78.7	
2小时以内			42.4				80.3	
2~4小时			19.2				85.8	
4小时以上			5.3				80.2	

表2-308 关于学生每周请英语家教补课的时间的调查结果(2007年)

选 项	百分比/%				学业成绩/分			
	2007	2009	2011	2013	2007	2009	2011	2013
0小时	82.5				76.4			
2小时以内	9.7				70.1			
2~4小时	5.7				70.3			
4小时以上	2.1				68.0			

表2-309 关于学生每周请英语家教补课的时间的调查结果(2009年)

选 项	百分比/%				学业成绩/分			
	2007	2009	2011	2013	2007	2009	2011	2013
0小时		81.5				74.7		
1小时以内		5.9				63.9		

选　项	百分比/%				学业成绩/分			
	2007	2009	2011	2013	2007	2009	2011	2013
1~2 小时		8.2				72.3		
2 小时以上		4.3				70.8		

表 2-310　关于学生对朗读、复述、背诵课文这类英语作业形式的喜爱程度的调查结果

选　项	百分比/%				学业成绩/分			
	2007	2009	2011	2013	2007	2009	2011	2013
非常喜欢				22.9				503
喜欢				38.2				513
不太喜欢				29.3				492
不喜欢				9.6				476

表 2-311　关于学生对阅读英文课外读物这类英语作业形式的喜爱程度的调查结果

选　项	百分比/%				学业成绩/分			
	2007	2009	2011	2013	2007	2009	2011	2013
非常喜欢				33.6				519
喜欢				39.1				510
不太喜欢				18.9				476
不喜欢				8.4				444

（五）英语课堂学习

英语课堂学习包括教师在课堂上使用英语情况、课堂阅读训练等方面的内容。数据表明，2007、2009 年，英语教师在课堂上使用英语的比例有所下降。在进行课堂阅读训练关注方面，2011 年更关注语法或难句，2013 年除继续关注语法、生词或难句外，还关注阅读技能。从对学业成绩的影响来看，英语教师在课堂上更多时间使用英语对学生学业成绩提升有所帮助，课堂阅读训练更关注阅读技能的学生学业成绩较高。

表 2-312　关于英语教师在课堂上使用英语的情况的调查结果

选　项	百分比/%				学业成绩/分				听力分领域成绩/分			
	2007	2009	2011	2013	2007	2009	2011	2013	2007	2009	2011	2013
全部时间	12.0	10.4			73.2	72.3			77.3	78.1		

选 项	百分比/%				学业成绩/分				听力分领域成绩/分			
	2007	2009	2011	2013	2007	2009	2011	2013	2007	2009	2011	2013
多数时间	71.8	59.2			76.8	75.0			80.0	80.0		
少数时间	13.7	22.7			71.9	73.0			76.8	77.8		
极少时间	2.4	7.7			59.0	67.3			63.6	74.0		

表 2-313　关于学生在进行课堂阅读训练时最关注的方面的调查结果（2011 年）

选 项	百分比/%				学业成绩/分				阅读分领域成绩/分			
	2007	2009	2011	2013	2007	2009	2011	2013	2007	2009	2011	2013
文后习题及答案			7.0				71.1				74.5	
语法或难句			64.4				83.4				85.4	
生词			18.6				75.9				78.4	
文章结构			10.0				80.5				83.0	

表 2-314　关于学生在进行课堂阅读训练时最关注的方面的调查结果（2013 年）

选 项	百分比/%				学业成绩/分				阅读分领域成绩/分			
	2007	2009	2011	2013	2007	2009	2011	2013	2007	2009	2011	2013
文章内容				9.8				470				81.9
语法				36.8				499				85.7
生词或难句				21.6				507				85.6
文章结构				5.5				490				84.2
阅读技能				23.0				524				87.6
文后习题及答案				3.3				432				76.3

（六）英语学习

英语学习包括练习短文写作的问题、解决英语学习困难的问题，以及在英语学习方面需要提高的问题等内容。数据表明，练习短文写作最大的问题主要集中于语法用不好、词语搭配常出错、句型使用不熟练等，这些问题与学业成绩之间没有明显的关系。在英语学习中遇到困难主动解决的学生比例占 80％以上，其相应的学业成绩较高。在英语学习方面需要提高的内容主要包括词汇、语法、阅读理解能力和口语表达能力。

表 2-315　关于学生在练习短文写作时最大的问题的调查结果(2011 年)

选 项	百分比/%				学业成绩/分				写作分领域成绩/分			
	2007	2009	2011	2013	2007	2009	2011	2013	2007	2009	2011	2013
单词不会写			18.0				74.2				64.6	
语法用不好			30.4				83.3				78.4	
词语搭配常出错			22.5				80.5				73.4	
句型使用不熟练			29.1				82.6				76.8	

表 2-316　关于学生在练习短文写作时最大的问题的调查结果(2013 年)

选 项	百分比/%				学业成绩/分				写作分领域成绩/分			
	2007	2009	2011	2013	2007	2009	2011	2013	2007	2009	2011	2013
单词不会写				19.4				463				65.4
语法常出错				30.3				514				77.3
词语搭配不恰当				15.1				500				74.7
句型使用不熟练				21.3				515				77.4
没有思路				6.5				490				70.7
不会构建篇章				7.4				521				76.6

表 2-317　关于"在英语学习中遇到困难时,你总能主动想出办法来解决问题"
这种表述在多大程度上符合学生情况的调查结果

选 项	百分比/%				学业成绩/分			
	2007	2009	2011	2013	2007	2009	2011	2013
完全符合			36.3	36.9			84.2	527
基本符合			49.5	48.3			81.4	502
基本不符合			10.3	10.6			72.2	443
完全不符合			3.9	4.1			65.0	405

表 2-318　关于学生认为自己在英语学习方面最需要提高的部分的调查结果

选 项	百分比/%				学业成绩/分			
	2007	2009	2011	2013	2007	2009	2011	2013
词汇				22.3				496
语法				21.1				516
语音、语调				7.9				481
听力理解能力				9.6				466

选　项	百分比/%				学业成绩/分			
	2007	2009	2011	2013	2007	2009	2011	2013
阅读理解能力				19.0				511
口语表达能力				13.0				516
书面表达能力				7.2				491

二、教师因素

(一)教师工作负担

教师工作负担主要包括教师的课时量、班级管理任务、上交材料、班级规模、考核评比、升学评价等方面。从数据可以看出，认为课时量太大的比例在2009、2011年有上升趋势，在2013年也有较大比例认为课时量太大是导致教师负担较重的原因。认为班级管理任务重的比例在2009、2011年有所下降。认为上交书面材料较多的比例也有所下降。认为班级规模太大的比例2009、2011年有上升趋势。认为考核、评比、检查等活动太多，以及升学压力太大的比例2009、2011年有所下降。此外，学校把学生期末成绩或中考成绩作为评价教师的主要标准、学校对教育结果的评价采用相对评价方法(如排序、末位淘汰等)，这些方式也给教师带来较大负担。但从与学业测试结果的相关分析来看，教师负担与学生学业成绩并没有明显关联。

表2-319　关于课时量太大导致负担较重在多大程度上符合教师情况的调查结果(2009、2011年)

选　项	百分比/%				学业成绩/分			
	2007	2009	2011	2013	2007	2009	2011	2013
完全符合		7.4	24.8			74.7	80.3	
基本符合		37.9	42.9			71.7	80.3	
基本不符合		38.9	28.6			75.1	76.1	
完全不符合		15.8	3.8			70.8	86.4	

表2-320　关于课时量太大导致负担较重在多大程度上符合教师情况的调查结果(2013年)

选　项	百分比/%				学业成绩/分			
	2007	2009	2011	2013	2007	2009	2011	2013
40%以下符合				57.1				496
40%(含)~60%符合				21.4				488
60%(含)~80%符合				14.3				490

选　项	百分比/%				学业成绩/分			
	2007	2009	2011	2013	2007	2009	2011	2013
80%(含)～100%符合				4.8				466
100%符合				2.4				411

表 2-321　关于班级管理任务重导致负担较重在多大程度上符合教师情况的
调查结果(2009、2011 年)

选　项	百分比/%				学业成绩/分			
	2007	2009	2011	2013	2007	2009	2011	2013
完全符合		33.0	16.2			74.7	79.9	
基本符合		39.4	26.7			71.7	79.0	
基本不符合		14.9	35.2			75.1	78.7	
完全不符合		12.8	21.9			70.8	80.6	

表 2-322　关于班级管理任务重导致负担较重在多大程度上符合教师情况的调查结果(2013 年)

选　项	百分比/%				学业成绩/分			
	2007	2009	2011	2013	2007	2009	2011	2013
40%以下符合				31.0				477
40%(含)～60%符合				13.3				478
60%(含)～80%符合				18.6				500
80%(含)～100%符合				16.7				509
100%符合				20.5				494

表 2-323　关于需要上交的书面及电子材料(如表格、论文、教案、班主任手册、反思笔记、
光盘等)太多导致负担较重在多大程度上符合教师情况的调查结果(2009、2011 年)

选　项	百分比/%				学业成绩/分			
	2007	2009	2011	2013	2007	2009	2011	2013
完全符合		31.3	7.8			71.0	80.8	
基本符合		40.6	37.9			72.4	79.7	
基本不符合		26.0	42.7			77.5	79.1	
完全不符合		2.1	11.7			57.1	77.8	

表 2-324 关于需要上交的书面及电子材料(如表格、论文、教案、班主任手册、反思笔记、光盘等)太多导致负担较重在多大程度上符合教师情况的调查结果(2013 年)

选 项	百分比/%				学业成绩/分			
	2007	2009	2011	2013	2007	2009	2011	2013
40%以下符合				23.8				498
40%(含)~60%符合				24.8				481
60%(含)~80%符合				21.9				485
80%(含)~100%符合				19.0				490
100%符合				10.5				504

表 2-325 关于班级规模太大导致负担较重在多大程度上符合教师情况的调查结果(2009、2011 年)

选 项	百分比/%				学业成绩/分			
	2007	2009	2011	2013	2007	2009	2011	2013
完全符合		16.8	34.6			72.7	77.1	
基本符合		24.2	35.6			74.4	78.7	
基本不符合		33.7	22.1			75.4	83.8	
完全不符合		25.3	7.7			69.0	79.4	

表 2-326 关于班级规模太大导致负担较重在多大程度上符合教师情况的调查结果(2013 年)

选 项	百分比/%				学业成绩/分			
	2007	2009	2011	2013	2007	2009	2011	2013
40%以下符合				50.0				469
40%(含)~60%符合				17.6				512
60%(含)~80%符合				15.7				509
80%(含)~100%符合				8.1				499
100%符合				8.6				524

表 2-327 关于考核、评比、检查等活动太多导致负担较重在多大程度上符合教师情况的调查结果(2009、2011 年)

选 项	百分比/%				学业成绩/分			
	2007	2009	2011	2013	2007	2009	2011	2013
完全符合		21.9	6.7			71.7	82.3	
基本符合		49.0	32.7			72.5	77.1	

选 项	百分比/%				学业成绩/分			
	2007	2009	2011	2013	2007	2009	2011	2013
基本不符合		18.8	42.3			75.0	79.4	
完全不符合		10.4	18.3			74.2	81.7	

表 2-328　关于考核、评比、检查等活动太多导致负担较重在多大程度上符合教师情况的调查结果(2013 年)

选 项	百分比/%				学业成绩/分			
	2007	2009	2011	2013	2007	2009	2011	2013
40%以下符合				16.2				500
40%(含)~60%符合				17.6				488
60%(含)~80%符合				25.7				494
80%(含)~100%符合				19.0				478
100%符合				21.4				490

表 2-329　关于升学的压力太大导致负担较重在多大程度上符合教师情况的调查结果

选 项	百分比/%				学业成绩/分			
	2007	2009	2011	2013	2007	2009	2011	2013
完全符合		58.9	2.8			70.9	81.8	
基本符合		28.4	12.3			76.4	82.8	
基本不符合		9.5	41.5			77.3	78.3	
完全不符合		3.2	43.4			71.2	79.6	

表 2-330　关于区县把升学率作为评价学校的主要标准导致负担较重在多大程度上符合教师情况的调查结果

选 项	百分比/%				学业成绩/分			
	2007	2009	2011	2013	2007	2009	2011	2013
40%以下符合				14.3				533
40%(含)~60%符合				15.2				505
60%(含)~80%符合				15.2				475
80%(含)~100%符合				21.9				493
100%符合				33.3				470

表 2-331　关于学校把学生期末成绩或中考成绩作为评价教师的主要标准
导致负担较重在多大程度上符合教师情况的调查结果

选　项	百分比/%				学业成绩/分			
	2007	2009	2011	2013	2007	2009	2011	2013
40%以下符合				16.7				539
40%(含)~60%符合				18.1				484
60%(含)~80%符合				20.5				493
80%(含)~100%符合				20.5				468
100%符合				24.3				477

表 2-332　关于学校对教育结果的评价采用相对评价方法(如排序、末位淘汰等)
导致负担较重在多大程度上符合教师情况的调查结果

选　项	百分比/%				学业成绩/分			
	2007	2009	2011	2013	2007	2009	2011	2013
40%以下符合				24.8				515
40%(含)~60%符合				22.9				474
60%(含)~80%符合				19.5				498
80%(含)~100%符合				11.9				469
100%符合				21.0				482

(二)教师教研活动及培训

教师教研活动及培训包括参加所教学科市级、区级、校级研讨活动,通过培训提升自身能力等方面。从数据可以看出,参加市级、区级研讨活动的次数,2007—2011 年有明显提高,参加 11 次及以上的比例,2007 年为 21.6%,2009 年为 35.4%,2011 年为 49.1%。参加校级培训的次数也有所提升,参加 11 次及以上的比例,2007 年为 42.5%,2009 年为 68.04%,2011 年为 77.8%。对于教师培训,70%以上的教师均表示需要提高设计课堂教学目标、设计教学活动、设计课堂教学中各种问题、处理教材上的教学内容、课外教学资源的选择和加工能力。至于提高调控学生自主活动、根据学生的反馈灵活地调节教学内容和方法、激发学生学习动机的能力,以及需要提高教学中生成资源的利用、使用信息技术手段进行教学的能力几项,从与学业成绩的相关分析来看,与学生的学业成绩之间的关系不明显。

表 2-333　关于教师 2007 年 1 月以来参加所教学科市级、区级研讨活动的次数的调查结果

选　项	百分比/%				学业成绩/分			
	2007	2009	2011	2013	2007	2009	2011	2013
0 次	17.0				72.1			
1~3 次	25.0				71.2			
4~6 次	20.5				76.2			
7~10 次	14.8				76.8			
11 次及以上	21.6				79.9			

表 2-334　关于教师 2008 年 1 月以来参加所教学科市级、区级研讨活动的次数的调查结果

选　项	百分比/%				学业成绩/分			
	2007	2009	2011	2013	2007	2009	2011	2013
0 次		16.7	4.7			73.0	77.9	
1~3 次		21.9	11.3			73.6	81.3	
4~6 次		7.3	11.3			78.5	79.0	
7~10 次		18.8	23.6			68.7	78.6	
11 次及以上		35.4	49.1			73.4	84.0	

表 2-335　关于教师 2007 年 1 月以来参加所教学科校级研讨活动的次数的调查结果

选　项	百分比/%				学业成绩/分			
	2007	2009	2011	2013	2007	2009	2011	2013
0 次	1.1				0.86			
1~3 次	13.8				0.71			
4~6 次	25.3				0.74			
7~10 次	17.2				0.73			
11 次及以上	42.5				0.77			

表 2-336　关于教师 2008 年 1 月以来参加所教学科校级研讨活动的次数的调查结果

选　项	百分比/%				学业成绩/分			
	2007	2009	2011	2013	2007	2009	2011	2013
5 次以下		11.34	5.6			71.45	73.3	
5~10 次		20.62	16.7			76.84	84.6	
11~15 次		14.43	11.1			76.59	81.4	

选 项	百分比/%				学业成绩/分			
	2007	2009	2011	2013	2007	2009	2011	2013
16~20 次		17.53	30.6			80.11	81.3	
21 次及以上		36.08	36.1			75.17	81.9	

表 2-337 关于教师目前认为是否需要通过培训提高设计课堂教学目标的能力的调查结果

选 项	百分比/%				学业成绩/分			
	2007	2009	2011	2013	2007	2009	2011	2013
非常需要		35.4	21.7			70.7	77.2	
基本需要		44.8	42.5			74.0	78.4	
基本不需要		18.8	27.4			73.6	81.1	
完全不需要		1.0	8.5			83.6	83.1	

表 2-338 关于教师目前认为是否需要通过培训提高设计教学活动的能力的调查结果

选 项	百分比/%				学业成绩/分			
	2007	2009	2011	2013	2007	2009	2011	2013
非常需要		45.4	37.4			72.8	77.4	
基本需要		46.4	46.7			73.2	78.8	
基本不需要		7.2	13.1			70.9	84.8	
完全不需要		1.0	2.8			64.6	87.8	

表 2-339 关于教师目前认为是否需要通过培训提高设计课堂教学中各种问题的能力的调查结果

选 项	百分比/%				学业成绩/分			
	2007	2009	2011	2013	2007	2009	2011	2013
非常需要		37.5	28.6			72.4	76.5	
基本需要		44.8	41.9			71.6	79.5	
基本不需要		14.6	23.8			75.4	82.1	
完全不需要		3.1	5.7			77.6	80.5	

表 2-340 关于教师目前认为是否需要通过培训提高处理教材上的教学内容的能力的调查结果

选 项	百分比/%				学业成绩/分			
	2007	2009	2011	2013	2007	2009	2011	2013
非常需要		43.3	29.8			72.3	78.7	

选　项	百分比/%				学业成绩/分			
	2007	2009	2011	2013	2007	2009	2011	2013
基本需要		42.3	50.0			71.8	78.8	
基本不需要		11.3	16.3			75.3	82.1	
完全不需要		3.1	3.8			82.4	79.6	

表 2-341　关于教师目前认为是否需要通过培训提高课外教学资源的选择和加工能力的调查结果

选　项	百分比/%				学业成绩/分			
	2007	2009	2011	2013	2007	2009	2011	2013
非常需要		43.3	32.7			72.3	81.1	
基本需要		42.3	43.9			71.8	77.9	
基本不需要		11.3	18.7			75.3	79.0	
完全不需要		3.1	4.7			82.4	82.0	

表 2-342　关于教师目前认为是否需要通过培训提高调控学生自主活动的能力的调查结果

选　项	百分比/%				学业成绩/分			
	2007	2009	2011	2013	2007	2009	2011	2013
非常需要		32.6	31.8			73.5	79.3	
基本需要		41.1	40.2			70.8	79.9	
基本不需要		20.0	21.5			77.8	78.7	
完全不需要		6.3	6.5			68.3	80.4	

**表 2-343　关于教师目前认为是否需要通过培训提高根据学生的
反馈灵活地调节教学内容和方法的能力的调查结果**

选　项	百分比/%				学业成绩/分			
	2007	2009	2011	2013	2007	2009	2011	2013
非常需要		35.1	31.8			73.0	79.9	
基本需要		39.2	40.2			72.5	78.7	
基本不需要		20.6	21.5			72.6	79.4	
完全不需要		5.2	6.5			74.2	80.4	

表 2-344　关于教师目前认为是否需要通过培训提高教学中生成资源的利用能力的调查结果

选 项	百分比/%				学业成绩/分			
	2007	2009	2011	2013	2007	2009	2011	2013
非常需要		37.1	29.2			73.9	79.6	
基本需要		47.4	48.1			72.7	78.3	
基本不需要		14.4	17.0			69.8	80.7	
完全不需要		1.0	5.7			77.7	81.9	

表 2-345　关于教师目前认为是否需要通过培训提高激发学生学习动机的能力的调查结果

选 项	百分比/%				学业成绩/分			
	2007	2009	2011	2013	2007	2009	2011	2013
非常需要		49.0	37.4			73.8	78.8	
基本需要		37.5	40.2			70.7	79.0	
基本不需要		10.4	15.9			76.8	78.7	
完全不需要		3.1	6.5			71.3	86.1	

表 2-346　关于教师目前认为是否需要通过培训提高使用信息技术手段进行教学的能力的调查结果

选 项	百分比/%				学业成绩/分			
	2007	2009	2011	2013	2007	2009	2011	2013
非常需要		39.6	20.8			74.7	80.0	
基本需要		38.5	53.8			73.3	79.5	
基本不需要		20.8	21.7			69.1	79.5	
完全不需要		1.0	3.8			60.9	70.3	

(三)课堂教学

课堂教学包括教师在英语课上使用的语言、采用的学习活动方式、教学方法、反馈学生问题的方式等方面。数据表明,教师在英语课上基本使用英语的比例 2007、2009、2011、2013 年较为稳定。教师在课上使用最多的学习活动形式是学生小组,比例维持在 50% 左右。在布置完小组活动后,有 91.75% 的教师会去巡视并给予适当的指导。教师在课堂上经常采用的是 3P 教学法和任务型教学法,2007、2009 年基本维持稳定。在课堂上遇到学生问题时,50% 以上教师会耐心、细致地给学生讲解,所对应的学生成绩较高。

表 2-347 关于教师在英语课上使用的语言的情况的调查结果(2007 年)

选 项	百分比/%				学业成绩/分			
	2007	2009	2011	2013	2007	2009	2011	2013
英语、汉语各一半	39.8				71.0			
基本使用英语	56.8				77.4			
完全使用英语	3.4				81.0			

表 2-348 关于教师在英语课上使用的语言的情况的调查结果(2009 年)

选 项	百分比/%				学业成绩/分			
	2007	2009	2011	2013	2007	2009	2011	2013
完全使用汉语		1.0				62.4		
基本使用汉语		6.2				57.3		
英语、汉语各一半		48.5				73.7		
基本使用英语		43.3				73.8		
完全使用英语		1.0				91.7		

表 2-349 关于教师在英语课上使用的语言的情况的调查结果(2011、2013 年)

选 项	百分比/%				学业成绩/分			
	2007	2009	2011	2013	2007	2009	2011	2013
完全使用英语			5.6	10.5			86.4	574
基本使用英语			60.2	56.7			80.9	498
英语、汉语约各半			33.3	31.9			75.4	451
基本使用汉语			0.9	1.0			85.8	390

表 2-350 关于教师在课上使用最多的学习活动形式的调查结果

选 项	百分比/%				学业成绩/分			
	2007	2009	2011	2013	2007	2009	2011	2013
学生集体听	22.7	14.3	14.2	6.7	74.0	65.2	77.7	486
学生小组活动	43.2	56.0	50.9	50.5	73.9	74.1	78.9	496
学生双人活动	28.4	23.1	30.2	37.6	76.9	74.1	81.6	480
学生个体学习	5.7	6.6	4.7	5.2	75.7	75.9	75.8	515

表 2-351 关于教师在布置完学生同伴或小组课堂活动后通常的做法的调查结果

选 项	百分比/%				学业成绩/分			
	2007	2009	2011	2013	2007	2009	2011	2013
在讲桌前准备下一步教学活动		2.0				78.2		
在学生旁边观察		2.1				79.9		
参与到一个组去活动		4.0				79.1		
巡视并给予适当的指导		91.8				72.7		

表 2-352 关于教师在课堂教学中采用最多的教学方法的调查结果

选 项	百分比/%				学业成绩/分			
	2007	2009	2011	2013	2007	2009	2011	2013
3P 教学法	43.5	35.7			75.8	73.0		
情景教学法	8.2	8.3			74.8	67.9		
任务型教学法	40.0	45.2			75.6	70.9		
讲授教学法	3.5	4.8			69.5	69.8		
交际教学法	4.7	6.0			73.4	83.8		

表 2-353 关于教师在课堂训练或考查后，针对学生所出现的问题通常的做法的调查结果(2007 年)

选 项	百分比/%				学业成绩/分			
	2007	2009	2011	2013	2007	2009	2011	2013
耐心、细致地给学生讲解	54.5				76.1			
组织学生双人或小组讨论	28.4				71.3			
鼓励学生独立思考解决	17.0				74.6			

表 2-354 关于教师在课堂训练或考查后，针对学生所出现的问题通常的做法的调查结果(2009 年)

选 项	百分比/%				学业成绩/分			
	2007	2009	2011	2013	2007	2009	2011	2013
宣读正确答案后进行下一教学环节		0.0						
耐心、细致地给学生讲解		62.8				75.1		
组织学生双人或小组讨论		27.9				79.8		
鼓励学生独立思考解决		9.3				79.5		

(四)教师教学方法

教师教学方法包括组织学生参与英语课外活动、在课堂上调动学生积极性、利用日常教学资源、教授口语、阅读、听力、语法等方面的方法等。数据表明，组织学生参与英语课外活动的次数在每月一次的比例为53.2%，所对应的成绩较高。调动学生积极性的评价手段以表扬或鼓励性言语为主，占67.4%。教师经常就教学目标达成度对学生进行口头笔头检测，比例高达90.0%以上。从日常资源利用的情况来看，2009—2013年教材及配套音像资料所占比例下降，区、县教研部门提供的资料和教研组、备课组提供的资料占比上升，表明区、县和教研组更加重视资源提供。在教授新语法知识时通常采用创设情境、呈现新知识和在听和读的过程中引导学生自己发现的比例占80.0%以上，2011—2013年保持稳定。在提高学生口语表达能力方面通常采用分角色朗读并表演课本上的对话的方式，2011年占52.9%，2013年下降到40.0%，小组完成接近生活实际的任务比例从23.1%上升到34.3%。在听力训练的时候，更侧重于引导学生掌握听力理解的微技能自2011年的71.8%上升到2013年的74.3%；在课堂学生阅读遇到生词时通常由学生猜测，2011—2013年基本保持在75%以上。为了提高学生兴趣通常采用组织小组竞赛，2011年占52.4%，2013年下降到31.9%，同时口头表扬提高到36.2%。在处理课外阅读材料时通常把重点放在训练学生的阅读微技能的比例，2011年为67%，2013年下降到52.9%。在组织学生课外活动方面，45%以上的教师最常采用的方式是导读英文故事、教唱英文歌曲或者播放英文电影，均在20%以上。从与学业成绩的关系来看，教师采用恰当的教学方式对学生的学业成绩有积极影响，如定期组织学生参加英语课外活动、积极评价学生表现、经常监测学生学习达成度、情景教学、任务小组合作等方式。

表2-355　关于教师组织学生参与英语课外活动(看英文电影、读英文作品、听或唱英文歌曲、浏览英文网站、英语表演、英语书法、写作、朗诵比赛等)的次数的调查结果

选　项	百分比/%				学业成绩/分			
	2007	2009	2011	2013	2007	2009	2011	2013
从不组织		13.8				70.5		
每月一次		53.2				73.6		
每两周一次		17.0				73.1		
每周一次		16.0				73.1		

表2-356　关于教师在英语课上调动学生积极性方面最有效的评价手段的调查结果

选　项	百分比/%				学业成绩/分			
	2007	2009	2011	2013	2007	2009	2011	2013
表扬或鼓励性言语		67.4				72.2		

选 项	百分比/%				学业成绩/分			
	2007	2009	2011	2013	2007	2009	2011	2013
小组竞争		28.1				72.9		
物质奖励		3.4				77.4		
其他		1.1				52.0		

表 2-357 关于教师每节课后就教学目标的达成度对学生进行口头、笔头检测的情况的调查结果

选 项	百分比/%				学业成绩/分			
	2007	2009	2011	2013	2007	2009	2011	2013
基本不		0						
偶尔		3.1				67.7		
经常		61.5				72.8		
每节课		35.4				73.6		

表 2-358 关于教师的日常教学资源最主要的来源的调查结果(2009 年)

选 项	百分比/%				学业成绩/分			
	2007	2009	2011	2013	2007	2009	2011	2013
教材及配套的音像资料		51.9				72.6		
教学参考书		16.5				74.4		
网络信息		20.3				73.5		
相关书刊		2.5				78.0		
区教研活动提供的 其他教师的经验		8.9				70.9		

表 2-359 关于教师的日常教学资源最主要的来源的调查结果(2011 年)

选 项	百分比/%				学业成绩/分			
	2007	2009	2011	2013	2007	2009	2011	2013
教材及配套音像资料			28.7				78.6	
教学参考书籍			15.8				86.0	
网络信息			18.8				81.0	
区县教研室提供的资料			36.6				82.1	

表 2-360　关于教师的日常教学资源最主要的来源的调查结果(2013 年)

选　项	百分比/%				学业成绩/分			
	2007	2009	2011	2013	2007	2009	2011	2013
教材及配套音像资料				17.1				477
教学参考书籍				11.9				484
网络信息				11.4				508
区、县教研部门提供的资料				30.5				468
教研组、备课组提供的资料				29.0				516

表 2-361　关于教师在课上教授新语法知识时通常采用的做法的调查结果

选　项	百分比/%				学业成绩/分			
	2007	2009	2011	2013	2007	2009	2011	2013
通过提供例句进行讲授			10.0	1.0			73.5	463
创设情境，呈现新知识			42.0	34.3			80.6	498
通过旧知识导出新知识			13.0	19.5			77.3	476
在听和读的过程中引导学生自己发现			35.0	45.2			80.8	490

表 2-362　关于教师在提高学生口语表达能力方面通常采用的学生活动形式的调查结果

选　项	百分比/%				学业成绩/分			
	2007	2009	2011	2013	2007	2009	2011	2013
个人朗读课本上的内容			9.6	9.0			73.1	479
分角色朗读并表演课本上的对话			52.9	40.0			78.7	463
自编并表演同类话题的对话			14.4	16.7			80.1	500
小组完成接近生活实际的任务			23.1	34.3			84.2	520

表 2-363　关于教师在进行听力训练时侧重于从哪方面引导学生的调查结果

选　项	百分比/%				学业成绩/分			
	2007	2009	2011	2013	2007	2009	2011	2013
求得相关问题的答案			5.8	9.5			75.9	493
掌握听力理解的微技能			71.8	74.3			79.3	484
正确理解材料含义			16.5	12.4			84.4	510
掌握材料中的词语和句型			5.8	3.8			72.8	528

表 2-364　关于在课上当学生在阅读中遇到生词时教师通常的做法的调查结果

选项	百分比/%				学业成绩/分			
	2007	2009	2011	2013	2007	2009	2011	2013
给出中文意思			6.2	4.8			74.2	432
用英语解释			16.5	18.1			79.4	515
由学生猜测			76.3	75.2			80.3	489
让学生忽略			1.0	1.9			87.3	440

表 2-365　关于教师最常用的提高学生学习兴趣的方法的调查结果

选项	百分比/%				学业成绩/分			
	2007	2009	2011	2013	2007	2009	2011	2013
口头表扬			22.3	36.2			78.8	482
物质奖励			6.8	7.1			75.6	469
设计趣味游戏			18.4	24.8			79.8	486
组织小组竞赛			52.4	31.9			80.4	507

表 2-366　关于在处理课外阅读材料时教师通常把重点放在哪方面的调查结果(2011 年)

选项	百分比/%				学业成绩/分			
	2007	2009	2011	2013	2007	2009	2011	2013
讲解并操练词语、句型和语法			4.9				82.0	
分析文章后的理解题			15.5				76.7	
串讲全文，分析篇章结构			12.6				80.1	
训练学生的阅读微技能			67.0				79.7	

表 2-367　关于在处理课外阅读材料时教师通常把重点放在哪方面的调查结果(2013 年)

选项	百分比/%				学业成绩/分			
	2007	2009	2011	2013	2007	2009	2011	2013
讲解并操练词语、句型和语法				6.7				500
分析文章后的理解题				11.0				487
串讲全文，分析篇章结构				11.9				524
训练学生的阅读微技能				52.9				484
扩大学生的词汇量				8.1				512
增加学生的文化背景知识				9.5				461

表 2-368　关于在组织学生课外活动方面教师最常采用的方式的调查结果

选　项	百分比/%				学业成绩/分			
	2007	2009	2011	2013	2007	2009	2011	2013
听唱英文歌曲			20.6				80.3	
观看英文电影			29.9				80.4	
参加英语竞赛			22.7				75.5	
阅读英文报刊书籍			22.7				79.7	
上网搜索英语学习材料			4.1				79.5	

表 2-369　关于在组织学生课外活动方面教师是否最常采用创设英语角这种方式的调查结果

选　项	百分比/%				学业成绩/分			
	2007	2009	2011	2013	2007	2009	2011	2013
否				80.5				492
是				19.5				483

表 2-370　关于在组织学生课外活动方面教师是否最常采用举办英语演讲比赛这种方式的调查结果

选　项	百分比/%				学业成绩/分			
	2007	2009	2011	2013	2007	2009	2011	2013
否				70.5				486
是				29.5				500

表 2-371　关于在组织学生课外活动方面教师是否最常采用组织英语辩论赛这种方式的调查结果

选　项	百分比/%				学业成绩/分			
	2007	2009	2011	2013	2007	2009	2011	2013
否				95.7				487
是				4.3				559

表 2-372　关于在组织学生课外活动方面教师是否最常采用创办英文报刊这种方式的调查结果

选　项	百分比/%				学业成绩/分			
	2007	2009	2011	2013	2007	2009	2011	2013
否				97.1				489
是				2.9				513

表 2-373 关于在组织学生课外活动方面教师是否最常采用导读英文故事这种方式的调查结果

选 项	百分比/%				学业成绩/分			
	2007	2009	2011	2013	2007	2009	2011	2013
否				50.5				495
是				49.5				485

表 2-374 关于在组织学生课外活动方面教师是否最常采用教唱英文歌曲这种方式的调查结果

选 项	百分比/%				学业成绩/分			
	2007	2009	2011	2013	2007	2009	2011	2013
否				48.1				495
是				51.9				486

表 2-375 关于在组织学生课外活动方面教师是否最常采用播放英文电影这种方式的调查结果

选 项	百分比/%				学业成绩/分			
	2007	2009	2011	2013	2007	2009	2011	2013
否				45.7				502
是				54.3				480

表 2-376 关于在组织学生课外活动方面教师是否最常采用排练英文戏剧这种方式的调查结果

选 项	百分比/%				学业成绩/分			
	2007	2009	2011	2013	2007	2009	2011	2013
否				75.2				476
是				24.8				533

(五)教师专业素养提升

教师专业素养提升包括撰写教学反思的情况、自身能力水平提高情况、英语语言水平提高情况等。数据表明,课后撰写教学反思的情况表现为 2009 年 42.6% 的教师选择课堂教学有新的感触后写,到 2011 年 52% 的教师选择每个单元或模块教学后写。对于目前需要提高的水平,2011 年 52.0% 的教师认为是教学技能技巧,2013 年 25.2% 的教师认为是自身英语语言水平,26.2% 认为是教学技能技巧。对于提升英语语言水平,50% 以上的教师选择参加进修或培训、看英文报刊书籍、看英文影视素材和节目等方式,不到 10% 的教师选择写英文随笔或者与外国人交流。从与成绩的相关来看,教师专业素养提升与学生学业成绩没有显著联系。

表 2-377　关于教师课后撰写教学反思的情况的调查结果(2009 年)

选　项	百分比/%				学业成绩/分			
	2007	2009	2011	2013	2007	2009	2011	2013
基本不写		6.4				70.3		
课堂教学有新的感触后写		42.6				72.5		
教授重要章节内容后写		9.6				72.6		
每节新授课课后写		14.9				76.2		
每节课后都写		26.6				74.3		

表 2-378　关于教师课后撰写教学反思的情况的调查结果(2011、2013 年)

选　项	百分比/%				学业成绩/分			
	2007	2009	2011	2013	2007	2009	2011	2013
基本不写			10.8	1.0			77.7	497
课堂教学有新的感悟后写			22.5	52.9			80.0	491
每个单元或模块教学后写			52.0	17.6			78.2	472
每节课后都写			14.7	28.6			86.2	500

表 2-379　关于教师目前认为最需要提高的方面的调查结果(2011 年)

选　项	百分比/%				学业成绩/分			
	2007	2009	2011	2013	2007	2009	2011	2013
自身英语水平			10.8				77.7	
教学理论水平			22.5				80.0	
教学技能技巧			52.0				78.2	
信息技术应用水平			14.7				86.2	

表 2-380　关于教师目前认为最需要提高的方面的调查结果(2013 年)

选　项	百分比/%				学业成绩/分			
	2007	2009	2011	2013	2007	2009	2011	2013
自身英语语言水平				25.2				493
教学理论水平				16.2				507
教学技能、技巧				26.2				474
信息技术应用水平				9.5				477
人文、艺术、社科知识水平				22.9				499

表 2-381　关于提高英语语言水平方面教师最主要的做法的调查结果

选　项	百分比/%				学业成绩/分			
	2007	2009	2011	2013	2007	2009	2011	2013
收听和收看英文节目 （包括影视剧）			41.0				79.2	
阅读英文报刊和书籍			41.0				79.4	
参加短期培训			10.0				77.0	
与同事切磋交流			8.0				82.7	

表 2-382　关于提高英语语言水平方面教师最主要的做法是否为参加进修或培训的调查结果

选　项	百分比/%				学业成绩/分			
	2007	2009	2011	2013	2007	2009	2011	2013
否				34.3				521
是				65.7				474

表 2-383　关于提高英语语言水平方面教师最主要的做法是否为浏览英文网站的调查结果

选　项	百分比/%				学业成绩/分			
	2007	2009	2011	2013	2007	2009	2011	2013
否				72.4				492
是				27.6				485

表 2-384　关于提高英语语言水平方面教师最主要的做法是否为看英文影视素材和节目的调查结果

选　项	百分比/%				学业成绩/分			
	2007	2009	2011	2013	2007	2009	2011	2013
否				35.2				479
是				64.8				496

表 2-385　关于提高英语语言水平方面教师最主要的做法是否为听英文歌曲和有声读物的调查结果

选　项	百分比/%				学业成绩/分			
	2007	2009	2011	2013	2007	2009	2011	2013
否				71.9				495
是				28.1				478

表 2-386　关于提高英语语言水平方面教师最主要的做法是否为阅读英文报刊和书籍的调查结果

选　项	百分比/%				学业成绩/分			
	2007	2009	2011	2013	2007	2009	2011	2013
否				41.4				472
是				58.6				503

表 2-387　关于提高英语语言水平方面教师最主要的做法是否为撰写英文博客或随笔的调查结果

选　项	百分比/%				学业成绩/分			
	2007	2009	2011	2013	2007	2009	2011	2013
否				99.0				490
是				1.0				511

表 2-388　关于提高英语语言水平方面教师最主要的做法是否为和外国人交流的调查结果

选　项	百分比/%				学业成绩/分			
	2007	2009	2011	2013	2007	2009	2011	2013
否				91.0				487
是				9.0				524

第四部分　当前取得的成绩及对全面提高教学质量的建议

一、当前北京市八年级英语学科教育教学所取得的成绩

北京市八年级学生较好地完成了《课程标准》所规定的学业任务，学业成绩总体呈现逐步提升的态势。从 2007、2009、2011、2013 年八年级英语合格率和优秀率情况看，学生学业成绩的合格率稳步上升。虽然由于 2009 年增加了人机对话的听说测试内容，学生缺乏相关体验和准备，教师也不熟悉不适应，优秀率在该年出现轻微回落，但是经过教学调整，在 2011 年又有所回升并保持上升。且 2007、2009、2011、2013 年，男女生合格率差异在减小，本市城镇户籍学生和本市、非本市农业户籍学生的优秀率差异分别均在逐渐减小，非本市城镇户籍学生和非本市农业户籍学生的优秀率差异也在逐渐减小，这些都说明面向全体学生和优秀学生的英语教学质量均取得了持续的进步。

二、对全面提升北京市义务教育阶段初中英语教学质量的建议

（一）针对不同群体学生之间存在的差异，根据学科特点，在不同层面缩小差距

2007、2009、2011、2013 年，学生学业成绩存在性别差异，女生的合格率和

优秀率均高于男生，且男女生优秀率差异显著高于合格率差异。本市城镇户籍学生与其他群体比较，其优秀率差异均显著高于合格率差异。城市校学生的合格率和优秀率显著高于农村校学生，城市校学生和农村校学生之间的优秀率差异显著高于合格率差异，且城市校学生和农村校学生的合格率差异有增大的趋势。

针对不同性别、不同户籍、不同地域学校学生学业成绩之间的显著差异，建议教育行政管理部门继续加大对农村学校基础教育的投入。进一步加强师资水平建设，落实北京市对农村地区教师的优惠政策，一方面吸引更多城区优秀教师加入农村校的英语教育队伍，另一方面也加大对农村校既有贡献突出的优秀英语教师的奖励，激励更多教师自主地追求专业发展。同时，提供行政支持和经费保障，鼓励教研部门或其他教师培训机构结合农村校的具体学情制订有针对性的教师培训计划，多开展与日常教学相融合的"做中学"式的培训活动，切实提高培训的实效性。此外，人事部门还可以适当组织城市学校优秀的英语教师进行短期支教，带动农村学校教师共同发展，提升英语教师的教学实践和创新。

建议教研部门加强城乡学校英语教研和教学工作的互动与交流。教研部门应在可能的条件下，组成城区、县镇和农村一体的教研联盟，加强各类学校教师间的互动、交流与合作。例如，根据实际需要有选择地参与彼此的教研活动，尤其是城区教研部门组织的专题讲座和研究课应适当对农村校教师开放；郊区教研部门还可以请城区的教研人员和优秀教师来区内做讲座、展示课例或交流经验。这种互动和交流也可以在城区和农村同等教学水平的学校间展开，如采取同课异构的方式，互相听课和评课，分享彼此的心得和体会，取长补短，共同探讨突破的途径，逐渐解决城区校和农村校发展不平衡的问题。

建议学校和教师关注学生英语水平存在差异的现象，适当进行分层教学。针对不同性别学生差异非常显著的情况，建议学校在调查研究的基础上，适当采取分层教学的方式，减小教学班内学生的学业水平差异，便于教师更有针对性地制定教学方案和实施课堂教学，确保多数学生实质性学习的发生。建议教师适当对男生进行访谈、问卷调查或个案研究，找到男生成绩偏低的主要原因，了解男生英语学习的困难和需求，在尊重男生思维发展规律和身心发展特点的基础上，针对男生固有的特质并兼顾男女生差异，从教学内容、语言风格和活动方式等方面设计更符合其学习需要的课内外活动，以激发和维持男生英语学习的兴趣和积极性。例如，为男生选择适合其兴趣爱好和认知特点的语篇和读物；在课堂教学方法和手段的选择上尽量考虑调动男生参与的积极性和投入度；充分利用各种英语学习的互联网平台和软件，为男生开展个性化和自主学习创造便利条件；小组活动时，通过男女生的合理搭配来促进他们取长补短、共同进步；开展对高水平男生学习动机、学习方法、学习习惯等具体方面的跟进和追踪，并用科学的方法加以系统研究等。

（二）针对学生在不同领域之间发展的不均衡现象，寻找教学方式方法的突破点

针对学生在内容领域和能力领域发展都不太均衡的现状。建议教师在教学中兼顾语言知识和语言技能，促进学生综合语言运用能力的发展。教师在课堂上要多创设情境，引导学生在主题情境中体验、感知和领悟词汇和语法，在语篇层面以及语境中理解和运用语言知识增强语用的意识。例如，在语法教学方面，通过相对真实的情境呈现新知识，并在听和读的过程中引导学生自己体会语言意义，发现语法规律；在词汇教学方面，坚持用英语释义，并鼓励学生根据语境猜测词义。此外，由于交际教学法对学生学业成绩有积极影响，建议教师多采取此方法，增加课堂中师生、生生和生本互动，教师尽量不要直接讲解或代替学生得出答案，要引导学生独立思考或互助讨论来解决问题，在交际中提升学生的语言能力。此外，还可以通过加强教学反思的途径不断提升自身语言素质和教学基本功。

在提升学生的理解能力方面，由于学生听真实话语的数量对其学业成绩有积极的影响，建议教师一方面在课堂教学中，通过恰当充分使用英语授课的方式，增加学生英语听力的输入量，教师不仅要引领学生集体听，还要通过个体、双人、小组活动促进学生个体参与语言实践，保障和促进学生对语言的感知和体验；另一方面选择适合学生水平的真实、地道的语言音频、视频资源布置为课后作业，并尝试借助各种互联网平台和软件，保障学生课后收听一定时间的音频，如英文歌曲、有声读物、广播、电视、电影等，或者鼓励学生自己创造条件同外教或者外国朋友进行交流，提升学生的听力理解能力。由于学生关注阅读课中句子、文章结构、语法和阅读技能对其学业成绩有积极的影响，建议教师一方面在课堂教学中注意在阅读教学中增加引导学生关注句子、句群、段落和语篇的问题和任务，锻炼学生的阅读技能，学习核心语言，突破生词难句，增强语篇意识和语用能力；另一方面在课外阅读教学中，坚持开展对学生学业成绩有积极影响的活动，如扩大学生的词汇量，分析篇章结构，通过已知事实进行推理和判断、概括、归纳主旨大意等，同时鼓励学生选择自己喜欢并可读的英语经典读物或分级读物，采取持续性默读（Sustained Silent Reading，SSR)等教学方法增加并保障阅读数量，培养阅读习惯，提升学生的阅读能力和阅读品格，发展学生的英语阅读素养。

在提升学生的表达能力方面，由于学生只有使用英语进行交流才有利于提高其学业成绩，建议教师多提供机会、多搭建平台，引导学生完成接近生活实际的交际任务，注意增加课堂上的师生互动，多开展双人和小组活动，鼓励学生有效利用所学语言进行口头或笔头的分享交流，增加学生之间的交际，提升口头表达能力。由于学生独立朗读的方式对其学业成绩有积极的影响，建议教师一方面在课堂上适当增加朗读、口头作文、复述转述等口语活动；另一方面在课后利用信息化平台和资源，鼓励和要求学生每天坚持朗读，并根据反馈信息进行自我矫正。由于学生在写

作课中关注句子、篇章构建和语法有利于提高其学业成绩，建议教师一方面在课堂上注意增加学生在句群、段落和语篇层面的写作任务，并通过有效的评价方式促进学生自我和互相修改习作；另一方面在课后鼓励学生坚持开展过程性写作和真实性写作，如写日记、读书笔记、随笔、博客等，不断充实书面表达内充，全面提升书面表达能力。

此外，由于学生完成适量作业和多参与英语实践对其学业成绩有积极的影响，建议教师一方面注意加强对作业的设计，精选作业的形式和内容，控制作业的数量和时间，积极探索减负增效的作业形式；另一方面在今后的教学中注意多组织和开展英语综合课程和实践活动，如自编、表演对话或短剧，看英文电影，读英文作品，听或唱英文歌曲，浏览英文网站，排练英语戏剧，开展英语书法、写作、朗诵或演讲比赛，举办英文辩论赛，创办英文报纸等。

总之，教师在教学中要通过各种专项或综合的语言实践活动，促进学生综合语言运用能力的提高。

（三）进一步调查研究，依据学情探索激发学生学习内驱力的教学方法和途径

在教学中，教师应当坚持以学生为本的原则，充分了解所有学生的现有英语水平和发展需求，选择适当的教学方式和方法，使他们保持学习英语的信心，体验学习英语的乐趣，培养学习英语的习惯，形成学习英语的策略，获得学习英语的成功感受，从而不断取得英语学习的进步。

由于研究分析教材对学生的学业成绩有积极影响，建议教师一方面加强学情分析，了解、研究学生的能力，依据学情制订适合本班学情的教学计划；另一方面加强教学文本解读，搜集相关背景材料，合理、充分地挖掘教学文本中对学生综合语言运用能力发展有价值的因素，并通过适当的教学活动使其对学生产生作用和影响。

由于良好的家庭学习氛围对学生的学业成绩有积极的影响，建议教师与家长沟通，尽量为学生创设符合其实际需求的良好家庭学习氛围和学习条件，配备对其英语学习有辅助作用的课外读物、参考资料、英语光盘、上网条件等学习资源，并在家庭中创造安静的学习环境。

由于良好的学习习惯和学习策略对的学生学业成绩会有积极的影响，建议教师注意在教学中渗透和培养，使学生逐步形成有效的学习策略和学习习惯，如经常反思并梳理错误原因、摸索适合自己的方法、遇到困难时主动想出办法来解决问题、使用英英字典或者英汉双解字典等。

由于对英语学习感兴趣和喜爱教师程度对学生的学业成绩有积极的影响，建议教师一方面通过不断丰富的教学形式和手段有意识地提升学生的学习兴趣，改善学生的学习感受，增强英语学习的积极效能感；另一方面注意建立和谐良好的师生关系，发挥教师各方面的榜样和辐射作用，带动学生的英语学习发展。

由于自信心和适当的学习压力对学生的学业成绩有积极的影响，建议教师注意调

动学生的学习内驱力,激发学生的学习动机,提升学生的学习情意、自信心和主动性,使之成为学生较为长久和稳定的学习动力。同时,帮助学生树立对自己的英语学习负责任的态度,使学生适度重视英语学习,从而促进其英语学业水平的提升。

由于平时的学习积累和学习常态对学生的学业成绩有积极的影响,建议教师在今后的教学中注意夯实学生在每节课中的学习结果,提高每节课的教学实效性,而不是仅仅依靠考前突击加课或者大量做模拟练习的方式来保障学生的学习落实。

(四)针对教师工作负担过重和专业发展需求强烈等情况,进一步增强教学学习和工作的实效性

教师的专业发展是实施新课程的关键,在很大程度上会影响到学生学业水平的发展。教师需要在一个专业的、具有国际视野的平台上提高自己的综合素养。建议教育行政管理部门关注英语教师的语言和业务进修,提升英语教师的综合素养。加大对英语师资培训的投入,提供尽可能多的政策和经费支持,进一步优化培训方案,提升教师的英语和教学水平。一方面采取"请进来"的策略,借助国内的高等学府或者引进英语国家有教师培训资质的外籍教师进行汉语培训;另一方面采取"走出去"的策略,分期分批输送优秀英语教师到以英语为母语的国家学习和进修,或者组织英语教师参加国际性的学术会议和论坛,开阔教师的学术视野,增强教师跨文化交际的能力,全面提升教师的综合素养。

建议教研部门根据教师的需求制定培训目标和内容,有针对性地设计教研活动。对于教师在职培训,分析受培教师的需求对培训课程的设计至关重要。这就要求教研人员有较好的问题意识,通过调查问卷、个人访谈和小组讨论等方式,准确锁定教师在教学中存在的问题和学习需求,并以此为依据设计次数适量的教研活动。各区县教研部门可以有计划地开展提升课堂教学能力的系列专题讲座,然后将其分解成若干个小课题,如提高设计课堂教学目标、教学活动、设计各种问题、处理教材上的教学内容等专题,通过小课题认领的方式,带领教师将理论研究与教学实践结合起来,以期为教学研究提供更多的成果支持。还可以组织教师观摩优秀教师的研究课,探讨优秀教师课堂上如何开展和完成有效教学,分享优秀教师运用教学技能技巧的经验和体会。

建议学校根据教师的承受能力适当减轻教师过重和不必要的工作负担。教师调查问卷的数据显示,由于担心升学率而造成的压力往往导致教师心理负担重、学生学业成绩低。为避免重结果轻过程的问题,建议各区和学校建立科学、全面的对学校和教师的评价机制,避免把升学率作为评价学校的主要或唯一标准。对教师的教学过程予以更多的关注和研究,采用更科学合理的管理方法(如使用大数据等)。针对教师的工作负担重导致学生学业成绩低的问题,建议学校减轻教师过重的工作负担,如适当减少课时量,减轻班级管理任务,减掉一些不必要的上交的书面及电子材料(如表格、论文、教案、班主任手册、反思笔记、光盘等),缩小班级规模,减

少考核、评比、检查类活动(特别是把学生期末成绩或中考成绩作为评价教师的主要标准,或者学校对教育结果的评价采用相对评价方法,如排序、末位淘汰等),减轻由此造成的升学压力,以便教师提升工作实效。

第七节　五年级数学监测结果

第一部分　北京市义务教育教学阶段五年级 数学学业水平测试及评价概况

学生学业质量是教育教学质量的核心指标。学业质量监测是反映学生学业质量的重要手段,是北京市义务教育教学质量分析与评价反馈系统体系的重要组成部分。学业监测的目的主要在于,依据《全日制义务教育数学课程标准(实验稿)》[以下简称《数学课程标准(实验稿)》]、《义务教育数学课程标准(2011年版)》[以下简称《数学课程标准(2011年版)》],按照《手册》提出的具体要求,对学生学业质量是否达到《数学课程标准(实验稿)》或《数学课程标准(2011年版)》的要求,以及达到程度如何,进行测查与评价,并在此基础上提出进一步提高北京市义务教育阶段学生学业质量的政策建议。

依据《手册》,五年级数学学科的监测年是2006、2008、2011、2013年。以下将分别从监测工具、测试对象、监测数据分析方法、基本概念四个方面来进行说明。

一、监测工具

(一)制定学科学业水平测试方案

学科学业水平测试方案是对学科学业测试内容、结构、范围与标准的具体说明。数学学科学业水平测试方案是依据相应学科的课程标准相应学段内容,结合北京市义务教育教学的实际情况而制定的。数学学科的测试方案是指导学科整体测试工作的重要基础,主要包括学科学业水平测试框架,学业水平测试内容标准,测试方式、题型和测试时间,测试领域的分数构成,学业成就水平标准,题目示例,往年测试题呈现七个部分。

其中,学科学业水平测试框架、学业水平测试内容标准与学生成就水平标准是构成学科学业测试方案的三大核心要素。数学学科学业测试框架主要由内容领域构成,且学业成就水平主要以内容领域进行标准划定。

（二）制定测试工具

制定学科学业测试工具的目的在于测查、评价相应年级、学科学生的学业质量。各学科命题小组以学科课程标准为依据，根据《手册》中学科学业测试方案的要求，制定测验细目表与命题蓝图，并在此基础上命制学科预测试卷。在对学科预测试卷测试数据结果进行充分研究、讨论、选择、调整与修改的基础上，形成由测试指标好的高质量试题组成的学科测试卷，由专家审定后形成最终正式学科测试工具。项目组共命制五年级数学预测试试卷 12 套，正式测试试卷 5 套，锚卷 3 套。五年级数学测试了作为标准卷的锚卷，以便于在各年的测试间进行等值分析。对学科测试工具的质量分析的结果表明，其具有较好的内部一致性信度、内容效度与结构效度。

二、测试对象

本研究以北京市义务教育阶段五年级学生为测试对象，主要采用多阶段随机抽样与分层整群抽样相结合的方式抽取学生样本，抽样所需要的基本信息主要来自当年的《北京市教育事业统计资料》。具体步骤是：第一阶段，将北京市所有区县按照地域特征分成两层——城市与郊区，再在每一层采用简单随机方式抽取区县；第二阶段，将抽到的每个区县，按照办学条件情况进行分层，可分为办学条件好校、办学条件较好校、办学条件一般校、办学条件较差校，再在每一层采用 PPS 系统抽样法（抽取率与单位大小成比例的多阶段抽样法）抽取学校（对于五年级来说，同时按照学校的性质即完全中学、初级中学、九年一贯校进行分层抽样）；第三阶段，在所抽取的学校中采用简单随机方式抽取 1～2 个平行班级作为测试班级。具体人数见表 2-389。

表 2-389　北京市 2006、2008、2011、2013 年五年级数学测试人数统计表

时间	五年级数学测试人数/人
2006	3 224
2008	6 127
2011	19 667
2013	69 191

三、监测数据分析方法

（一）研究方法

2006、2008、2011、2013 年的大样本学业质量监测，主要采用测验法，通过对学生在各学科上的学业水平表现进行统计分析，并作出评价和判断。

(二)数据处理与分析

根据测试研究的目的与现有数据结构，主要采用数据统计软件 SPSS 18.0 对于学生学业测试的结果部分进行统计分析。

四、基本概念

北京市义务教育教学质量分析与评价反馈系统学业质量监测，旨在解释学生学业质量是否达到《数学课程标准（实验稿）》或《数学课程标准（2011 年版）》的要求，以及达到什么程度两个核心问题。故在 2006、2008、2011、2013 年度学业质量监测报告中所使用的分析评价指标主要采用合格率、优秀率等指标，具体解释如下：

优秀率指达到优秀水平的学生人数占参加测试学生总人数的百分比，在数值上等于优秀水平人数百分比；合格率是指处于合格水平及其以上的学生人数占参加测试学生总人数的百分比，在数值上等于合格水平人数百分比、良好水平人数百分比与优秀水平人数百分比的和。

第二部分 北京市五年级数学学科学业水平测试结果及分析

一、整体学业水平测试结果

经过数据分析，将北京市 2006、2008、2011、2013 年义务教育阶段五年级数学学业质量发展趋势结果分析如下：

表 2-390 北京市 2006、2008、2011、2013 年五年级数学合格率和优秀率情况表

单位:%

项目	2006	2008	2011	2013
五年级数学合格率	82.7	94.5	98.4	93.4
五年级数学优秀率	14.0	27.0	53.6	62.4

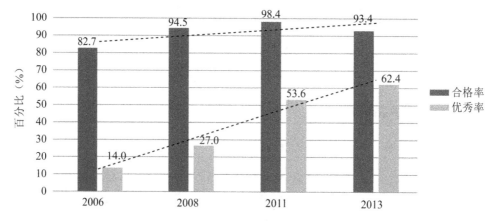

图 2-24 北京市 2006、2008、2011、2013 年五年级数学合格率和优秀率情况图

由表 2-390 和图 2-24 可以看出，2006、2008、2011、2013 年，五年级数学合格率有所波动，2006、2008、2011 年逐步升高，最高达到 98.4%，2013 年下降至93.4%；优秀率有很大提高，2006 年至 2013 年由 14% 逐步提高到 62.4%。

二、各内容领域测试结果

表 2-391　北京市 2008、2011、2013 年五年级数学各内容领域合格率和优秀率情况表

单位:%

项目	合格率			优秀率		
	2008	2011	2013	2008	2011	2013
数与代数	93.8	98.5	95.6	33.1	61.9	67.4
图形与几何	90.8	97.9	92.6	34.4	64.4	57.6
统计与概率	92.0	94.6	89.7	38.7	70.5	55.1
综合与实践	86.0	96.7	89.0	24.6	67.5	65.3

由表 2-391 可以看出，2008、2011、2013 年中，五年级数学学科各领域合格率2011 年最高。五年级数学数与代数分领域优秀率逐年升高，到 2013 年达到67.4%；图形与几何、统计与概率、综合与实践分领域的合格率和优秀率均在 2011年达到最高。

三、性别差异情况

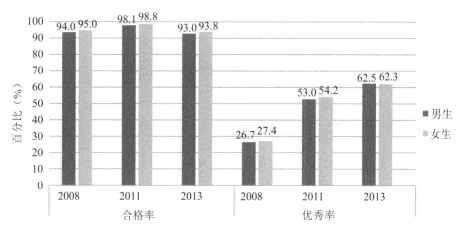

图 2-25　北京市 2008、2011、2013 年五年级数学合格率和优秀率性别差异情况图

表 2-392　北京市 2008、2011、2013 年五年级数学合格率和优秀率性别差异情况表

性别比较	合格率			优秀率		
	2008	2011	2013	2008	2011	2013
差值	-1.0	-0.7	-0.8	-0.7	-1.2	0.2

性别比较	合格率			优秀率		
	2008	2011	2013	2008	2011	2013
效应值	0.83	0.63	0.88	0.97	0.95	1.01
	0.79*(O)			0.99(/)		
合格率和 优秀率	(⊙)					

注：*表示性别差异显著存在，且如果0＜效应值＜1，表示女生表现好于男生；如果效应值＞1，表示男生表现好于女生。O表示不同年度间的性别差异发生显著的变化。⊙表示优秀率的性别差异与合格率的性别差异有显著不同。/表示不同年度间的性别差异没有发生变化或者优秀率的性别差异与合格率的性别差异基本相同。下同。

由图 2-25 和表 2-392 可以看出，五年级数学学科合格率存在性别差异，且女生合格率高于男生；优秀率不存在性别差异，且男女生合格率差异显著高于优秀率差异。2008、2011、2013 年，男女生合格率差异有显著变化，2011 年差异较小。优秀率差异较稳定。

四、不同户籍差异情况

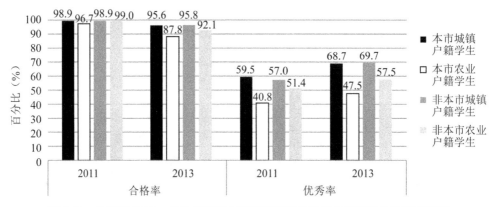

图 2-26　北京市 2011、2013 年五年级不同户籍学生数学合格率和优秀率情况图

表 2-393　北京市 2011、2013 年五年级数学合格率和优秀率不同户籍学生差异情况表

类别		合格率		优秀率	
		2011	2013	2011	2013
本市城镇户籍 学生与本市农 业户籍学生比较	差值	2.2	7.8	18.7	21.2
	效应值	3.07	3.02	2.13	2.43
		3.03*(/)		2.29*(O)	
	合格率和优秀率	(⊙)			

类别		合格率		优秀率	
		2011	2013	2011	2013
本市城镇户籍学生与非本市城镇户籍学生比较	差值	0.0	−0.2	2.5	−1.0
	效应值	1.00	0.95	1.11	0.95
		0.96(/)		1.02(O)	
	合格率和优秀率	(/)			
本市城镇户籍学生与非本市农业户籍学生比较	差值	−0.1	3.5	8.1	11.2
	效应值	0.91	1.86	1.39	1.62
		1.34(O)		1.51(O)	
	合格率和优秀率	(/)			
本市农业户籍学生与非本市城镇户籍学生比较	差值	−2.2	−8.0	−16.2	−22.2
	效应值	0.326	0.316	0.520	0.393
		0.32*(/)		0.45*(O)	
	合格率和优秀率	(⊙)			
本市农业户籍学生与非本市农业户籍学生比较	差值	−2.3	−4.3	−10.6	−10.0
	效应值	0.30	0.62	0.65	0.67
		0.44(O)		0.67*(O)	
	合格率和优秀率	(/)			
非本市城镇户籍学生与非本市农业户籍学生比较	差值	−0.1	3.7	5.6	12.2
	效应值	0.91	1.96	1.25	1.70
		1.41(O)		1.47(O)	
	合格率和优秀率	(/)			

由图 2-26 和表 2-393 可以看出，2013 年合格率从高到低依次排序为：非本市城镇户籍学生、本市城镇户籍学生、非本市农业户籍学生、本市农业户籍学生。2013 年优秀率从高到低依次排序为：非本市城镇户籍学生、本市城镇户籍学生、非本市农业户籍学生、本市农业户籍学生。本市城镇户籍学生与本市农业户籍学生的合格率的差异大于优秀率的差异，本市农业户籍学生与非本市城镇户籍学生的优秀率的差异大于合格率的差异，其他群体的合格率与优秀率的差异不显著。且 2011 年、2013 年，各群体的优秀率差异在逐渐增大。

五、地域差异情况

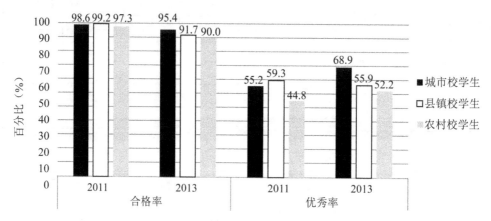

图 2-27　北京市 **2011**、**2013** 年五年级不同地域学生数学合格率和优秀率情况图

表 **2-394**　北京市 **2011**、**2013** 年五年级数学合格率和优秀率不同地域差异情况表

类别		合格率		优秀率	
		2011	2013	2011	2013
城市校学生与 县镇校学生 比较	差值	−0.6	3.7	−4.1	13
	效应值	0.568	1.877	0.846	1.748
		1.060(O)		1.216(O)	
	合格率和优秀率	(/)			
城市校学生与 农村校学生 比较	差值	1.3	5.4	10.4	16.7
	效应值	1.954	2.304	1.515	2.029
		2.153*(/)		1.759*(O)	
	合格率和优秀率	(/)			
县镇校学生与 农村校学生 比较	差值	1.9	1.7	14.5	3.7
	效应值	3.441	1.288	1.795	1.161
		1.941*(O)		1.442(O)	
	合格率和优秀率	(/)			

　　由图 2-27 和表 2-394 可以看出，2013 年城市校学生的合格率和优秀率显著高于农村校学生，而城市校学生和县镇校学生的合格率和优秀率差异不大，县镇校学生的合格率显著高于农村校学生，县镇校学生和农村校学生的优秀差异不大。各群体的合格率与优秀率的差异不显著。2011 年和 2013 年，城市校学生和农村校学生的合格率的差异较稳定，优秀率差异增大。县镇校学生和农村校学生的合格率差异明显减小，2011 年县镇校学生的优秀率显著高于农村校学生，2013 年差异不大。

六、不同规模学校学生差异情况

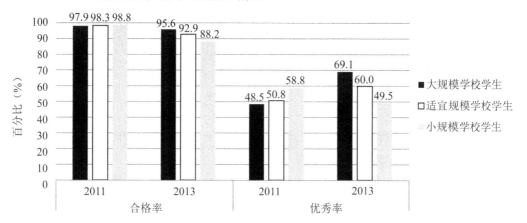

图 2-28　北京市 2011、2013 年五年级不同规模学校学生数学合格率和优秀率情况图

表 2-395　北京市 2011、2013 年五年级数学合格率和优秀率不同规模学校差异情况表

类别		合格率		优秀率	
		2011	2013	2011	2013
大规模学校学生与适宜规模学校学生比较	差值	−0.4	2.7	−2.3	9.1
	效应值	0.806	1.661	0.912	1.491
		1.179(O)		1.167(O)	
	合格率和优秀率	(/)			
大规模学校学生与小规模学校学生比较	差值	−0.9	7.4	−10.3	19.6
	效应值	0.566	2.907	0.660	2.281
		1.305(O)		1.228(O)	
	合格率和优秀率	(/)			
适宜规模学校学生与小规模学校学生比较	差值	−0.5	4.7	−8.0	10.5
	效应值	0.702	1.751	0.723	1.53
		1.144(O)		1.053(O)	
	合格率和优秀率	(/)			

由图 2-28 和表 3-395 可以看出，2011 年大规模学校学生数学合格率和优秀率和适宜规模学校学生、小规模学校学生差异不大。但 2011、2013 年，大规模学校学生、适宜规模学校学生、小规模学校学生之间的合格率差异和优秀率差异在增大。

第三部分 北京市五年级数学学科学生学业水平 测试结果相关因素的结果及分析

一、学生因素

（一）课堂学习

课堂学习包括老师在课堂上组织学生讨论问题、开展小组合作，以及学生的听讲情况。数据表明，2008 年，老师经常组织学生在课堂上讨论问题的比例为 59.9％，有时会组织课堂讨论的比例为 36.2％，偶尔组织课堂讨论的比例为 3.9％。老师经常组织学生开展小组合作学习的比例为 49.2％，有时组织比例为 39.6％，偶尔组织的比例为 11.2％。2011、2013 年的数据显示，注意力很集中的学生所占比例最高（在半数以上），有时不能集中注意力的学生比例稍低，经常不能集中注意力和很难集中注意力的学生所占比例最低。从对学生的学业成绩的影响来看，老师组织课堂讨论、开展小组合作学习的频率越高，学生的数学成绩越高；学生注意力越集中，学生的学业成绩越高。

表 2-396 关于教师是否组织学生在课堂上讨论问题的调查结果

选 项	百分比/%			学业成绩/分		
	2008	2011	2013	2008	2011	2013
经常是	59.9			85.4		
有时是	36.2			82.9		
偶尔是	3.9			81.6		

表 2-397 关于教师是否组织学生在课堂上开展小组合作学习的调查结果

选 项	百分比/%			学业成绩/分		
	2008	2011	2013	2008	2011	2013
经常是	49.2			85.2		
有时是	39.6			84.0		
偶尔是	11.2			81.4		

表 2-398 关于在没人听课时教师是否很少开展小组合作学习的调查结果

选 项	百分比/%			学业成绩/分		
	2008	2011	2013	2008	2011	2013
经常是	12.3			83.2		

选　项	百分比/%			学业成绩/分		
	2008	2011	2013	2008	2011	2013
有时是	20.7			83.4		
偶尔是	67.0			84.7		

表 2-399　关于学生在数学课上听讲的情况的调查结果

选　项	百分比/%			学业成绩/分		
	2008	2011	2013	2008	2011	2013
注意力很集中		55.0	52.5		94.0	626
有时不能集中注意力		42.2	44.0		90.4	567
经常不能集中注意力		1.7	2.2		85.5	496
很难集中注意力		1.0	1.3		81.5	440

(二)学习动机

学习动机包括得到老师的喜欢、学习本身的兴趣、内心压力、考上理想的学校、父母的要求等。数据表明,2011 年,46%的学生为了实现自己的梦想而好好学习,25.2%的学生为了考上理想的中学而好好学习,17.8%的学生为了成为博学多才的人而好好学习。56.2%的学生认为学习有趣、吸引人,从而努力学习。而为了赢得父母满意、得到老师的欣赏和成为同龄人中的佼佼者所占的比例少。从不同的动机对学生学业成绩的影响看,为了考上理想中学、将来能实现自己的梦想、成为博学多才的人、成为同龄人中的佼佼者而努力学习的学生,学业成绩较高。为了赢得父母满意、得到老师欣赏这样的外界动机并不能有效地推动学生学习。

表 2-400　关于学生是否同意"你之所以努力学习,是因为希望成为老师喜欢的好学生"这种说法的调查结果

选　项	百分比/%			学业成绩/分		
	2008	2011	2013	2008	2011	2013
不同意	15.3			85.5		
有点不同意	25.6			85.1		
同意	59.1			83.5		

表 2-401 关于学生是否同意"你之所以努力学习,是因为觉得学习有趣、
吸引人"这种说法的调查结果

选 项	百分比/%			学业成绩/分		
	2008	2011	2013	2008	2011	2013
不同意	9.6			82.7		
有点不同意	34.2			82.9		
同意	56.2			85.3		

表 2-402 关于学生是否同意"你之所以努力学习,是因为不努力学习
就会感到不安"这种说法的调查结果

选 项	百分比/%			学业成绩/分		
	2008	2011	2013	2008	2011	2013
不同意	16.1			83.6		
有点不同意	27.3			84.3		
同意	56.6			84.5		

表 2-403 关于学生是否同意"你之所以努力学习,是因为希望考上好高中、
好大学"这种说法的调查结果

选 项	百分比/%			学业成绩/分		
	2008	2011	2013	2008	2011	2013
不同意	3.4			83.3		
有点不同意	9.6			84.1		
同意	87.0			84.3		

表 2-404 关于学生是否同意"你之所以努力学习,是因为父母要求这样"这种说法的调查结果

选 项	百分比/%			学业成绩/分		
	2008	2011	2013	2008	2011	2013
不同意	38.3			84.9		
有点不同意	31.9			84.6		
同意	29.8			83.1		

表 2-405　关于学生好好学习最主要的一种目的的调查结果

选　项	百分比/%			学业成绩/分		
	2008	2011	2013	2008	2011	2013
为了考上理想的中学		25.2			91.4	
为了将来能实现 自己的梦想		46.0			92.9	
为了让父母满意		7.1			87.8	
为了得到老师的欣赏		0.9			83.0	
为了成为同龄人 中的佼佼者		3.0			94.0	
为了成为博学多才的人		17.8			93.3	

(三)学习习惯

　　学习习惯包括做计算题时的习惯和计算题做完后的习惯。数据表明,做完计算题后,91.9%的学生有自己认真检查或者让家长检查的习惯;在做计算题时,97%左右的学生能够再算一遍、用另外的方法验算或者估一估,看看合理不合理。从学习习惯对学生学业成绩的影响上看,养成做题时验算、估算的好习惯学生,学业成绩较好。

表 2-406　关于学生做完计算题的习惯的调查结果

选　项	百分比/%			学业成绩/分		
	2008	2011	2013	2008	2011	2013
认真检查	76.5			85.2		
让家长检查	15.4			81.2		
无所谓,错了再订正	8.2			81.9		

表 2-407　关于学生做计算题时的习惯的调查结果

选　项	百分比/%			学业成绩/分		
	2008	2011	2013	2008	2011	2013
再算一遍		33.6	37.4		90.9	571
用另外的方法验算		48.9	45.3		93.4	619
估一估,看看 合理不合理		14.8	13.8		91.7	597
无所谓,错了再订正		2.8	3.5		87.4	525

（四）对教师评价

对教师评价指当学生向老师请教时老师的反应方式。数据表明，2008、2011 年，当学生向老师请教问题时，老师耐心解释的比例从 57.7% 降到 3.5%，老师引导学生自己寻求答案的比例从 35.3% 升高到了 87.7%。从对学生学业成绩的影响来看，老师耐心解释和引导学生自己寻求答案的方式，都有利于学生成绩的提高，但是引导学生自己寻求答案的成绩更显著，说明老师已经意识到，引导学生自己寻求答案更有利于学生进行探索式学习，并且有意识往这一方向转变。

表 2-408　关于学生向老师请教问题时老师的反应方式的调查结果（2008、2009 年）

选　项	百分比/%			学业成绩/分		
	2008	2011	2013	2008	2011	2013
耐心解释	57.7	3.5		84.3	92.2	
引导学生自己寻求答案	35.3	87.7		85.6	92.5	
请其他同学帮助	5.2	7.5		78.7	88.7	
请家长帮助	1.8	1.3		77.6	87.6	

表 2-409　关于学生向老师请教问题时老师的反应方式的调查结果（2013 年）

选　项	百分比/%			学业成绩/分		
	2008	2011	2013	2008	2011	2013
直接告诉学生怎么做			4.1			583
引导学生自己寻求答案			86.9			602
请其他同学帮助该学生			7.7			538
不予理睬			1.2			502

（五）数学与生活

数学与生活包括是否能够用数学知识解决日常生活中的实际问题、在生活中是否能够随时随地用到数学知识以及对待解决实际问题的态度。数据表明，2008 年经常用数学知识去解决日常生活中的实际问题的学生比例为 51.3%，在生活中随时随地都可以用到数学知识的学生的比例为 66.7%，把解决数学实际问题当成一种乐趣的学生的比例为 72.8%。从对学业成绩的影响来看，在生活中随时随地用到数学知识、常用数学知识解决日常生活中的实际问题并把它当成一种乐趣的学生，学业成绩较高；相反，把解决数学实际问题当成一种负担的学生学业成绩较低。

表 2-410 关于学生是否常用数学知识去解决日常生活中的实际问题的调查结果

选 项	百分比/%			学业成绩/分		
	2008	2011	2013	2008	2011	2013
经常用	51.3			85.8		
有时用	42.7			83.1		
不用	6.0			80.6		

表 2-411 关于学生是否认为在生活中随时随地都可以用到数学知识的调查结果

选 项	百分比/%			学业成绩/分		
	2008	2011	2013	2008	2011	2013
是	66.7			85.5		
有时是	27.2			82.8		
不是	6.0			78.4		

表 2-412 关于学生如何看待解决数学实际问题的调查结果

选 项	百分比/%			学业成绩/分		
	2008	2011	2013	2008	2011	2013
一种乐趣	72.8			85.7		
一种任务	22.9			81.7		
一种负担	4.3			74.6		

(六)数学学习习惯

数学学习习惯包括解决数学实际问题的习惯和做数学题时的习惯。数据显示,2011、2013 年,解决数学实际问题后,看看结果是否符合实际的学生比例从 37.9％降低到 36.4％,验算一下是否正确的比例从 58.0％升高到 59.2％。数学题做错了,问别人,然后自己改错的学生比例从 12.8％升高到 14.5％,自己寻找错误原因,及时改错的学生比例从 83.4％下降到 81.0％。从对学业成绩的影响来看,解决完数学实际问题,看看结果是否符合实际的学生成绩更高;数学题做错了,能够自己寻找错误原因并及时改错的学生成绩更高。

表 2-413 关于学生解决数学实际问题后的习惯的调查结果

选 项	百分比/%			学业成绩/分		
	2008	2011	2013	2008	2011	2013
看看结果是否符合实际		37.9	36.4		93.2	622

选 项	百分比/%			学业成绩/分		
	2008	2011	2013	2008	2011	2013
验算一下是否正确		58.0	59.2		91.8	585
做完就可以了		4.1	4.4		87.5	523

表 2-414　关于学生在数学题做错后的习惯的调查结果

选 项	百分比/%			学业成绩/分		
	2008	2011	2013	2008	2011	2013
问别人，然后自己改错		12.8	14.5		88.1	529
自己寻找错误的原因，及时改错		83.4	81.0		93.0	612
放在一边等老师讲		3.8	4.5		86.9	506

（七）数学能力素养

数学能力素养包括利用知识解决数学实际问题的能力、理解数学概念的能力以及是否从数学的角度思考和解决问题。数据表明，2011、2013 年，利用长方形、正方形的相关知识解决数学实际问题时，想象实际情景的学生比例从 20.5% 降低到 12.1%，画示意图的学生从 63.4% 降低到 53.3%，想办法用手边的学具摆一摆的学生从 11.4% 升高到 30.6%。让学生说明一些数学概念时，26% 左右的学生把书上的定义背一遍，45% 左右学生能够用自己理解的话把概念叙述一遍，23% 以上的学生能够自己举例子说明。40% 以上的学生能够经常从数学的角度思考和解决问题。从对学业成绩的影响来看，能够想象实际情景或画示意图解决数学实际问题、用自己的话复述数学概念或者举例子说明、经常从数学的角度思考和解决问题的学生，学业成绩较高。

表 2-415　关于学生利用长方形、正方形的有关知识解决数学实际问题通常的做法的调查结果

选 项	百分比/%			学业成绩/分		
	2008	2011	2013	2008	2011	2013
想想实际情境		20.5	12.1		93.1	626
画个示意图		63.4	53.3		92.4	601
想办法用手边的学具摆一摆		11.4	30.6		90.4	576
其他		4.7	4.0		89.3	570

表 2-416　关于学生最常用的说明一些数学概念的方法的调查结果

选　项	百分比/%			学业成绩/分		
	2008	2011	2013	2008	2011	2013
把书上的定义背一遍		25.2	27.0		89.9	555
用自己理解的话把概念叙述一遍		47.1	43.4		93.6	618
自己举例子来说明		23.3	23.9		92.7	617
其他		4.4	5.7		87.1	525

表 2-417　关于学生在实际生活中是否经常从数学的角度思考和解决一些问题的调查结果

选　项	百分比/%			学业成绩/分		
	2008	2011	2013	2008	2011	2013
经常是		44.8	41.8		94.0	625
有时是		53.0	55.4		90.9	577
从来不		2.2	3.0		87.0	506

(八)学习方式

学习方式包括复习的方式、小组交流合作时的表现、解决数学学习中遇到的问题的方式、是否能够建立知识点之间的联系、是否能够对其他同学的回答进行补充等。数据表明，70%左右的学生认为老师讲解易错题、进行归纳整理是有效的复习方式；90%以上的学生会整理已经学过的知识点并建立相关知识点之间的联系；大多数学生认为讨论交流活动对自己的认识有所提升；50%以上的学生在遇到问题时，首先自己反复思考，有问题再问其他人；60%左右的学生会尝试用自己的语言概括结论；大多数学生面对得出的数学结论会主动寻找实例分析结论是否正确。

从对学业成绩的影响来看，在复习课上教师讲解易出错的问题或者行进归纳整理有利于学生成绩提高；在数学学习中遇到问题首先自己反复思考，有问题再问其他人，能够整理已经学过的知识点并建立相关知识点间的联系，尝试用自己的语言概括结论并且主动寻找实例分析结论是否正确的学生的学业成绩较高。

表 2-418　关于数学复习课给学生留下印象最深的一种学习方式的调查结果

选　项	百分比/%			学业成绩/分		
	2008	2011	2013	2008	2011	2013
做卷子		27.3	23.6		91.4	585
教师讲解易错的问题		40.4	41.8		92.3	601

选 项	百分比/%			学业成绩/分		
	2008	2011	2013	2008	2011	2013
进行归纳整理		29.1	30.2		92.9	601
其他		3.2	4.3		90.1	551

表 2-419　关于学生在小组合作交流时经常的一种表现的调查结果

选 项	百分比/%			学业成绩/分		
	2008	2011	2013	2008	2011	2013
认真听，争着说		11.9	12.0		87.6	529
认真听，轮流说		70.5	71.2		92.6	602
认真听，不发言		16.8	16.0		93.9	619
不认真听		0.8	0.8		83.3	462

表 2-420　关于在数学课的讨论交流活动中，学生是否觉得自己的认识会有提升的调查结果

选 项	百分比/%			学业成绩/分		
	2008	2011	2013	2008	2011	2013
经常会有		60.4	60.1		94.0	622
偶尔会有		37.2	37.0		89.4	554
几乎没有		2.4	2.9		89.1	536

表 2-421　关于学生在数学学习中遇到问题时最常采用的解决方式的调查结果

选 项	百分比/%			学业成绩/分		
	2008	2011	2013	2008	2011	2013
自己反复思考，有问题再问他人		51.5	51.3		93.3	621
借助书籍或实物想办法，有问题再问他人		14.9	11.3		92.3	590
和同学讨论解决问题		10.0	10.9		91.2	581
请教老师，再自己做		11.3	15.1		89.6	544
与家长讨论		10.1	9.1		91.1	579
放在一边，等着老师讲		2.2	2.3		85.7	494

表 2-422 关于"进行复习的时候，我会整理已经学过的知识点并建立相关知识点间的联系"
这种说法在多大程度上符合学生情况的调查结果

选　项	百分比/%			学业成绩/分		
	2008	2011	2013	2008	2011	2013
完全符合		45.5	38.6		93.2	613
基本符合		48.9	51.5		91.7	591
基本不符合		4.3	7.4		89.1	550
完全不符合		1.2	2.5		85.6	526

表 2-423 关于"课堂上，我经常对同学的回答进行补充"这种说法在
多大程度上符合学生情况的调查结果

选　项	百分比/%			学业成绩/分		
	2008	2011	2013	2008	2011	2013
完全符合		24.1	17.7		93.4	614
基本符合		43.9	44.6		92.7	602
基本不符合		24.2	28.7		91.2	586
完全不符合		7.8	9.0		88.8	552

表 2-424 关于"面对得出的数学结论时，我会主动寻找实例分析结论是否正确"
这种说法在多大程度上符合学生情况的调查结果

选　项	百分比/%			学业成绩/分		
	2008	2011	2013	2008	2011	2013
完全符合		43.5	36.7		93.9	629
基本符合		41.0	48.5		91.8	589
基本不符合		12.5	12.1		89.3	540
完全不符合		3.0	2.8		85.6	494

表 2-425 关于在归纳一个数学结论时学生常用的一种方法的调查结果

选　项	百分比/%			学业成绩/分		
	2008	2011	2013	2008	2011	2013
听老师说结论		24.8	21.0		90.0	558
看课本上的结论		9.9	19.2		88.6	547
尝试用自己的语言概括结论		65.3	59.9		93.6	624

二、教师因素

(一)基本信息

教师的基本信息包括教师的专业、专业与目前所教学科一致性、学历等。数据表明,72.1%的教师的专业与所教学科一致。2011 年,72.4%的教师学历为中等师范,这一比例在 2013 年下降到了 65.2%。大学专科和本科及以上学历的老师占 24.9%,这一比例在 2013 年上升到了 31.9%。从对学生的学业成绩的影响来看,教师的专业与目前所教学科一致的学生成绩越高。2011 年,各种学历教师所带的学生成绩差别不大;2013 年,研究生学历的教师带的学生学业成绩明显更高。

表 2-426　关于教师毕业时(第一次参加工作前)的专业的调查结果

选　项	百分比/%			学业成绩/分		
	2008	2011	2013	2008	2011	2013
中文	3.7			85.9		
数学	12.3			84.5		
中等师范,不分专业	77.0			83.3		
其他	7.0			84.1		

表 2-427　关于教师毕业时(第一次参加工作前)的专业与目前所教学科
是否一致的调查结果(2008 年)

选　项	百分比/%			学业成绩/分		
	2008	2011	2013	2008	2011	2013
一致	72.1			86.0		
不一致	27.9			85.3		

表 2-428　关于教师毕业时(第一次参加工作前)的专业与目前所教学科
是否一致的调查结果(2011、2013 年)

选　项	百分比/%			学业成绩/分		
	2008	2011	2013	2008	2011	2013
一致		39.8	41.2		92.0	598
不一致		14.9	23.2		92.8	581
中师或高中毕业,没有特定专业		45.3	35.7		91.8	591

表 2-429　关于教师获得最终学历时所学的专业与目前所教的数学学科是否一致的调查结果

选　项	百分比/%			学业成绩/分		
	2008	2011	2013	2008	2011	2013
一致		30.7	34.8		91.6	589
不一致		65.3	61.4		92.2	594
中师或高中毕业，没有特定专业		4.0	3.8		91.6	586

表 2-430　关于教师毕业时(第一次参加工作前)的学历的调查结果(2011 年)

选　项	百分比/%			学业成绩/分		
	2008	2011	2013	2008	2011	2013
高中		2.7			92.2	
中等师范		72.4			91.9	
师范院校大专		10.9			92.9	
非师范院校大专		1.8			93.1	
师范院校大本		9.1			91.6	
非师范院校大本		3.1			92.4	

表 2-431　关于教师毕业时(第一次参加工作前)的学历的调查结果(2013 年)

选　项	百分比/%			学业成绩/分		
	2008	2011	2013	2008	2011	2013
高中			2.9			584
中等师范			65.2			593
师范院校大专			10.0			592
非师范院校大专			2.4			595
师范院校大本			13.9			595
非师范院校大本			4.6			564
研究生			1.0			615

(二)学习与进修

学习与进修包括参加所教学科学历进修、每周参加或接受继续教育的时间、参加所教学科相关课题研究的情况、参加研讨活动的次数、需要通过培训提高的能力等。数据表明，2011、2013 年，参加大专学历进修的教师从 12.7% 上升高到

15.8%，参加专升本进修的教师从 72.0% 下降到 29.9%，没参加过进修的教师从 9.5% 上升到 50.8%。2008、2011 年，每周接受继续教育所用时间为 0 小时的教师由 10.2% 下降到 3.1%，1～2 小时（含 2 小时）的由 36.4% 升高到 45.3%。40% 以上的教师参加过所教学科相关的课题研究。2008 年，75% 以上的教师认为需要通过培训提高设计课堂教学目标的能力、处理教材上的教学内容的能力、调控学生自主活动的能力、根据学生的反馈灵活调节教学内容和方法的能力、灵活处理教学过程中的突发事件的能力、激发学生的学习动机的能力、使用信息技术手段进行教学的能力。多数教师认为需要通过培训提高设计教学活动的能力、根据学生的不同反应设计相应教学策略的能力、设计课堂教学中各种问题的能力提高课外教学资源的选择和加工的能力、教学中生成资源的利用能力。2011 年，认为需要通过培训提高处理教材上的教学内容的能力的教师比例有所提高，认为需要培训提高其他各种能力的教师比例有所下降。

从对学业成绩的影响来看，2008 年，平均每周接受继续教育所用时间为 1 小时以下的教师，所教的学生学业成绩更高。2011 年，每周接受继续教育所用时间为 1 小时以上的教师，所教的学生的学业成绩更高。参加过所教学科相关的课题研究的教师，所教的学生成绩较高。

表 2-432　关于教师毕业后参加所教学科学历教育的情况的调查结果

（如果参加了多项，请选择最高级别）

选　项	百分比/%			学业成绩/分		
	2008	2011	2013	2008	2011	2013
大专学历进修	12.7	15.8		83.9	91.6	
专升本进修	72.0	29.9		83.3	92.1	
研究生学历进修	1.6	1.7		86.7	91.1	
研究生课程班	4.2	1.9		86.5	92.0	
没参加过	9.5	50.8		85.3	92.1	

表 2-433　关于教师平均每周参加或接受继续教育所用的时间(记学分的教育)的调查结果

选　项	百分比/%			学业成绩/分		
	2008	2011	2013	2008	2011	2013
0 小时	10.2	3.1		85.1	89.8	
1 小时以下	33.7	33.6		85.1	91.7	
1～2 小时(含 2 小时)	36.4	45.3		83.0	92.0	
2 小时以上	19.8	18.0		82.1	92.9	

表 2-434　关于教师从 2007 年开始是否作为主要成员参加过与所教学科相关的课题研究的调查结果

选　项	百分比/%			学业成绩/分		
	2008	2011	2013	2008	2011	2013
是	49.7	41.7		84.5	92.7	
否	50.3	58.3		83.0	91.5	

表 2-435　关于教师 2008 年 1 月以来参加所教学科市、区级研讨活动的次数的调查结果

选　项	百分比/%			学业成绩/分		
	2008	2011	2013	2008	2011	2013
0 次	22.2	7.8		85.0	92.1	
1～3 次	36.0	19.4		82.7	89.9	
4～6 次	17.5	21.4		84.0	92.1	
7～10 次	6.3	19.6		86.4	92.6	
11 次及以上	18.0	31.8		83.2	92.9	

表 2-436　关于教师目前认为是否需要通过培训提高设计课堂教学目标的能力的调查结果

选　项	百分比/%			学业成绩/分		
	2008	2011	2013	2008	2011	2013
非常需要	31.9	24.0		83.8	91.1	
基本需要	44.7	41.5		83.2	92.1	
基本不需要	21.8	28.8		84.9	92.6	
完全不需要	1.6	5.6		81.6	92.4	

表 2-437　关于教师目前认为是否需要通过培训提高设计教学活动的能力的调查结果

选　项	百分比/%			学业成绩/分		
	2008	2011	2013	2008	2011	2013
非常需要	43.9	33.3		83.7	91.8	
基本需要	43.4	46.7		83.6	92.0	
基本不需要	11.1	16.5		84.8	92.6	
完全不需要	1.6	3.5		81.6	92.1	

表 2-438 关于教师目前认为是否需要通过培训提高依据学生
的不同反应，设计相应教学策略的能力的调查结果

选 项	百分比/%			学业成绩/分		
	2008	2011	2013	2008	2011	2013
非常需要	46.3			83.9		
基本需要	45.7			83.5		
基本不需要	6.9			85.0		
完全不需要	1.1			78.1		

表 2-439 关于教师目前认为是否需要通过培训提高设计课堂教学中各种问题的能力的调查结果

选 项	百分比/%			学业成绩/分		
	2008	2011	2013	2008	2011	2013
非常需要	40.4	31.5		84.0	91.7	
基本需要	47.9	44.9		83.3	92.2	
基本不需要	10.1	20.7		85.1	92.0	
完全不需要	1.6	2.9		79.5	93.1	

表 2-440 关于教师目前认为是否需要通过培训提高处理教材上的教学内容的能力的调查结果

选 项	百分比/%			学业成绩/分		
	2008	2011	2013	2008	2011	2013
非常需要	24.1	30.7		83.7	91.6	
基本需要	48.1	50.6		83.6	92.2	
基本不需要	25.1	14.9		83.9	92.4	
完全不需要	2.7	3.8		85.3	92.3	

表 2-441 关于教师目前认为是否需要通过培训提高课外教学资源的选择和加工能力的调查结果

选 项	百分比/%			学业成绩/分		
	2008	2011	2013	2008	2011	2013
非常需要	29.3	34.6		83.7	92.1	
基本需要	53.2	47.6		83.6	92.1	
基本不需要	16.0	15.4		84.2	92.1	
完全不需要	1.6	2.4		83.3	90.5	

表 2-442 关于教师目前认为是否需要通过培训提高调控学生自主活动的能力的调查结果

选 项	百分比/%			学业成绩/分		
	2008	2011	2013	2008	2011	2013
非常需要	25.0	28.3		84.1	92.4	
基本需要	47.3	42.8		83.0	92.0	
基本不需要	25.0	22.7		85.4	91.7	
完全不需要	2.7	6.2		77.9	91.6	

表 2-443 关于教师目前认为是否需要通过培训提高根据学生的反馈灵活地调节教学内容和方法的能力的调查结果

选 项	百分比/%			学业成绩/分		
	2008	2011	2013	2008	2011	2013
非常需要	34.6	36.3		84.0	91.9	
基本需要	42.0	39.6		83.4	92.3	
基本不需要	19.7	19.2		83.8	91.7	
完全不需要	3.7	4.9		84.7	92.2	

表 2-444 关于教师目前认为是否需要通过培训提高灵活处理教学过程中突发事件的能力的调查结果

选 项	百分比/%			学业成绩/分		
	2008	2011	2013	2008	2011	2013
非常需要	26.6			83.8		
基本需要	51.6			83.9		
基本不需要	19.7			83.7		
完全不需要	2.1			77.4		

表 2-445 关于教师目前认为是否需要通过培训提高教学中生成资源的利用能力的调查结果

选 项	百分比/%			学业成绩/分		
	2008	2011	2013	2008	2011	2013
非常需要	35.6	39.7		84.1	92.1	
基本需要	49.5	43.4		83.5	92.0	
基本不需要	13.3	14.3		84.5	91.8	
完全不需要	1.6	2.5		75.4	93.0	

表 2-446　关于教师目前认为是否需要通过培训提高激发学生学习动机的能力的调查结果

选　项	百分比/%			学业成绩/分		
	2008	2011	2013	2008	2011	2013
非常需要	29.8	32.5		83.9	92.0	
基本需要	48.4	40.8		83.4	92.0	
基本不需要	20.2	22.5		84.3	93.1	
完全不需要	1.6	4.2		81.4	87.5	

表 2-447　关于教师目前认为是否需要通过培训提高使用信息技术手段进行教学的能力的调查结果

选　项	百分比/%			学业成绩/分		
	2008	2011	2013	2008	2011	2013
非常需要	32.4	29.7		82.9	91.9	
基本需要	43.1	45.5		84.0	92.6	
基本不需要	21.3	20.4		83.9	91.1	
完全不需要	3.2	4.4		86.2	91.3	

表 2-448　关于教师目前认为是否需要通过培训提高分析、了解学生的能力的调查结果

选　项	百分比/%			学业成绩/分		
	2008	2011	2013	2008	2011	2013
非常需要		26.5			92.5	
基本需要		36.1			91.8	
基本不需要		29.0			91.9	
完全不需要		8.4			92.2	

(三) 课堂教学

课堂教学包括课堂上注意力集中的学生所占比例、积极思考并回答老师问题的学生所占比例、教学策略等。数据表明，班内注意力集中的学生占 2/5 以上的，约占测试学生总体的 78%。2008 年，班内 2/5 以上学生积极思考，回答教师问题的学生约占测试学生总体的 54%，到 2011 年这一比例上升至约 72%。90% 以上的教师经常使用让学生探究解决问题的策略，经常提出富有挑战性的问题。从对学业成绩的影响来看，课堂上注意力集中、能积极思考并回答老师问题的学生越多，学生的学业成绩越高。老师在课堂上经常使用让学生探究解决问题的策略，经常提出一些富有挑战性的问题，学生的成绩也相应地越好。

表 2-449　关于教师认为测试班中在课堂上注意力集中的学生约占多少的调查结果

选　项	百分比/%			学业成绩/分		
	2008	2011	2013	2008	2011	2013
1/5 及以下	4.3			82.4		
1/5～2/5(含 2/5)	18.2			82.2		
2/5～3/5(含 3/5)	26.7			84.0		
3/5～4/5(含 4/5)	34.8			83.2		
4/5 以上	16.0			86.3		

表 2-450　关于教师认为测试班中在课堂上能积极思考、回答教师问题的学生约占多少的调查结果

选项	百分比/%			学业成绩/分		
	2008	2011	2013	2008	2011	2013
1/5 及以下	6.3	5.3		82.4	88.9	
1/5～2/5(含 2/5)	40.2	23.0		83.0	90.9	
2/5～3/5(含 3/5)	29.6	31.9		83.8	92.4	
3/5～4/5(含 4/5)	15.9	25.9		84.8	92.7	
4/5 以上	7.9	13.9		86.4	92.9	

表 2-451　关于"在课堂上经常使用让学生探究解决问题的策略"
这种说法在多大程度上符合教师情况的调查结果

选　项	百分比/%			学业成绩/分		
	2008	2011	2013	2008	2011	2013
完全符合		38.8	35.9		93.3	603
基本符合		58.8	55.4		91.3	584
基本不符合		1.8	4.0		90.9	584
完全不符合		0.5	4.8		91.3	604

表 2-452　关于"在课堂上经常提出一些富有挑战性的问题"
这种说法在多大程度上符合教师情况的调查结果

选　项	百分比/%			学业成绩/分		
	2008	2011	2013	2008	2011	2013
完全符合		29.6	25.4		93.4	604
基本符合		62.4	65.4		91.5	588

选 项	百分比/%			学业成绩/分		
	2008	2011	2013	2008	2011	2013
基本不符合		7.6	6.6		91.2	579
完全不符合		0.4	2.6		91.2	606

(四)教学困难

教师困难包括专业知识不足、教学能力有待提高、缺乏有效指导、缺乏专业参考书籍、教学材料不足。数据表明，90%以上的教师认为自己本学科专业知识不足、缺乏专业参考书籍不是困难或者困难程度较低。56.1%的教师认为缺乏有效指导和帮助不是困难。从对学生的学业成绩的影响来看，教师能够得到有效的指导和帮助、专业参考书籍丰富，学生的学业成绩也相应较高。

表 2-453 关于教师是否认为自己本学科的专业知识不足是经常面临的
与教学有关的困难的调查结果(2008 年)

选 项	百分比/%			学业成绩/分		
	2008	2011	2013	2008	2011	2013
不是困难	76.6			83.6		
在一定程度上是困难	22.3			84.5		
是主要困难	1.1			77.5		

表 2-454 关于教师是否认为自己本学科的专业知识不足是经常面临的
与教学有关的困难的调查结果(2011 年)

选 项	百分比/%			学业成绩/分		
	2008	2011	2013	2008	2011	2013
不是困难		42.1			92.8	
在一定程度上是困难		48.5			91.4	
是较主要的困难		8.7			91.5	
是主要困难		0.7			94.7	

表 2-455 关于教师是否认为自己的教学能力亟待提高是经常面临的
与教学有关的困难的调查结果

选 项	百分比/%			学业成绩/分		
	2008	2011	2013	2008	2011	2013
不是困难	53.2	29.3		83.3	93.1	

选　项	百分比/%			学业成绩/分		
	2008	2011	2013	2008	2011	2013
在一定程度上是困难	41.0	42.0		84.2	91.8	
是较主要的困难	5.9	25.5		84.0	91.2	
是主要困难	0	3.1			93.3	

表 2-456　关于教师是否认为缺乏有效指导和帮助是经常面临的
与教学有关的困难的调查结果

选　项	百分比/%			学业成绩/分		
	2008	2011	2013	2008	2011	2013
不是困难	56.1			84.5		
在一定程度上是困难	38.0			82.7		
是较主要的困难	3.2			82.8		
是主要困难	2.7			82.9		

表 2-457　关于教师是否认为缺乏专业参考书籍是经常面临的与教学有关的困难的调查结果

选　项	百分比/%			学业成绩/分		
	2008	2011	2013	2008	2011	2013
不是困难	64.7	33.2		83.6	92.9	
在一定程度上是困难	25.1	39.5		84.4	91.6	
是较主要的困难	8.0	21.7		82.3	91.9	
是主要困难	2.1	5.6		83.4	90.8	

表 2-458　关于教师是否认为教学材料不足是经常面临的与教学有关的困难的调查结果

选　项	百分比/%			学业成绩/分		
	2008	2011	2013	2008	2011	2013
不是困难	63.3	48.6		83.8	92.1	
在一定程度上是困难	27.7	29.9		82.8	91.8	
是较主要的困难	6.9	14.9		85.9	91.9	
是主要困难	2.1	6.7		85.7	93.0	

（五）备课与教学

备课与教学包括备课时需要考虑的因素以及各因素的难度、参考其他版本教材情况、教学内容的选择、教学策略、学生的学习困难、集体备课的形式怎样提高学生解决问题的能力。数据表明，2008 年，在备课时，多数教师较多考虑课程标准、学生的需要或兴趣、学生的学业程度、教材、参考书、社会生活实际以及学生的个性。52.7％的教师认为设计教学目标的难度较大，62.8％的教师经常给学生提供一些拓展的学习内容。2011 年，认为教材内容多、难度大，课时少是学生数学学习的最大困难的教师由 44.3％下降到 21.3％，认为数学学习习惯没有养成是学生数学学习的最大困难的教师由 27.7％上升到 47.6％。80％以上的教师所在的学校开展集体备课的形式是单元整体备课，梳理一个单元各课时内容之间的关系、梳理一个单元内容与其他册教材知识点间的纵向联系。2011 年，56.7％的教师认为引导学生多提炼一些解决问题的策略会有效地提高学生解决问题的能力，到 2013 年，这一比例上升至 64.3％。

从对学生的学业成绩的影响来看，在备课时较多或最多的考虑课程标准、学生的需要或兴趣、学生的学业程度、社会生活实际的教师，所教学生的成绩较高。存在设计教学目标压力的教师，带出来的学生成绩较好。经常提供一些拓展的学习内容、让学生反思解题过程、引导学生多提炼一些解决问题的策略的教师，所教学生学业成绩较好。教师所在学校开展单元整体备课越多，学生的学业成绩越高。

表 2-459　关于教师备课时考虑课程标准因素的程度的调查结果

选　项	百分比/%			学业成绩/分		
	2008	2011	2013	2008	2011	2013
没有	1.1	7.3		86.8	90.9	
少许	14.8	17.2		81.9	91.4	
较多	58.2	37.9		84.1	91.8	
最大	25.9	37.6		83.9	92.7	

表 2-460　关于教师备课时考虑学生的需要或兴趣因素的程度的调查结果

选　项	百分比/%			学业成绩/分		
	2008	2011	2013	2008	2011	2013
没有	0.5			76.5		
少许	6.3			81.8		
较多	53.4			83.4		
最大	39.7			84.7		

表 2-461　关于教师备课时考虑学生的学业程度因素的程度的调查结果

选　项	百分比/%			学业成绩/分		
	2008	2011	2013	2008	2011	2013
没有	0.5			76.5		

选 项	百分比/%			学业成绩/分		
	2008	2011	2013	2008	2011	2013
少许	5.8			84.3		
较多	65.1			83.2		
最大	28.6			85.0		

表 2-462　关于教师备课时考虑教材因素的程度的调查结果

选 项	百分比/%			学业成绩/分		
	2008	2011	2013	2008	2011	2013
少许	5.8			86.6		
较多	59.3			83.8		
最大	34.9			83.2		

表 2-463　关于教师备课时考虑教学参考书因素的程度的调查结果

选 项	百分比/%			学业成绩/分		
	2008	2011	2013	2008	2011	2013
没有	2.7			84.7		
少许	29.8			83.7		
较多	52.7			83.4		
最大	14.9			84.7		

表 2-464　关于教师备课时考虑社会生活实际因素的程度的调查结果

选 项	百分比/%			学业成绩/分		
	2008	2011	2013	2008	2011	2013
没有	1.6			77.9		
少许	27.7			84.6		
较多	59.0			83.2		
最大	11.7			85.3		

表 2-465　关于教师备课时考虑学生的个性差异因素的程度的调查结果

选 项	百分比/%			学业成绩/分		
	2008	2011	2013	2008	2011	2013
没有	1.1			80.4		

选 项	百分比/%			学业成绩/分		
	2008	2011	2013	2008	2011	2013
少许	16.0			83.5		
较多	55.9			84.4		
最大	27.1			82.7		

表 2-466　关于教师备课时考虑适宜有效的教学方式因素的程度的调查结果

选 项	百分比/%			学业成绩/分		
	2008	2011	2013	2008	2011	2013
没有	0.5			75.8		
少许	3.7			84.8		
较多	48.1			84.0		
最大	47.6			83.4		

表 2-467　关于教师在备课时认为设计教学目标的难度的调查结果

选 项	百分比/%			学业成绩/分		
	2008	2011	2013	2008	2011	2013
没有	3.7			83.7		
少许	20.2			82.6		
较多	52.7			84.3		
最大	19.1			83.8		
非常容易	4.3			81.7		

表 2-468　关于教师在备课时认为创设教学情境的难度的调查结果

选 项	百分比/%			学业成绩/分		
	2008	2011	2013	2008	2011	2013
没有	3.7			81.8		
少许	35.1			84.2		
较多	38.3			83.6		
最大	17.6			84.0		
非常容易	5.3			81.9		

表 2-469   关于教师在备课时认为设计课堂提问的难度的调查结果

选 项	百分比/%			学业成绩/分		
	2008	2011	2013	2008	2011	2013
没有	6.9			85.0		
少许	30.3			83.3		
较多	37.8			83.4		
最大	17.6			84.6		
非常容易	7.4			84.0		

表 2-470   关于教师在备课时认为设计学习方式的难度的调查结果

选 项	百分比/%			学业成绩/分		
	2008	2011	2013	2008	2011	2013
没有	2.7			82.2		
少许	35.6			82.6		
较多	40.4			85.5		
最大	16.5			83.4		
非常容易	4.8			80.4		

表 2-471   关于教师在备课时认为设计课堂练习的难度的调查结果

选 项	百分比/%			学业成绩/分		
	2008	2011	2013	2008	2011	2013
没有	2.7			81.3		
少许	13.8			83.3		
较多	43.6			82.8		
最大	30.3			85.4		
非常容易	9.6			84.3		

表 2-472   关于教师在备课时认为设计多媒体课件的难度的调查结果

选 项	百分比/%			学业成绩/分		
	2008	2011	2013	2008	2011	2013
没有	15.4			81.0		

选 项	百分比/%			学业成绩/分		
	2008	2011	2013	2008	2011	2013
少许	35.1			83.8		
较多	30.3			84.3		
最大	12.2			84.2		
非常容易	6.9			86.3		

表 2-473　关于教师备课时除了所教学科教材外还参考其他版本教材的情况的调查结果

选 项	百分比/%			学业成绩/分		
	2008	2011	2013	2008	2011	2013
0 个版本	16.0		2.5	82.7		609
1~2 个版本	73.4		14.9	84.0		589
3~4 个版本	10.6		51.3	83.9		593
5 个版本以上	0.0		31.2	0.0		589

表 2-474　关于教师在备课时如何选择学生数学学习的内容的调查结果

选 项	百分比/%			学业成绩/分		
	2008	2011	2013	2008	2011	2013
经常提供一些拓展的学习内容	62.8			84.2		
偶尔为学生提供一些拓展的学习内容	37.2			83.1		
基本不提供拓展的学习内容	0.0			0.0		

表 2-475　关于教师是否选择使用主要由学生自学探究的教学策略的调查结果

选 项	百分比/%			学业成绩/分		
	2008	2011	2013	2008	2011	2013
未选择	48.7		31.6	84.0		594
选择	51.3		68.4	83.5		591

表 2-476　关于教师认为学生数学学习的最大困难的调查结果

选　项	百分比/%			学业成绩/分		
	2008	2011	2013	2008	2011	2013
教材内容多、难度大,课时少		44.3	21.3		92.8	605
学生没有兴趣		5.3	8.5		89.1	567
缺少解决问题的方法		22.6	22.6		92.4	598
数学学习的习惯没有养成		27.7	47.6		91.0	587

表 2-477　关于教师所在学校(或教研组)开展集体备课的形式的调查结果

选　项	百分比/%			学业成绩/分		
	2008	2011	2013	2008	2011	2013
按课时备课		18.8	19.1		91.3	573
单元整体备课,梳理一个单元各课时内容之间的关系		29.8	24.7		92.0	592
单元整体备课,梳理一个单元内容与其他册教材知识点间的纵向联系		51.4	56.2		92.3	598

表 2-478　关于教师认为哪种做法会更有效地提高学生解决问题的能力的调查结果

选　项	百分比/%			学业成绩/分		
	2008	2011	2013	2008	2011	2013
多练几道类似的题目		0.4	0.7		91.6	589
让学生解决更具有现实意义的问题		24.5	20.5		91.6	586
让学生反思解题过程		18.4	14.6		92.5	596
老师引导学生多提炼一些解决问题的策略		56.7	64.3		92.1	593

(六)教学研究

教学研究包括找到其他版本数学教材的方便与否、课后反思内容。数据表明,

2011年，68.3％的教师认为方便在家里或者办公室、学校图书馆找到其他版本的数学教材；2013年，61.4％的教师认为方便在网络上找到其他版本的数学教材。部分的教师把对学生精彩表现的回顾与思考作为反思的最主要内容，半数以上的教师把课中遗留问题的进一步分析作为反思的最主要内容。从对学业成绩的影响来看，把对学生精彩表现的回顾与思考、课中遗留问题的进一步分析作为反思的最主要内容的教师，所教学生的学业成绩相应较高。

表 2-479　关于除学生使用版本的数学教材外教师最方便在哪里找到其他版本的
数学教材的调查结果(2011 年度)

选　项	百分比/%			学业成绩/分		
	2008	2011	2013	2008	2011	2013
家里		10.0			92.1	
办公室		22.0			92.0	
学校图书馆		36.3			92.4	
不方便找到		31.8			91.6	

表 2-480　关于除学生使用版本的数学教材外教师最方便在哪里找到其他版本的
数学教材的调查结果(2013 年度)

选　项	百分比/%			学业成绩/分		
	2008	2011	2013	2008	2011	2013
家里			1.6			596
办公室			11.6			588
学校图书馆			18.8			593
不方便找到			6.7			596
网络			61.4			592

表 2-481　关于教师课后教学反思的最主要内容的调查结果

选　项	百分比/%			学业成绩/分		
	2008	2011	2013	2008	2011	2013
教学目标是否全面达成		17.4	17.4		91.9	585
课堂中教师的评价语言是否及时、到位		2.2	2.5		88.9	563
对学生精彩表现的回顾与思考		22.2	15.6		93.2	600

选　项	百分比/%			学业成绩/分		
	2008	2011	2013	2008	2011	2013
对课中遗留问题 的进一步分析		58.2	64.5		91.8	592

（七）教学行为

教学行为包括为学生创设提出数学问题机会的频率、让学生说明概念的方法、归纳数学结论的方式、开展数学复习课的方式。数据表明，2011、2013 年，每节课都为学生创设"提出数学问题"的机会的教师由 18.1% 上升至 25.5%，经常创设的教师由 65.0% 上升至 66.6%。在归纳数学结论时，绝大多数的教师会让学生自主归纳总结，大多数教师会在数学复习课上进行归纳整理。2011 年，52.9% 的教师所教的大多数学生在解决实际问题后，通常会看看结果是否符合实际，2013 年这一比例上升至 72.0%。半数以上的教师偶尔给学生布置挑战性强的作业，部分教师经常给学生布置挑战性强的作业。从对学生学业成绩的影响来看，每节课都为学生创设"提出数学问题"的机会、让学生自主归纳总结结论、在复习课上让学生进行归纳整理的教师，所教学生的学业成绩较高。在解决数学实际问题后，经常看看结果是否符合实际的学生，学业成绩较高。

表 2-482　关于教师在教学过程中为学生创设"提出数学问题"的机会的调查结果

选　项	百分比/%			学业成绩/分		
	2008	2011	2013	2008	2011	2013
每节课都创设		18.1	25.5		92.9	600
经常创设		65.0	66.6		91.7	592
偶尔创设		16.9	7.9		92.4	562

表 2-483　关于教师在让学生说明一些数学概念时常用的一种方法的调查结果

选　项	百分比/%			学业成绩/分		
	2008	2011	2013	2008	2011	2013
让学生把书上的 定义背一遍		1.5	0.4		89.1	606
让学生用自己理 解的话把概念 叙述一遍		46.3	37.4		92.3	587

选 项	百分比/%			学业成绩/分		
	2008	2011	2013	2008	2011	2013
让学生举例子来说明		51.7	61.0		91.9	594
其他		0.5	1.3		89.3	617

表 2-484　关于教师在归纳数学结论时最经常采用的一种做法的调查结果

选 项	百分比/%			学业成绩/分		
	2008	2011	2013	2008	2011	2013
由教师揭示出 正确的结论		0.7	1.8		93.2	573
让学生看课本上的结论		1.1	1.0		89.2	598
让学生自主归纳结论		98.2	97.1		92.1	592

表 2-485　关于教师在数学复习课上最经常采用的一种方式的调查结果

选 项	百分比/%			学业成绩/分		
	2008	2011	2013	2008	2011	2013
做卷子		3.3	1.2		91.2	556
讲解易错的问题		13.8	12.6		90.9	599
进行归纳整理		82.4	85.4		92.3	591
其他		0.5	0.8		88.7	600

表 2-486　关于教师所教测试班的大多数学生在解决数学实际问题后，最通常的一种做法的调查结果

选 项	百分比/%			学业成绩/分		
	2008	2011	2013	2008	2011	2013
看看结果是不 是符合实际		52.9	72.0		92.5	595
验算一下是否正确		30.2	27.5		91.7	584
做完就可以了		16.9	0.5		91.2	565

表 2-487　关于教师是否经常给学生布置一些挑战性强的课后作业的调查结果

选 项	百分比/%			学业成绩/分		
	2008	2011	2013	2008	2011	2013
几乎不		2.4	2.3		88.3	604

选 项	百分比/%			学业成绩/分		
	2008	2011	2013	2008	2011	2013
偶尔		67.7	69.4		91.8	588
经常		29.9	28.3		92.9	599

(八)教师专业水平及发展途径

教师专业发展及发展途径包括教师阅读书或者杂志的数量和时间。数据表明，2011、2013 年，教师对教育类图书或杂志的阅读量增加，每年都够阅读 1～5 本与教育有关的书或杂志的教师，由 57.1% 下降到 16.2%；每年阅读 51 本及以上的教师，由 0.4% 升高到 25.0%。40% 以上的教师阅读数学教育书刊的时间最多，27% 左右的教师阅读文学类书刊的时间最多。从对学生学业成绩的影响来看，2011 年，每年阅读 51 本及以上与教育有关的书或者杂志，以及阅读财经类书刊时间最多的教师，所教学生的成绩较高。2013 年，每年阅读 11～20 本与教育有关的书的教师，所教学生的学业成绩高于每年阅读 1～10 本的教师所教学生。

表 2-488　关于教师每年阅读书或杂志数量的调查结果(2011 年)

选 项	百分比/%			学业成绩/分		
	2008	2011	2013	2008	2011	2013
0 本		0.7			94.2	
1～5 本		37.0			91.7	
6～10 本		26.8			92.5	
11～20 本		20.8			92.3	
21～50 本		11.8			91.4	
51 本及以上		2.9			92.3	

表 2-489　关于教师每年读书数量的调查结果(2013 年)

选 项	百分比/%			学业成绩/分		
	2008	2011	2013	2008	2011	2013
0 本			0.7			599
1 本			6.9			593
2 本			18.6			585
3 本			19.9			595

选 项	百分比/%			学业成绩/分		
	2008	2011	2013	2008	2011	2013
4 本			10.8			590
5 本及以上			43.1			593

表 2-490　关于教师每年阅读与教育有关的书或杂志数量的调查结果(2011 年)

选 项	百分比/%			学业成绩/分		
	2008	2011	2013	2008	2011	2013
0 本		0.9			88.2	
1~5 本		57.1			92.0	
6~10 本		25.5			92.5	
11~20 本		13.2			91.4	
21~50 本		2.9			92.8	
51 本及以上		0.4			98.0	

表 2-491　关于教师每年阅读与教育有关的书的数量的调查结果(2013 年)

选 项	百分比/%			学业成绩/分		
	2008	2011	2013	2008	2011	2013
0 本			0.8			613
1~5 本			16.2			582
6~10 本			31.9			592
11~20 本			19.1			603
21~50 本			6.9			578
51 本及以上			25.0			592

表 2-492　关于教师阅读时间最多的书刊类型的调查结果

选 项	百分比/%			学业成绩/分		
	2008	2011	2013	2008	2011	2013
教育学、心理学		12.0	13.8		92.0	585
数学教育		45.1	42.7		92.2	590
学生爱读的书		5.3	4.3		93.7	586
文学类书刊		26.4	27.1		91.6	594

选　项	百分比/%			学业成绩/分		
	2008	2011	2013	2008	2011	2013
时事类		7.4	7.2		91.0	598
财经类		0.4	0.6		96.5	582
其他		3.4	4.3		92.3	609

（九）研修方式

研修方式包括教师参加校本研修的频率和最有效的专业研修方式。数据表明，2011、2013 年，每周参加一次校本研修的教师由 44.4% 上升至 54.1%，每两周参加一次校本研修教师由 38.9% 下降到 31.9%。25% 左右的教师认为听专家评课、与专家互动研讨是最有效的研修方式；10% 左右的教师认为听课、上研究课、与同伴互动研讨、专题研究是最有效的研修方式。从对学生学业成绩的影响来看，每天参加一次校本研修的教师，所教学生的学业成绩更高；认为专题研究是最有效的研修方式的教师，所教的学生学业成绩更好。

表 2-493　关于教师在学校里参加校本研修的频率的调查结果

选　项	百分比/%			学业成绩/分		
	2008	2011	2013	2008	2011	2013
每天一次		1.8	2.0		93.4	629
每周一次		44.4	54.1		92.7	605
每两周一次		38.9	31.9		91.5	576
每月一次		11.6	8.4		91.3	570
每学期一次		2.7	3.0		90.7	573
从来不开展		0.5	0.6		91.9	539

表 2-494　关于教师认为在市、区级教研活动中最有效的专业研修方式的调查结果

选　项	百分比/%			学业成绩/分		
	2008	2011	2013	2008	2011	2013
听课		13.6			91.7	
听专家评课		26.2			92.1	
上研究课		9.2			91.5	
与专家互动研讨		24.0			92.2	
与同伴互动研讨		13.0			91.0	
作专题发言		0.6			86.9	

选 项	百分比/%			学业成绩/分		
	2008	2011	2013	2008	2011	2013
听专家讲座		4.0			92.5	
专题研究		9.4			93.7	

第四部分　当前取得的成绩及对全面提高教学质量的建议

一、当前北京市义务教育教学阶段数学学科五年级学生学业取得的成绩

（一）从总体来看，北京市五年级学生较好地达到了课程标准的学业要求，学业成绩总体呈现提升态势

从 2006 年至 2013 年，五年级数学合格率和优秀率均整体呈现上升趋势。男、女生合格率差异整体变小，优秀率差异较稳定。从地域来看，2011 和 2013 年，县镇校学生和农村校学生的合格率差异明显减小。

（二）就数学学科各领域而言，数与代数、图形与几何、统计与概率、综合与实践分领域均整体呈现上升态势，尤其数与代数分领域的优秀率逐年升高

（三）学生有较大的自主学习空间

1. 学生善于独立思考

学生问卷调查结果显示，在学习过程中遇到难题时，2011 年和 2013 年均有略超过一半的学生会自己反复思考，有问题再问他人，这种做法的学生得分率也较高，其次是借助书籍或实物想办法，再次是请教老师。当数学题错了时，2011 年和 2013 年均有超过 80％的学生会自己寻找错误的原因，及时改错，这种做法的学生得分率比问别人然后改错的更高。

2. 教师关注对学生的引导

学生问卷调查结果显示，当学生向数学老师请教问题时，老师的做法 2011、2013 年与 2008 年相比发生很大变化，引导学生自己寻求答案的教师比例升高了不少。而采用这种做法的教师，所教学生得分率也更高。

3. 学生在小组合作交流中积极发言

学生能积极发言　认真听、积极发言的学生测试得分率更高。2011 年和 2013 年认真听、轮流说的学生均超过七成。认真听的学生比不认真听的在北京市总体中得分率更高。

学生对同学的回答能积极进行补充　对于经常对同学的回答进行补充的说法，

2011 年和 2013 年认为完全符合或基本符合自己的情况的学生均超过 60%。且符合程度越高，学生的得分率也越高。会积极补充的学生必定善于倾听。注意听并积极补充必定会加深到问题的认识。

（四）学生有良好的数学学习习惯

好的学习习惯会促进学生的数学学习。学生问卷调查结果显示，五年级学生有以下良好的数学学习习惯。

1. 通过估算来验算的习惯。学生在做完计算题后，会估一估看看结果是否合理的学生测试得分率较高。

2. 复习整理的习惯。进行复习的时候，2011 年和 2013 年均有 90% 以上的学生认为，自己会整理已经学过的知识点并建立知识点间的联系的做法完全符合或基本符合自己的情况。符合程度越高的学生群体得分率越高，解决问题部分得分率也越高。

3. 认真听讲并能经常对同学的回答进行补充。学生调查问卷结果显示，2011 年和 2013 年均有 50% 以上学生在数学课上注意力很集中，但仍有超过 40% 的学生有时不能集中注意力。注意力集中程度越高的学生数学测试得分率也越高。注意力集中也体现在课堂上，经常对同学的回答进行补充。2011 年和 2013 年均有 60% 以上的学生完全符合或基本符合这种情况。越是经常对同学的回答进行补充的学生，得分率也越高。

4. 寻求例证的习惯。2011 年和 2013 年均有 80% 以上的学生表示，在课堂上得出结论时，会主动寻找实例分析结论是否正确。

5. 解决问题后回头看的习惯。学生调查问卷结果显示，在解决数学实际问题后，主动看看结果是否符合实际的学生得分率更高。且保持此习惯的学生比例 2013 年度比 2011 年度有所增加。

（五）校本研修渐成常态

教师调查问卷结果显示，相比 2011 年，2013 年校本研修的频率明显增强，在学校里每周参加一次校本研修的教师有所增加。

二、对全面提高教学质量的建议

（一）对教育行政部门的建议

1. 优化资源配给，促进不同地域教学质量的均衡发展。在城市校、县镇校和农村校中，2011 年县镇校学生的优秀率和合格率均为最高，2013 年城市校学生最高，农村校学生最低。建议通过进一步调研提炼优秀经验，并通过提供优质教学资源的方式促进农村校的教学。如调研农村校特点后，根据学校具体情况提供优秀教学设计和优秀课例视频；可甄选关注学生数学活动经验的优质课例，以理论和做法相结合的方式促进教学的改善；等等。

2. 给教师配备不同版本的教材。教师备课材料相对不足，备课时梳理知识点与其他册教材的联系，并比较不同教材中相关内容的设计，会促进教师的备课质量。建议给教师配备教材，使教师能方便地查阅全套教材和其他版本教材。

3. 关注校本研修的作用。2011 年教师问卷调查结果显示，44.4％的教师在学校里每周参加一次校本研修，38.9％的教师每两周参加一次，11.6％的教师每月参加一次。2013 年，每周参加一次的达到 54.1％。建议更多的学校在关注校本研修机制，研修数量有所提升的同时，更加关注提高教师校本研修的质量。校本研修数量建议每周一次，在平日课后也可在年级内开展微型教研活动，对课堂情况进行及时反思。且要提高教师校本研修的主动性和活动形式及内容的专题性和灵活性，在专题研究的过程中把握课堂中的各种各样灵活多变的情况。

4. 关注教师所学专业与所教学科不一致现象，组织专业不对口教师的集中培训。教师问卷调查结果显示，2011 年有 14.9％的五年级数学教师所学专业与所教学科不一致，到 2013 年时此比例有所提高。建议组织专业不对口教师的集中培训，提升教师的学科专业能力。

5. 发挥不同群体教师作用，让不同优势教师取长补短。教师问卷调查结果显示，2011 年 72.4％的教师毕业时（第一次参加工作前）的学历为中等师范，10.9％为师范院校大专，9.1％为师范院校大本。到 2013 年教师学历水平有一定提升，第一次参加工作前为中等师范学历的降低到 65.2％，师范院校大本学历的教师比例增加 5％。建议对根据教师的不同情况，以不同的方式进行培训，弥补不同群体教师的不足，并尽量发挥他们的优势。如学历高的教师大多为年轻教师，缺乏实践经验，缺乏将专业知识对接到课堂教学的做法；中等师范院校教师教学经验丰富，部分老师缺少数学专业知识，建议根据教师需求对教师进行培训，且教师之间取长补短。

（二）对教研部门的建议

1. 建议区域教研和校本研修时根据测试结果甄选近期重点研究内容

从数学内容领域而言，数与代数、图形与几何、统计与概率、综合与实践四个分领域中，对数与代数的研究相对成熟，建议将其他三个领域作为近一两年的研究重点。从三个领域中选择哪个领域最先研究，还可根据各领域本区或本校得分率情况。

2. 建议县镇校和农村校给学生更大的思考问题空间，朝向核心素养，促进学生的自主发展

就不同地域而言，县镇校学生和城市校学生的优秀率差异在变大，农村校学生和城市校学生的合格率和优秀率的差异都在变大。建议县镇校和农村校提升学生学习的自主性，给学生更大的思考问题空间，促进学生的自主发展。

3. 对培养学生解决问题的能力进行专题研究

让学生经常从数学的角度思考和解决问题，给学生提出问题的机会，并关注学生所提问题的质量。关注审题环节，学生可借助画图的方式分析数量关系。关注学生对概念和数量关系的真正理解，让学生解决更具现实意义的实际问题，得到结果后反思并提炼解决问题的策略。例如针对学生是否经常从数学的角度思考和解决一些问题，2011 年的数据显示，经常是比有时是这样的学生数学测试得分率高出约3%，而 2013 年数据显示得分率高出约 8%。

4. 加强对课例的反思

2011 年的教师问卷调查结果显示，在市、区级教研活动中，教师认为最有效的专业研修方式是听专家评课、与专家互动研讨、听课、与其他教师互动研讨、专题研究、上研究课等。教师亲自做研究课的过程是教师对一个内容进行深度思考的过程。加深思考需要增加研讨时间，还需更多教师及专家集体研讨，及时反思，希望在反思之后再次实践，并建议将课例研修过程及反思记录下来。反思时增加对亮点、困难的分析，从特殊到一般，发现其中的道理所在，并将所得引申到其他课例之中。

(三)对教师的建议

1. 关注教学设计

在内容的选取上尽量选取真实情境中的问题，并关注问题要有适度的挑战性。在备课时站在更高角度进行思考，跳出具体内容，在纵向上对教学内容在其他册的相关内容进行梳理，在横向上多参考各版本教材。

2. 关注学生的学习动机

2011 年的学生问卷调查结果显示，问及学生好好学习最主要的目的时，46.0%的学生表示为了将来能实现自己的梦想，25.2%学生表示为了考上理想的中学。表示为了实现自己梦想的学生群体学业成绩高于表示为了考上理想的中学的学生。

按照测试得分率从高到低排序，分别为了成为同龄人中的佼佼者、为了成为博学多才的人、为了将来能实现自己的梦想、为了考上理想的中学、为了让父母满意、为了得到老师的欣赏。学习目标越远大时，学生的得分率越高。思考如何降低学生的升学压力，关注学生更为主动的学习动机。

3. 关注学生合作前的独立思考

学生如果具有一定的合作学习技能，就能够较好地讨论问题。但合作学习应保持在独立思考的基础之上。2011 年和 2013 年的学生调查问卷结果显示，在学习过程中遇到难题时，超过一半的学生表示会自己反复思考，有问题再问他人；10%以上的学生会借助书籍或实物想办法，有问题再问他人；各有 10%左右的学生选择和同学讨论、和家长讨论、请教老师；2%左右的学生将难题放在一边等着老师讲。

相应地，采取这几种做法的学生测试得分率的顺序为由高到低。

数学题做错了，80％以上的学生会自己寻找错误的原因后及时改错，10％以上的学生会问别人后改错，4％左右的学生放在一边等老师讲。独立及时改错的学生测试得分率更高。关注合作之时，不能忽视学生的独立性，让学生独立思考解决问题。

4. 继续关注学生良好数学学习习惯的培养

教师是学生成长的引路人，不仅要传授知识，形成技能，还应培养学生形成良好的数学学习习惯，从而有效地促进学生的可持续发展。例如，培养学生认真听讲并能经常对同学的回答进行补充的习惯、通过估算来验算的习惯、复习整理的习惯、寻求例证的习惯、解决问题后回头看的习惯、反思习惯等。2011 年和 2013 年的教师问卷调查结果显示，2011 年有 27.7％的教师认为学生数学学习的最大困难是数学学习的习惯没有养成，2013 年有 47.6％的教师认为如此。这两年的学生问卷调查数据和测试结果显示，认为数学复习课给自己留下印象最深的是进行归纳整理和教师讲解易错问题的学生，得分率更高。

5. 给学生更充分的自主学习机会

自主探索、合作交流的教学方式更有利于学生的数学学习。所以，教师应在教学中给学生创设更多的自主学习的机会，让学生经历数学学习的过程，关注学生在自主学习过程中积累数学活动经验，提升数学素养。2011 年和 2013 年的学生问卷调查和测试结果显示，经常组织学生在课堂上开展小组合作学习的教师，所教学生数学测试得分率更高。

6. 从读书中提高

教师的读书情况会影响学生的得分率。基本上教师每年读与教育有关的书或杂志的数量越多，所教学生数学测试得分率越高。且教师读一些非教育类书籍，会增加其知识面的广度。

第三章

义务教育教学质量监测专题研究

第一节　学科评价方案分析

一、研究背景分析

研制学科评价方案是开展学业测试的基础研究工作，也是近年教育评价关注的热点研究问题之一。

学业质量评价体系的开发和实施在国外已经有了半个多世纪的发展历程。国际大规模学业测试项目，无论是聚焦学生素养，适应未来社会发展的国际学生评价项目，还是基于课程，聚焦学科能力发展的国际数学与科学趋势研究项目（TIMSS）、美国国家教育进展评估项目，均研制了基于学科课程标准的周密的、可操作的评价方案，这些评价方案均包括测试目的、测试能力（或素养的内涵描述）、评价框架的建构、测试样题示例等方面内容，为实施学业测试奠定了基础。

西方发达国家不仅关注评价方案的开发研制，而且关注评价方案的评价研究。例如，美国政府于 1994 年 3 月 31 日颁布了《美国 2000 年教育目标法》，着手组建国家教育标准和提高委员会。该机构的重要举措就是和非政府机构的研究部门合作，开发课程标准的评价标准。自《美国 2000 年教育目标法》颁布之后，美国许多机构投入评价各州标准的运动。其中美国教师联合会、太平洋研究所等在美国标准化运动中较早地制定了评价标准，广泛开展了评价各州课程标准的工作，产生了很大的影响。从内容标准的选择（学术性、基础性）、内容标准的组织（递进性、平衡性）、内容标准的呈现（清晰性、具体可测）三个方面进行课程标准的评估。美国教师联合会指出，课程标准的评价标准有 9 项指标：1. 标准必须聚焦学术；2. 标准要从小学、初中、高中逐年级呈现；3. 标准必须清楚、具体地指向核心课程；4. 标准必须包括指向英语、数学、科学和社会实践的特定内容；5. 标准必须包括内容与技能；6. 标准必须可控制，有时间限制；7. 标准必须能指示材料如何教；8. 标准必须严谨并达到国际水准；9. 标准必须让所有相关人员看得明白。

近年来，我国基础教育教学质量的评价工作也成为一项广受关注的热点工作。《国家中长期教育改革和发展规划纲要（2010—2020 年）》把提高质量作为今后我国教育改革和发展的核心任务，把"制定教育质量国家标准，建立教育质量保障体系"作为提高教育质量的重要手段和基本要求。在基础教育领域，基于课程标准来对学生学业成就进行评价，是当前国际上提升基础教育质量的通常做法。为此，研制义务教育学业水平评价方案已经成为近年教育评价的热点。但是我国评价方案研究仍然处于发展阶段，大部分省市开展的学业测试直接依据学科课程标准对学科内容与能力进行测试与评价，缺乏基于学科课程标准研发评价方案的探索与研究。北京市自 2003 年启动了义务教育阶段教学质量分析与评价反馈系统项目的研究探索，截至 2014 年已经有义务教育阶段语文、数学、英语、体育、音乐、美术、信息技术、科学、品德与社会、思想政治、历史、地理、生物、物理等学科开展了五、八年级评价方案以及评价测试研究，化学学科则开展了九年级评价方案及评价测试研究。北京市在多轮的学科评价方案及评价测试研究中，依据国际学业测试发展的最新文献研究，对评价方案进行了不断修订与完善。

二、研究目的与意义

本研究尝试从评价方案特征及标准的视角梳理、比较 2003—2014 年北京市义务教育阶段教学质量分析与评价反馈系统学科评价方案的发展轨迹，分析义务教育阶段学科评价方案的历史特征及发展趋势。一方面为北京市今后继续开展学业评价奠定良好的研究基础，另一方面为国内相关评价机构研制学科评价方案，开展学业评价提供学术参考与实践借鉴。

三、研究方法

采用定性研究与定量研究两种研究方法，梳理 2003—2014 年义务教育阶段典型学科教学质量评价方案发展轨迹与发展脉络，即采用文献研究方法、内容分析法，分析学科评价方案的历史特征与发展趋势。

四、研究内容

梳理、分析北京市 2003—2014 年义务教育阶段典型学科教学质量评价方案的发展轨迹，即从核心概念的发展、评价框架的建构、内容标准的研制、学业成就水平的描述、题型示例的设计等构成评价方案的关键核心内容展开。

（一）评价方案的特征分析

对 2003—2014 年评价方案的关键核心内容进行分析，找出其中相同的因素，得出评价方案的历史特征。

（二）评价方案的趋势分析

对 2003—2014 年评价方案关键核心内容进行比较，描绘评价方案的发展过程，得出评价方案的发展趋势。具体见图 3-1。

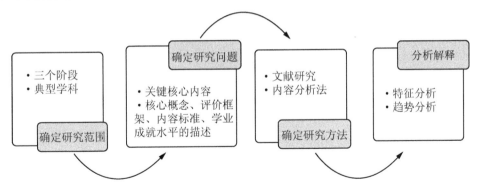

图 3-1　2003—2014 年学科评价方案的研究设计演示图

五、研究结果与分析

（一）学科评价方案的特征分析

1. 基于学科课程标准，聚焦北京市课堂教学实际

北京市学科教学质量评价方案的一个根本依据是义务教育阶段学科课程标准。课程标准是评价方案研制的纲领性文件，课程标准主要规定了课程的性质、目标、内容要求，解决"为什么教、教什么"的问题，而评价方案是依据学科课程标准，描述学生应该知道什么，能够做到什么，即学得怎么样，达到什么水平等级的问题。也就是说评价方案将关注的重点从"教师的教"转向了"学生的学"，是对学科课程标准的必要补充和细致规定。具体来说，评价方案中的内容标准要依据学科课程标准的学段目标与内容，但又不同于课程标准中的学段目标与内容。具体表现在：评价方案中的内容标准是对概括化的课程标准学段目标与内容的具体化、可测量化。以小学语文学科为例，表 3-1 呈现了语文课程标准（2011 年版）与语文评价手册（2012年）的对比，可见，语文课程标准的 4 条学段目标与内容被细化为评价方案的 8 条内容标准。为此，学科评价方案既不能脱离学科课程标准，也不是学科课程标准的简单重复，而是在深入学习、领会学科课程标准基础上对学科课程标准中内容标准的细化与丰富，目的是建立起学科课程标准与教师课堂教学的桥梁，有利于教师在课堂教学中更为准确地把握学科课程标准的精神与内容，确定教学目标，使用教材。

北京市学科教学质量评价方案的另一个根本依据是北京市中小学课堂教学实际。北京市课堂教学实际是研制北京市学科教学质量评价方案的出发点，因此北京市学科教学质量评价方案一定要符合北京市课堂教学实际。如图 3-2 所示。

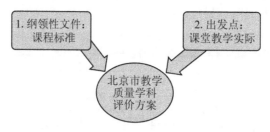

图 3-2　北京市义务教育阶段教学质量评价方案的依据

表 3-1　语文课程标准(2011 年版)与语文评价手册(2012 年)对比

领域	2011 年版课程标准的学段目标与内容 (第三学段, 5～6 年级)	2012 年评价方案的合格水平内容标准 (5 年级)	
识字与写字	1. 有较强的独立识字能力；累计认识常用汉字 3000 个左右，其中 2500 个左右会写 2. 硬笔书写楷书，行款整齐，力求美观，有一定的速度 3. 能用毛笔书写楷书，在书写中体会汉字的优美 4. 写字姿态正确，有良好的书写习惯	1.1 读准字音	1.1.1 能借助拼音，读准大部分常用汉字的读音 1.1.2 能读准多数常用汉字
		1.2 认清字形	1.2.1 能辨识汉字的基本结构，正确书写常用汉字 1.2.2 能辨识汉字的基本结构，区分简单的常用字
		1.3 理解字义	1.3.1 能借助字典理解常用汉字的基本意思 1.3.2 能在简单语境中选择常用汉字
		1.4 规范书写	1.4.1 能正确书写汉字
		1.5 独立识字	1.5.1 掌握常用部首，能用部首、音序法查字典、词典

2. 不断学习、研究与借鉴国外评价项目及理论

2003 年北京市首次开展了义务教育阶段教学质量分析与反馈项目，在当时国内属于首创性研究，国内几乎没有可借鉴的研究，项目在研制学科评价方案时将视野转向了国际，借鉴了 PISA 的研究设计和测评框架，建立了学科内容、学科能力与学科素养三维结构的学科评价框架体系。图 3-3 呈现了 2003 年数学学科评价框架。关注通过学科内容的学习来实现学科能力与学科素养的达成。

自 2008 年起，北京市评价方案开展借鉴基于课程、聚焦学科能力发展的国际测试项目的研究框架，如 TIMSS、NAEP 的评价框架结构，对评价框架进行了进一步的修订完善，建构了内容领域与能力领域的评价框架。且对评价框架中的能力领域进行了认知分层，分为了解、理解和应用三个水平的认知层次，参照布卢姆教学目标分类理论，对每个认知层次进行了行为动词分类梳理。图 3-4 呈现了 2013 年历史学科能力领域的认知层次。此外，在学业成就水平的呈现方面，借鉴了 NAEP 中学科学业成就水平描述的内容，从学业成就水平概况与领域对学业成就水平展开描述。

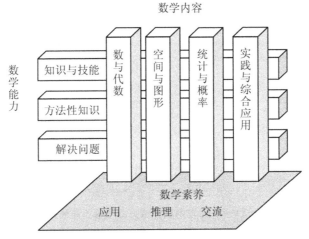

图 3-3　2003 年数学学科评价方案中数学框架图

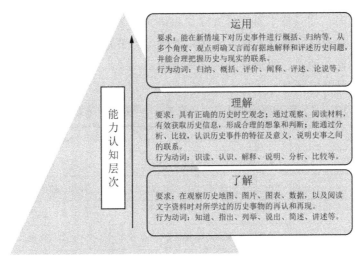

图 3-4　学业水平评价方案能力领域认知层级图

（以 2013 年历史学科评价方案为例）

自 2012 年起，部分学科评价方案关注情感态度价值观的评价达成。以品德与社会学科为例，学习借鉴国外科尔伯格道德发展理论，尝试对情感态度价值观的细化分层与描述。

2003—2014 年学科评价方案借鉴的项目与理论见图 3-5。

3．聚焦核心课程系列化呈现

北京市义务教育阶段教学质量分析与评价反馈系统项目经过 2003 年至 2014 年的发展，形成了义务教育阶段 15 个学科学业水平评价方案。评价方案以五、八年级为主，部分学科部分年度涉及三年级语文、数学、美术，九年级化学。其中有多

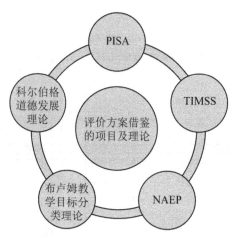

图 3-5　北京市 **2003—2014** 年学科评价方案借鉴的国外评价项目与理论

个学科的评价方案，如五、八年级语文、数学、英语、音乐、体育，八年级历史、地理等学科，经过了几轮修订，得到不断改进，趋于完善，呈现出系列化特征（详见表 3-2）。同时，北京市学科评价方案聚焦语文、数学、英语、科学、音乐、美术等核心课程，其中语文学科开展了 8 次，数学学科开展了 7 次，英语学科开展了 5 次，音乐、体育、地理、历史、科学学科开展了 3 次，生物学科开展了 2 次学科评价方案及评价测试的研究。

表 3-2　北京市 **2003—2014** 年义务教育阶段学科评价方案的学科分布表

时间	年级	小学学科	中学学科
2003	五、八	语文、数学、品德与社会、体育	语文、数学、历史、体育
2004	五、八	语文、数学、思想品德/品德与社会、科学	语文、数学、思想政治、生物
2005	五、八	语文、数学、英语、音乐	语文、数学、英语、音乐
2006	三、五、八	语文、数学、美术、品德与社会（五年级）	语文、数学、美术、地理
2007	五、八	英语、科学、品德与社会、体育	英语、生物、思想品德、体育
2008	五、八	语文、数学、音乐	语文、数学、音乐
2009	三、五、八	数学（三年级）、英语、信息技术	英语、历史、信息技术
2010	五、八、九	语文、科学	语文、化学（九年级）、地理、生物
2011	五、八	数学、英语、体育	数学、英语、体育
2012	五、八、九	语文、音乐	语文、音乐、物理（九年级）
2013	五、八	数学、英语	数学、英语、历史
2014	五、八	语文、品德与社会	语文、地理

4. 关注核心概念界定与方案结构化呈现

2003—2014 年评价方案对方案中涉及的关键核心概念,如学业水平测试、内容标准、学业成就水平等逐一进行了界定。

学业水平测试主要是依据学科课程标准与北京市教育教学的实际情况,采用以笔纸测验为主要形式的多种测试方式,对特定年级(五、八年级)的学生进行测试,并在此基础上做出关于北京市五、八年级学生群体学业成就水平是否达到课程标准的判断。

内容标准是指测试所要求学生在测试框架方面应达到的目标。

学业成就水平是指逐一描述学生不同学业水平的内涵,使学生知道学科知识与能力掌握到什么程度是合格水平,什么程度是良好水平,什么程度是优秀水平。

2003—2014 年评价框架的学科方案呈现出结构化特征,由以下七个部分构成(图 3-6):学科评价框架、内容标准、评价方式与题型、评价领域分数构成、学业成就水平描述、题目示例、测试题呈现。其中学科评价框架、内容标准、学业成就水平描述为核心部分。

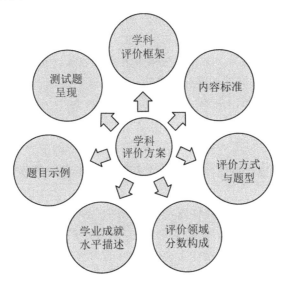

图 3-6　北京市 **2003—2014** 年义务教育教学质量学业水平评价方案的构成

5. 分阶段聚焦评价方案关键问题解决

北京市义务教育阶段学科评价方案在 2003—2014 年的发展历史中,对于重点关注的问题可分为三个发展阶段。

第一阶段为 2003—2007 年,学科评价方案聚焦学科知识、能力与素养的全面提升。

第二阶段为 2008—2011 年,学科评价方案聚焦学科内容与能力的发展,引入布卢姆的目标行为动词,将学科能力培养渗透到学科内容之中。

第三阶段为 2012—2014 年，学科评价方案聚焦学科内容、能力与情感态度价值观的全面提升，特别是探索了情感态度价值观的细化与落实，且对内容标准进行深入的水平分层，由原来单一的合格水平扩展为合格、良好及优秀三个等级水平。

在学科评价方案的发展过程中，每个阶段都聚焦关键问题。随着三个阶段的不断发展与推进，北京市义务教育阶段学科评价方案也逐步体现出对学科课程标准的细化和具体实施、对学科能力的培养、对情感态度价值观的关注。详见图 3-7。

图 3-7 2003—2014 年学科评价方案的三个发展阶段

6. 聚焦学科能力的认知与水平分层

聚焦学科能力是国外基于课程标准学科评价方案的主要特点之一。北京市学科评价方案自 2003 年研制以来，学科评价方案从聚焦学科素养发展转变为聚焦学科能力，突出表现在评价方案核心内容的变化上，即学科评价框架、内容标准、学业成就水平描述等方面的变化。以五、八年级语文、数学、英语的评价方案为例，表 3-3 呈现了不同阶段评价方案的变化趋势。

在学科评价框架方面，从第一阶段的聚焦学科知识、能力和素养，发展为第二、第三阶段的聚焦学科知识与能力，且从第二个阶段，通过能力领域体现认知层次的分层进一步聚焦学科能力的实现，大部分学科建构的能力领域是参考布卢姆的教学目标分类理论的认知层次分类，将能力领域的认知层次分为三个水平：了解、理解和应用。

在内容标准方面，尝试同时体现评价框架的内容与能力要求。即以学科内容为线索，在内容标准呈现方面采用"行为动词＋具体内容"的形式，通过运用认知层次的一系列行为动词体现内容标准中涵盖的学科能力要求。且自 2012 年起，中小学语文学科的内容标准尝试按照合格、良好、优秀三级水平呈现。

在学业成就水平描述方面，第一阶段多采用程度副词来描述学业成就水平，实践中发现采用程度副词描述学业成就水平，教师对学业成就水平的真正内涵不易理解与把握。为此，从第二阶段开始，决定采用国际通用的做法，即布卢姆教学目标分类理论的认知行为描述方式：以"行为动词"加"具体内容"的表述方式描述学科学业成就水平，突出学科能力的达成水平描述。要求运用行为动词，反映合格、良好与优秀水平学生在掌握的学科知识和学科能力的复杂程度上的区别。这样的呈现方式使学业成就水平描述更清晰、具体、可操作。表 3-4 以五年级语文学科为例对比与呈现了合格学业成就水平在三个发展阶段文字描述的发展变化与不断细化的过程，即从 2003 年的 221 个字到 2008 年的 167 个字再到 2012 年的 621 个字。

表 3-3 2003—2014 年北京市不同阶段学科评价方案的结构比较

分析层面		阶段								
		2003—2007 年			2008—2011 年			2012—2014 年		
		语文	数学	英语	语文	数学	英语	语文	数学	英语
评价框架	内容领域	●	●	●	●	●	●	●	●	●
	能力领域	●	●	●		●	●		●	●
	素养领域	●	●	●						
内容标准	能力领域系列化行为动词				●	●	●	●	●	●
	体现能力领域行为动词				●	●	●	●	●	●
学业成就水平描述	体现能力领域行为动词				●	●	●	●	●	●
	概括描述不同内容领域	●	●	●	●	●	●	●	●	●
	深入内容领域的具体内容层面				●	●	●	●	●	●

表 3-4 北京市五年级语文评价方案学业成就水平文字描述的发展变化(以合格水平为例)

第一阶段 以 2003 年为例	第二阶段 以 2008 年为例	第三阶段 以 2012 年为例
处于合格水平的五年级学生能够在识记、理解和运用三个层面基本达到本年级四个内容领域中的要求。 处于合格水平的五年级学生能够识记、书写规定的绝大部分常用汉字;能够了解文章的基本内容,理解主要词句的意思,体会文章的思想感情;能够写简单的记实作文、想象作文和常见应用文,并基本达到	学生能够在识字与写字、阅读、习作和口语交际四个层面基本达到本年级内容标准中的要求。 学生能够识记、书写规定的常用汉字;能够在文本中提取明显的信息,了解文章的内容和表达的思想感情,对关键词句的意思作出简单解释;习作能围绕一个意思选择语言材料,叙述有顺序,做到有内容、有感情,语句通顺。	处于合格水平的五年级学生能够在识字与写字、阅读、习作和口语交际四个层面基本达到本年级内容标准中的要求。 处于合格水平的五年级学生能够正确拼读音节,读准大部分学过生字的字音;能辨识汉字的基本结构,能结合字义识记字形,注意区分形近字、音同/近字或音同形近字的字形;掌握常用部首,能用部首、音序法查字典、词典;能够借助字典、词典知道一些常见字的意思;能在简单语境中选择常用汉字;能够使用硬笔正确书写。 阅读一篇文章能够初步把握主要内容、揣摩文章的表达顺序、大体了解作者表达的思想感情;能了解说明文章的部分要点,能大体把握诗意,了解诗歌表达的情感。能根据需要从文本中找出位置明显的、单个的信息。能够知道文本中关键词语、重点句子和段落的表面意思,能够依据文本意思,对文章的内容和情感(包括人物形象、场景、情节、事件等)、语言表达的形式和表达方法作出简单的解

续表

第一阶段 以 2003 年为例	第二阶段 以 2008 年为例	第三阶段 以 2012 年为例
要求；能够初步掌握词句修改方法，尝试修改自己的作文；能耐心倾听他人讲话并做简要转述。 此水平的学生具有本年级要求的、初步的综合运用语文的能力，体现出基本的语文素质和语文修养	尝试修改自己的作文；能耐心倾听他人讲话，能做简要转述	释，并能联系文本和生活体验产生自己的看法；能借助作品中的内容、语言，丰富自己的语言表达，能利用文本提供的单一信息，解决学习和生活中的简单问题；能积累学过的常用词语(成语)、名言警句等语言材料；能默写学过的优秀诗文。 习作能围绕一个意思选择材料。叙述有顺序，做到有内容、有感情；语句基本通顺，能运用日常积累的词句；行款正确，汉字书写基本正确，能够正确使用标点符号。 能耐心有礼貌地听他人讲话、与他人交流；能基本清楚地表达自己的观点；能在准备的基础上，简单表达自己对人、事、物的想法和认识；敢于发表自己的意见

7. 内容标准清晰具体，学业成就水平描述体现递进性

经过 2003 年至 2014 年三个阶段的发展，北京市学科评价方案发展呈现出清楚明晰、具体可测的典型特征，表现在以下方面。

内容标准的呈现越来越清晰、具体。具体体现为内容标准条目与水平等级方面的变化，即五、八年级语文、数学、英语随着阶段的推进，内容标准越来越细化，详见表3-5、表3-6、表3-7。以语文为例，2003 年五、八年级内容标准条目为 54 条，2008 年五、八年级内容标准条目为 73 条，2012 年五年级内容标准条目为 105 条，八年级内容标准条目为 125 条。第一阶段(2003—2007 年)和第二阶段(2008—2011 年)五、八年级内容标准的水平均只有一个水平等级——合格水平，而 2012 年五、八年级内容标准的水平分解为三个水平等级——合格、良好、优秀水平。内容标准的组织体现出同一年级合格、良好、优秀水平之间内容的递进。我们以 2010 年九年级化学学科评价方案为例，其学业成就水平可以反映这一递进性，详见表3-8。

表3-5　2003、2008、2012 年度北京市五、八年级语文内容标准条目数量的变化表

单位：条

内容领域	2003	2008	2012	
	五、八年级	五、八年级	五年级	八年级
识字与写字	9	12	21	29
阅读	22	31	45	51
写作	15	21	27	30
口语交际	8	9	12	15
总计	54	73	105	125

表 3-6　2003、2008、2012 年北京市五、八年级数学内容标准条目数量的变化表

单位：条

内容领域	2003		2008		2012	
	五年级	八年级	五年级	八年级	五年级	八年级
数与代数	14	21	15	39	30	45
空间与图形	12	29	18	54	22	54
统计与概率	2	0	8	9	7	7
实践与综合应用	3	4	4	4	2	2
总计	31	54	45	106	61	108

表 3-7　2005、2009、2013 年北京市五、八年级英语内容标准条目数量的变化表

单位：条

内容领域		2005		2009		2013	
		五年级	八年级	五年级	八年级	五年级	八年级
语言知识	语音	7	8	2	4		
	词汇	2	3	2	3		
	语法	22	27	19	26		
语言技能	听	3	3	4	3	6	6
	说	4	3	4	6	8	9
	读	2	3	4	4	6	8
	写	2	3	3	3	6	6
	综合	3		2	3	2	4
总计		45	50	40	52	26	33

表 3-8　2010 年北京市九年级化学学科学业成就水平描述

项目	化学学业成就水平(九年级)
优秀水平	在深入理解化学基本概念的基础上，形成初步的微粒观、元素观、化学反应与能量观、分类观等化学基本观念，并能有意识地进行应用。比较系统地了解身边一些常见物质的组成、性质及其在社会生产和生活中的应用，初步了解物质的组成、性质与用途之间的关系，并能用于解释一些实际问题。能应用基本化学实验技能和科学探究的一般方法，完成与实际相联系的探究任务。了解化学与社会和技术的相互联系，并能以此初步解决相关的实际问题
良好水平	理解一些基本的化学概念，了解物质是由微粒构成的，理解化学变化的基本特征，能比较准确地用化学语言予以描述。了解身边一些常见物质的组成、性质及其在社会生产和生活中的应用，初步了解物质的性质与用途之间的关系。学会基本的化学实验技能，初步了解科学探究的一般过程，能基本完成简单的科学探究任务。了解化学与社会和技术的相互联系，并能以此解释相关现象

项目	化学学业成就水平(九年级)
合格水平	了解一些基本的化学概念，知道物质是由微粒构成的，了解化学变化的基本特征，并能用化学语言予以描述。知道身边一些常见物质的组成、性质及其在社会生产和生活中的应用。初步学会基本的化学实验技能，知道科学探究的一般过程，能设计和完成一些简单的化学实验。了解与化学密切联系的能源、材料、健康和环境等相关知识

　　学业成就水平描述体现出具体可测的清晰性，从概括与分领域描述到呈现合格、良好、优秀学业成就水平，随着阶段性发展，越来越细化(具体可参见表 3-8)，注重体现同一学科不同年级之间学业成就水平的递进。以 2011 年数学学科学业成就水平为例，比较可以发现五、八年级在空间与图形方面描述的递进。具体参见表 3-9、表 3-10。

表 3-9　2003、2008、2013 年北京市五年级数学学业成就水平描述的字数变化

学业成就水平描述	2003	2008	2013
合格水平字数	201	419	498
良好水平字数	237	331	292
优秀水平字数	295	318	294
总计	733	1 068	1 084

表 3-10　北京市 2011 年五、八年级数学学科合格学业成就水平描述

项目	五 年 级	八 年 级
合格水平	了解几何体和平面图形的特征。理解面积、体积和容积的含义，认识面积、体积和容积单位，会进行单位换算。能正确进行面积、表面积和体积的计算。能辨认从不同方位看到的物体的形状。认识轴对称图形，能对图形的平移、旋转变换做出正确判断。能确定并表示物体的位置，会看简单的路线图	在空间与图形方面，会比较角的大小，会进行角度的计算。会用综合法证明的格式书写证明过程，能完成简单问题的计算、判断、证明。会判断简单图形、基本图形(等腰三角形、矩形、菱形、等腰梯形)之间的轴对称关系并指出对称轴。能在给定的直角坐标系中描述点的位置。能按要求完成基本图形的尺规作图

　　以上可见，评价示例更为丰富、具体，具有更好的指导性。由第一阶段只呈现测试题目示例，发展到第二阶段不仅呈现测试题目示例，还呈现题目的答案要点、对应的内容标准、要求层次、题目难度；第三阶段不仅呈现测试题目示例，还呈现题目的答案要点、题型、内容领域、内容标准、要求层次、题目难度。

(二)学科评价方案的趋势分析

1. 由单一到多元评价方式的渐变

2003 年至 2014 年的大部分学科评价方案均采用了笔纸测验为主要测试方式，但是在 15 个学科评价方案十几年的发展过程中，也结合学科特点尝试过采用多元化评价方式，如 2003 年和 2011 年五、八年级体育评价方案提出的运动实践测试；2005 年、2008 年、2012 年五年级和八年级音乐评价方案提出的演唱和演奏类型的实践测试；2006 年五、八年级美术评价方案提出的创作题的实践测试；2009 年五、八年级信息技术评价方案提出的上机操作测试；2010 年五年级科学评价方案提出的观察实验操作测试，八年级生物评价方案提出的动手操作测试，九年级化学评价方案提出的科学探究任务实验操作测试；2012 年八年级物理评价方案提出的科学探究任务的实验操作测试，2012 年五、八年级语文学科的探索口语交际测试；2013 年五、八年级英语学科评价方案的探索人机交互的口语测试；2014 年五年级品德与社会评价方案提出的现场情境测试，八年级地理学科提出的实践操作测试。可以看出，自 2003 年评价方案研制启动以来，多学科基于学科课程标准，拓展了考查学生实践能力的多元化评价方式，有效弥补了笔纸测验考查学生能力的局限性。详见图 3-8。

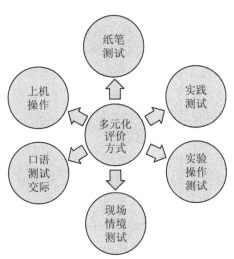

图 3-8　北京市学科评价方案多元化评价方式的设计

2. 关注学科情感态度价值观的实现

自 2012 年起，即评价方案发展的第三阶段，部分学科开始关注评价框架中情感态度价值观的实现。2014 年品德与社会学科评价框架就独立设计了学生学业标准情感态度价值观领域，细化了学生对自我、对他人、对社会的认识和理解，以及形成基本的道德观、价值观、初步的道德判断能力和良好的行为习惯，且对情感态度价值观领域进行了首次细化分层的尝试（见表 3-11）。尝试对情感态度价值观这一难点问题进行有效探索，以促进学生情感态度价值观课程目标在学校教育中的实现。

表3-11　2014年北京市品德与社会学科情感态度价值观领域层次划分及具体要求

学习水平	具体要求	行为动词
经历 （感受）	通过独立从事或者合作参与的相关活动，建立感性的认识；参与特定的教学活动，主动认识或验证对象的特征，获得一些经验	经历、体会、参加、参与、尝试、讨论、交流、合作、分享、体验等
反应 （认同）	在经历基础上表达感受、态度和价值观判断，作出相应的反应等	认同、接受、同意、反对、欣赏、称赞、喜欢、讨厌、感兴趣、关心、关注、支持、尊重、爱护、珍惜、怀疑、抵制、克服等
领悟 （内化）	具有相对稳定的态度，表现出持续的行为，具有个性化的价值观	遵守、形成、养成、热爱、树立、建立、坚持、保持、确立、追求等

3. 关注评价方案的研制专业性及更早向社会发布

根据国际惯例，评价框架都是由独立的专业评价机构组织研发的，其汇集了大量测量专家、学科专家、课程专家、一线教师的集体智慧；并提前几年就向社会发布示例，让参加测试的群体知晓评价的目标、标准、方法，广泛征求广大研究者的专业建议，为评估框架修订预留足够空间，同时期待社会公众的积极反馈，应对社会问责。如，NAEP 2009 科学评估框架于 2006 年年初颁布，TIMSS 2011 框架于 2009 年 9 月颁布。而北京市义务教育教学质量学科评价框架基本是按照市教委年度委托项目的流程，在项目正式启动的半年前开始研制，在距离测试的半年时间才正式公布。和国际大规模测试比较，还有很大的改进空间。

4. 关注评价方案对课堂教学的指导性

学业质量评价方案不仅是评价学生学业质量的根本依据，也是教师开展课堂教学的重要参考。重视评价方案中学科标准对课堂教学的指导性是国际学业标准的发展趋势。例如，德国在基础教育阶段研发了全国统一的核心学科教育标准，建构了跨学科的统一的评价框架，包括内容维度、能力维度以及认知水平维度，如数学学科评价框架的数学内容维度包括数字测量、空间与图形、函数关系、数据与概率，一般数学能力维度包括推理和论证、解决问题、建模、表征与应用、技能运用和正式程序、交流，认知水平维度包括再现、联系、概括与反思，从而建构起了标准—教学—监测的循环系统，形成基础教育的合力。为此，引导教师关注评价框架中能力认知维度的设计，引导教师以知识为载体，以能力认知水平为线索有序开展课堂教学，有利于教师超越学科知识教学的局限性，培养学生学科能力与素养。

六、展望

北京市义务教育阶段学业质量评价方案经过十几年三个阶段的发展，已经呈现出基于学科课程标准，聚焦学科能力发展特点，探索了以学科知识为载体，学科能力为线索的内容标准，以及可操作、具体化的学业成就水平描述和以笔纸测验为基础的多元化评价方式的系列化评价方案。且在评价框架、内容标准、学业成就水平描述、评价方式等核心部分呈现出与国际评价方案接轨的趋势。今后，仍然需要不断借鉴国际学业测试评价框架的最新研究进展，基于义务教育阶段学科课程标准的进一步修订，结合北京市义务教育阶段课堂教学的实际，将中国学生发展核心素养有机融合到学科评价方案中。同时不断改进与完善学科评价方案，更好地搭建学科课程标准与课堂教学桥梁，实现评价方案的全面指导，进而改进课堂教学，以切合21世纪对学业评价的新理念。

第二节　男生/女生差异

性别差异是社会学、心理学和经济学领域历久弥新的研究主题，所谓"像人类的历史一样悠久，又像早间新闻一样新奇"。研究者们归纳出男女生各自的优势领域，即男生在数学、视觉空间能力、投掷精度及机械推理等方面的能力高于女生，女生在语言流利程度、知觉速度、计算、精细运动技能、记忆物体定位等方面的能力高于男生。这个结论与长期以来的"性别刻板印象"的观点大体相同，即男生在数学、理工类学科具有相对优势，而女生则在语言方面更有优势。近年来，随着实证资料的愈加丰富，对于性别差异的探索更为深入。

一、研究背景

（一）数学学业成绩的性别差异

对于数学成绩的性别差异，国际上通常从成绩均值的差异和成绩分布的差异两方面进行深入分析。首先，从成绩均值的性别差异来看，大多研究结果认为，小学和初中男女生的数学成绩不存在显著差异，而高中的数学成绩是否存在性别差异虽备受争议，但可以确定差异也不大。Hyde、Fennema 和 Lamon 收集了 310 多万人参与测试的 100 项研究结果，使用元分析发现效应量 $d=-0.05$[①]，即中小学生女生表现略优于男生，具体来说：在"计算能力"部分，$d=-0.14$，在"数学概念的理

---

① d 值的绝对值表示性别差异程度大小，其小于 0.2 表示效应量很小，介于 0.2～0.5 表示中等效应量，大于 0.5 表示效应量很大。此外，$d \leqslant 0.10$ 表示几乎没有性别差异。d 为负表示女生表现优于男生，d 为正表示男生表现优于女生。

解"部分，$d=-0.03$，在"复杂问题解决"部分，$d=0.08$，这意味着小学和初中阶段女生的计算能力略优于男生，问题解决能力无性别差异，而在高中数学（$d=0.29$）和大学数学（$d=0.32$）上，男生的优势逐渐浮现。Hyde 等又分析了来自美国10 个州多所学校 700 万 2 至 11 年级学生的男女生成绩，发现各年级 d 值均很小（$d=-0.02\sim0.06$）。Else-Quest、Hyde 和 Linn 基于 2003 年的国际数学与科学趋势研究（TIMSS）和国际学生评估项目（PISA），使用了 493 495 名 14～16 岁学生成绩估计性别差异，效应值均较小（$d<0.15$）。Reilly、Neumann 和 Andrews（2015）基于美国国家教育进展评估项目 1990—2011 年数据估计数学成绩的性别差异，结果同样显示差异很小（四到八年级 $d=-0.02\sim0.10$，十二年级 $d=0.07\sim0.16$）。

数学成绩分布的性别差异大多通过对男女生各自成绩分布的变异分析比较来实现，大多研究结果支持男生成绩分布的变异更大。Hedges 和 Nowell（1995）对美国6 个有代表性的调查数据库分析发现，男生数学成绩方差与女生的方差比值（Variance Ratio，简称 VR）介于 1.05～1.25；Hyde 等（2008）也发现男女生数学成绩的 VR 值介于 1.1～1.2；Bessudnov 和 Makarov（2015）分析了俄国 2011 年毕业的高中生的数学成绩，结果发现男生的成绩有更大变异（$VR=1.12$），并且在高分段中男生人数多于女生。而来自其他国际大规模评估项目的研究结果也同样发现男生成绩具有更大的变异性。

多年来，研究者们还发现了与数学学业成绩性别差异有关的群体特征，例如学业成绩水平和社会经济地位等。第一，数学成绩性别差异会随着学生学业成绩水平的变化而表现不同。学业成绩位于前 5% 的学生中，男生人数是女生人数的 1.7 至2.3 倍。在学业成绩分布尾端的学生中，不存在性别差异或者女生表现优于男生。第二，数学成绩性别差异的表现与学生的社会经济地位也有关。McGraw 和Strutchens（2006）基于 NAEP 1990—2003 年数据分析数学成绩和社会经济地位（SES）之间的关系，结果发现高社会经济地位群体中，男生在数学上略有优势，这个优势虽然小但是一直存在。而在低社会经济地位群体中，这种优势并不存在。

（二）语言类科目学业成绩的性别差异

对于语言类科目学业成绩的性别差异研究，经常将其划为母语学习和第二语言学习分别进行探索，大都证明存在女生优势。在母语成绩方面，早在 1988 年的一项综合了 165 项研究的元分析表明，性别差异的平均效应值仅为 0.11，因此几乎无法确定男生和女生在语言能力方面存在不同。芬兰、爱尔兰、韩国、德国、美国等国 PISA2000、2009 年的阅读测验结果均存在显著的女生优势，且呈增加趋势。Scheiber 等人基于 6～21 岁学生考夫曼教育成就测验的写作成绩分析性别差异，结果发现在控制了父母受教育程度、性别等因素后，女生仍略占优势。1969 年、1980 年、1996 年和 2003 年英国小学毕业生在阅读方面表现出了显著的女生优势，且差异程度大于相同研究中男生数学成绩优势程度。除此之外，阅读成绩的女生优势程度在年度间有明显递增的趋势。这一情况也出现在初中毕业生群体中。

在第二外语成绩方面，波兰学者 Główka 对中学生研究发现女生的英语成绩显著高于男生。研究者对英国大学生西班牙语成绩进行分析发现，在控制第二语言学习的起始年龄、接受语言学习课程的数量、工作记忆等变量后，女生的第二语言阅读理解成绩显著高于男生，支持了女生更优的说法。

在语言成绩性别差异的群体特征方面，研究者们同样关注学生的学业成就水平和社会经济地位等因素。对于阅读成绩而言，在低学业成就水平的学生群体中，女生的优势表现更明显。一项针对澳大利亚学生的研究表明，中低社会经济地位家庭的女生在阅读上更有优势。Gaer 等人的研究表明，在师生关系良好、学生受到鼓励的班级中，男女生在语言方面几乎不存在差异。

(三)问题提出

近年来，国际上基于 PISA、NAEP 等大规模测评项目进行纵向挖掘的研究逐年增多，以期通过整合数据资源库和纵向追踪分析，站在历史实证的角度为未来的教育政策制定或者教育教学实践提供依据。在此背景下，国内对于学业成绩性别差异的实证研究也有增加。与国际研究相比，其在研究领域上，多集中于数学或语言或科学单一领域；在研究对象上，多聚集于某个年级或年龄阶段学生群体；在数据基础方面，极少有对本土大规模测验数据的性别差异分析，基于连续年度的数据则更为缺乏。此外，在研究方法方面，大多数研究采用假设检验等传统方法，而善于处理异质研究的结论、寻求综合结论的国际常用元分析方法还没有被采用。

本研究以北京市学业质量监测数据库为基础，采用元分析的方法，对于 2008—2014 年五、八年级学生进行数学、语文和英语学业成绩的性别差异及其具体表现进行分析。研究聚焦的问题为：三个科目学业成绩是否存在性别差异，差异是否会随年度而发生变化；男生学业成绩方差是否显著大于女生；不同学业成就水平、不同学校地域群体学业成绩是否存在性别差异，性别差异程度是否会在学业成就水平、学校地域间存在差异。

二、方法

(一)数据和被试

研究数据来源于 BAEQ 中的学业质量监测数据库，其以国家课程标准为依据，采用 PPS 抽样方法，对五年级、八年级学生学业质量进行大规模监测，并对抽样学生、学校和区域达到课程标准的程度进行学业成就水平判断与诊断反馈。具体来说，在测量标准划定的基础上，学业成就可划分为优秀、良好、合格、不合格四个水平。

研究被试共计 268 306 人。五年级共计 197 004 人，其中男生 103 264 人，占

52.4%，女生 93 740 人，占 47.6%。八年级共计 71 302 人，其中男生 36 927 人，占 51.8%，女生 34 375 人，占 48.2%。具体各科目抽取年度、男女生数量等如表 3-12 所示。

表 3-12　北京市 2008—2014 各监测年五年级、八年级参加数学、语文、英语测试的样本量信息

科目	监测年	年级	男生/人	女生/人	总人数/人	合计/人
数学	2008	5	9 975	9 436	45 057	89 003
	2011	5	3 161	2 962		
	2013	5	10 035	9 488		
	2008	8	18 346	16 314	43 946	
	2011	8	2 956	2 992		
	2013	8	1 721	1 617		
语文	2008	5	3 155	2 961	144 307	163 316
	2010	5	51 094	46 202		
	2012	5	19 637	17 211		
	2014	5	2 154	1 893		
	2008	8	2 944	3 007	19 009	
	2010	8	1 646	1 553		
	2012	8	3 053	2 971		
	2014	8	1 943	1 892		
英语	2009	5	1 724	1 494	7 640	15 987
	2011	5	1 599	1 444		
	2013	5	730	649		
	2009	8	1 641	1 587	8 347	
	2011	8	1 706	1 595		
	2013	8	971	847		

（二）元分析方法和步骤

元分析是对统计结果的再统计，是当前国际对性别差异进行研究的主流方法。元分析的优势在于可将不同研究的统计值转化为效应值，以便进行合并和比较分析，这意味着可以将不同年份、不同年级、不同科目、测试的性别差异程度进行统筹比较，综合分析性别差异在多种情况下的具体表现。

采用基于随机效应模型的综合元分析（CMA）方法，数据分析使用 Comprehensive Meta-Analysis（CMA）V3，与固定效应模型相比，使用随机效应模型来计算同质值时有相对更大误差，能更好估计出不同样本之间的变异。使用指标如下：

效应值　使用 Cohen's d 值测量成绩的性别差异，d 值为正表示男生占优势，负值代表女生占优势。

平均效应值的假设检验　在平均效应值的假设检验中，z 值和 p 值表示平均效应值是否等于 0。在异质性检验中，Q 表示加权平方和，即 $Q=(X-Y)^2/V$，X 为每项研究的效应值，Y 为平均效应值，V 为每项研究效应值的方差。Q 服从卡方分布，期望值 Q 等于自由度 df。$I^2=(Q-df)/Q\times100\%$ 表示真实方差占总方差的比例。

变异比（VR）　变异比测量成绩分布变异的性别差异，由男生成绩方差与女生成绩方差之比计算得到。如果 $VR>1.0$ 表示男生成绩变异更大，VR 介于 $0.90\sim1.10$ 表示成绩变异的性别差异基本相同，可以忽略。

三、结果

（一）性别差异的平均数和方差

表 3-13　各监测年五、八年级男、女生数学、语文、英语成绩的描述性统计、效应值和变异比

科目	监测年	年级	男生		女生		变异比 VR	Cohen's d	p 值
			M	SD	M	SD			
数学	2008	5	83.34	13.47	84.10	12.38	1.18	−0.06	0.021
	2011	5	91.91	9.51	92.39	8.76	1.26	−0.05	0.000
	2013	5	87.34	13.25	87.55	12.39	1.26	−0.02	0.128
	2008	8	73.29	17.46	75.66	15.99	1.19	−0.14	0.000
	2011	8	77.79	17.90	80.56	15.15	1.40	−0.17	0.000
	2013	8	75.78	25.22	81.03	21.23	1.41	−0.23	0.000
语文	2008	5	74.51	12.07	79.58	10.13	1.19	−0.45	0.000
	2010	5	89.72	9.61	93.68	7.71	1.25	−0.45	0.000
	2012	5	86.54	12.65	91.31	10.26	1.23	−0.41	0.000
	2014	5	83.00	9.67	86.48	8.06	1.20	−0.39	0.000
	2008	8	72.09	15.19	79.15	10.10	1.50	−0.55	0.000
	2010	8	74.74	10.22	79.21	8.89	1.15	−0.47	0.000
	2012	8	68.16	12.80	74.05	10.47	1.22	−0.50	0.000
	2014	8	69.16	12.92	74.35	10.48	1.23	−0.44	0.000

科目	监测年	年级	男生		女生		变异比	Cohen's d	p 值
			M	SD	M	SD	VR		
英语	2009	5	74.89	20.29	81.57	17.26	1.18	−0.35	0.000
	2011	5	87.29	10.87	91.22	8.49	1.28	−0.40	0.000
	2013	5	76.88	16.78	84.18	13.09	1.28	−0.48	0.000
	2009	8	69.18	19.09	78.31	14.42	1.32	−0.54	0.000
	2011	8	76.44	18.34	85.21	12.89	1.42	−0.55	0.000
	2013	8	80.67	17.68	87.40	13.13	1.35	−0.43	0.000

表 3-14　2008—2014 年五、八年级数学、语文、英语成绩的性别差异表

学科	年级	K	Cohen's d	95% 置信区间		显著性检验(2−tail)		异质性		
				下限	上限	z	p	Q	p	I^2
数学	5	3	−0.04	−0.07	−0.01	−2.60	0.009	5.31	0.070	62.35
	8	3	−0.18	−0.22	−0.13	−6.95	0.000	3.70	0.138	49.56
	组间							21.84	0.000	
语文	5	4	−0.43	−0.46	−0.40	−28.01	0.000	13.51	0.004	77.79
	8	4	−0.49	−0.54	−0.45	−20.76	0.000	7.56	0.056	60.31
	组间							4.91	0.027	
英语	5	3	−0.40	−0.47	−0.34	−11.99	0.000	3.95	0.139	49.31
	8	3	−0.52	−0.58	−0.44	−14.70	0.000	4.73	0.094	57.72
	组间							5.20	0.023	
跨学科 组间	5	3						361.90	0.000	
	8	3						103.26	0.000	

注：K 代表了每个年级测试的年度数目。

　　表 3-13 呈现了 2008—2014 年北京市五年级和八年级数学、语文和英语男女生成绩的描述性统计、性别差异的效应值和男女生成绩分布的变异比（VR）。就 2008—2014 年男女生成绩分布的变异比而言，五年级的 VR 值在 1.18～1.28，平均值为 1.23。八年级的 VR 值在 1.19～1.50，平均值为 1.33。因此，不论哪个学科，男生成绩分布的变异均更大。

　　表 3-13、表 3-14 呈现了各个科目测试年度间性别差异的平均效应值。两表结果显示，就 2008—2013 年的数学成绩而言，五年级性别差异的效应值为 −0.06～ −0.02，平均效应值为 d=−0.04，z=−2.60，p=0.009，表明性别差异几乎可以忽略；八年级性别差异的效应值为 d=−0.23～−0.14，平均效应值为 d= −0.18，z=−6.95，p=0.000，显示了较小性别差异，且女生表现优于男生。就

2008—2014 年的语文成绩而言，五年级性别差异的效应值为$-0.45\sim-0.39$，平均效应值 $d=-0.43$，$z=-28.01$，$p=0.000$，八年级性别差异的效应值为$-0.55\sim-0.44$，平均效应值 $d=-0.49$，$z=-20.76$，$p=0.000$，均显示了中等程度性别差异，且女生表现优于男生。就 2009—2013 年的英语成绩而言，五年级性别差异的效应值为$-0.48\sim-0.35$，平均效应值 $d=-0.41$，$z=-11.99$，$p=0.000$，显示了中等程度性别差异；八年级性别差异的效应值为$-0.55\sim-0.43$，平均效应值为 $d=-0.51$，$z=-14.70$，$p=0.000$，显示了较大程度性别差异。五、八年级均为女生表现优于男生。

进一步异质性检验结果显示，就年度间来说，除五年级语文外，其他学科性别差异效应值在年度间没有发生显著变化。五年级数学 $Q=5.31$，$p=0.070$，$I^2=62.35$；八年级数学 $Q=3.70$，$p=0.138$，$I^2=49.56$。八年级语文 $Q=7.56$，$p=0.056$，$I^2=60.31$。五年级英语 $Q=3.95$，$p=0.139$，$I^2=49.31$；八年级英语 $Q=4.73$，$p=0.094$，$I^2=57.72$。

年级间性别差异程度的比较结果显示，不同年级的数学、语文、英语性别差异的效应值之间均存在显著差异（五、八年级数学比较：$Q=21.84$，$p=0.000$；五、八年级语文比较：$Q=4.91$，$p=0.027$；五、八年级英语比较 $Q=5.20$，$p=0.023$），且八年级性别差异的程度显著大于五年级。

（二）不同内容领域的性别差异

1. 数学学科

表 3-15　2008—2014 年五、八年级数学各内容领域成绩的性别差异

数学领域	年级	k	Cohen's d	95%置信区间		显著性检验(2-tail)		异质性		
				下限	上限	z	p	Q	p	I^2
数字与代数	5	3	-0.04	-0.06	-0.03	-5.08	0.000	1.06	0.588	0.000
	8	3	-0.19	-0.26	-0.12	-5.56	0.000	7.26	0.027	72.443
	组间							17.90	0.000	
空间与图形	5	3	-0.03	-0.05	-0.02	-3.79	0.000	0.81	0.668	0.000
	8	3	-0.16	-0.21	-0.11	-5.75	0.000	4.79	0.091	58.28
	组间							19.75	0.000	
统计与概率	5	3	-0.05	-0.13	0.03	-1.13	0.257	40.66	0.000	95.08
	8	3	-0.09	-0.15	-0.04	-3.55	0.000	4.35	0.114	54.03
	组间							0.96	0.328	
综合与实践	5	3	-0.02	-0.11	0.07	-0.42	0.671	50.96	0.000	96.08
	8	3	-0.15	-0.19	-0.12	-8.575	0.000	0.71	0.700	0.00
	组间							7.28	0.007	

数学领域	年级	k	Cohen's d	95％置信区间		显著性检验(2−tail)		异质性		
				下限	上限	z	p	Q	p	I^2
组间	5							1.04	0.792	
	8							5.93	0.115	

　　表 3-15 呈现了五年级和八年级数学四个内容领域(数字与代数、空间与图形、统计与概率和综合与实践)的性别差异。结果表明,五年级数学四个内容领域性别差异的效应值介于 −0.05～−0.02,八年级数学四个内容领域性别差异的效应值介于 −0.19～−0.09。五年级四个内容领域性别差异的效应值无显著差异($Q=1.04$, $p=0.792$),八年级四个内容领域的性别差异的效应值无显著差异($Q=5.93$, $p=0.115$)。除统计与概率之外,其他三个领域中:八年级的性别差异程度均显著大于五年级,且女生的表现优于男生。

　　2. 语文学科

表 3-16　2008—2014 年五、八年级语文各内容领域成绩的性别差异

语文领域	年级	K	Cohen's d	95％置信区间		显著性检验(2−tail)		异质性		
				下限	上限	z	p	Q	p	I^2
识字与写字	5	4	−0.30	−0.33	−0.27	−27.75	0.000	10.811	0.013	72.251
	8	4	−0.29	−0.35	−0.24	−9.90	0.000	22.921	0.002	69.460
	组间							0.022	0.883	
阅读	5	4	−0.37	−0.39	−0.36	−50.65	0.000	3.936	0.268	23.781
	8	4	−0.41	−0.47	−0.36	−13.99	0.000	11.758	0.008	74.486
	组间							1.831	0.176	
写作	5	4	−0.44	−0.52	−0.36	−11.19	0.000	98.300	0.000	96.948
	8	4	−0.44	−0.51	−0.37	−11.92	0.000	18.475	0.000	83.762
	组间							0.002	0.963	
组间	5	3						26.633	0.000	
	8	3						12.417	0.002	

　　表 3-16 呈现了五年级和八年级语文三个内容领域(识字与写字、阅读、写作)的性别差异。结果表明,五年级语文三个内容领域性别差异的效应值介于 −0.44～−0.30,八年级语文三个内容领域性别差异的效应值介于 −0.44～−0.29。五年级语文($Q=26.633$, $p=0.000$)和八年级($Q=12.417$, $p=0.002$)三个内容领域的性别差异效应值均存在显著差异。

　　进一步两两比较发现,五、八年级语文阅读和写作的性别差异程度并不存在显

著差异($Q=2.85$，$p=0.092$；$Q=0.37$，$p=0.545$），而五、八年级阅读的性别差异程度均显著高于识字与写字($Q=22.21$，$p=0.001$；$Q=8.13$，$p=0.004$)、写作的性别差异程度也显著高于识字与写字($Q=11.45$，$p=0.001$；$Q=9.73$，$p=0.002$)。

3. 英语学科

表 3-17　2008—2014 年五年级和八年级不同英语内容领域成绩的性别差异

英语领域	年级	K	Cohen's d	95％置信区间		显著性检验(2—tail)		异质性检验		
				下限	上限	z	p	Q	p	I^2
听	5	3	−0.23	−0.29	−0.17	−8.00	0.000	3.774	0.151	47.014
	8	3	−0.27	−0.35	−0.19	−6.79	0.000	7.666	0.022	73.912
	组间							0.704	0.402	
说	5	3	−0.37	−0.42	−0.33	−16.00	0.000	1.609	0.447	0.000
	8	3	−0.37	−0.42	−0.33	−16.91	0.000	1.753	0.416	0.000
	组间							0.014	0.906	
读	5	3	−0.31	−0.42	−0.20	−5.69	0.000	13.424	0.001	85.101
	8	3	−0.35	−0.40	−0.31	−16.07	0.000	0.175	0.916	0.000
	组间							0.610	0.435	
写	5	3	−0.36	−0.44	−0.28	−9.07	0.000	7.176	0.028	72.129
	8	3	−0.58	−0.64	−0.52	−19.27	0.000	4.280	0.118	53.270
	组间							19.885	0.000	
综合技能	5	1	−0.48	−0.59	−0.38	−8.83	0.000			
	8	3	−0.44	−0.56	−0.32	−7.29	0.000	17.576	0.000	88.621
	组间							0.243	0.622	
组间	5	5						23.659	0.000	
	8	5						53.175	0.000	

表 3-17 呈现了五年级和八年级英语五个内容领域(听、说、读、写、综合技能)的性别差异。结果表明，五年级英语五个内容领域的效应值介于−0.23～−0.48，八年级英语五个内容领域的效应值介于−0.27～−0.58。五年级英语($Q=23.659$，$p=0.000$)和八年级英语($Q=53.175$，$p=0.000$)五个内容领域的性别差异的效应值均存在显著差异。进一步比较发现，对于五年级英语，听的性别差异程度最小，综合技能的性别差异程度最大。而对于八年级英语，听的性别差异程度最小，写的性别差异程度最大。

（三）不同学业成就水平学生成绩的性别差异

表 3-18　北京市 2008—2014 年五、八年级数学、语文和英语不同学业成就水平的性别差异

学业成就水平	科目	年级	K	Cohen's d	95%置信区间		显著性检验（2-tail）		异质性		
					下限	上限	z	p	Q	p	I^2
优秀	数学	5	3	0.03	0.01	0.05	2.59	0.009	0.83	0.662	0.00
		8	3	0.02	−0.04	0.08	0.65	0.514	1.80	0.406	0.00
		组间							0.10	0.758	
	语文	5	4	−0.26	−0.28	−0.24	−24.76	0.000	3.15	0.369	4.743
		8	4	−0.14	−0.20	−0.08	−4.46	0.000	0.17	0.983	0.000
		组间							13.13	0.000	
	英语	5	3	−0.06	−0.15	0.02	−1.44	0.150	0.23	0.892	0.000
		8	3	−0.16	−0.24	−0.09	−4.41	0.000	0.02	0.992	0.000
		组间							3.04	0.081	
	跨学科	5	3						365.06	0.000	
		8	3						20.60	0.000	
良好	数学	5	3	0.00	−0.03	0.03	0.18	0.855	1.71	0.424	0.000
		8	3	−0.03	−0.11	0.05	−0.66	0.510	3.41	0.18	41.256
		组间							0.47	0.495	
	语文	5	4	−0.16	−0.22	−0.10	−4.925	0.000	28.182	0.000	89.355
		8	4	−0.15	−0.23	−0.06	−3.436	0.001	12.168	0.007	75.345
		组间							0.043	0.836	
	英语	5	3	−0.10	−0.31	0.12	−0.85	0.396	15.430	0.000	87.038
		8	3	−0.15	−0.26	−0.05	−2.80	0.005	4.568	0.102	56.213
		组间							0.231	0.631	
	跨学科	5							21.09	0.000	
		8							5.30	0.071	
合格	数学	5	3	−0.04	−0.09	0.02	−1.34	0.182	0.94	0.625	0.000
		8	3	−0.02	−0.16	0.12	−0.26	0.796	4.64	0.098	56.92
		组间							0.05	0.819	
	语文	5	4	−0.14	−0.19	−0.08	−4.77	0.000	9.679	0.021	69.006
		8	4	−0.16	−0.22	−0.09	−4.76	0.000	0.625	0.891	0.000
		组间							0.228	0.633	
	英语	5	3	−0.20	−0.29	−0.11	−4.26	0.000	1.342	0.511	0.000
		8	3	−0.18	−0.30	−0.06	−3.02	0.003	0.694	0.707	0.000
		组间							0.054	0.817	

学业成就水平	科目	年级	K	Cohen's d	95％置信区间		显著性检验（2－tail）		异质性		
					下限	上限	z	p	Q	p	I^2
合格	跨学科	5							11.53	0.003	
		8							3.54	0.170	
不合格	数学	5	3	−0.12	−0.25	0.01	−1.84	0.066	3.58	0.17	43.63
		8	3	−0.17	−0.29	−0.05	−2.87	0.004	2.37	0.31	15.61
		组间							0.27	0.600	
	语文	5	4	−0.02	−0.11	0.07	−0.39	0.700	1.852	0.602	0.000
		8	4	−0.26	−0.41	−0.11	−3.35	0.001	4.590	0.204	34.636
		组间							7.142	0.008	
	英语	5	3	−0.11	−0.26	0.05	−1.36	0.173	0.699	0.705	0.000
		8	3	−0.37	−0.53	−0.21	−4.56	0.000	1.991	0.370	0.000
		组间							5.316	0.021	
	跨学科	5							2.11	0.348	
		8							3.96	0.138	
组间	数学	5							9.85	0.020	
		8							8.27	0.041	
	语文	5							45.303	0.000	
		8							1.988	0.575	
	英语	5							4.535	0.209	
		8							5.781	0.123	

表 3-18 呈现了不同学业成就水平学生成绩的性别差异。对于数学学科，五年级不同学业成就水平性别差异的效应值存在显著差异（$Q=9.85$，$p=0.020$）。五年级数学优秀、良好、合格水平的性别差异效应值均小于 0.1，不存在性别差异，而不合格水平的性别差异效应值为 −0.12，存在较小程度的性别差异，且女生优于男生。数学学科八年级不同学业成就水平性别差异的效应值存在显著差异（$Q=8.27$，$p=0.041$）。八年级数学优秀、良好、合格水平的性别差异效应值均小于 0.1，不存在性别差异，而不合格水平的性别差异效应值为 −0.17，存在较小程度的性别差异，且女生优于男生。

对于语文学科，五年级不同学业成就水平性别差异的效应值存在显著差异（$Q=45.303$，$p=0.000$）。五年级语文优秀水平的性别差异效应值为 −0.26，存在中等程度的性别差异，且女生优于男生；良好、合格水平的性别差异效应值分别为 −0.16、−0.14，存在较小程度的性别差异，女生优于男生；不合格水平的性别差异效应值为−0.02，不存在性别差异。八年级不同学业成就水平性别差异的效应值不存在显著差异($Q=1.988$，$p=0.575$)。但是从效应值数值大小趋势上来看，八年级优秀、良好、合格、不合格水平的性别差异效应值分别为−0.14、−0.15、−0.16、−0.26，前三者存在中等程度的性别差异，后者存在较大程度的性别差异，且女生优于男生。

对于英语学科，五年级不同学业成就水平性别差异的效应值不存在显著差异($Q=4.535$，$p=0.209$)。五年级优秀、良好、合格、不合格水平的性别差异效应值分别为−0.06、−0.10、−0.20、−0.11，合格水平和不合格水平存在中等程度的性别差异，且女生优于男生。同样，八年级不同学业成就水平的性别差异不存在显著差异($Q=5.781$，$p=0.123$)。但是从效应值数值大小趋势上来看，八年级优秀、良好、合格、不合格水平的性别差异效应值分别为−0.16、−0.15、−0.18、−0.37，前三者存在中等程度的性别差异，后者存在较大程度的性别差异，且女生优于男生。

跨学科比较发现，五年级数学、语文、英语的优秀、良好、合作学业成就水平学生性别差异的效应值均存在显著差异($Q=365.06$，$p=0.000$；$Q=21.09$，$p=0.000$；$Q=11.53$，$p=0.003$)。不合格学业成就水平学生性别差异的效应值不存在显著差异($Q=2.11$，$p=0.348$)。八年级数学、语文、英语仅优秀学业成就水平学生性别差异的效应值存在显著差异($Q=20.60$，$p=0.000$)，其他水平均不存在显著差异。

(四)城郊学生成绩的性别差异

表 3-19　北京市 2008—2014 年五年级和八年级不同地域学校成绩的性别差异

学校地域	科目	年级	K	Cohen's d	95％置信区间		显著性检验(2−tail)		异质性		
					下限	上限	z	p	Q	p	I^2
城区	数学	5	3	−0.05	−0.10	0.01	−1.68	0.093	8.42	0.015	76.242
		8	3	−0.12	−0.17	−0.07	−4.83	0.000	0.62	0.734	0.000
		组间							3.87	0.049	
	语文	5	4	−0.47	−0.52	−0.42	−19.10	0.000	18.21	0.000	83.526
		8	4	−0.43	−0.45	−0.41	−39.74	0.000	3.91	0.272	23.245
		组间							0.108	0.742	
	英语	5	3	−0.38	−0.45	−0.30	−10.38	0.000	2.32	0.314	13.660
		8	3	−0.50	−0.60	−0.39	−9.11	0.000	5.82	0.054	65.661
		组间							3.43	0.064	
	跨学科	5							138.91	0.000	
		8							121.63	0.000	

学校地域	科目	年级	K	Cohen's d	95%置信区间		显著性检验（2-tail）		异质性		
					下限	上限	z	p	Q	p	I^2
郊区	数学	5	3	−0.04	−0.09	0.01	−1.49	0.136	7.85	0.020	74.51
		8	3	−0.22	−0.27	0.17	−8.19	0.000	2.11	0.348	5.26
		组间							24.52	0.000	
	语文	5	4	−0.43	−0.45	−0.41	−39.74	0.000	3.909	0.272	23.245
		8	4	−0.52	−0.58	−0.47	−17.97	0.000	5.742	0.125	47.754
		组间							9.641	0.002	
	英语	5	3	−0.44	−0.55	−0.33	−13.08	0.000	5.548	0.062	63.952
		8	3	−0.55	−0.72	−0.39	−17.42	0.000	13.421	0.001	85.098
		组间							1.227	0.268	
	跨学科	5							207.62	0.000	
		8							65.25	0.000	
组间	数学	5							0.05	0.816	
		8							7.67	0.006	
	语文	5							2.496	0.114	
		8							1.243	0.265	
	英语	5							0.969	0.325	
		8							0.317	0.574	

表 3-19 呈现了城郊地区的性别差异。对于数学学科，五年级城区和郊区性别差异的效应值不存在显著差异（$Q=0.05$，$p=0.816$），八年级城区和郊区性别差异的效应值存在显著差异（$Q=7.67$，$p=0.006$），且郊区的性别差异程度显著高于城区。对于语文学科和英语学科，虽然五、八年级城区和郊区的性别差异效应值均不存在显著差异，但是从效应值的数值来看，郊区性别差异程度略大于城区。

跨学科比较发现，五、八年级城区学生数学、语文、英语性别差异的效应值存在显著差异（$Q=138.91$，$p=0.000$；$Q=121.63$，$p=0.000$）。进一步两两比较发现，五年级语文和英语存在较大程度的性别差异（$Q=4.67$，$p=0.031$），且语文性别差异程度显著大于英语；语文和数学、英语和数学性别差异的效应值分别存在显著差异（$Q=133.33$，$p=0.000$；$Q=52.94$，$p=0.000$），且语文和英语性别差异程度显著大于数学。五、八年级郊区学生数学、语文、英语性别差异的效应值存在显著差异（$Q=207.62$，$p=0.000$；$Q=65.25$，$p=0.000$）。进一步两两比较发现，五年级语文和英语均存在较大程度的性别差异，但其效应值不存在显著差异（$Q=$

0.055，$p=0.814$）；且语文和数学、英语和数学性别差异的效应值分别存在显著差异（$Q=205.90$，$p=0.000$；$Q=43.49$，$p=0.000$），且语文和英语性别差异程度大于数学。

四、讨论

（一）各科目学业成绩总体性别差异情况

本研究表明五年级数学学业成绩无性别差异（$d=-0.04$），八年级数学存在较小程度的性别差异（$d=-0.18$）；五年级语文（$d=-0.43$）和八年级语文（$d=-0.49$）均存在中等程度性别差异；五年级英语存在中等程度性别差异（$d=-0.40$），八年级英语存在较大程度性别差异（$d=-0.52$）；性别差异均一致表现为女生优于男生。

在数学学业成绩方面，Hyde（2008）等人基于美国10个州的研究结果显示在11年级以下的各年级中男女生数学成绩均无性别差异，中国学者发现中国学生在PISA 2009年、2012年、2015年数学的总体表现上不存在性别差异，这些与本研究结论并不一致。推测在八年级出现较小程度性别差异且女生优于男生的主要原因，可能是有研究发现女孩更倾向于在学校的学业上付诸努力，且对学业拥有更高的兴趣和更好的习惯。除此之外，在中国独生子女政策背景下，家长对子女的教育期望均很高，家长更倾向于给予女孩更多教育投资以让她们在就业市场中拥有更大的竞争力。

在语言类学业成绩方面，研究结果表明，五、八年级的语文、英语成绩均表现出中等程度或以上效应的女生高于男生的情况，这与前文所述的大部分研究结果一致，支持了女生具有语言学习优势的结论。

（二）各科目学业成绩内容领域性别差异情况

本研究还分析了性别和不同科目内容领域之间的交互作用。结果表明，对于数学学科，五、八年级数学各领域上的性别差异程度并不显著。对于语文学科，五、八年级阅读和写作的性别差异程度大于识字与写字。对于英语学科，五、八年级听的性别差异程度最小，五年级综合、八年级写作差异程度最大。由此可以看出，在语言类科目上，均存在女生成绩高于男生的现象，而对认知能力要求较低的领域性别差异较小，对认知能力要求较高的领域性别差异较大。

就数学各内容领域来说，Lindberg、Hyde、Petersen 和 Linn 整合了1997—2007年发表的242项研究，结果并未发现不同数学领域（数字与代数、图形和几何、统计与概率和综合测试）效应值的变化，这与本研究的结果大致相同。在与语言类科目的不同内容领域的研究中，有学者对加拿大安大略省的113 050名中学生在语言课程的九个分领域学业成绩的性别差异进行分析，结果表明在任何领域男女生差异都不高于1‰个标准差，即两个群体几乎不存在差异。这与本研究结果有较大不同。美国学者研究表明在大规模学生阅读评价中，建构反应题型中女生成绩高于男生的程度大于其他题型。由于在我国语文测试的阅读和写作领域、英语测试的综合和写作领域中,大部分试题均为建构反应题型试题,推测题型可能是造成当前差异的原因之一。考虑到建构反应题型更易于考查学生的高级认知能力,题型是否同时为性别差异在认知能力要求较高领域表现较大等问题还有待进一步的研究探索。

(三)不同群体学业成绩性别差异情况

本研究从学业成就水平、学校地域分类角度探讨了不同群体学生性别差异的表现。在不同学业成就水平群体间进行比较,结果表明,对于数学学科,五、八年级都只在学业成就水平不合格群体中存在女生成绩高于男生的情况,其他学业成就水平学生未见显著差异;对于语文学科,五年级性别差异主要体现在优秀、良好和合格学业成就水平群体中,在不合格群体中没有差异,八年级语文则在各学业成就水都存在显著的女生高于男生的情况,在不合格水平群体中差异程度达到最大;对于英语学科,五年级英语的性别差异主要体现在合格及不合格学业成就水平群体中,优秀与良好群体没有差异,八年级英语的性别差异与八年级语文相似。综合来看,除了五年级语文外,其他学科均表现出学业成绩较差群体的性别差异更大。这与前文所述研究结果一致,即无论是数学科目还是语言类科目,男生成绩分布的变异更大。

对于城区、郊区群体而言,在八年级数学中得到郊区的性别差异程度显著大于城区。语文、英语郊区的性别差异程度也略大于城区。在对不同群体的性别差异研究中,前有研究发现美国数学成绩的性别差异与学校地域有关,并且在城市学校中男生表现优于女生表现的程度大于农村。也有研究发现不同社会经济地位学生数学成绩的性别差异不同,成绩分布上端男生的优势受到 SES 因素的调节,但是成绩分布下端女生的优势并未受到 SES 的调节。同样对于阅读成绩也获得类似结论。由于在我国城区学生的 SES 高于郊区学生,且性别差异表现为女生优于男生,因此郊区性别差异大于城区结果与上述研究结果是一致的。

综上,通过追踪 7 年纵向大规模监测数据,研究者从学科间、学科领域之间、不同学业成就水平群体,以及不同地域学生群体的角度对数学、语文、英语成绩的性别差异进行了分析,以期深入探求在当前学校教育条件下数学和语言学习领域中性别差异的表现及其原因,并能反思和改进当前数学和语言教育的教学内容、教学材料、教学方式,增加其学科对于男生的吸引力,提高其相应学业表现。但是与学业成绩的性别差异有关的研究中,通常还会考虑到其他因素的影响,例如社会期待、学生对学校的态度以及同伴对学校的态度等,因此,对更多相关变量作用的分析将是未来研究的入手点。

第三节　独生子女/非独生子女差异

　　独生子女的研究一直以来受到国内外教育领域的关注。其实国外早期关于独生子女的研究，在很大程度上认为他们是"问题儿童"和"特殊儿童"。最早公开提出独生子女问题的学者是美国著名心理学家霍尔，1896 年他就曾说"独生子女本身就是一种疾病"。1898 年，美国心理学家博汉农采用问卷法对独生子女进行了个案调查，并对独生儿童的特异性进行了分析，研究认为，在独生儿童性格中具有两类极端性格特征，在生理、智力和社会交往能力方面都明显不如普通儿童。自 1928 年起，自芬顿起，美国的胡克、武斯特、吉尔福特等人就独生子女问题先后发表了一系列研究报告，否定博汉农等人的观点，认为独生子女在性格特征等方面都与非独生子女无太大差异。20 世纪 50 年代以后，研究者对独生子女的态度和观点发生了改变，有越来越多的研究者开始强调这一群体所具有的优势。特别是 20 世纪 60 年代到 80 年代，一个较为统一的观点占据了西方对独生子女的研究，认为独生子女在智力方面优于非独生子女。

　　Falbo 等人早在 1977 年就对独生子女研究进行了综述，后来在 2012 年又基于 20 至 21 世纪对独生子女与非独生子女在学业成就、人格特征和社会行为等方面的研究进行了更新，结果出现了分歧。Falbo 和 Polit 对 1925—1984 年发表的 115 篇有关独生子女的研究进行元分析，结果发现独生子女在控制力、自主性、心理成熟等方面优于非独生子女，而在社交性等方面与非独生子女之间并不存在明显差异。Polit 进行的独生子女和人格发展的研究综述发现，独生子女在成就动机和个人适应方面显著好于其他群体。Poston 进行的学业成就和人格比较发现，独生子女在学业上的表现比非独生子女要好得多，且在人格等级上也有同样的得分。Meredith 又比较了两者的自我概念和社会结果，发现没有差别。有研究者就中国 3 ~6 年级独生子女的学业成绩、人格和身体情况进行了比较，发现独生子女学业成绩好于非独生子女，而在人格维度上差异不大，在身高体重等身体情况上略占优势。Chuanwen Wan 研究了北京独生子女和非独生子女(一、三、五年级)的人格特征差异，在学习动机上，独生子女较高。但是在人际交往能力和态度方面，两者没有差异。Liu 等人研究了独生子女和非独生子女的学业表现，并预测了独生子女比非独生子女更容易上大学。Falbo 和 Hooper 采用 SCL－90 对中国独生子女的心理健康状况进行了综合分析，发现独生子女心理状况好于非独生子女。

　　我国 1979 年开始实行独生子女政策，至今已过去 40 年。国内也有很多对独生子女与非独生子女差异的研究。李峰、辛涛采用倾向值匹配对初中生独生子女和非独生子女数学成绩的比较发现，匹配前，独生子女数学成绩优于非独生子女；匹配后两者无显著差异。黄琳、文东茅对独生子女和非独生子女大学生在校学习、生活状况进行比较结果发现，独生子女家庭经济文化背景显著优于非独生子女家庭；独生子女享受了更优质的高等教育，在校支出更高，但学习主动性的不足导致在学业成绩上落后于非独生子女。崔玉中的小学阶段独生子女师生关系调查报告发现，独生子女和非独生子女在师生关系方面不存在显著差异。赵清关于初中阶段独生子女学生与教师关系的调查研究发现，独生子女学生与非独生子女学生的师生关系无显著差异。刘海鹰对中小学独生子女同伴关系进行调查研究发现，小学阶段的独生子女与中学阶段的独生子女同伴关系的总体状况差不多，都是受欢迎的与不受欢迎的各占一成半左右，二者没有显著差异；中小学独生子女同伴交往存在着明显的性别差异，女生的同伴关系明显好于男生；在中学阶段，不受欢迎的农村独生子女明显多于城市独生子女。此外，有研究表明独生子女与非独生子女在情绪适应等方面没有显著的差异，甚至在某些方面比非独生子女更有优势。

综上所述，国内外对于独生子女在学业成绩、人格特征、情绪、动机、心理身体状况等方面均有大量研究。不同时期的独生子女研究大致可以归为两种视角：一种视角是把独生子女作为研究对象，探讨独生子女的个性特征、社会化、社会适应等问题；另一种视角是把独生子女作为研究变量，探讨独生子女现象对家庭、社会的影响。本研究主要聚焦第一种视角，从认知结果（学业成绩）和非认知结果（师生关系、同伴关系和情绪管理等）研究独生子女与非独生子女的差异情况。

但以往对独生子女的认知或非认知结果的比较很少系统考虑背后的因素，也有研究者开始关注这个问题。Liu 等对于独生子女在认知和非认知结果背后的人口学特征产生的影响进行了研究。独生子女在认知和非认知结果上的差异可以根源于性别、所在地区、父母教育、父母期望、家庭社会经济地位和家庭结构等方面。也有研究者通过潜在的社会人口变量（如性别、年龄、学习水平、经济状况、家庭结构和流动状况等）来比较两者的心理行为（心理健康和学业成绩满意度）差异，结果发现独生子女和非独生子女在心理行为特征方面有着非常鲜明的差异。因此，简单通过均值比较而不考虑背景因素的方法（例如 t 检验、方差分析等）来判断独生子女与非独生子女在各方面的差异，往往会产生偏差。这些研究方法忽略了社会领域研究进行因果推断时必须解决的"样本非随机选择问题"。研究为了检验独生子女和非独生子女的认知和非认知结果是否"真正"存在差异，以及这种差异是否由"独生"本身导致，采用倾向值匹配（Propensity Score Matching）的分析方法进行研究。这是一种随机分配的替代策略，当随机分配实验操作不可行时，它可以尽可能减少混淆变量对结果的影响。这种方法在社会科学中无法用随机分配来识别实验处理的效应。

一、研究方法

(一)研究对象与抽样

研究对象包括 2013 年抽样的 33 024 名五年级学生样本群体，2014 年抽样的 3 561 名五年级学生样本群体和 4 062 名八年级学生样本群体。抽样主要采用多阶段随机抽样与分层整群抽样相结合的方式，所需要基本信息主要来自《北京市教育事业统计资料》(2012—2013 年、2013—2014 年)，2013 年五年级学生样本，2014 年五、八年级学生样本分布详见各部分的描述统计表。

(二)研究工具

1. 学科测试卷

包括五年级语文、数学学业测验试卷。学业测验试卷由学科命题专家小组在入闱状态下遵循义务教育语文课程标准和义务教育数学课程标准，严格按照制定方案、编制蓝图与细目、命题与审题、预测试及分析、组卷、分数线制定等流程命制而成。其中，语文学科包括倾听、识字与写字、阅读与积累和习作等领域，数学学科包括数与代数、空间与图形、统计与概率和实践与综合等领域。从表 3-20 来看，学业测验试卷均具有较好的教育测量学指标。

表 3-20　学业测验试卷信效度表

学科测试卷	信度		效度	
	内部一致性系数	分半信度	内容效度①	题总相关系数
五年级语文试卷	0.87	0.72	≥4.50	0.13～0.49
五年级数学试卷	0.82	0.72	≥4.50	0.18～0.61

2. 师生关系问卷

最初问卷由 Pianta 编制，经王耘修订，共有 28 个项目，分为亲密性、冲突性和反应性 3 个维度，采用教师报告的方式，要求班主任根据与学生的日常关系用 5 点量表评定所描述情况的符合程度，从"完全不符合"到"完全符合"依次记 1～5 分。而屈志勇从学生报告角度，对这一问卷进行了修订，修订后的问卷由 23 个项目组成，分为亲密性、冲突性、支持性和满意度 4 个维度。研究对修订后的问卷做了删减，最终保留 16 个项目和亲密性、冲突性、支持性、满意度 4 个维度(见表 3-21)。

---

　① 内容效度：聘请学科审题专家依据课程标准，按照《北京市学业水平测验内容效度表》的具体要求，从学科试卷的指导思想与依据、试卷结构、试题整体评价、试卷的导向性、试卷的实效性 5 个方面对学科测试卷进行审定。该量表采用李克特-5 点计分法。

表 3-21　师生关系问卷调查表

各分问卷名称	题量	界定	样题
亲密性	4	指学生与教师亲密相处，在态度和行为上能相互接纳	在我有困难的时候，我会想到找老师帮助我
冲突性	4	指师生之间在情感或行为上的不和谐、不一致	我和老师经常看法不一致，有时还会争吵
支持性	4	指教师在学生取得成绩或者遇到困难时给予学生的关心和帮助	只要我有了进步，老师就会表扬我
满意度	4	指学生对于和教师关系的满意程度	目前我和老师的关系正是我所希望的

各分问卷的内部一致性信度分别为 0.76，0.72，0.75，0.72，说明具有可以接受的内部一致性。来自采用验证性因素分析方法表明，此模型不仅具有较好的拟合优度指标，所有非标准化因素载荷都达到显著水平，且在不同性别样本之间、不同地区样本之间保持着稳定性，说明具有较好的结构效度。

3. 同伴关系问卷

研究采用的同伴关系量表是由香港中文大学郭伯良教授编制的儿童青少年同伴关系量表修订而成的，主要用于了解儿童青少年在与他人相处中的自我感觉。原问卷共有 22 个项目，按 1. 不是这样，2. 有时这样，3. 经常这样，4. 总是这样，对各项目进行评定，分别评定为 1~4 分。分数越高者，其同伴关系就越糟（反向计分后）。该问卷的内部一致性系数为 0.71，有较好的信度。考虑到问卷长度及答题时间的限制，在预测试后项目组对原问卷进行了删减，根据验证性因素分析的结果，将载荷较低的题目删去，最终保留 15 道题，其中 6 道题属于同伴焦虑维度，9 道题属于同伴接纳维度（见表 3-22）。

表 3-22　同伴关系问卷调查表

分维度名称	题量	维度含义	样题
同伴焦虑	6	指自己在乎同学、同伴对自己的看法，担心自己不受他人欢迎	我注重其他同学怎么看待我
同伴接纳	9	指感受到同学和同伴对自己的接受、欢迎程度	我与同学一起时很开心

各分问卷的内部一致性信度分别为 0.575，0.867，说明具有可以接受的内部一致性。采用的验证性因素分析方法表明，此模型不仅具有较好的拟合优度指标，所有非标准化因素载荷都达到显著水平，且在不同性别样本之间、不同地区样本之间保持着稳定性，说明具有较好的结构效度。

4. 情绪管理问卷

研究采用的情绪管理量表是由巴昂情绪智力量表(青少年版)中文版修订而来。原量表共 60 道题,分为 6 个维度,分别是个体内部、人际管理、适应性、压力管理、总体情绪智力和一般心境。考虑到调查目的和答题时间,重点考察了前 4 个维度的内容。经预测试数据分析后,最终决定将问卷缩减至 18 道题,按 1. 极少,2. 很少,3. 经常,4. 通常对各项目进行评定,分别评定为 1~4 分,分数越高者,其情绪管理越好(反向计分后)。各维度名称、题量及维度含义如表 3-23 所示。

表 3-23 情绪管理问卷调查表

维度名称	题量	维度含义	样题
个体内部	4	学生能够理解和表达自我感受的能力	告诉别人自己的感受是件很容易的事情
人际管理	5	指学生能够使别人感到快乐、理解和倾听别人心里话的能力	拥有朋友很重要
适应性	4	指能够适应不断变化环境的能力	当我心烦意乱时,我能够保持冷静
压力管理	5	指在压力条件下,能够冷静地处理、解决问题的能力	我能够解决困难的问题

各分问卷的内部一致性信度分别为 0.88,0.70,0.62,0.87,说明具有可以接受的内部一致性。采用验证性因素分析方法表明,此模型不仅具有较好的拟合优度指标,所有非标准化因素载荷都达到显著水平,且在不同性别样本之间、不同地区样本之间保持着稳定性,说明具有较好的结构效度。

(三)变量选取

因变量:是否独生子女(独生子女为 1,非独生子女为 0)。

共变量:性别、户籍、随迁子女、地域、城郊、规模、家庭社会经济地位。其中前六项进行虚拟编码,家庭社会经济地位(采用学生的父母受教育程度、父母职业等级、家庭收入 3 个变量拟合 SES 指标)为连续变量。

处理变量:学业成绩、师生关系、同伴关系、情绪管理。其中学业成绩采用 IRT 进行量尺化处理,为 0~800 的标准分;其他三个变量采用 IRT 进行分数拟合,最终形成 1~9 的标准九分数。

(四)数据分析

采用 Stata 14.0 软件的 psmatch2 程序包进行倾向值计算。采用 SPSS 20.0 软件进行相应的描述统计和 t 检验等分析。

二、研究结果

（一）2013 年五年级是否独生子女学生的数学成绩差异

1. 描述统计

选择 2013 年调研变量（性别、户籍、地域、规模、是否随迁、城郊、家庭社会经济地位等）作为影响处理分配和实验结果的混淆共变量（confounding covariates），对 2013 年北京市五年级学生样本独生子女和非独生子女在各共变量上的分布情况进行分析，得出结果如表 3-24 所示。

表 3-24　2013 年北京市五年级学生样本独生子女和非独生子女在各共变量上的分布情况表

共变量		非独生子女		独生子女		合计	
		人数/人	百分比/%	人数/人	百分比/%	人数/人	百分比/%
学生性别	男	6 222	35.7	11 210	64.3	17 432	52.8
	女	5 639	36.2	9 953	63.8	15 592	47.2
户籍类别	本市城镇户籍	1 957	13.7	12 360	86.3	14 317	43.4
	本市农业户籍	2 019	32.1	4 266	67.9	6 285	19.0
	非本市城镇户籍	1 742	44.3	2 193	55.7	3 935	11.9
	非本市农业户籍	6 143	72.4	2 344	27.6	8 487	25.7
随迁子女	是	6 075	69.3	2 697	30.7	8 772	26.6
	否	5 786	23.9	18 466	76.1	24 252	73.4
所属地域	城市校	4 450	27.6	11 683	72.4	16 133	48.9
	县镇校	2 210	32.1	4 675	67.9	6 885	20.8
	农村校	5 201	52.0	4 805	48.0	10 006	30.3
城区郊县	城区	5 283	31.7	11 358	68.3	16 641	50.4
	郊县	6 578	40.2	9 805	59.8	16 383	49.6
学校规模	大规模学校	3 105	23.1	10 337	76.9	13 442	40.7
	适宜规模学校	6 116	42.2	8 366	57.8	14 482	43.9
	小规模学校	2 640	51.8	2 460	48.2	5 100	15.4

从表 3-24 可以看出，男生和女生的独生子女比例接近；本市城镇户籍、非随迁子女、城市校、城区、大规模学校学生是独生子女的比例较高。

2. 匹配前差异检验

匹配前，独生子女和非独生子女在五年级数学总分、数与代数、图形与几何、统计与概率、综合与实践、知识技能、数学思考、解决问题的具体结果如表 3-25 所示。

表 3-25　匹配前的独生子女和非独生子女在数学成绩方面的差异情况表

维度		人数/人	平均成绩/分	标准差	差异检验 t	p
数学总分	独生子女	21 163	608.4	150.8	20.760	0.000
	非独生子女	11 861	570.5	163.7		
数与代数	独生子女	21 163	623.5	133.8	21.273	0.000
	非独生子女	11 861	588.9	146.0		
图形与几何	独生子女	21 163	592.7	167.3	20.291	0.000
	非独生子女	11 861	551.6	181.2		
统计与概率	独生子女	21 163	560.4	155.0	19.906	0.000
	非独生子女	11 861	523.6	164.6		
综合与实践	独生子女	21 163	617.0	175.4	19.529	0.000
	非独生子女	11 861	575.4	190.9		
知识技能	独生子女	21 163	642.8	136.2	21.150	0.000
	非独生子女	11 861	607.9	148.6		
数学思考	独生子女	21 163	613.2	170.6	20.594	0.000
	非独生子女	11 861	570.8	184.5		
解决问题	独生子女	21 163	587.7	126.9	20.714	0.000
	非独生子女	11 861	556.4	134.6		

3. 估计倾向值

倾向值是某一个样本接受到处理的概率，通常使用各类回归模型来求解倾向值，而这个回归模型所使用的共变量，就是我们用来匹配样本的变量，所以，倾向值就是把多维的精确匹配简化成一维的倾向值匹配。

使用倾向值匹配法估计因果效应包括估计倾向值和匹配分析。一般，估计倾向值可以采用 Logit、Probit 等回归方法，同时要进行平衡重合性检验和敏感性分析。

Logit 回归　对于倾向分数的计算，采用 Logit 和 Probit 模型进行回归分析，计算独生子女和非独生子女如何受到性别（XB）、户籍（HJ）、地域（DY）、规模（GM）、随迁（SQ）、城郊（CJ）、家庭社会经济地位（SES）等变量的影响。

表 3-26 为 Logit 模型和 Probit 模型的倾向分数模型估计结果，两组模型得出的结论较为一致，两组倾向分数之间的相关关系高达 0.95，结果具有较好的稳定性。

表 3-26　2013 年北京市五年级学生共变量对是否独生子女的 **Logit** 和 **Probit** 回归模型结果表

共变量	Logit 模型				Probit 模型			
	Coef.（相关系数）	S. E.（标准误差）	z	$p>z$	Coef.（相关系数）	S. E.（标准误差）	z	$p>z$
XB_1	0.19	0.03	6.15	0.00	0.10	0.02	5.74	0.00
HJ_2	−0.61	0.05	−12.26	0.00	−0.34	0.03	−11.88	0.00

共变量	Logit 模型				Probit 模型			
	Coef. (相关系数)	S. E. (标准误差)	z	$p>z$	Coef. (相关系数)	S. E. (标准误差)	z	$p>z$
HJ_3	−1.45	0.05	−29.71	0.00	−0.84	0.03	−29.19	0.00
HJ_4	−2.23	0.07	−33.85	0.00	−1.34	0.04	−33.80	0.00
DY_2	−0.14	0.06	−2.39	0.02	−0.08	0.03	−2.36	0.02
DY_3	−0.26	0.05	−5.02	0.00	−0.16	0.03	−5.15	0.00
GM_2	−0.06	0.04	−1.69	0.09	−0.04	0.02	−1.63	0.10
GM_3	−0.36	0.05	−7.13	0.00	−0.22	0.03	−7.21	0.00
SQ_1	−0.24	0.06	−4.26	0.00	−0.15	0.03	−4.38	0.00
CJ_1	0.06	0.05	1.25	0.21	0.03	0.03	1.08	0.28
SES	0.26	0.02	13.93	0.00	0.15	0.01	13.53	0.00

对表 3-26 结果分析后发现,从统计推论的角度,男生为独生的概率大于女生,本市城镇学生为独生的概率大于其他户籍学生,城市校学生为独生的概率大于县镇和农村校,大规模学校学生为独生的概率大于其他规模学校学生,非随迁子女学生为独生的概率大于随迁子女学生,家庭社会经济地位越高的学生为独生的概率越大。而城区郊县这对分组变量的影响并不显著。

整体而言,回归模型结果也验证了独生子女和非独生子女之间存在的不可忽视的异质性问题,证明了本研究中使用倾向分数配对方法的必要性。

估计处理效应 常用的匹配方法有最近邻匹配法(Nearest-Neighbor Matching)、半径匹配法(Radius Matching)、核匹配法(Kernel Matching)、马氏距离匹配法(Mahalanobis Distance Matching)等。一旦我们获得匹配后的样本,就可以估计处理效应。一般来说,我们关心的处理效应包括平均处理效应(Average Treatment Effect,ATE),由处理组平均处理效应(Average Treatment Effect on the Treated,ATT)和未处理组平均处理效应(Average Treatment Effect on the Untreated,ATU)组成(苏毓淞,2017)。

同时,利用 Bootstrap 重复抽样的方式获得经验标准误差(empirical standard errors)或称稳健标准误差(Robust standard errors)。

表 3-27 2013 年北京市五年级样本不同匹配方法估计处理效应情况表

项目		Treat (处理组)	Control (控制组)	Difference (差异)	S. E. (标准误差)
最近邻匹配法	ATT	613.6	587.8	25.9	2.93
	ATU	577.9	595.9	18.0	3.34
	ATE			23.2	2.23

项目		Treat（处理组）	Control（控制组）	Difference（差异）	S. E.（标准误差）
半径匹配法	ATT	613.6	587.1	26.5	3.02
	ATU	577.9	591.7	13.7	2.84
	ATE			22.2	2.25
核匹配法	ATT	613.6	586.7	27.0	2.98
	ATU	577.9	592.0	14.0	2.86
	ATE			22.6	2.24
马氏距离匹配法	ATT	613.6	585.5	28.1	3.28
	ATU	577.9	593.9	16.0	3.12
	ATE			24.0	2.47

利用最近邻匹配法、半径匹配法、核匹配法、马氏距离匹配法分别估计了"独生"因素对学生数学成绩所产生的因果效应。此外，为保证估计结果的稳定性，在每一种方法进行估计后，我们均使用 Bootstrap 重复抽样方式进行稳定性检验，发现结果的稳定性状况很好。如表 3-27 所示，即在考虑了异质性与样本选择性偏差这两个问题后，"独生"因素对儿童学业发展确实产生了正向影响："独生"因素对小学独生子女学生的数学学业成就平均处理效应（ATT）是 26 左右；若当前小学独生子女成为非独生子女，他们的数学学业成就所受到的平均处理效应（ATU）是 16 左右；"独生"因素对所有学生个体数学的学业成就总体处理效应是 23 左右。

换句话说，对于当前非独生子女群体而言，如果他们是独生子女，平均而言，他们的数学成绩将提高 26 个标准分；对于当前的独生子女群体而言，如果他们变成非独生子女，平均而言，他们的数学成绩将分别降低了 16 个标准分。因而从模型估计结果来看，"独生"因素对潜在独生子女学生产生的影响可能更大。

四种匹配方法所得结果基本一致，表示倾向分数匹配具有较好的稳健性（robust）。

平衡重合检验 进行倾向分数估计分析时，共变量分布需要满足相应的要求：共变量在实验组和控制组的分布必须是平衡的（balanced），彼此分布必须重合（overlap）。

对于平衡性的检验，需要检验共变量各组在匹配前后均值的差异。从表 3-28 可以发现，除性别、城郊外，大部分的共变量经过匹配后，偏差都减少 90% 以上。基于平衡性检验结果，可以说本研究匹配变量和匹配方法的选择较为恰当，匹配后，独生子女和非独生子女在户籍、地域、规模、家庭社会经济地位等方面具有较高程度的一致性。

表 3-28　倾向分数匹配模型共变量的平衡性检验结果

共变量	匹配前后	平均值		标准偏误减少幅度		t 检验	
		Treat	Control	标准偏误/%	减少幅度/%	t	p>t
XB₁	U(Unmatched)	0.52	0.51	2.4	74.2	1.86	0.06
	M(Matched)	0.52	0.53	−0.6		−0.58	0.56
HJ₂	U(Unmatched)	0.20	0.17	5.7	67.2	4.39	0.00
	M(Matched)	0.20	0.20	−1.9		−1.71	0.09
HJ₃	U(Unmatched)	0.10	0.14	−12.5	84.3	−9.93	0.00
	M(Matched)	0.10	0.10	2.0		2.03	0.04
HJ₄	U(Unmatched)	0.11	0.52	−99.4	99.9	−83.59	0.00
	(Matched)	0.11	0.11	0.1		0.17	0.86
DY₂	U(Unmatched)	0.22	0.18	8.8	96.7	6.79	0.00
	M(Matched)	0.22	0.22	−0.3		−0.27	0.79
DY₃	U(Unmatched)	0.22	0.45	−49.0	95.1	−39.21	0.00
	M(Matched)	0.22	0.24	−2.4		−2.49	0.01
GM₂	U(Unmatched)	0.39	0.52	−26.1	93.1	−20.36	0.00
	M(Matched)	0.39	0.38	1.8		1.73	0.08
GM₃	U(Unmatched)	0.12	0.23	−30.9	98.1	−25.19	0.00
	M(Matched)	0.12	0.12	−0.6		−0.66	0.51
SQ₁	U(Unmatched)	0.12	0.52	−93.0	99.8	−77.50	0.00
	M(Matched)	0.12	0.12	−0.2		−0.24	0.81
CJ₁	U(Unmatched)	0.54	0.44	20.0	86.7	15.58	0.00
	M(Matched)	0.54	0.53	2.7		2.52	0.01
SES	U(Unmatched)	0.23	−0.42	68.4	98.6	53.47	0.00
	M(Matched)	0.23	0.22	1.0		0.93	0.35

注：U(Unmatched)，未匹配组；M(Matched)，匹配组。

表 3-28 总结了关键共变量的估计。由结果可知，匹配前独生组和非独生组在性别、城乡、规模、家庭社会经济地位等方面都存在显著差异，这些因素混淆了独生和非独生在情绪适应方面的差异；经过倾向分数最近邻匹配后，独生组和非独生组在上述大部分变量上差异均不显著。匹配前，独生组的倾向分数得分显著高于非独生组；匹配后，独生组和非独生组无差异。以上结果说明最近邻匹配相对较为成功。同时，由图 3-9 和图 3-10 可以看出，匹配后处理组和控制组的倾向分数分布更加趋于一致。

对于重合性的检验。使用 psgraph 程序图检验实验组和对照组倾向值重合的情况，图片显示实验组的样本在 0～1 区间都拥有相对应的对照组样本与之重合，显示重合情况尚可。

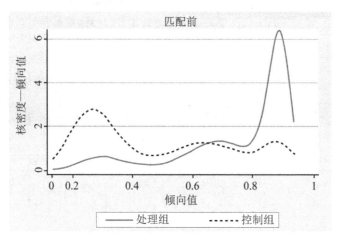

图 3-9 匹配前处理组和控制组倾向分数分布图

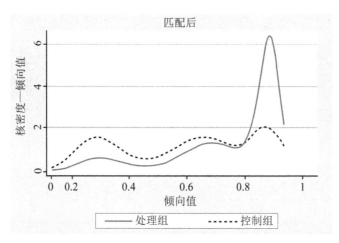

图 3-10 匹配后处理组和控制组倾向分数分布图

图 3-11 呈现了 Logit 模型计算得到的独生子女和非独生子女群体倾向分数的条形图。我们发现，两组群体在倾向分数的分布上都具有较好重叠状态：对于倾向分数高于 0.6 的样本，独生子女群体样本个数大于非独生子女群体；与之相对应，对于倾向分数低于 0.6 的样本，独生子女群体样本个数小于非独生子女群体。

敏感性分析 倾向值匹配法分析过程中，除了检验共变量分布的平衡与重合外，还必须关注选择性偏差（selection bias）的问题。有研究者提出倾向值匹配法的敏感性分析，可以探究在无法控制遗漏变量的情况下，分析结果在存在选择性偏差的合理范围内是否依然稳健有效。

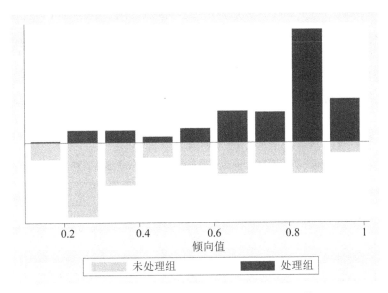

图 3-11　匹配后处理组和控制组样本倾向值重合情况图

表 3-29　基于 2013 年北京市五年级数据的倾向分数匹配的敏感性分析表

Gamma	sig+	sig-	t-hat+	t-hat-	CI+	CI-
1	0.00	0.00	25.19	25.19	22.05	28.32
1.1	0.00	0.00	16.39	33.98	13.25	37.11
1.2	0.00	0.00	8.46	42.01	5.31	45.14
1.3	0.22	0.00	1.11	49.37	-1.84	52.50
1.4	1.00	0.00	-5.48	56.14	-8.65	59.31
1.5	1.00	0.00	-11.72	62.45	-14.91	65.64
1.6	1.00	0.00	-17.66	68.36	-20.82	71.51
1.7	1.00	0.00	-23.14	73.85	-26.33	77.10
1.8	1.00	0.00	-28.30	79.07	-31.47	82.26
1.9	1.00	0.00	-33.11	83.95	-36.30	87.21
2	1.00	0.00	-37.69	88.60	-40.95	91.84

表 3-29 是使用 rbounds 程序插件进行敏感性检验的结果。通过 Wilcoxon 符号秩检验结果（sig+和 sig-两列）显示，当 Gamma＝1.2 时，上界的显著性水平就小于 0.05，说明了当匹配的两个单元接触处理发生比为 1.2 时，就可以改变原先对于处理效应的结论；即这个隐藏性偏差的影响不必太大就可以改变原来结论，因此分析结果对于隐藏性偏差的影响是非常敏感的。

通过 Hodges-Lehmann 点估计检验结果（t-hat+、t-hat-、CI+和 CI-四

列)显示，当 Gamma＝1.3 时，点估计的 95％ 置信区间便包含了 0，说明了处理效应在 Gamma＝1.3 时是无效的；当匹配的两个单元接触处理发生比的差异仅为 1.3 倍时，原先对于处理效应的结论就会被改变。

4. 匹配后差异检验

基于倾向值进行配对，分析匹配后差异检验。匹配后，独生子女和非独生子女在五年级数学总分、数与代数、图形与几何、统计与概率、综合与实践、知识技能、数学思考、解决问题等层面上均有显著差异(见表 3-30)。

表 3-30　匹配后独生子女和非独生子女数学成绩差异情况表

维度		人数/人	平均成绩/分	标准差	差异检验 t	p
数学总分	独生子女	17 828	613.6	148.9		
	非独生子女	9 177	577.9	159.5	17.826	0.000
数与代数	独生子女	17 828	628.2	131.9		
	非独生子女	9 177	595.5	142.2	18.334	0.000
图形与几何	独生子女	17 828	598.3	165.3		
	非独生子女	9 177	559.8	176.7	17.318	0.000
统计与概率	独生子女	17 828	565.6	153.5		
	非独生子女	9 177	530.7	160.9	17.137	0.000
综合与实践	独生子女	17 828	622.7	172.9		
	非独生子女	9 177	583.6	186.5	16.717	0.000
知识技能	独生子女	17 828	647.5	134.3		
	非独生子女	9 177	614.7	144.7	18.081	0.000
数学思考	独生子女	17 828	618.9	168.3		
	非独生子女	9 177	578.8	180.5	17.682	0.000
解决问题	独生子女	17 828	592.2	125.8		
	非独生子女	9 177	562.2	131.9	17.951	0.000

(二)2014 年北京市五年级是否独生子女学生的语文成绩和师生关系、同伴关系及情绪管理差异

1. 描述统计

选择 2014 年北京市小学调研变量(性别、户籍、地域、规模、是否随迁、城郊、家庭社会经济地位等)作为影响处理分配和实验结果的混淆共变量(confounding covariates)。对 2014 年北京市五年级学生样本独生子女和非独生子女在各共变量上的分布情况进行分析，得出的结果如表 3-31 所示。

表 3-31 2014 年北京市五年级学生样本独生子女和非独生子女在各共变量上的分布情况表

共变量		非独生子女		独生子女		合计	
		人数/人	百分比/%	人数/人	百分比/%	人数/人	百分比/%
学生性别	男	801	41.6	1 125	58.4	1 926	54.1
	女	694	42.4	941	57.6	1 635	45.9
户籍类别	本市城镇户籍	210	16.3	1 079	83.7	1 289	36.2
	本市农业户籍	220	35.1	407	64.9	627	17.6
	非本市城镇户籍	243	45.5	291	54.5	534	15.0
	非本市农业户籍	822	74.0	289	26.0	1 111	31.2
随迁子女	是	858	70.2	365	29.8	1 223	34.3
	否	637	27.2	1 701	72.8	2 338	65.7
所属地域	城市校	608	38.3	978	61.7	1 586	44.5
	县镇校	381	35.0	708	65.0	1 089	30.6
	农村校	506	57.1	380	42.9	886	24.9
城区郊县	城区	643	40.5	944	59.5	1 587	44.6
	郊县	852	43.2	1 122	56.8	1 974	55.4
学校规模	大规模学校	593	33.6	1 171	66.4	1 764	49.5
	适宜规模学校	697	48.1	753	51.9	1 450	40.7
	小规模学校	205	59.1	142	40.9	347	9.7

2. 匹配前差异检验

匹配前，独生子女和非独生子女在五年级语文总分、识字与写字、阅读与积累、习作上差异显著；在师生关系总层面及亲密性、冲突性、支持性上差异不显著，在满意度上差异显著；在同伴关系和情绪管理总层面及各维度上均差异显著。具体如表 3-32 所示。

表 3-32 匹配前独生子女和非独生子女语文成绩、师生关系、同伴关系、情绪管理差异情况表

维度		人数/人	平均数	标准差	差异检验 t	p
总分	独生子女	2 066	528.4	129.0	9.368	0.000
	非独生子女	1 495	486.7	132.6		
识字与写字	独生子女	2 066	518.8	149.3	9.060	0.000
	非独生子女	1 495	472.1	153.7		
阅读与积累	独生子女	2 066	525.9	129.2	9.275	0.000
	非独生子女	1 495	484.7	132.1		

维度		人数/人	平均数	标准差	差异检验 t	p
习作	独生子女	2 066	547.6	116.4		
	非独生子女	1 495	511.4	122.4	8.914	0.000
亲密性	独生子女	2 066	5.62	1.94		
	非独生子女	1 495	5.56	1.94	0.918	0.358
冲突性	独生子女	2 066	6.47	2.69		
	非独生子女	1 495	6.41	2.62	0.663	0.507
支持性	独生子女	2 066	6.36	2.20		
	非独生子女	1 495	6.25	2.16	1.472	0.141
满意度	独生子女	2 066	5.59	1.95		
	非独生子女	1 495	5.43	1.93	2.450	0.014
师生关系 总层面	独生子女	2 066	6.10	2.08		
	非独生子女	1 495	6.00	2.04	1.394	0.164
个体内部	独生子女	2 057	5.24	2.43		
	非独生子女	1 492	4.87	2.41	4.479	0.000
人际管理	独生子女	2 057	5.19	2.00		
	非独生子女	1 492	4.89	1.98	4.496	0.000
适应性	独生子女	2 057	4.90	1.30		
	非独生子女	1 492	4.72	1.26	4.147	0.000
压力管理	独生子女	2 057	5.24	2.22		
	非独生子女	1 492	4.91	2.20	4.404	0.000
情绪管理 总层面	独生子女	2 057	5.19	1.99		
	非独生子女	1 492	4.87	1.96	4.799	0.000
同伴焦虑	独生子女	2 066	5.11	1.39		
	非独生子女	1 495	4.90	1.34	4.473	0.000
同伴接纳	独生子女	2 066	5.27	2.54		
	非独生子女	1 495	4.96	2.46	3.640	0.000
同伴关系 总层面	独生子女	2 066	5.15	2.04		
	非独生子女	1 495	4.88	1.96	3.916	0.000

3. 估计倾向值

使用倾向值匹配法估计因果效应包括估计倾向值和匹配分析。一般，估计倾向值可以采用 Logit、Probit 等回归方法，同时要进行平衡重合性检验和敏感性分析。

Logit 回归 对于倾向分数的计算，采用 Logit 模型和 Probit 模型进行回归分析，计算独生和非独生如何受到性别、户籍、地域、规模、城郊、家庭社会经济地位等变量的影响。

表 3-33 为 Logit 模型和 Probit 模型的倾向分数模型估计结果，两组模型得出的结论较为一致，两组倾向分数之间的相关关系达 0.94，结果具有较好的稳定性。

表 3-33　2014 年北京市五年级学生共变量对是否独生子女的 Logit 和 Probit 回归模型结果表

共变量	Logit 模型				Probit 模型			
	Coef.	S. E.	z	$p > z$	Coef.	S. E.	z	$p > z$
XB_1	0.23	0.09	2.59	0.01	0.14	0.05	2.60	0.01
HJ_2	−0.74	0.14	−5.28	0.00	−0.43	0.08	−5.24	0.00
HJ_3	−1.51	0.14	−10.87	0.00	−0.89	0.08	−10.92	0.00
HJ_4	−2.28	0.19	−11.82	0.00	−1.37	0.11	−11.94	0.00
DY_2	0.06	0.17	0.34	0.73	0.04	0.09	0.40	0.69
DY_3	−0.31	0.15	−2.04	0.04	−0.19	0.09	−2.08	0.04
GM_2	0.05	0.11	0.46	0.65	0.03	0.06	0.51	0.61
GM_3	−0.16	0.16	−1.00	0.32	−0.10	0.10	−1.03	0.30
SQ_1	−0.15	0.16	−0.93	0.35	−0.10	0.10	−1.00	0.32
CJ_1	0.22	0.15	1.43	0.15	0.13	0.09	1.47	0.14
SES	0.30	0.05	5.83	0.00	0.18	0.03	5.84	0.00

对表 3-33 的结果分析后发现，从统计推论的角度，男生为独生的概率大于女生，本市城镇学生为独生的概率大于其他户籍学生，城市校学生为独生的概率大于县镇和农村校，大规模学校学生为独生的概率大于其他规模学校学生，非随迁子女学生为独生的概率大于随迁子女学生，家庭社会经济地位越高的学生为独生的概率越大。而城区郊县这对分组变量的影响并不显著。

整体而言，回归模型结果也验证了独生子女和非独生子女之间存在的不可忽视的异质性问题，证明了本研究中使用倾向分数配对方法的必要性。

估计处理效应　利用最近邻匹配法、半径匹配法、核匹配法、马氏距离匹配法分别估计了"独生"因素对学生语文成绩所产生的因果效应。此外，为保证估计结果的稳定性，在用每一种方法进行估计后，我们均使用 Bootstrap 重复抽样方式进行稳定性检验，发现结果的稳定性状况很好。如表 3-34 所示，即在考虑了异质性与样本选择性偏差这两个问题后，"独生"因素对儿童学业发展确实产生了正向影响："独生"因素对小学独生子女学生的语文学业成就平均处理效应（ATT）是 35 左右；若当前小学独生子女成为非独生子女，他们的语文学业成就所受到的平均处理效应（ATU）是 28 左右；"独生"因素对所有学生个体语文的学业成就总体处理效应是 30 左右。

表 3-34　2014 年北京市五年级样本不同匹配方法估计处理效应情况表(以语文成绩为例)

项目		Treat	Control	Difference	S. E.
最近邻匹配法	ATT	540.5	511.9	28.6	6.3
	ATU	494.8	521.5	26.8	7.2
	ATE			27.8	4.8
半径匹配法	ATT	540.5	502.5	38.0	7.9
	ATU	494.4	522.9	28.5	6.2
	ATE			34.2	8.3
核匹配法	ATT	540.5	501.5	39.0	8.6
	ATU	494.8	522.7	27.9	5.3
	ATE			34.5	8.5
马氏距离匹配法	ATT	540.5	509.0	31.5	7.8
	ATU	494.8	521.9	27.1	7.9
	ATE			29.7	5.7

四种匹配方法所得结果基本一致,表示倾向分数匹配具有较好的稳固性(robust)。以下仅以最近邻匹配法结果进行呈现。

平衡重合检验　对于平衡性的检验,需要检验共变量各组在匹配前后均值的差异。从表 3-35 可以发现,除性别、城郊、规模外,大部分的共变量经过匹配后,偏差都减少 85% 以上。基于平衡性检验结果,可以说本研究匹配变量和匹配方法的选择较为恰当,匹配后,独生子女和非独生子女在户籍、地域、规模、家庭社会经济地位等方面具有较高程度的一致性。

表 3-35　倾向分数匹配模型共变量的平衡性检验

共变量	匹配前后	平均值		标准偏误减少幅度		t 检验	
		Treat	Control	标准偏误/%	减少幅度/%	t	$p > t$
XB_1	U(Unmatched)	0.53	0.51	3.6	28.0	0.95	0.34
	M(Matched)	0.53	0.51	2.6		0.76	0.45
HJ_2	U(Unmatched)	0.19	0.15	10.4	78.5	2.68	0.01
	M(Matched)	0.19	0.18	2.2		0.62	0.53
HJ_3	U(Unmatched)	0.14	0.17	−8.3	53.0	−2.19	0.03
	M(Matched)	0.14	0.16	−3.9		−1.16	0.25
HJ_4	U(Unmatched)	0.14	0.54	−94.0	99.7	−25.35	0.00
	M(Matched)	0.14	0.14	0.3		0.10	0.92
DY_2	U(Unmatched)	0.34	0.25	19.1	81.5	4.94	0.00
	M(Matched)	0.34	0.36	−3.5		−0.98	0.33

共变量	匹配前后	平均值		标准偏误减少幅度		t 检验	
		Treat	Control	标准偏误/%	减少幅度/%	t	$p > t$
DY_3	U(Unmatched)	0.18	0.35	−38.0	95.7	−10.11	0.00
	M(Matched)	0.18	0.17	1.6		0.54	0.59
GM_2	U(Unmatched)	0.36	0.45	−18.8	81.9	−4.91	0.00
	M(Matched)	0.36	0.34	3.4		1.01	0.31
GM_3	U(Unmatched)	0.07	0.14	−24.6	84.9	−6.61	0.00
	M(Matched)	0.07	0.06	3.7		1.36	0.17
SQ_1	U(Unmatched)	0.18	0.57	−89.0	98.0	−23.79	0.00
	M(Matched)	0.18	0.18	−1.8		−0.59	0.56
CJ_1	U(Unmatched)	0.46	0.43	5.6	39.8	1.45	0.15
	M(Matched)	0.46	0.47	−3.4		−0.97	0.33
SES	U(Unmatched)	0.20	−0.39	61.2	95.0	16.03	0.00
	M(Matched)	0.20	0.23	−3.1		−0.90	0.37

表 3-35 总结了关键共变量的估计。由结果可知，匹配前独生组和非独生组在性别、城郊、规模、家庭社会经济地位等方面都存在显著差异，这些因素混淆了独生和非独生在情绪适应方面的差异；经过倾向分数最近邻匹配后，独生组和非独生组在上述大部分变量上差异均不显著。匹配前，独生组的倾向分数得分显著高于非独生组；匹配后，独生组和非独生组无差异。以上结果说明最近邻匹配相对较为成功。同时，由图 3-12 和图 3-13 可以看出，匹配后处理组和控制组的倾向分数分布更加趋于一致。

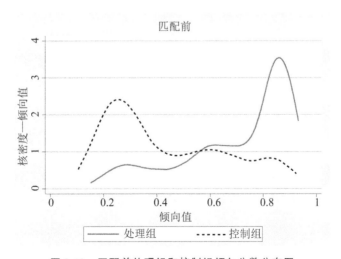

图 3-12　匹配前处理组和控制组倾向分数分布图

对于重合性的检验。使用 psgraph 程序图检验实验组和对照组倾向值重合的情况，图 3-13 显示实验组的样本在 0～1 区间都拥有相对应的对照组样本与之重合，显示重合情况尚可。

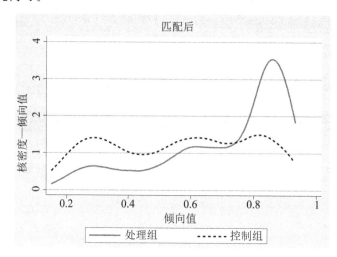

图 3-13 匹配后处理组和控制组倾向分数分布图

图 3-14 呈现了 Logit 模型计算得到独生子女和非独生子女群体倾向分数的条形图。我们发现，两组群体在倾向分数的分布上都具有较好重叠状态：对于倾向分数高于 0.5 的样本，独生子女群体样本个数大于非独生子女群体；与之相对应，对于倾向分数低于 0.5 的样本，独生子女群体样本个数小于非独生子女群体。

敏感性分析 通过 Wilcoxon 符号秩检验结果（sig＋和 sig－两列）和 Hodges-Lehmann 点估计检验结果（t－hat＋、t－hat－、CI＋和 CI－四列）显示，当匹配的两个单元接触处理发生比的差异仅为 1.3 倍时，原先对于处理效应的结论就会被改变（见表 3-36）。

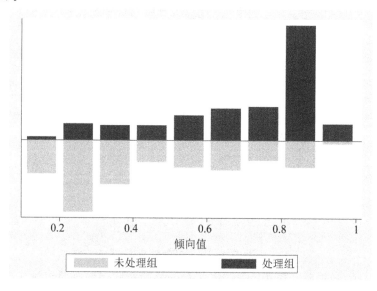

图 3-14 匹配后处理组和控制组样本倾向值重合情况图

表 3-36　基于 2013 年北京市五年级数据的倾向分数匹配的敏感性分析表

Gamma	sig＋	sig－	t－hat＋	t－hat－	CI＋	CI－
1	0.00	0.00	25.60	25.60	17.21	34.01
1.1	0.00	0.00	18.37	32.85	9.99	41.31
1.2	0.00	0.00	11.76	39.47	3.38	47.97
1.3	0.09	0.00	5.77	45.55	−2.67	54.05
1.4	0.48	0.00	0.18	51.18	−8.27	59.73
1.5	0.88	0.00	−4.93	56.40	−13.53	64.99
1.6	0.99	0.00	−9.80	61.27	−18.34	69.95
1.7	1.00	0.00	−14.33	65.84	−22.91	74.57
1.8	1.00	0.00	−18.54	70.15	−27.18	78.96
1.9	1.00	0.00	−22.54	74.20	−31.19	83.11
2	1.00	0.00	−26.31	78.06	−35.02	87.06

4. 匹配后差异检验

匹配后，独生子女和非独生子女在五年级语文总分、识字与写字、阅读与积累、习作上差异显著；在师生关系的总层面及亲密性、冲突性、支持性上差异不显著，在满意度上差异显著；在同伴关系和情绪管理总层面及各维度上均差异显著。具体如表 3-37 所示。

表 3-37　匹配后独生子女和非独生子女语文成绩、师生关系、同伴关系和情绪管理的差异情况表

维度		人数/人	平均数	标准差	差异检验 t	p
总分	独生子女	1 680	540.5	123.8		
	非独生子女	1 141	494.8	129.2	9.383	0.000
识字与写字	独生子女	1 680	532.8	143.4		
	非独生子女	1 141	481.0	150.1	9.168	0.000
阅读与积累	独生子女	1 680	538.0	123.9		
	非独生子女	1 141	492.8	128.1	9.305	0.000
习作	独生子女	1 680	557.3	112.1		
	非独生子女	1 141	518.2	121.2	8.673	0.000
亲密性	独生子女	1 680	5.74	1.95		
	非独生子女	1 141	5.66	1.92	0.978	0.328
冲突性	独生子女	1 680	6.60	2.66		
	非独生子女	1 141	6.53	2.58	0.772	0.440

维度		人数/人	平均数	标准差	差异检验 t	p
支持性	独生子女	1 680	6.48	2.19		
	非独生子女	1 141	6.35	2.14	1.480	0.139
满意度	独生子女	1 680	5.65	1.95		
	非独生子女	1 141	5.48	1.93	2.220	0.027
师生关系 总层面	独生子女	1 680	6.21	2.09		
	非独生子女	1 141	6.09	2.02	1.522	0.128
个体内部	独生子女	1 672	5.40	2.41		
	非独生子女	1 139	5.03	2.42	3.940	0.000
人际管理	独生子女	1 672	5.34	1.97		
	非独生子女	1 139	5.03	2.00	4.093	0.000
适应性	独生子女	1 672	4.99	1.27		
	非独生子女	1 139	4.80	1.27	3.976	0.000
压力管理	独生子女	1 672	5.40	2.19		
	非独生子女	1 139	5.06	2.21	4.072	0.000
情绪管理 总层面	独生子女	1 672	5.34	1.97		
	非独生子女	1 139	5.01	1.98	4.311	0.000
同伴焦虑	独生子女	1 680	5.19	1.38		
	非独生子女	1 141	4.96	1.36	4.326	0.000
同伴接纳	独生子女	1 680	5.44	2.52		
	非独生子女	1 141	5.13	2.44	3.260	0.001
同伴关系 总层面	独生子女	1 680	5.29	2.02		
	非独生子女	1 141	5.03	1.97	3.325	0.001

(三)2014 年八年级是否独生子女学生的语文成绩和师生关系、同伴关系和情绪管理差异

1. 描述统计

选择 2014 年北京市初中调研变量(性别、户籍、地域、规模、是否随迁、城郊、家庭社会经济地位等)作为影响处理分配和实验结果的混淆共变量(confounding covariates)。对 2014 年北京市八年级学生样本独生子女和非独生子女在各共变量上的分布情况分析如表 3-38 所示。

表 3-38　2014 年北京市八年级学生样本独生子女和非独生子女在各共变量上的分布情况表

共变量		非独生子女		独生子女		合计	
		人数/人	百分比/%	人数/人	百分比/%	人数/人	百分比/%
学生性别	男	692	33.2	1 395	66.8	2 087	51.4
	女	768	38.9	1 207	61.1	1 975	48.6
户籍类别	本市城镇户籍	221	12.4	1 567	87.6	1 788	44.1
	本市农业户籍	340	35.9	606	64.1	946	23.3
	非本市城镇户籍	250	55.4	201	44.6	451	11.1
	非本市农业户籍	648	74.1	226	25.9	874	21.5
随迁子女	是	638	71.8	250	28.2	888	21.9
	否	822	25.9	2 352	74.1	3 174	78.1
所属地域	城市校	752	32.9	1 534	67.1	2 286	56.3
	县镇校	260	30.6	591	69.4	851	20.9
	农村校	448	48.4	477	51.6	925	22.8
城郊	城区	706	34.8	1 320	65.2	2 026	49.9
	郊县	754	37.0	1 282	63.0	2 036	50.1
学校规模	大规模学校	250	19.8	1 010	80.2	1 260	31.0
	适宜规模学校	497	36.3	871	63.7	1 368	33.7
	小规模学校	713	49.7	721	50.3	1 434	35.3

2. 匹配前差异检验

匹配前，独生子女和非独生子女在八年级语文总分、识字与写字、阅读、写作上差异显著；在师生关系总层面及亲密性、冲突性、支持性、满意度上差异不显著；在同伴关系和情绪管理总层面及各维度上均差异显著。具体如表 3-39 所示。

表 3-39　匹配前独生子女和非独生子女语文成绩、师生关系、同伴关系、情绪管理差异情况表

项目		人数/人	平均数	标准差	差异检验 t	p
总分	独生子女	2 602	488.2	119.8		
	非独生子女	1 460	465.0	114.3	6.106	0.000
识字与写字	独生子女	2 602	531.8	136.8		
	非独生子女	1 460	508.6	133.8	5.271	0.000
阅读	独生子女	2 602	500.1	113.3		
	非独生子女	1 460	480.7	108.7	5.351	0.000
写作	独生子女	2 602	455.4	138.4		
	非独生子女	1 460	426.3	131.8	6.636	0.000

项目		人数/人	平均数	标准差	差异检验 t	p
亲密性	独生子女	2 602	5.02	1.94		
	非独生子女	1 462	4.90	1.90	1.936	0.053
冲突性	独生子女	2 602	4.99	2.50		
	非独生子女	1 462	4.94	2.50	0.583	0.560
支持性	独生子女	2 602	5.00	1.95		
	非独生子女	1 462	4.90	1.91	1.573	0.116
满意度	独生子女	2 602	4.99	1.75		
	非独生子女	1 462	4.96	1.77	0.609	0.543
师生关系总层面	独生子女	2 602	5.00	1.93		
	非独生子女	1 462	4.94	1.91	1.038	0.299
个体内部	独生子女	2 601	5.14	2.64		
	非独生子女	1 461	4.59	2.58	6.433	0.000
人际管理	独生子女	2 601	5.37	1.81		
	非独生子女	1 461	4.97	1.73	6.856	0.000
适应性	独生子女	2 601	5.27	1.46		
	非独生子女	1 461	4.99	1.40	5.907	0.000
压力管理	独生子女	2 601	5.38	2.03		
	非独生子女	1 461	4.89	1.97	7.662	0.000
情绪管理总层面	独生子女	2 601	5.37	1.91		
	非独生子女	1 461	4.93	1.84	7.241	0.000
同伴焦虑	独生子女	2 601	4.99	1.38		
	非独生子女	1 462	4.88	1.33	2.454	0.014
同伴接纳	独生子女	2 601	5.12	2.41		
	非独生子女	1 462	4.92	2.38	2.668	0.008
同伴关系总层面	独生子女	2 601	5.07	1.99		
	非独生子女	1 462	4.91	1.95	2.427	0.015

3. 计算倾向分数

Logit 回归　表 3-40 为 Logit 模型和 Probit 模型的倾向分数模型估计结果，两组模型得出的结论较为一致，两组倾向分数之间的相关关系达 0.93，结果具有较好的稳定性。

表 3-40　2014 年北京市八年级学生共变量对是否独生子女的 **Logit** 和 **Probit** 回归模型结果表

共变量	Logit 模型				Probit 模型			
	Coef.	S. E.	z	$p>\mid z\mid$	Coef.	S. E.	z	$p>\mid z\mid$
XB_1	0.51	0.09	5.92	0.00	0.29	0.05	5.86	0.00
HJ_2	−0.76	0.13	−5.77	0.00	−0.43	0.08	−5.69	0.00
HJ_3	−2.04	0.14	−14.58	0.00	−1.20	0.08	−14.65	0.00
HJ_4	−2.51	0.19	−13.28	0.00	−1.49	0.11	−13.39	0.00
DY_2	−0.01	0.17	−0.06	0.95	0.01	0.09	0.08	0.94
DY_3	−0.09	0.16	−0.56	0.57	−0.05	0.09	−0.50	0.62
GM_2	−0.05	0.12	−0.42	0.67	−0.03	0.07	−0.40	0.69
GM_3	−0.08	0.13	−0.62	0.54	−0.06	0.07	−0.76	0.45
SQ_1	−0.04	0.17	−0.22	0.83	−0.03	0.10	−0.25	0.80
CJ_1	0.13	0.15	0.92	0.36	0.09	0.08	1.03	0.30
SES	0.53	0.06	9.47	0.00	0.30	0.03	9.42	0.00

估计处理效应　利用最近邻匹配法、半径匹配法、核匹配法、马氏距离匹配法分别估计了"独生"因素对学生数学成绩所产生的因果效应。此外，为保证估计结果的稳定性，在用每一种方法进行估计后，我们均使用 Bootstrap 重复抽样方式进行稳定性检验，发现结果的稳定性状况很好（见表 3-40）。即在考虑了异质性与样本选择性偏差这两个问题后，"独生"因素对儿童学业发展确实产生了正向影响："独生"因素对小学独生子女学生的语文学业成就平均处理效应（ATT）是 25 左右；若当前小学独生子女成为非独生子女，他们的语文学业成就所受到的平均处理效应（ATU）在 0 左右；"独生"因素对所有学生个体语文的学业成就总体处理效应是 16 左右（见表 3-41）。

表 3-41　2014 年北京市八年级样本不同匹配方法估计处理效应情况表（以语文成绩为例）

项目		Treat	Control	Difference	S. E.
最近邻匹配法	ATT	493.7	468.3	25.5	7.4
	ATU	468.1	465.3	−2.8	6.7
	ATE			15.7	7.0
半径匹配法	ATT	493.7	469.6	24.1	7.2
	ATU	468.1	468.4	0.3	5.1
	ATE			15.9	7.0
核匹配法	ATT	493.7	469.7	24.0	7.3
	ATU	468.1	469.0	1.0	5.8
	ATE			16.0	7.5

项目		Treat	Control	Difference	S. E.
马氏距离匹配法	ATT	493.7	480.0	13.8	8.9
	ATU	468.1	468.4	0.3	7.2
	ATE			19.1	7.1

四种匹配方法所得结果基本一致，表示倾向分数匹配具有较好的稳固性(robust)。以下仅以最近邻匹配法结果进行呈现。

平衡重合检验 对于平衡性的检验，需要检验共变量各组在匹配前后均值的差异。从表 3-42 可以发现，除性别、城郊、规模外，大部分的共变量经过匹配后，偏差都减少 85% 以上。基于平衡性检验结果，可以说本研究匹配变量和匹配方法的选择较为恰当，匹配后，独生子女和非独生子女在户籍、地域、规模、家庭社会经济地位等方面具有较高程度的一致性。

表 3-42 倾向分数匹配模型共变量的平衡性检验

共变量	匹配前后	平均值		标准偏误减少幅度		t 检验	
		Treat	Control	标准偏误/%	减少幅度/%	t	$p > t$
XB_1	U(Unmatched)	0.54	0.46	14.3		4.06	0
	M(Matched)	0.54	0.57	−7.2	49.8	−2.45	0.014
HJ_2	U(Unmatched)	0.23	0.24	−1.1		−0.32	0.751
	M(Matched)	0.23	0.23	1	8.5	0.35	0.726
HJ_3	U(Unmatched)	0.08	0.17	−28.8		−8.6	0
	M(Matched)	0.08	0.08	−0.9	96.8	−0.38	0.706
HJ_4	U(Unmatched)	0.09	0.44	−87.8		−27.08	0
	M(Matched)	0.09	0.09	0.1	99.9	0.05	0.959
DY_2	U(Unmatched)	0.23	0.17	15		4.19	0
	M(Matched)	0.23	0.23	0.3	97.8	0.11	0.916
DY_3	U(Unmatched)	0.19	0.31	−29.9		−8.72	0
	M(Matched)	0.19	0.20	−2.5	91.6	−0.93	0.351
GM_2	U(Unmatched)	0.34	0.34	−0.1		−0.03	0.973
	M(Matched)	0.34	0.30	8.6	−6991.7	2.97	0.003
GM_3	U(Unmatched)	0.28	0.50	−46.8		−13.51	0
	M(Matched)	0.28	0.32	−10.1	78.4	−3.56	0
SQ_1	U(Unmatched)	0.10	0.43	−81.9		−25.09	0
	M(Matched)	0.10	0.12	−5.1	93.8	−2.26	0.024

共变量	匹配前后	平均值		标准偏误减少幅度		t 检验	
		Treat	Control	标准偏误/%	减少幅度/%	t	$p>t$
CJ$_1$	U(Unmatched)	0.51	0.48	5.4		1.52	0.128
	M(Matched)	0.51	0.50	3.1	42	1.06	0.29
SES	U(Unmatched)	0.25	−0.49	80.7		22.58	0
	M(Matched)	0.25	0.22	2.3	97.2	0.71	0.475

表 3-42 总结了关键共变量的估计。由结果可知，匹配前独生组和非独生组在性别、城郊、家庭类型、家庭社会经济地位等方面都存在显著差异，这些因素混淆了独生和非独生在情绪适应方面的差异；经过倾向分数最近邻匹配后，独生组和非独生组在上述大部分变量上差异均不显著。匹配前，独生组的倾向分数得分显著高于非独生组；匹配后，独生组和非独生组无差异。以上结果说明最近邻匹配相对较为成功。同时，由图 3-15 和图 3-16 可以看出，匹配后处理组和控制组的倾向分数分布更加趋于一致。

对于重合性的检验。使用 psgraph 程序图检验实验组和对照组倾向值重合的情况，图 3-15 和图 3-16 显示实验组的样本在 0～1 区间都拥有相对应的对照组样本与之重合，显示重合情况尚可。图 3-17 呈现了 Logit 模型计算得到独生子女和非独生子女群体倾向分数的条形图。我们发现，两组群体在倾向分数的分布上都具有较好重叠状态：对于倾向分数高于 0.7 的样本，独生子女群体样本个数大于非独生子女群体；与之相对应，对于倾向分数低于 0.7 的样本，独生子女群体样本个数小于非独生子女群体。

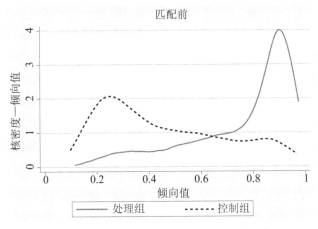

图 3-15 匹配前处理组和控制组倾向分数分布图

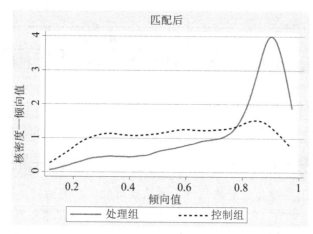

图 3-16　匹配后处理组和控制组倾向分数分布图

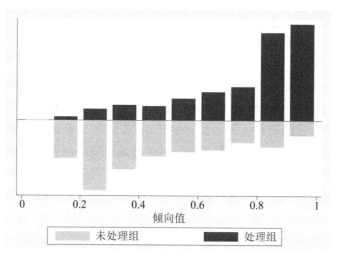

图 3-17　匹配后处理组和控制组样本倾向值重合情况图

敏感性分析　通过 Wilcoxon 符号秩检验结果（sig＋和 sig－两列）和 Hodges-Lehmann 点估计检验结果（t－hat＋、t－hat－、CI＋和 CI－四列）显示，当匹配的两个单元接触处理发生比的差异为 1.3 倍时，原先对于处理效应的结论就会被改变（见表 3-43）。

表 3-43　基于 2014 年北京市八年级数据的倾向分数匹配的敏感性分析表

Gamma	sig＋	sig－	t－hat＋	t－hat－	CI＋	CI－
1	0.00	0.00	23.17	23.17	16.12	30.25
1.1	0.00	0.00	16.03	30.34	8.94	37.52
1.2	0.00	0.00	9.50	36.96	2.44	44.14
1.3	0.16	0.00	3.55	43.02	－3.56	50.26
1.4	0.71	0.00	－1.95	48.63	－9.07	55.94

Gamma	sig＋	sig－	t－hat＋	t－hat－	CI＋	CI－
1.5	0.98	0.00	−7.06	53.85	−14.14	61.21
1.6	1.00	0.00	−11.79	58.76	−18.87	66.20
1.7	1.00	0.00	−16.17	63.35	−23.34	70.87
1.8	1.00	0.00	−20.33	67.72	−27.55	75.21
1.9	1.00	0.00	−24.27	71.81	−31.53	79.34
2	1.00	0.00	−27.97	75.64	−35.26	83.33

4. 匹配后差异检验

匹配后，独生子女和非独生子女在八年级语文总分、识字与写字、阅读、写作上差异显著；在师生关系总层面及冲突性、支持性、满意度上差异不显著，在冲突性上差异显著；在同伴关系和情绪管理总层面及各维度上均差异显著。具体如表 3-44 所示。

表 3-44　匹配后独生子女和非独生子女在语文成绩、师生关系、同伴关系和情绪管理的差异情况表

维度		人数/人	平均数	标准差	差异检验 t	p
总分	独生子女	2 315	493.7	118.9		
	非独生子女	1 232	468.1	111.6	6.375	0.000
识字与写字	独生子女	2 315	537.2	136.1		
	非独生子女	1 232	510.5	132.2	5.679	0.000
阅读	独生子女	2 315	505.3	112.5		
	非独生子女	1 232	483.8	106.4	5.607	0.000
写作	独生子女	2 315	461.3	137.2		
	非独生子女	1 232	429.7	128.3	6.828	0.000
亲密性	独生子女	2 315	5.04	1.94		
	非独生子女	1 232	4.90	1.87	2.064	0.039
冲突性	独生子女	2 315	5.02	2.49		
	非独生子女	1 232	4.97	2.48	0.560	0.576
支持性	独生子女	2 315	5.02	1.95		
	非独生子女	1 232	4.91	1.90	1.628	0.104
满意度	独生子女	2 315	5.00	1.75		
	非独生子女	1 232	4.97	1.75	0.636	0.525
师生关系总层面	独生子女	2 315	5.03	1.93		
	非独生子女	1 232	4.96	1.89	1.040	0.298

维度		人数/人	平均数	标准差	差异检验 t	p
个体内部	独生子女	2 315	5.19	2.63		
	非独生子女	1 232	4.63	2.56	6.165	0.000
人际管理	独生子女	2 315	5.40	1.81		
	非独生子女	1 232	4.99	1.71	6.630	0.000
适应性	独生子女	2 315	5.29	1.45		
	非独生子女	1 232	5.01	1.39	5.648	0.000
压力管理	独生子女	2 315	5.43	2.02		
	非独生子女	1 232	4.92	1.94	7.443	0.000
情绪管理总层面	独生子女	2 315	5.41	1.90		
	非独生子女	1 232	4.96	1.81	6.947	0.000
同伴焦虑	独生子女	2 315	5.00	1.37		
	非独生子女	1 232	4.87	1.33	2.799	0.005
同伴接纳	独生子女	2 315	5.16	2.39		
	非独生子女	1 232	4.92	2.37	2.847	0.004
同伴关系总层面	独生子女	2 315	5.10	1.98		
	非独生子女	1 232	4.91	1.93	2.655	0.008

(四)总结与讨论

就独生子女和非独生子女的认知结果差异来看，五、八年级独生子女的语文成绩均较高，与非独生子女存在显著差异。从研究结果来看，五、八年级语文总分和各内容领域分数，均处于较高水平。例如，五年级独生子女的语文成绩为540.5分，在各个领域也均在500分以上。同时，匹配前和匹配后均表现为独生子女学业成绩显著高于非独生子女学业成绩，这与前人研究结论一致。而独生子女学业优秀的原因也得益于家庭、学校、社会资源的优势占用。

就独生子女和非独生子女的非认知结果差异来看，五、八年级独生子女学生的师生关系较好，与非独生子女不存在显著差异。例如，五年级独生子女学生的师生关系分数为6.21，八年级为5.03，均处于总分九分的较高位置，相对而言，五年级独生子女学生师生关系优于八年级。但匹配后独生子女和非独生子女学生的师生关系不存在显著差异，这与国内研究者的结论基本一致。但是进一步分析发现，五年级独生子女的师生关系满意度显著优于非独生子女；八年级独生子女的师生关系亲密性显著优于非独生子女。这可能与小学生独生子女受到的关注程度更大，中学生独生子女更倾向于继续跟教师建立亲密关系有关，其深层原因有待进一步研究。

五、八年级独生子女的同伴关系、情绪管理较好，与非独生子女存在显著差异。例如，五年级独生子女的同伴关系总层面分数为 5.29，处于分数的较高位置；八年级独生子女学生的情绪管理总层面分数为 5.41，也处于分数的较高位置。这与前人的结论存在不一致的地方。Falbo 对 30 篇关于社会性和调节性的文章进行元分析得出，独生子女和非独生子女在同伴关系和个人情绪管理方面不存在显著差异。而有研究表明独生子女的亲和力（likeability）要优于非独生子女，这是否是产生独生子女同伴关系和情绪管理优于非独生子女的原因之一，有待进一步研究。此外，目前研究主要集中在独生子女和非独生子女之间的认知功能和人格特征等方面的差异。但有研究者对于独生子女和非独生子女的相关差异背后的机制进行了更为精细的研究和探讨，提出家庭环境可能影响独生子女、非独生子女在神经脑机制上产生不同。

关于倾向值匹配模型仍需进一步完善。由于社会、道德等诸多原因，我们无法随机选择被试，也无法随机分配被试到独生子女组或者非独生子女组，因此识别出"独生"对情绪适应的效应相对较难。这就导致难以排除性别、城郊、家庭社会经济地位等因素对情绪适应产生影响的可能性。如果没有控制混淆共变量，那么观察到的独生子女和非独生子女在学业成绩、师生关系、同伴关系和情绪管理上的结论可能是虚假的。由倾向分数的 Logit 回归可知，"独生"在很大程度上受到性别、户籍、城郊、家庭社会经济地位等因素的影响。例如，男生为独生的概率大于女生，本市城镇学生为独生的概率大于其他户籍学生，城市校学生为独生的概率大于县镇和农村校学生，家庭社会经济地位越高的学生为独生的概率越大。我们采用倾向值匹配的方法，在很大程度上对上述变量进行了控制，相对于以往研究，本研究基于准实验的研究设计，建立倾向值配对模型，有效控制了样本选择偏差问题，较好地控制了样本异质性可能造成的估计偏差，大大提高了研究的精细程度，所得研究结果更加真实有效。但倾向值的信度很大程度上依赖于所观察到的共变量，这就受到我们数据库中共变量个数的限制，而通过敏感性分析可以看出其他变量也有可能影响处理效应，故在以后的研究中我们将尽可能多调查混淆共变量，以使倾向值匹配模型更加稳健。

第四节　随迁子女/非随迁子女差异

一、背景

(一)政策与现实背景

伴随着我国十余年来的城市化过程，非农产业逐渐在城镇集聚、农村人口随之向城镇集中，导致了随迁子女和流动人口问题产生，而城市化进程的加速使这一问题显得日益重要。有学者对国家政策进行分析总结得出，国家在 1989 年至 2014 年的这 26 年间共发布了 15 份与进城务工人员随迁子女有关的政策文件，即平均不到两年就有一份相关政策文件颁布。国家政策通常可被视为重要现实问题的反映，从对这一类文件的频繁颁布可以看出，随迁子女问题在近三十年来是教育领域中十分引人关注的问题。因此对随迁子女问题进行研究有重要意义。

北京市义务教育教学质量分析与评价反馈系统自 2003 年起至 2014 年，按年度实施学业水平测试和学生、教师、学校的调查，为科学、客观了解北京市五、八年级学生的学业水平及其影响因素积累了大量数据。在项目实施的年度数据报告中，我们对于所收集到的数据进行了初步分析，同时对部分专题问题进行深入分析，如教育质量的公平性、多年来学生负担状况，但是其中依然有很多值得深入研究与探索的问题。为了使教育问题得到更广泛、更深入的探讨，我们项目组深入开展了对 10 年监测数据的进一步分析研究工作。基于这一目标，本研究以随迁子女问题为主要关注点进行了深入分析。

(二)研究背景

关于随迁子女问题的研究大多是以教育公平的宏观视角为出发点的，因此研究的焦点也会聚集在教育机会、教育过程、教育结果等常见的角度。

在教育机会方面，多年来不断颁布和修订的政策都旨在保证外来务工人员随迁子女在迁入地享有与本地学生相同的入学机会。有调查研究表明，在 2013 年，根据全国性样本调查数据，义务教育阶段适龄随迁子女在学的比例达到了 98.83%，而同一时期的幼儿园和高中阶段适龄随迁子女在学的比例分别为 64.71% 和 62.00%。有研究者表示，在"两为主"政策颁布之后，随迁子女的入学问题得到了基本的解决。这些结果均可得出在义务教育阶段，随迁子女与迁入地的本地学生享有相同的受教育机会这一基本判断。

在接受教育的机会得到基本保障后，随迁子女教育质量问题成了社会的普遍关注点。综合了教育过程变量与结果变量的实证调查研究丰富了这一领域的相关信息。北京市义务教育教学质量评价项目多年来对非本市农业户籍学生的学业成绩与其他相关因素进行了分析。结果表明，就北京市学生群体而言，在 2012 年使用多水平回归模型控制了学校所属城市功能区、学校所属不同地域、学制、类别、规模、班额、班数、学校社会经济地位等基本特征因素，教师层面的教师性别、教师年龄、教师学历、教师教龄、教师职称、初始专业一致性、最终专业一致性、是否骨干教师、是否学科带头人等基本特征因素，以及学生性别、是否独生、学生户籍、是否随迁子女、学前教育等基本因素后，非本市农业户籍的学生的语文学业水平测试成绩明显低于本市城市户籍学生，随迁子女与非随迁子女的语文学科学业水平测试成绩没有显著差异。2013 年，在数学和英语学业水平测试中，非本市农业户籍学生成绩明显低于本市城镇户籍学生。2014 年在语文学科、品德与社会学科的学业水平测试中，非本市农业户籍学生成绩显著低于本市城镇户籍学生。

另有以全国样本为研究对象的分析结果显示，城市随迁子女义务教育质量差异主要来源于学校内部，学校内部差异要远远高于校际间差异。在学校层面，良好的学习风气与随迁子女学业成绩成正比。在学生个体层面，父母教育期望、父母关系融洽、兄弟姐妹数等对其学业成绩有显著的负向影响。关于学校对随迁子女成绩影响的问题，中央教育科学研究所一项研究结果显示，在公办学校就读的外来务工人员随迁子女在学业成绩的自我评价、学习态度、与教师交流等方面与本地学生没有显著差异，但是其学业成绩的自我评价一项比在民办学校就读的外来务工人员子女学生高。上述研究结果中，有些系统性地呈现了随迁子女与非随迁子女的差异现状，有些则通过不同的统计方法和理论视角回答了教育公平性方面的问题。

非本地学生在迁入地的学业成绩不仅受到人们的关注，同时也是教育领域研究的热点。中国作为非移民国家，其人口的流动主要体现在户籍制度影响下的国内不同地域与省市人口的流动上。国际上类似主题的研究多体现在对不同种族以及移民学生的学业质量研究，OECD 的大型国际测试项目 PISA 的年度报告中的主要议题之一，即不同种族学生的学业结果所体现出的教育公平性问题。此外，一些 OECD 成员国也对 PISA 测试的结果做出进一步的有关移民学生的学业情况分析，如瑞士研究者的研究结果表明，移民对于学生在数学、阅读和科学测试上的成绩均有显著的负面影响。

就在研究方法来说，不同理论背景下的定量研究为研究者分析、理解和解释数据提供了不同的角度。近年来在教育和医疗等领域广受关注的倾向分数法作为一种"反事实推断模型"为分析来自非实验领域的研究数据中的因果关系提供了新的思路。但需要指出的是，使用该方法的研究有时会得到与以往研究不同的结果，例如苑春永等的研究表明，没有使用倾向分数匹配法的研究普遍显示独生子女在情绪适应上要好于非独生子女，然而在控制了独生子女和非独生子女的背景因素后，其研究结果却显示两者的情绪适应没有显著差异。

二、问题提出

综上研究可以看出，第一，在研究群体的名称表述上，不同学者的研究之间有所差异，如"流动人口""随迁子女""非本市农业户籍"等，但其本质均体现为非本地的外来务工人员子女。在《北京市教育事业统计资料》中将进城务工人员随迁子女定义为"户籍登记在外省（区、市）、本省外县（区）的乡村，随务工父母到输入地的城区、镇区（同住）并接受义务教育的适龄儿童少年"，并将其简称为随迁子女。结合各项研究及《北京市教育事业统计资料》定义的范围，本研究所指的随迁子女为非本市农业户籍的外来务工人员子女。

第二，随迁子女研究领域具有一定数量的实证研究，为了解随迁子女的个人特征、学业情况等提供了不同角度的信息。从影响随迁子女学业成绩的角度看，上述研究可以总结归纳出规模、所属地域等学校特征和社会经济地位、是否独生子女等学生个体特征对随迁子女的学业成绩的影响。

第三，使用不同方法的研究在结论上存在一定的差异。从不同的方法学视角对深入理解随迁子女问题有影响这一角度看，结论有进一步讨论的空间。

综上，本研究拟使用倾向分数方法，结合北京市义务教育教学质量分析与评价多年来的数据，通过控制学校的特征变量以及学生个体特征变量，对随迁子女的学业表现进行深入探索。

三、研究方法

(一)研究对象

本报告研究对象为 2012 年、2013 年和 2014 年参加北京市义务教育教学质量分析与评价反馈系统测试与问卷调查的五年级和八年级学生。研究样本采用多阶段随机抽样与分层整群抽样相结合的方式获得。样本有效人数为 2012 年五年级语文 27 275 人，2012 年八年级语文 4 932 人，2013 年五年级数学 49 313 人，2013 年八年级数学 5 345 人，2013 年五年级英语 4 118 人，2013 年八年级英语 5 345 人，2014 年五年级语文 5 277 人，2014 年八年级语文 5 836 人。

其中随迁子女身份的确认依据是北京市 CMIS 系统中"是否进城务工人员子女"与"户籍类别"两项。

(二)研究工具

调查工具包括学业水平测验和学生问卷。其中学业水平测验具体指的是 2012 年五年级语文测试卷、2012 年八年级语文测试卷、2013 年五年级数学测试卷、2013 年八年级数学测试卷、2013 年五年级英语测试卷、2013 年八年级英语测试卷、2014 年五年级语文测试卷、2014 年八年级语文测试卷。水平测验试卷均依据相应国家课程标准先后制定测试方案、细目蓝图并确定试卷，同时通过专家审题、预测试、试卷质量分析等技术环节确保了试卷良好的测量学指标。学生问卷通过审题、预测试及分析、修改等环节最终形成确定内容，工具经检验具有良好效度。

(三)变量选取

1. 因变量

本研究的因变量为各年度学业水平测试总成绩及内容领域和能力领域成绩。具体为 2012 年五年级、八年级语文学业水平测试成绩；2013 年五年级数学、英语，八年级数学、英语学业水平测试成绩；2014 年五年级语文、八年级语文学业水平测试成绩。上述测试具有良好的测量学指标，是科学有效的测量工具。在分数报告方面，随着 BAEQ 的发展，分数报告体系在不同的测试年度有所变化，2012 年项目在测验等值的基础上以原始分方法进行测验分数报告，而在 2013—2014 年，在测验等值基础上以 0～800 的量尺分数体系进行分数报告。本研究中作为因变量使用的学业水平测试成绩以当年度分数报告体系为准，未做调整，因此 2012 年与 2013—2014 年的分数体系不同。

2. 自变量

本研究的自变量为是否随迁子女。是随迁子女为处理组，编码为 1，不是随迁子女为控制组，编码为 0。

3. 特征变量

本研究依据文献分析结果选取了 4 个学生层面的特征变量——学生性别、家庭社会经济地位和是否独生子女、是否接受过学前教育，3 个学校层面变量——学校规模、学校所属地域 1、学校所属地域 2。其中，家庭社会经济地位为连续变量，具体由父母受教育程度、父母职业等级、家庭收入 3 个变量通过因子分析法拟合而成。

其他变量均为类别型变量，编码方式如表 3-45 所示。

表 3-45　特征变量描述表

特征变量	量化
性别	男生——0；女生——1
是否独生子女	不是独生子女——0；是独生子女——1
是否接受过学前教育	没有接受过——0；接受过——1
学校规模	超规模学校、适宜规模学校、小规模学校。 虚拟编码： 学校规模 1——是否超规模学校；学校规模 2——是否适宜规模学校
学校所属地域 1	城市校、县镇校、农村校 虚拟编码：地域 1——是否城市校；地域 2——是否县镇校
学校所属地域 2	城区学校——0；郊区学校——1

(四) 分析方法

本研究的主要分析方法为倾向分数匹配法。该方法是因果推论分析法之一，最早由 Rosenbaum 和 Rubin 提出。

本研究使用 SPSS 19.0 与 R 软件 MatchIt 软件包完成基本信息匹配与分析。在 MatchIt 软件中提供了精确匹配法 (Exact Matching)、最近邻匹配法、子分类匹配法 (Subclassification Matching) 等多种方法。本研究使用精确匹配法进行匹配。精确匹配法将处理组和控制组中所有特征变量值完全相同的研究对象进行匹配。

四、研究结果

(一) 匹配前随迁子女与非随迁子女成绩差异情况

在不对两者进行匹配的情况下，由表 3-46 差异检验结果可以看出，在任意年度的任意学科中，随迁子女的学业成绩均显著低于非随迁子女的学业成绩。

表 3-46　匹配前随迁子女与非随迁子女学业成绩差异情况表

年度学科	测验领域	随迁子女 学业成绩/分	非随迁子女 学业成绩/分	t	p
2012 年 五年级语文	总分	80.48	82.60	14.690***	0.000
	识字与写字	84.66	87.41	17.064***	0.000
	阅读与积累	73.94	76.35	12.943***	0.000
	习作	91.09	91.96	7.096***	0.000
2012 年 八年级语文	总分	71.14	75.49	9.578***	0.000
	识字与写字	81.88	87.83	9.822***	0.000
	阅读与积累	64.02	68.61	8.393***	0.000
	写作	73.47	76.15	4.287***	0.000
2013 年 五年级数学	总分	588.03	615.36	15.844***	0.000
	数与代数	603.28	627.51	16.091***	0.000
	图形与几何	571.38	601.98	15.821***	0.000
	统计与概率	536.78	562.61	15.342***	0.000
	综合与实践	605.51	637.44	14.956***	0.000
	知识技能	627.47	654.05	16.416***	0.000
	数学思考	598.62	631.97	16.094***	0.000
	解决问题	567.09	589.16	16.124***	0.000
2013 年 八年级数学	总分	523.92	587.29	11.611***	0.000
	数与代数	522.30	582.72	11.140***	0.000
	图形与几何	520.49	585.42	11.757***	0.000
	统计与概率	534.28	593.36	11.429***	0.000
	综合与实践	525.43	592.99	11.629***	0.000
	知识技能	520.03	579.10	11.804***	0.000
	数学思考	525.76	590.10	11.762***	0.000
	解决问题	527.52	598.03	11.312***	0.000
2013 年 五年级英语	总分	451.09	520.97	16.425***	0.000
	听	473.44	529.72	17.528***	0.000
	说	426.95	526.83	15.119***	0.000
	读	453.92	508.03	15.897***	0.000
	写	409.04	508.88	14.087***	0.000
	综合	448.10	518.93	15.758***	0.000

年度学科	测验领域	随迁子女学业成绩/分	非随迁子女学业成绩/分	t	p
2013 年八年级英语	总分	448.38	510.93	20.548***	0.000
	听	447.17	511.31	22.255***	0.000
	说	463.92	505.86	21.064***	0.000
	读	446.34	512.31	20.608***	0.000
	写	443.39	514.51	18.750***	0.000
	综合	449.15	502.92	17.619***	0.000
2014 年五年级语文	总分	499.50	534.91	9.662***	0.000
	识字与写字	485.67	526.57	9.563***	0.000
	阅读与积累	496.71	532.67	9.793***	0.000
	习作	524.98	551.76	8.203***	0.000
2014 年八年级语文	总分	466.19	481.06	4.127***	0.000
	识字与写字	509.47	530.57	4.791***	0.000
	阅读	483.78	495.27	3.382***	0.000
	写作	424.71	442.57	4.197***	0.000

(二)回归分析结果

通过建立以是否随迁子女为因变量，所有特征变量为自变量的 Logistic 回归方程，可以看出(见表 3-47)，在选择的特征变量中，对于本研究所涉及的不同年度、不同年级的学生而言，性别、是否独生子女、家庭社会经济地位这三个变量全部与是否随迁子女显著相关。具体而言，随迁子女中男生更多，随迁子女更可能在城区学校就读，随迁子女更可能是非独生子女，家庭社会经济地位较低的学生更可能是随迁子女。是否接受过学前教育只在 2012 年五年级学生和 2013 年八年级学生结果中显示出与是否随迁子女显著相关。具体表现为没有接受过学前教育的学生更有可能是随迁子女。而在所属地域与学校规模两个变量上，与是否随迁子女的关系则较为复杂，有些存在显著的相关，亦有部分没有关联。

表 3-47　特征变量预测是否随迁子女的 Logistic 回归

项目	2012 年五年级			2012 年八年级		
	回归系数	标准误差	z 值	回归系数	标准误	z 值
性别	−0.25280	0.03388	−7.461***	−0.437101	0.105585	−4.140***
地域 1	−0.31135	0.05806	−5.363***	−0.479355	0.166179	−2.885**

项目	2012 年五年级			2012 年八年级		
	回归系数	标准误差	z 值	回归系数	标准误	z 值
地域 2	0.26247	0.05034	5.213***	0.004317	0.202046	0.021
城区/郊县	−1.21660	0.05737	−21.206***	−2.679036	0.176192	−15.205***
学校规模 1	−0.02040	0.05829	−0.350	−0.520495	0.197240	−2.639**
学校规模 2	0.69790	0.04899	14.245***	−0.932277	0.131158	−7.108***
独生子女	−1.74909	0.03491	−50.099***	−1.988466	0.111327	−17.861***
学前教育	−0.34805	0.10454	−3.329***	−0.142428	0.244518	−0.582
家庭社会经济地位	−0.76194	0.02114	−36.046***	−1.073225	0.075436	−14.227***

项目	2013 年五年级			2013 年八年级		
	回归系数	标准误差	z 值	回归系数	标准误	z 值
性别	−0.28357	0.02627	−10.796***	−0.23285	0.09725	−2.394*
地域 1	−1.04891	0.04337	−24.186***	−0.45280	0.15876	−2.852**
地域 2	−0.10502	0.04034	−2.603**	0.11374	0.13988	0.813
城区/郊县	−1.30166	0.04364	−29.829***	−1.57872	0.15226	−10.368***
学校规模 1	−0.53317	0.04473	−11.921***	−1.70670	0.16657	−10.246***
学校规模 2	0.54733	0.03583	15.277***	−0.22566	0.11037	−2.045*
独生子女	−1.82492	0.02666	−68.451***	−1.87318	0.10209	−18.348***
学前教育	−0.11791	0.08552	−1.379	−0.62563	0.21457	−2.916**
家庭社会经济地位	−0.73173	0.01614	−45.335***	−0.69835	0.06712	−10.405***

项目	2014 年五年级			2014 年八年级		
	回归系数	标准误差	z 值	回归系数	标准误	z 值
性别	−0.26669	0.07132	−3.739***	−0.30763	0.07725	−3.982***
地域 1	−0.30582	0.11520	−2.655**	0.79087	0.13714	5.767***
地域 2	−0.25234	0.10806	−2.335*	0.33807	0.12534	2.697**
城区/郊县	−0.56676	0.11866	−4.776***	−0.54856	0.12752	−4.302***
学校规模 1	−0.75151	0.12269	−6.125***	−1.33862	0.13197	−10.143***
学校规模 2	−0.13487	0.11693	−1.153	−0.15284	0.08877	−1.722
独生子女	−1.78789	0.07272	−24.585***	−1.76783	0.08175	−21.624***
学前教育	−0.03628	0.25878	−0.140	−0.20208	0.19366	−1.043
家庭社会经济地位	−0.55583	0.04064	−13.677***	−0.52150	0.05117	−10.191***

(三)匹配后随迁子女与非随迁子女成绩差异情况

依据回归方程以及估计出的倾向分数，在处理组和控制组中选择可以匹配的样本组成新的匹配后样本。由于本研究采用了精确匹配方法，该方法所匹配出的处理组与控制组中对应的被试具有相同的倾向值，因此程序不再输出平衡性比较结果，也因此样本量有极大损失。将处理组和控制组中所有纳入方程选择的特征变量值完全相同的研究对象进行匹配后的对应样本数量如表 3-48 所示。

表 3-48 各年度学科匹配人数情况统计表

项目	处理组			控制组		
	匹配前人数/人	匹配人数/人	匹配比例/%	匹配前人数/人	匹配人数/人	匹配比例/%
2012 年五年级语文	6 198	2 216	35.75	21 077	4 039	19.16
2012 年八年级语文	669	153	22.87	4 263	235	5.51
2013 年五年级数学	11 114	4 788	43.08	38 199	9 388	24.58
2013 年八年级数学	706	145	20.54	4 639	227	4.89
2013 年五年级英语	862	73	8.47	3 256	86	2.64
2013 年八年级英语	706	145	20.54	4 639	227	4.89
2014 年五年级语文	1 570	131	8.34	3 707	229	6.18
2014 年八年级语文	1 118	114	10.20	4 718	149	3.16

注：2013 年八年级数学与八年级英语测试为同一学生样本。

对于匹配后的处理组与控制组学生在学业成绩上进行差异检验，结果如表 3-49 所示。

在 2012 年，对于五年级学生而言在识字与写字领域，随迁子女仍显著低于非随迁子女，其他领域和语文总分在两个群体间没有显著差异，与匹配前的结果有明显的变化；对于八年级学生而言，在语文总分和各个内容领域，两个群体学生仍然存在显著的差异，与匹配前相比并无明显的变化。

2013 年数学学科中，对于五年级学生而言，无论在数学总分还是各内容领域或能力领域，仍存在随迁子女成绩明显较低的情况，而与匹配前并无明显变化；而对于八年级学生而言，无论在数学总分还是各内容领域或能力领域，随迁子女与非随迁子女成绩均没有显著差异，而与匹配前有明显的变化。在 2013 年英语学科，对于五年级学生而言，无论是英语总分还是各内容领域，随迁子女成绩仍显著低于非随迁子女，差异情况与匹配前没有明显变化；而对于八年级学生而言，在总分以及内容领域的听、说、读三个领域，随迁子女成绩显著低于非随迁子女，而在写和综合两个内容领域，随迁子女与非随迁子女没有显著差异。该结果与匹配前的差异情况相比有所变化。

在 2014 年，对于五年级学生而言，在语文总分和各内容领域，随迁子女与非随迁子女学业成绩仍存在显著差异，而与匹配前没有明显变化；对于八年级学生而言，在语文成绩总分与各不同内容领域，两个群体学生均不存在显著差异，与匹配前的结果相比有明显变化。

上述结果概括而言，与匹配前的两群体差异情况相比，匹配后存在差异情况变化的学科主要包括 2012 年五年级语文、2013 年八年级数学以及 2014 年八年级语文。

表 3-49　匹配后随迁子女与非随迁子女学业成绩差异情况统计表

项目	测验领域	随迁子女学业成绩/分	非随迁子女学业成绩/分	t	p
2012 年五年级语文	总分	81.21	81.23	0.230	0.818
	识字与写字	85.44	86.14	2.394*	0.017
	阅读与积累	74.75	74.74	−0.365	0.715
	习作	91.58	91.08	−1.541	0.123
2012 年八年级语文	总分	70.77	74.20	3.111**	0.002
	识字与写字	81.21	85.81	3.121**	0.002
	阅读与积累	63.80	66.71	2.027*	0.043
	写作	73.10	76.39	2.237*	0.026
2013 年五年级数学	总分	593.14	603.63	3.725***	0.000
	数与代数	607.62	617.33	3.935***	0.000
	图形与几何	577.07	589.12	3.818***	0.000
	统计与概率	541.93	551.20	3.361***	0.001
	综合与实践	611.89	622.71	3.081**	0.002
	知识技能	631.99	642.51	3.967***	0.000
	数学思考	604.05	617.43	3.917***	0.000
	解决问题	571.13	579.90	3.910***	0.000
2013 年八年级数学	总分	527.43	534.30	0.460	0.646
	数与代数	525.93	533.18	0.494	0.622
	图形与几何	523.16	528.47	0.349	0.727
	统计与概率	539.36	546.73	0.523	0.601
	综合与实践	529.17	537.34	0.510	0.610
	知识技能	523.95	531.32	0.538	0.591
	数学思考	526.88	537.38	0.700	0.485
	解决问题	532.31	532.63	0.018	0.985

项目	测验领域	随迁子女 学业成绩/分	非随迁子女 学业成绩/分	t	p
2013 年 五年级英语	总分	431.85	485.47	2.861**	0.005
	听	458.93	498.21	2.735**	0.007
	说	395.10	482.54	3.011**	0.003
	读	439.12	479.29	2.702**	0.008
	写	387.17	466.25	2.540**	0.012
	综合	427.75	484.52	2.842**	0.005
2013 年 八年级英语	总分	459.06	479.20	2.031*	0.043
	听	452.93	480.02	2.897**	0.004
	说	469.26	485.33	2.493*	0.013
	读	456.97	479.25	2.155*	0.032
	写	458.61	477.54	1.526	0.128
	综合	462.18	473.82	1.167	0.244
2014 年 五年级语文	总分	519.35	560.12	3.252***	0.001
	识字与写字	509.04	556.31	3.206***	0.001
	阅读与积累	518.72	556.75	3.077**	0.002
	习作	534.67	574.13	3.390***	0.001
2014 年 八年级语文	总分	464.19	471.20	0.496	0.620
	识字与写字	505.56	513.68	0.472	0.638
	阅读	479.65	486.07	0.472	0.637
	写作	426.59	434.11	0.482	0.630

五、讨论

（一）从不同年级呈现出的两者差异变化趋势看，在迁入地长期居住的随迁子女与本地非随迁子女的差距或缩小

从本研究结果可见，五、八年级学生数学学科匹配后成绩差异检验结果存在明显的趋势变化。依据北京"小升初"的政策可以推论，在京就读初中的学生几乎全部在京就读小学，也就是说八年级随迁子女在迁入地的居住时间至少是三年（六年级、七年级、八年级），而考虑到北京"小升初"的实际难度，这一时限极有可能更长。推测结果表明在迁入地入学多年后，随着本地教育和生活等多方面的因素逐渐发挥作用，外来随迁子女与本地学生在学业成绩上的差异或可得到缓解。

（二）持续关注、持续加强研究随迁子女在学业成绩上的差距

如前文所述，对于随迁子女问题的讨论往往以教育公平为最终落脚点。国内学者辛涛（2009）在研究中表示，在以学业成绩作为主要指标来看待教育结果公平时，仅仅追求群体或个体间的成绩趋同是不恰当的，他提出"将教育无法控制的那部分变量排除了之后，只考虑教育系统自身的变量对学习成绩所造成的影响是平等的，这部分的平等才是真正意义上的教育结果的公平。"以这一角度看待本研究结果，本研究一定程度上控制了学校、个体层面的部分特征变量，而在此基础上得到的结果表明，在五年级数学学科，五年级、八年级语文学科，五年级、八年级英语学科仍存在教育结果公平性有待提高的情况。

具体而言，需要从多方面加以研究关注。首先在随迁子女个体特征方面，随迁子女群体的来源以农村人口为主，中国农村地区较为落后的经济发展水平使农村生源在经济基础、家庭受教育背景等多方面落后于城市生源。中央教育科学研究所课题组一项对全国样本的调查研究显示，外来务工人员子女的家庭学习环境与当地学生相比较差，18.5％的外来务工人员子女认为家庭缺乏安静的学习环境，这比当地学生高出了7.5个百分点。一项针对北京市样本进行的调查也显示，北京市随迁子女家长的文化程度整体偏低、家庭月收入低于北京市职工平均工资线。而较低的社会经济地位通常与较低的学业成绩相关联，本研究在控制了SES作为控制变量进行匹配之后，在小学阶段，仍可得到随迁子女学业成绩显著落后于迁入地本地学生的结果。在学生个体层面，从家庭因素角度看，这可能受到随迁子女学生课外学习机会较少、家庭的教养方式差异等影响。有研究表明，家庭关系、家庭教养方式等显著影响着学生的问题行为，或间接影响学生学业表现。在社会层面，有研究表明，制度、空间、心理等三种文化区隔在外来务工人员随迁子女中明显存在，难以融入本地的社会文化环境对于学生，尤其是低年级学生可产生一定的影响。一方面应在这些角度加以关注，另一方面在后续研究中，应综合考虑这些变量的影响。

从宏观发展的角度看，北京市自2016年开始实施产业疏解与人员疏解政策。按政策落实的预期，产业结构将发生变化，城市对从业人口的需求也将发生相应的变化。外来务工人员普遍从事的劳动密集型产业将更可能远离城市核心区，向城市周边及辐射地区流动。因为政策原因导致的人口流动将有可能造成区域性人口结构发生显著的变化，因此在就近入学的政策保障下，在京入学的随迁子女数量与分布情况或将随之发生变化。根据以往研究结果，城市不同地域的师资、办学条件等因素对学业质量有不同程度的影响，学生数量的变化与师资配置、学校规模设计、学校硬件配给等因素密切相关，这些因素本身的情况是否会发生变化，以及其影响作用的具体表现是否会随着随迁子女的数量和分布发生变化都成为我们下一步研究和关注的问题。

（三）匹配方法

本研究使用了精确匹配法，是倾向分数匹配法中最基本的方法。精确匹配是将处理组和控制组中所有纳入方程选择的研究对象（其特征变量值完全相同）进行匹配，因此具有良好的匹配平衡性。但也正是因为如此，该方法不适合于那些特征变量较多的研究，同时也会损失大量样本。根据本研究结果，若样本的损失量极大，可能会对结果的准确性产生影响。有研究认为最近邻匹配法是匹配效果较好的方法，但是本研究经过尝试并未获得良好的匹配效果，匹配后平衡性检验结果并不理想，控制组与处理组之间在各匹配变量上仍有统计上的显著差异。为了获得较好的匹配效果，本研究对使用了精确匹配方法的结果进行借鉴。但在对参考结果进行推论时，仍需慎重考虑样本量的流失问题。此外，无论尝试何种匹配方法，在匹配后敏感性分析方面均未获得理想的结果，即仍有未能纳入分析的变量影响着研究结果。这些在未来研究中我们应加以重点考虑。

第五节　不同规模学校的差异

在有限的范围内为孩子选择优质的教育资源似乎是大多数家长长久以来的追求，甚至主动放弃就近入学的优惠政策，不遗余力地挤进所谓的"名校""重点校"。面对这样的现实情况，为促进教育均衡发展，解决"择校热"的难题，北京市根据《教育部关于进一步做好小学升入初中免试就近入学工作的实施意见》大力推行了一系列入学制度改革，并取得了一些成果。但是，家长对传统"名校"的追捧心理还未立竿见影的扭转。那么，做"小池"中的"大鱼"和做"大池"中的"小鱼"到底哪一个更有利于学生的发展呢？本文将用 BAEQ 中学业增值的实证数据来解答这一问题。

一、国内外研究进展

（一）大鱼小池效应

"大鱼小池"效应是由 Marsh 和 Parker 于 1984 年提出的，具体是指：同等能力水平的学生，在平均成绩比较高的学校或班级里会呈现出比较低的学业自我概念，而在平均成绩较低的学校或班级里则呈现较高的学业自我概念。这一理论最开始是针对学生学业自我概念呈现出的变化而提出的，但有研究表明，学生的学业自我概念与学业成绩存在着相互影响的关系，先前的学业成绩会影响其学业自我概念，反过来，学业自我概念又会影响其学业成绩。

根据李振兴等人对大鱼小池效应的研究综述可知，国外关于大鱼小池效应的实证研究主要涉及跨文化一致性研究、稳健性研究、与其他结果变量的关系研究、稳定性研究及其实验研究。而我国在此领域的研究多停留在理论探讨阶段，有关实证研究较少，有些研究者针对学生的大鱼小池效应进行了实证数据分析，但也只针对于学生的学业自我概念进行测量和分析，并未关注学生的学业质量。

(二)学校规模对学业成绩的影响

关于学校规模对学业成绩的影响的研究已有很多，1990 年以来，以大样本为基础的学校规模实证研究约有 57 项，其中大多数研究的数据信息来自国际数学与科学趋势研究项目(TIMSS)、美国教育纵向比较研究(NELS：88)的数据资源库。在其中 9 项与小学有关的研究中，Saddoski 和 Willson 等的 3 项研究发现两者之间不存在显著相关关系，Ebert 等的 6 项研究发现在两者之间存在显著负相关关系，即学校越小、学生成绩越好。我国学校规模研究主要集中在思辨性论述分析与对国际实证研究结果的介绍引用层面上，而对于学校规模影响学生学业成绩的大样本实证研究则较为缺乏。郝懿等利用大规模学业监测数据，建立多层线性模型，采用增值分析的方法探讨了学校规模对学业成绩的影响，结果发现规模越大，学业成绩越高。

李振兴等人提出在研究大鱼小池效应时应加强统计方法的科学性，增值性评价可以解决这一统计层面的难题。增值性评价来源于 1966 年美国的"科尔曼报告"。20 世纪 70 年代以来，增值性评价在世界范围逐步展开。到 20 世纪 80 年代末，增值性评价已被广泛运用于教育实践中，成为多个国家和地区制定教育政策和学校质量评估标准的重要依据。到目前为止，学校增值性评价在世界各国的教育实践中已经得到广泛认同与运用，成为提高学校质量的可靠手段。

综上所述，我国对于学校(班级)平均学业质量、学校(班级)规模对学业成绩的影响缺乏较为系统的实证性研究，更没有从增值性评价的角度进行实证探索。因此，本文直接以学生学业成绩的变化而不是自我效能感的变化作为检验学校对学生影响的变量。并且本文将"池子大小"定义为两方面——规模大小与平均学业成绩高低。则"小池"意味着规模小或平均学业成绩较低的学校或班级。具体来讲，本文将以两年度的学业成绩为基础，建立增值评价模型，探讨学校(班级)规模、学校(班级)平均学业质量对不同学业水平学生增值分数的影响，以期回答不同学业水平学生究竟在何种水平的学校(班级)中能够得到更好的发展。

二、研究程序与方法

(一)研究样本

研究数据来自 BAEQ 2009 年及 2011 年的监测数据库。在 2009 年三年级数学监测中，调查对象包括北京市 9 个区县 653 所学校的全体(65 957 名)三年级学生。两年后，部分学生参加了 2011 年的五年级数学监测。经过数据库链接，最终匹配得到来自 8 个区县 223 所学校 665 个班级的 19 411 名学生。本研究以 2009 年数学监测成绩作为第一次测量，2011 年数学监测成绩作为第二次测量，实现学业成绩的追踪，并以此建立增值性评价分析模型。

（二）数据分析方法及其基本原理

1. 增值性评价方法及模型

研究采用多层线性模型计算学生的增值分数。多层线性模型能够把影响学生成绩的复杂关系，合理地纳入考虑范围之内。多层线性模型是分析嵌套数据时常采用的方法。由于方程式有两个残差（第二层面班级残差及第一层面学生残差），因此称为多层模型。

2. 班级规模及平均学业水平

1996 年国家教委颁布实施的《小学管理规模》规定，教学班级学额以不超过 45 人为宜。北京市根据实际情况，将班额控制在 40 人以内。以此，将班级规模分为三类，大规模（41 人及以上）、适宜规模（25～40 人）、小规模（25 人及以下）。并依据分数线，将班级平均学业水平划分为优秀、良好、合格及以下水平。

3. 学校规模及平均学业水平

将学校规模分为大规模（961 人及以上）、适宜规模（360～960 人）、小规模（360 人及以下）。

计算学校 2009 年数学平均学业成绩，并依据分数线，将学校平均学业水平划分为优秀、良好、合格及以下水平。

三、研究结果

（一）学业增值整体情况

1. 不同学业水平学生、班级、学校的学生增值分数

我们按照学生 2009 年学业水平进行分类，分别计算不同学业水平学生的增值分数。又按照 2009 年学生所在班级、学校的平均学业水平进行分类，分别计算不同学业水平班级、学校的学生增值分数，结果如表 3-50 所示。

表 3-50　不同学业等级学生、班级、学校的学生增值分数统计表

单位：分

项目	2009 年学业等级		
	优秀水平	良好水平	合格及以下水平
学生个人学业水平	0.2323	0.0564	0.4449
班级平均学业水平	−0.0435	0.2630	0.3901
学校平均学业水平	0.4790	0.0351	1.7440

从表 3-50 的结果可以看出，2009 年学生学业等级为合格及以下的学生两年后的平均增值分数最高（0.4449 分），学业等级为良好的学生平均增值分数最低

（0.0564分）；2009年学生所在班级平均学业等级为合格及以下的学生两年后的平均增值分数最高（0.3901分），所在班级平均学业等级为优秀的学生平均增值分数最低（−0.0435分）；2009年学生所在学校平均学业等级为合格及以下的学生两年后的平均增值分数最高（1.7440分），所在学校平均学业等级为良好的学生平均增值分数最低（0.0351分）。由此可见，2009年学生个人或所在班级、学校的学业水平越低，两年后的增值分数就越高，并且这一特点在学校层面体现得尤其明显。

2. 不同班级、学校规模的学生增值分数

按照2009年学生所在班级、学校的规模进行分类，分别计算不同规模班级、学校中学生增值分数，结果如图3-18所示。

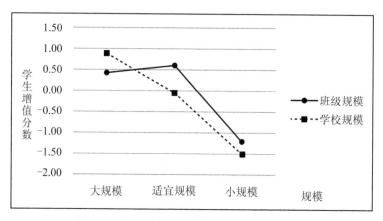

图 3-18　不同班级、学校规模的学生增值分数

从图3-18的结果可以看出，学生在适宜规模班级时，两年后的增值分数最高（0.5988分），在小规模班级时，增值分数最低（−1.1969分）；学生在大规模学校时，两年后的增值分数最高（0.8892分），在小规模学校时增值分数最低（−1.4855分）。由此可见，整体来讲，适宜规模班级的学生增值分数最大，规模越大的学校学生增值分数越大，规模较小的班级或学校增值较小。

（二）学校、班级规模对不同学业水平学生增值分数的影响

考虑到不同学业水平的学生在不同规模学校或班级的发展可能有所差别，下面将检验学校、班级规模对不同学业水平学生增值分数的影响。

1. 学校规模对不同学业水平学生增值分数的影响

以学校规模、学生学业水平为自变量，学生增值分为因变量进行两因素的方差分析，结果显示，学校规模主效应显著（$F = 51.535$，$p < 0.001$），学生学业水平主效应显著（$F = 6.881$，$p < 0.001$），学校规模与学生学业水平的交互作用显著（$F = 3.118$，$p = 0.014$）。

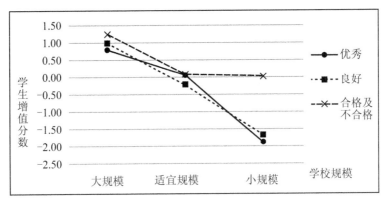

图 3-19　学校规模对不同学业水平学生增值分数的影响

从图 3-19 的结果可以看出，优秀和良好水平学生群体受学校规模的影响较大，表现为所在学校规模越大，学生增值分数越高；而合格及不合格水平学生受学校规模影响相对较小，表现为在大规模学校增值分数较高，在适宜规模和小规模学校增值分数略小。

2. 班级规模对不同学业水平学生增值分数的影响

以班级规模、学生学业水平为自变量，学生增值分数为因变量进行两因素的方差分析，结果显示，班级规模主效应显著（$F=51.689$，$p<0.001$），学生学业水平主效应不显著（$F=0.599$，$p=0.549$），班级规模与学生学业水平的交互作用显著（$F=4.510$，$p<0.001$）。

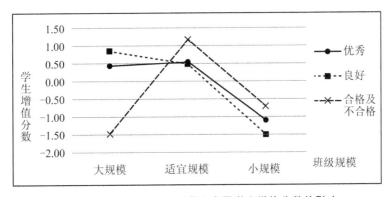

图 3-20　班级规模对不同学业水平学生增值分数的影响

从图 3-20 的结果可以看出，良好水平学生群体表现为所在班级规模越大，学生增值分数越高；而优秀、合格及不合格水平学生表现为在适宜规模班级增值分数最高，在大规模和小规模班级增值分数较小。

(三)学校、班级平均学业水平对不同学业水平学生增值分数的影响

1. 学校平均学业水平对不同学业水平学生增值分数的影响

以学校平均学业水平、学生学业水平为自变量，学生增值分为因变量进行两因素的方差分析，结果显示，学校平均学业水平主效应显著（$F=7.531$，$p=0.001$），学生学业水平主效应不显著（$F=0.341$，$p=0.711$），学校平均学业水平与学生学业水平的交互作用显著（$F=9.249$，$p<0.001$）。

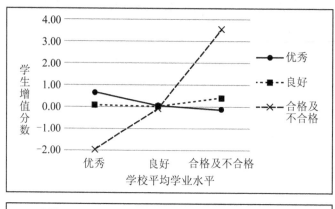

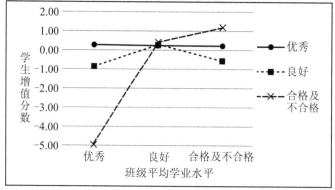

图 3-21　学校及班级平均学业水平对不同学业水平学生增值分数的影响

从图 3-21 的结果可以看出，优秀和良好水平学生群体受学校平均学业水平的影响较小；而合格及不合格水平学生受学校平均学业水平影响较大，表现为在平均学业水平越好的学校增值分数越小。

2. 班级平均学业水平对不同学业水平学生增值分数的影响

以班级平均学业水平、学生学业水平为自变量，学生增值分为因变量进行两因素的方差分析，结果显示，班级平均学业水平主效应显著（$F=13.243$，$p<0.001$），学生学业水平主效应显著（$F=3.574$，$p=0.028$），班级平均学业水平与学生学业水平的交互作用显著（$F=8.428$，$p<0.001$）。

从图 3-21 的结果可以看出，优秀水平学生群体受班级平均学业水平的影响较

小；良好水平学生在平均学业水平为良好的班级增值分最高；而合格及不合格水平学生受班级平均学业水平影响较大，表现为在平均学业水平越好的学校增值分数越小。

四、分析与讨论

（一）学校规模、班级规模与学生增值分数的关系

本研究结果表明，学校规模确实对学生的增值分数有显著的影响，并且总体来讲，学校和班级的规模越大，学生的增值分数越高。这与国内外部分研究结论一致。但班级规模对学生增值分数的影响又具有差异性。当考虑到学生起始成绩水平不同时，班级规模对学生增值分数的影响则不尽相同，尤其对于学业水平较低（合格及以下）的学生，明显地表现为所在班级规模越小，其增值分数越高；对于学业水平较高（优秀）的学生，在规模适宜的班级中增值分数最高。这与小班教学具有较好学业成绩的国际实证研究结论一致。结合学校规模和班级规模的研究结果，在大规模学校中的小规模班级中就读，学生的学业将取得最好的发展。考虑到我国目前教育现状，与小规模学校相比，大规模学校办学条件较好，师资队伍人数多、质量高、相对稳定、能够提供丰富灵活的课程资源等，学生在这样的学校中具有学业提升的保障。而在大规模学校中的小规模班级，学生能够获得教师更多的关注，及更丰富的资源，能够取得较多增值。

（二）学校、班级平均学业水平与学生增值分数的关系

不同学业水平的学生受学校及班级的平均学业水平的影响不同：优秀群体在学业水平较高的学校及班级内增值分数略高；良好群体在学业水平中等的班级内增值分数最高。而本身学业水平较低的学生（合格及以下群体）在平均学业水平较低的学校或班级内，增值分数明显更高。由此可见，"大鱼小池"效应在不同能力水平群体间存在不同的影响。对于能力水平较高的学生并没有因为学校、班级平均学业水平较高而对成绩产生负面影响，这可能因为学生学业能力水平较高，自身相对位置较为优越，因此学业自我概念不会受到所处班级或学校评价成绩的消极影响。而对于能力水平较低的学生则出现了"大鱼小池"效应，也与诸多国内外的研究结果一致。

五、结论

（一）学校规模对所有学业水平学生的增值分数均存在正向影响关系，学校规模越大，学生增值分数越高；班级规模对不同学业水平学生的增值分数影响不同，学业水平较高的学生在大规模和适宜规模中增值分数较高，学业水平较低的学生在适宜规模班级中增值分数最高。因此，对于所有学生而言，可以尽量选择大规模学校中的小规模班级就读。

（二）学校及班级平均学业水平对学业水平较低的学生增值分数影响显著，学校平均学业水平越低，学生增值分数越高；对学业水平较高的学生增值分数影响不显

著。因此，对于学业水平较高的学生而言，选择任何平均学业水平的学校或班级就读日后差异不大，而对于学业水平较低的学生而言，应选择平均学业水平较低的学校及班级就读。

第六节　教师职业倦怠趋势分析

北京面临新一轮的基础教育改革，教师作为教育前线工作者，对基础教育改革起着至关重要的作用，同时也面临着前所未有的挑战和转变。《北京市中长期教育改革和发展规划纲要（2010—2020 年）》中指出要"提高教师的社会地位……增强教师职业的吸引力"。教师必须树立新的教育理念和教学方法，摒弃和调整旧的教学机制以适应整个课程改革的新环境。在这一时代背景下，教师不仅承担着由教师职业的特殊性所带来的工作压力、多重角色压力和职业声望压力，而且还面临着整个教育观念、职业意识和职业行为的反思和重建，以上因素及其累加效应使中小学教师感觉到前所未有的职业危机和生存挑战。

早在 2005 年，为了了解我国中小学教师的真实心理状况，中国人民大学公共管理学院组织，与人力资源研究所和新浪教育频道联合启动了"中国教师职业压力和心理健康调查"。调查结果显示，近 9 000 名教师中有 39.2% 的被调查者的生存状况出现了问题，压力、职业倦怠、心理健康等各方面的情况均不乐观。职业倦怠已经严重影响到教师的生理、心理健康，使其工作士气和情绪受损，并成为教师厌教、流失及教育水准难以发挥的重要影响因素。因此，调查、研究中学教师职业倦怠的现状及其影响因素，对教育行政部门及学校采取强有力的措施来改善教师的生存状况，确保教育事业的稳定与持续发展具有重要意义。

一、职业倦怠的定义、特征及成因

（一）职业倦怠的定义

纽约基础临床心理学家费登伯格于 1974 年首次提出了"职业倦怠"。职业倦怠是个人在工作压力下所产生的身心方面的一种衰竭状态。费登伯格认为职业倦怠是指个体过分执着于生活的理想方式，因无法获得其所预想的美好结果而产生的疲劳与耗竭状态，其通常发生在"做出决定之后，需要完成的任务太多，时间太长而太紧张的工作中"。此后，职业倦怠的研究日益受到关注，职业倦怠不只是一个研究领域的问题，而是成为每个人都可能遇到的问题，甚至是整个社会必然面临的问题。随着社会竞争的日趋激烈，"人们不能通过积极的解决问题来化解痛苦以至于在工作中表现为身心疲劳、耗竭状态"的问题越来越突出。

（二）教师职业倦怠及其特征

由于学校出现了越来越多的师生之间的摩擦事件，人们开始探讨有关教师职业行为的问题。更多的研究表明，与那些有着和教师相似的学术和个人需求的其他职业相比，教师群体更容易发生倦怠。从20世纪80年代职业倦怠的研究开始延伸到教学领域起，至90年代中期，职业倦怠已经成为世界范围内教育领域的突出问题，职业倦怠已对教师的身心健康、教学质量及教师队伍的稳定构成了巨大威胁，对教师教学与学生发展造成了直接的负面影响。众多研究发现，教师是职业倦怠的高发人群，体验到职业倦怠的教师，容易对学生失去耐心和爱心，降低对课程准备的充分性，对工作的控制感和成就感下降，不能全身心地投入工作中去，从而影响到教育效果的发挥。大部分研究者认为，教师职业倦怠是教师因不能及时有效地缓解教育教学工作中的压力或妥善处理工作中的各种挫折而体验到的一种身心疲惫枯竭的情感状态，其典型症状是工作满意度低、工作热情和兴趣的丧失、情感疏离和冷漠。

教师职业倦怠可以概括为生理和心理两个方面，分别表现为生理耗竭和情绪衰竭。

1. 生理耗竭

生理耗竭是职业倦怠的临床维度。它的主要特点是身体能量有一种耗竭感，感觉到持续性的精力不充沛，极度的疲劳、疲惫和虚弱，身体对疾病的抵抗力在下降，同时出现一些身心耗竭的症状。

2. 情绪衰竭

情绪衰竭是职业倦怠的压力维度，也是职业倦怠的一个非常显著的特征，情绪问题是困扰现代人的重要问题之一，情绪衰竭是心理枯竭的凸显。

（三）教师职业倦怠的成因研究

广大研究者除了对职业倦怠的产生进行理论上的探索之外，有些学者还从实证的角度探讨了促成职业倦怠形成的因素，不过由于人们关注的问题存在着差异，采用的研究方法也不同，因此最终的结论也各不相同。Kalker认为任何工作都有造成职业倦怠的潜在压力源，个人的某些特质也有可能容易形成职业倦怠。有研究表明，职业压力是导致教师产生职业倦怠的最直接原因，职业压力越大，特别是来自考试、人际关系和工作负荷的压力越大，教师的职业倦怠的程度就越严重。也有研究表明，人格因素（如低坚韧性、低自尊、外控型以及被动的应对方式等）都可能与职业倦怠相关，此外，教师职业倦怠与社会和学校关系紧密。因此，可以将教师职业倦怠的成因归结为学生方面、个人因素和学校因素三个方面。

综上所述，教师职业倦怠的产生和发展，并不是一种偶然的结果，而是在社会的发展过程中，在个人、团体以及社会环境等因素综合作用下而产生的一种生理心理上的综合性症状。由此可见,教师产生职业倦怠的原因是复杂多样的,是多种因素综合作用的结果。

二、研究方法

(一)研究对象

本研究的调查对象来自北京义务教育教学质量评价与反馈系统(2008—2011年)数据库,涵盖 17 个区县的中小学语文、数学、英语、科学、生物、历史、地理、音乐、体育及信息技术 10 个学科的约 8 046 名教师。

(二)研究工具

本研究使用的工具由北京市义务教育教学质量评价与反馈系统项目组编制,关于职业倦怠部分的问卷分为 2 个维度,分别为生理表现维度 3 题,心理表现维度 5 题。采用陈式里克特量表形式。对该量表的信度检验显示,生理维度的 Cronbach α系数为 0.798,说明内部一致性信度较好。

三、职业倦怠的特征分析结果

(一)历年北京市中小学教师职业倦怠的整体情况

纵观 2008—2011 年的教师调查结果,整体来讲,北京市教师群体职业倦怠在生理维度上的平均分为 3.18(最低分为 1 分,最高分为 5 分),心理维度上平均分为 2.45(最低分为 1 分,最高分为 4 分)。因此可以说,北京市教师倦怠的生理维度和心理维度的表现均处于中等水平。

我们对 2008—2011 年以来的历年情况进行分析并使用单因素方差分析进行比较,结果发现,教师的职业倦怠生理维度和心理维度在不同年度均存在显著差异($F_{生理} = 47.436$,$p < 0.001$;$F_{心理} = 53.579$,$p < 0.001$)。

历年具体表现如图 3-22 和图 3-23 所示,从图 3-22 中可以看出,在生理维度上,2010 年倦怠程度最高,为 3.29,其次是 2008 年,为 3.28,2009 年倦怠程度

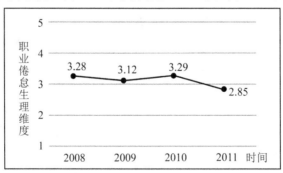

图 3-22 北京市历年教师职业倦怠生理维度情况

略有降低，为3.12，而2011年倦怠程度明显降低，仅为2.85。从图3-23可以，看出在心理维度上，2008年的倦怠程度最高，为2.59，此后逐年降低，2009、2010、2011年分别为2.57、2.46和2.32。总体来讲，2008年教师倦怠程度最高，而2011年教师倦怠程度最低。

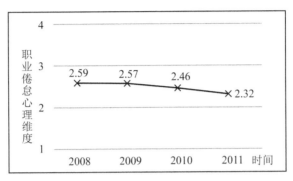

图 **3-23**　北京市历年教师职业倦怠心理维度情况

（二）不同教师群体的职业倦怠情况及历年变化

1. 不同年级教师在职业倦怠上的特征表现及历年变化（见图3-24、图3-25）

对小学教师和中学教师的职业倦怠表现进行差异性的检验和分析发现，小学教师生理维度上的倦怠表现为3.21，中学教师的倦怠表现为3.02，t 检验的结果显示小学教师生理维度上的倦怠表现显著高于中学教师（$t = 32.075$，$p < 0.001$）。小学教师心理维度上的倦怠表现为2.50，中学教师的倦怠表现为2.44，t 检验的结果显示小学教师心理维度上的倦怠表现显著高于中学教师（$t = 10.935$，$p < 0.001$）。

对小学教师和中学教师的职业倦怠表现的历年变化进行分析和差异检验，结果发现，小学教师和中学教师生理维度上的倦怠表现存在显著的差异（$F = 4.545$，$p < 0.005$）。具体表现为小学教师生理维度上的倦怠表现波动较大，2008年较高，2009年有所降低，2010年再次升高，2011年明显降低；而中学教师自2008年开始生理维度上的倦怠表现逐年降低。在心理维度上小学教师和中学教师也存在显著的差异（$F = 4.557$，$p < 0.005$）。具体表现为小学教师心理维度上的倦怠表现逐年降低，但降低幅度较小；而中学教师自2008年开始心理维度上的倦怠表现逐年降低，幅度较大，尤其是2010年和2011年，倦怠表现明显低于2008年和2009年。

2. 不同学科教师在职业倦怠上的特征表现

对不同学科教师的职业倦怠表现进行分析和差异检验，结果发现，不同学科教师生理维度上的倦怠表现存在显著差异（$F = 23.784$，$p < 0.001$），数学、语文、英语等学科教师的倦怠程度明显高于体育等学科教师。不同学科教师心理维度上的倦怠表现也存在显著差异（$F = 14.311$，$p < 0.001$），历史、信息技术等学科教师的倦怠程度明显高于体育等学科教师。

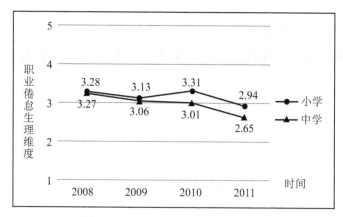

图 3-24　北京市不同年级教师职业倦怠生理维度历年变化

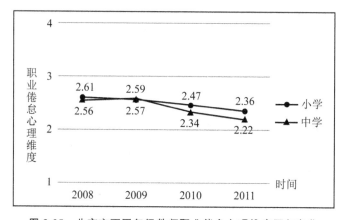

图 3-25　北京市不同年级教师职业倦怠心理维度历年变化

3. 不同性别教师在职业倦怠上的特征表现及历年变化

对男教师和女教师的职业倦怠表现进行分析和差异性检验,结果发现,男教师生理维度上的倦怠表现为2.94,女教师的倦怠表现为3.22,t 检验的结果显示男教师生理维度上的倦怠表现显著低于女教师($t=66.314$,$p<0.001$)。男教师心理维度上的倦怠表现为 2.46,女教师的倦怠表现为 2.49,t 检验的结果显示男女教师心理维度上的倦怠表现并无差异($t=3.762$,$p=0.052$)。

对男教师和女教师职业倦怠表现的历年变化进行分析和差异检验,结果发现,男教师和女教师生理维度上的倦怠表现历年变化无差异($F=2.295$,$p=0.076$),均表现为波动趋势,即 2008 年较高,2009 年有所降低,2010 年再次升高,2011 年明显降低。但在心理维度上男教师和女教师的历年变化存在显著的差异($F=4.263$,$p<0.001$)。具体表现为男教师心理维度上的倦怠表现逐年降低,且降低幅度较大,尤其是 2010 年和 2011 年,倦怠表现明显低于 2008 年和 2009 年;而女教师自 2008 年开始心理维度上的倦怠表现逐年降低,但幅度较小。

4. 不同年龄教师在职业倦怠上的特征表现及历年变化

对不同年龄教师的职业倦怠表现进行分析和差异性检验，结果发现，不同年龄教师在生理维度上的倦怠表现存在显著差异（$F=28.793$，$p<0.001$）。具体表现为46~50 岁教师倦怠程度最高，为 3.29；36~45 岁、30~35 岁和 30 岁以下分别为3.22，3.19 和 2.98；而 51 岁以上教师生理维度上的倦怠程度最低，为 2.63。不同年龄教师在心理维度上的倦怠表现无差异（$F=0.974$，$p=0.420$）。各年龄段教师的心理维度上的倦怠均为 2.47~2.51。

对不同年龄教师历年的职业倦怠表现进行分析和差异检验发现，不同年龄教师在生理维度上的倦怠表现无差异（$F=2.295$，$p=0.076$）。但在心理维度上存在显著的差异（$F=15.294$，$p<0.001$）。具体表现为 30 岁以下和 51 岁以上教师心理维度上的倦怠表现自 2008 年开始，先升高，后明显降低；而其他年龄段的教师自2008 年开始心理维度上的倦怠表现逐年降低，但幅度较小。

5. 不同教龄教师在职业倦怠上的特征表现及历年变化（见图 3-26、图 3-27）

对不同教龄教师的职业倦怠表现进行分析和差异性的检验发现，不同教龄教师生理维度上的倦怠表现存在明显差异（$F=25.132$，$p<0.001$）。具体表现为随着教龄增长，生理维度上的倦怠程度升高：5 年及以下教龄的教师倦怠程度最低，为2.93；6~10 年、11~15 年教龄教师的倦怠表现为 3.08 和 3.19；16 年及以上教龄的教师倦怠程度最高，为 3.25。不同教龄教师心理维度上的倦怠表现无差异（$F=0.974$，$p=0.420$）。各教龄段教师心理维度上的倦怠值均为 2.48~2.50。

对不同教龄教师历年的职业倦怠表现进行分析和差异检验发现，其生理维度上的倦怠表现存在显著差异（$F=2.779$，$p<0.005$）。16 年及以上教龄教师生理维度上的倦怠表现自 2008 年开始呈现波动趋势，即 2009 年降低，2010 年升高，2011年又降低；其他教龄的教师自 2008 年开始逐年降低。其心理维度上也存在显著的差异（$F=13.155$，$p<0.001$）。具体为 5 年及以下教龄的教师心理维度上的倦怠表现自 2008 年开始先升高，后明显降低；而其他教龄段的教师自 2008 年开始心理维度上的倦怠表现逐年降低，但幅度较小。

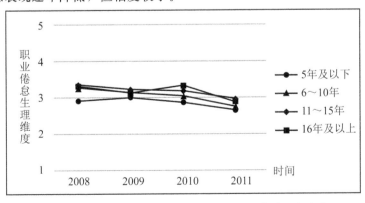

图 3-26　北京市不同教龄教师职业倦怠生理维度历年变化

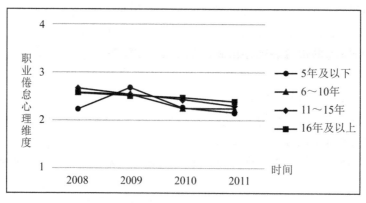

图 3-27 北京市不同教龄教师职业倦怠心理维度历年变化

四、职业倦怠的影响因素

(一)教师工作负担对职业倦怠的影响

根据教师的主观感受,我们将教师工作负担分为较轻、一般、较重三个水平,各水平人数、百分比及倦怠表现见表 3-51。从表 3-51 中可以看出认为工作负担较轻的教师占 0.4%,工作负担一般和较重的教师分别为 30.7% 和 68.9%。

表 3-51　不同工作负担教师职业倦怠情况表

工作负担	人数/人	有效百分比/%	生理维度平均分/分	心理维度平均分/分
较轻	35	0.4	2.46	2.31
一般	2 444	30.7	2.69	2.40
较重	5 489	68.9	3.40	2.53

对不同工作负担水平的教师职业倦怠进行差异性检验,结果发现,生理维度上的倦怠表现存在显著差异($F = 383.944$,$p < 0.001$),随着工作负担的加重职业倦怠程度明显升高。具体表现为,工作负担较轻的教师职业倦怠生理维度平均分为 2.46,工作负担一般的教师平均分为 2.69,工作负担较重的教师平均分为 3.40。他们在心理维度上的倦怠表现也存在显著差异($F = 39.287$,$p < 0.001$),随着工作负担的加重职业倦怠程度明显升高。具体表现为,工作负担较轻的教师职业倦怠心理维度平均分为 2.31,工作负担一般的教师平均分为 2.40,工作负担较重的教师平均分为 2.53,如图 3-28、图 3-29 所示。

综上所述,教师自我感知到的工作负担对职业倦怠产生了显著的影响,随着工作负担的加重,教师的职业倦怠明显加重。

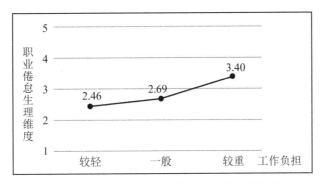

图 3-28　工作负担对职业倦怠生理维度的影响

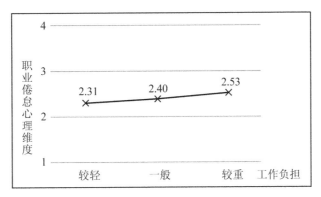

图 3-29　工作负担对职业倦怠心理维度的影响

（二）教学困难对职业倦怠的影响

　　我们将教师面临的教学困难分为来自学生、教师自身、管理、教学材料、课程5 个方面，使用线性回归分析，分别计算这些困难对教师职业倦怠的影响大小。5方面困难作为影响因素同时进入回归方程。

表 3-52　教学困难对职业倦怠的影响表

因变量	影响因素	回归系数	t 值	p	解释率/%
生理维度	学生方面的困难	−0.049	−2.692	0.007*	0.4
	教师自身方面的困难	−0.019	−1.056	0.291	
	管理方面的困难	−0.039	−1.586	0.113	
	教学材料方面的困难	0.042	2.265	0.024*	
	课程方面的困难	−0.044	−2.169	0.030 *	

因变量	影响因素	回归系数	t 值	p	解释率/%
心理维度	学生方面的困难	−0.115	−12.626	0.000*	1.9
	教师自身方面的困难	0.012	1.310	0.190	
	管理方面的困难	−0.114	−9.325	0.000*	
	教学材料方面的困难	0.044	4.826	0.000*	
	课程方面的困难	−0.151	−14.865	0.000*	

从表 3-52 可以看出，对职业倦怠生理维度产生显著影响的教学困难分别来自学生方面、教学材料方面和课程方面。与之相似，对职业倦怠心理维度产生显著影响的困难除以上三个因素外，还有管理方面的困难。值得注意的是，学生方面、管理方面和课程方面对职业倦怠的影响是负向的，即教师面临的困难越大，教师的倦怠程度越低；而材料方面的困难影响是正向的，即教师面临的困难越大，教师的倦怠程度越高。

综上所述，教师面临的困难对职业倦怠产生了显著的影响，但来自学生、管理和课程方面的困难不会使教师更加倦怠，反而会减轻倦怠表现，而来自教学材料方面的困难则会加重教师的职业倦怠表现。

五、职业倦怠的对策及相关建议

党和国家历来高度重视教师发展问题。2018 年年初，中共中央、国务院发布的《关于全面深化新时代教师队伍建设改革的意见》指出，"百年大计，教育为本；教育大计，教师为本"。因此，面对教师的职业倦怠，我们对管理部门、学校和教师个人提出以下建议：

(一)建议管理部门加强专业培养，深化职称和考核评价制度改革

建议在不给教师增添负担的前提下，加强专业培养，组织高质量的培训。转变培训方式，推动信息技术与教师培训的有机融合，实行线上线下相结合的混合式研修。同时改进培训内容，紧密结合教育教学一线实际，使教师静心钻研教学，切实提升教学水平。建立健全地方教师发展机构和专业培训者队伍，依托现有资源，结合各地实际，实现培训、教研、电教、科研部门有机整合。此外，进一步完善职称评价标准，建立符合中小学教师岗位特点的考核评价指标体系，突出教育教学实绩。加强聘后管理，激发教师的工作活力。完善相关政策，防止形式主义的考核检查干扰正常教学。不简单用升学率、学生考试成绩等评价教师。

(二)建议学校建立公平、民主的学校管理体制

学校的组织氛围对教师的职业心理状况具有重要影响，而健全的管理制度是良好的组织氛围的保障。建议学校赋予教师更多的专业自主权与更大的自由度，激发教师的工作热情与动力，并且为教师提供更多参与学校决策的机会，这将有助于教

师获得更强的责任感与归属感。同时教师职业倦怠与工作兴趣和动机的丧失有大关系，因此建议学校激发教师内在的工作兴趣和理想抱负，满足教师多方面需求。

（三）建议教师利用积极的应对策略，规划职业发展路径

面对工作负担和困难，教师自身的心理调节和应对策略起着至关重要的作用。教师可以学习一些时间管理技巧，在紧张的工作过程中适当放松，为自己减压，这样有利于防止倦怠的出现。同时，积极关注教育工作，树立正确的教育观、学生观，不断提高自己的职业修养和职业责任感，炼就坚韧的人格，保持健康的心理和美好的教育理想。

第七节　教师教学话语分析

一、研究背景

课堂教学的研究，大致以西方 20 世纪 60 年代兴起的有效教学运动为分水岭，在这之前的研究主要是从教师的个性特征出发，把关注的焦点集中在教师的人格因素上，但这些研究"只是将教师特征与教育结果机械相连，而忽视了对课堂实际进行深入细致的客观分析"，此后，研究者们开始把注意力转移到教师在课堂里的教学行为，关注教师的课堂教学行为与学生学习成就之间的关系。

20 世纪 90 年代以来，日本和美国等国开始尝试用录像带等辅助技术对课堂教学行为进行"科学量化分析"。这种实证主义的研究范式第一次对发生在课堂上的师生行为进行精确统计，通过频次、时间、相关比例等使课堂教学以数字化的形式呈现。然而，课堂教学作为一种社会性过程，其语言和行为等只有在具体的情境里才能表现出真实而丰富的意义，剥离于课堂真实而统计出来的数据往往导致大量"信息的流失"。

为此，我们用占据课堂教学 80% 的语言行为作为主要研究对象，引入语言分析的方法，对小学数学课堂教学中教师语言行为进行质性分析。

二、话语分析理论概述

（一）话语的内涵

人们对于语言的感受可分为言语行为和言语产品，言语行为又简称"言语"，而言语产品则被称作"话语"。"话语"的英语对应词是"discourse"，意为"演说、演讲、谈话、论文"或者"语篇"，当动词时又可翻译为"谈论、讲述"，是对事物演绎、推理、叙说的过程。那么语言与话语之间有什么关系呢？不列颠百科全书对"语言"的解释很有启发性：动物"不能建成像人类语言一样的有系统的符号，却能有限度地懂些人的话语"。就是说，语言是抽象的符号，话语是具体的形态，话语的意义是

可以在相互作用中直观感知的。"话语既是一种表现形式，也是一种行为形式，以这种形式，人们有可能与这个世界彼此产生作用。"

语言一旦变成"话语"，它就是一种存在，一种与这个世界上的其他一切"存在"具有同样性质的"存在"。作为一种存在，变成为"话语"的语言，具有了生存的力量，具有了自身的运作逻辑，具有了某种自律。话语的这种存在性使得话语具有了本体性，当这种本体性存在显现时，话语便具有了社会性。

(二)话语分析理论

语言学对语言的研究从句法学到语义学再到语用学，先有索绪尔的语言形式研究，后有现代语言学者的语用学研究，即关注说话人、听话人和传播中介之间的关系。话语分析(discourse analysis)理论提出，独立于语义而描写语法是没有意义的，必须揭示话语的社会语境意义和话语参与者的隐含意义，进而转向对社会意义的追问。话语分析主要以"自然发生的连贯的口头或书面话语"为对象，运用社会分析方法，揭示人类如何理解彼此的话语，强调分析社会语境下语言的使用，对交际过程意义传递进行动态的分析。

话语分析实际上是将言语的内容进行深刻的剖析，而词语又是话语的组成单位，甚至单独的词语在某种情境中也会成为话语。巴赫金认为在特定的语境中，任何单词都可成为话语，作为更高一级语言单位的句子同样能成为话语。所以，词语、句子都可以成为话语分析的对象。话语分析理论在最初更多地关注社会生活领域，并没有将概念和方法引入学校教育教学中来。

(三)教学话语理论的产生与发展

20世纪70年代，麦克·F.D.扬主编的《知识与控制：教育社会学的新探》一书标志着新教育社会学研究的兴起，此后，现有的教育知识不再被看成理所当然之事。新教育社会学的代表人物之一伯恩斯坦，在他的编码理论中，阐释了知识在教育中的呈现形式、不同形式所构建的对应机构话语，以及这些话语对师生的影响。同时，其教学话语理论展示了教学话语的建构过程。针对教学话语的具体形式，他提出了水平话语和垂直话语的概念。水平话语指的是日常知识或常识性知识，其特点是口语化、背景依赖性和情境化；而垂直话语既具有自然科学连贯而清晰的结构体系，又有社会科学和人文科学的专门术语以及文本产生和传递的专业标准。

显然，学生最初学习的知识，其主要表现形式是水平话语，该话语是在具体的情境化和不断的实践中得以实现的，且这些话语与知识获取者的生活语境相关。

(四)研究内容

基于以上对话语、话语理论及教学话语理论的学习，我们试图从关注教师课堂教学语言行为转向关注教师课堂教学话语内容。主要就教师在数学课中所使用的词语特征、数量等与学生学习效果之间的关系进行探讨，并借助录像课分析的结果加以验证，最终对数学教师的课堂语言提出建议。

因此，本研究主要采取的是内容分析法。选取了"问题解决"主题下的小学数学教材中的 3 个内容共 12 节课，对教师教学的课堂实录进行了整理，集中对教师话语进行分析。其一是以名词、动词、副词为主要对象，选取教学片段分别对教师使用上述词汇数量和学生使用上述词汇数量进行统计比较；其二是按照词汇意义对教师词汇进行统计，将词汇意义分为数学词汇和非数学词汇，其中数学词汇指脱离情境后依然属于数学概念范畴的词，而非数学词汇指脱离情境后可能会产生不同于数学概念范畴的词。比如"方程"属于数学词汇，"名称"则属于非数学词汇。根据分析结果，推理出教师使用数学词汇的比例以及师生话语比例与学生学习效果的关联性，并对这类授课内容提出教学建议。

三、课堂实例分析

本研究选取了三个内容，分别是《邮票的张数》《反弹高度》《找次品》，其中《邮票的张数》3 节，《反弹高度》4 节，《找次品》5 节。为了更加深入地分析这 12 节课，我们将课堂实录全部转换成文本信息，并依据话语分析的方法，对这 12 节课进行了不同维度的比较。

（一）教师话语中数学词汇与非数学词汇的比对学生学习效果的影响

在现代汉语中，名词和动词是最基本的词汇范畴，是构成句子最基本的要素。正如吕叔湘先生指出的那样："构成句子的最根本的词是名词和动词；除特殊情况外，光有名词，没有动词不能成句，光有动词，没有名词，也不能成句。"因此，在对教师话语进行分析时，我们将教师话语中的名词和动词挑选出来，并按照其表达的含义分成两类：一类是数学学科中的专有名词或动词，另一类是非数学学科专有名词或动词（具体分类情况见表 3-53）。该分类标准是词汇脱离语境后是否具有数学概念这一唯一属性，如果符合就是数学词汇。其中主要为具有实际意义的名词和动词，表示数量多少的名词也全都划入数学词汇。比如"方程"一词无论处于什么语境均表示"含有未知数的等式"这一意义，因此它属于数学词汇。而"关系"一词则不然，放在不同的语境中则表示不同的含义，它属于非数学词汇。依据上述标准，对 12 节课教师话语中名词和动词使用情况的统计如表 3-53 所示。

表 3-53　教师课堂话语使用词汇统计表

课题和时间	词汇类别		
	数学术语词汇 使用频次	非数学术语词汇 使用频次	数学术语词汇占 总词汇数的百分比/%
01 找次品(48 分 56 秒)	52	243	17.6
02 找次品(43 分 38 秒)	146	336	30.3

课题和时间	词汇类别		
	数学术语词汇使用频次	非数学术语词汇使用频次	数学术语词汇占总词汇数的百分比/%
03 找次品(46 分 5 秒)	146	292	33.3
04 找次品(44 分 47 秒)	249	752	24.9
05 找次品(51 分)	160	800	16.7
01 反弹高度(97 分 33 秒)	3	330	0.9
02 反弹高度(64 分 51 秒)	44	350	11.2
03 反弹高度(73 分 27 秒)	3	299	1.0
04 反弹高度(93 分 40 秒)	9	462	1.9
01 邮票的张数(43 分 12 秒)	58	185	23.9
02 邮票的张数(40 分 44 秒)	352	733	32.4
03 邮票的张数(45 分 53 秒)	83	228	26.7

从表 3-53 可以看出：教师课堂话语中数学术语词汇占总词汇数的百分比最低是 0.9%，最高是 33.3%，均值为 18.4%。其中"找次品"5 节教师课堂话语中数学术语词汇占总词汇数的百分比平均为 24.56%，"反弹高度"4 节教师课堂话语中数学术语词汇占总词汇数的百分比平均为 3.75%，"邮票的张数"3 节教师课堂话语中数学术语词汇占总词汇数的百分比平均为 27.7%。

这说明"邮票的张数"一课对数学知识的要求相对于其他两个主题来说要高一些，而"反弹高度"一课更多的是对问题解决的路径要求，数学知识所占比重较少。在后续的测试中也验证了这一结论，如图 3-30 所示。

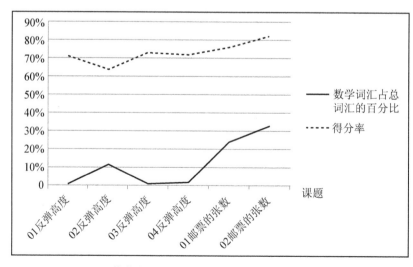

图 3-30 数学术语与非数学术语的百分比与得分率统计图

综上，可以发现针对一些解决问题的课例，对数学知识要求高的内容需要教师使用更多的数学词汇，这样会有更好的教学效果，比如"邮票的张数"中，教师使用数学词汇越多，学生测试的得分率就越高（见图3-30）。而反之，对数学知识要求低的内容中，教师使用数学词汇的比重对学生的学习成绩影响相对较小，比如"反弹高度"中教师使用数学词汇最少的课例，学生的测试得分率位于中间水平。

（二）师生词汇数量的差异对学生学习效果的影响

为了使话语分析更加准确和能够在分析文本的过程中发现教学实践中的问题，我们在使用话语分析方法的同时，将这12节课进行了录像分析，对分析内容进行有效的比对和验证。

表3-54 师生话语片段词汇与录像课分析数据比对统计表

课题	录像课分析结果					师生词汇数量比
	总分/分	教学目标得分/分	教学内容得分/分	教学过程得分/分	教学效果得分/分	
01 邮票的张数	7.9	7.7	8.1	7.9	8.0	40：100
02 找次品	7.6	7.7	7.8	7.0	8.0	51：100
01 反弹高度	7.4	9.0	7.2	6.4	7.0	56：100
03 反弹高度	8.3	7.8	8.3	8.5	8.5	62：100
02 邮票的张数	8.0	7.8	8.5	7.5	8.0	63：100
01 找次品	6.9	7.7	6.5	6.5	6.7	64：100
03 邮票的张数	7.5	7.5	7.9	7.0	7.7	66：100
04 反弹高度	8.2	8.8	8.3	7.6	8.0	100：100
02 反弹高度	7.1	7.2	7.1	7.3	7.0	138：100
03 找次品	8.7	9.0	8.9	8.1	8.7	185：100
04 找次品	8.5	9.0	8.0	8.3	8.5	269：100
05 找次品	7.6	8.8	7.7	5.6	8.0	933：100

从表3-54中可以看出，有5节课教学目标得分在8分以上，其中有两节课的师生词汇的比值在2左右，一节比值达到3％。剩下两节课中，一节师生词汇的比值为1，一节师生词汇的比值小于1。此外，有6节课教学过程得分在7.5分以上，其中有4节课师生词汇的比值小于或等于1，仅有一节师生词汇的比值大于2。

从典型片段师生词汇比与录像课分析数据的对比中，我们发现教师词汇使用大于学生词汇使用时，有利于教学目标的达成。典型片段中教师词汇使用小于或等于学生词汇使用时，对教学过程有一定的积极影响。综上，当教师把话语权交给学生时，教学过程得分明显提高，而教师所使用的词汇数量与学生使用词汇数量的比值最好保持在 2 左右，比如"找次品"的两节课师生词汇数量比为 185：100 和 269：100，计算出比值分别为 1.85 和 2.69，比值均接近 2。

(三)教师就学习任务的描述对学生学习效果的影响

为了弄清楚教师话语的差异，我们将样本中课堂导入部分进行比较，尝试从学习任务的布置中看到不同教师话语的特点，并发现其能引发学生不同的学习效果。

在《反弹高度》一课中，有一个教学片段是教师引导启发学生如何制定实验方案，该片段课堂实录如下。

片段一

教师：不是定完目标了选完东西就可以进行实验了。我们还得进行一个整体的规划。我之前发给每个组一张实验报告单，需要我们小组内进行研讨，把实验目的、实验分工和实验过程都展示在你的表格上。首先小组成员分工要明确，人人都有任务；其次实验过程最好以表格呈现。实验次数是三次。一会儿小组内制定实验方案，你们用五到七分钟把实验报告先完善一下。我请两个组来展示一下方案，大家看他们的方案有什么缺陷并提出意见，再修改方案。一个好的实验前期准备非常重要，包括实验、分工、目标，只有前期准备充分了，实验才能更好地完成。

学生 1：我们组的实验目的是用不同的球、一样的地面和高度，看反弹的高度是多少。我们组实验过程用了三种球——篮球、足球、乒乓球，高度是一米，地面是地板砖。

教师：他把他们组的实验方案简单解说了，你们看看哪儿存在问题，需要修改？
学生 2：我觉得有第一次、第二次和第三次。
教师：说说你的想法。
学生 1：第一次投篮球反弹的高度是多少。第一次的篮球写在上面，第二次写在中间，第三次写在最下面。我们的实验分工就是用不同的球，篮球是第一次，足球是第二次，乒乓球是第三次。

教师：他们的目标高度一样，是一米，地面虽然没有在表中反映出来，但是他体现了教室的地板砖。已经反映出了基本的要改善的。如果这么观察和做实验，也是可以的，人员分工基本上是比较细致的。根据他的，看看你的还有什么问题。再找一组。仔细看别人的实验方案。

学生 2：我们组实验目标是用同样的球，在不同的地面操作，高度一样，看反弹高度的高低。我们组实验选用的地面材料有地板砖、体操垫和泡沫板，选的是篮球，次数是三次。

教师：设定球的高度一样吗？
学生 2：一样，因为是一个人来放球。
学生 3：我觉得他应该说放球人举起的高度。

我们将上述片段中教师话语和学生话语中所涉及的名词词汇整理如下：

表 3-55　片段一中教师话语和学生话语中使用名词词汇统计表

教师词汇	次数	学生词汇	次数
实验	5	实验目的	1
目标	2	球	3
实验报告单	2	地面	3
实验目的	1	高度	5
实验分工	1	篮球	5
表格	2	足球场	2
提示	1	乒乓球	2
任务	1	一米	1
实验次数	1	地板砖	2
实验方案	2	实验方案	1
高度	2	问题	1
方案	3	足球	1
意见	1	实验目标	1
地面	1	反弹高度	1
教室	1	实验分工	1
地板砖	1	地面材料	1
人员分工	1	体操垫	1
问题	1	泡沫板	1
想法	1	次数	1
		放球人	1

从表 3-55 中能够看出，教师话语中名词个数累计 30 个，学生话语中名词个数累计 34 个，基本属于持平状态。学生话语中所涉及名词词汇的含义包含了不同的材料(地板砖、体操垫、泡沫板)、使用的工具(篮球、足球)、实验记录的对象(高度、反弹高度、次数)等。从这些词汇中，我们能够推测出学生在解决"反弹高度"这一实际问题时，考虑了这样几点要素：地面材质、球的类型、需要记录的数据等。学生话语中名词的含义指向比较丰富。为了与这个教学片段进行对比，我们又挑选出"找次品"中的一个片段。

片段二
教师：大家想到的办法都可以解决，我们可不可以用这个工具(教师手指天平)？叫做什么？对，天平。用天平来量一量，因为用手称不标准，你的感觉没有那么精确，天平可以非常精确的称出物品的质量，那我们用天平来称量这 81 个羽毛球，找到这一个次品，得用多少回？

　　学生1：得用80回。

　　老师：你说用几回，你猜猜。

　　学生2：最少一回。

　　老师：一回怎么能找到？

　　学生3：拿天平分两堆。从这堆羽毛球中拿出一个，剩下80个，然后把它平均分成两堆，每堆40个，如果他们一样的话，剩下的那一个就是次品。

　　学生4：如果这两个40个不一样呢？

　　学生5：因为确实有这种可能。

表3-56　片段二中教师话语和学生话语中使用名词词汇统计表

教师词汇	次数	学生词汇	次数
天平	5	天平	1
大家	1	两堆	2
办法	1	80回	2
我们	4	40个	2
工具	1	他们	1
量一量	1	你	1
标准	1	两个	1
你	1	羽毛球	1
精确	2	一个	2
物品	1	次品	1
质量	1	一回	1
81个	1		
羽毛球	1		
一个	1		
次品	1		
你	2		
几回	1		
一回	1		

　　从表3-56中能够明显看出教师话语使用名词的累计个数大约是学生话语使用名词累计个数的2倍。再观察学生话语使用的名词词汇的含义，其中有64.3％指向了数量的多少，剩下的词汇中有2个是人称代词，其余3个是物品名称。从这些词汇中，我们能推测出学生更关注数量结果，关注点比较单一。

　　究其原因，教师对于问题或任务的描述存在较大的差异。片段一中教师提出了明确的实验要求，教师将话语的重点放在了对解决问题过程的描述上。片段二中教师采取的方式是直接告知学生用什么工具，为什么用，并最终落到"用多少次"。显然，教师将话语内容的重点放在了解决问题的结果上，这样的描述使学生的思考被聚焦（因为教师已经直接告知了），因此学生的关注点就只落到"用多少回"这个结果上。

四、研究结论

通过对上述 12 节数学课堂实录文本的分析和比较，我们发现，以问题解决为主的数学课堂中教师话语呈现出以下特征：

1. 对数学知识要求高的内容需要教师使用更多的数学词汇，这样会有更好的教学效果，而对数学知识要求低的内容中，教师使用数学词汇的比重对学生的学习成绩影响相对较小。比如数学课有一个内容是"用方程解应用题"，这类课就需要教师使用更多的数学词汇，而不能只用生活词汇。

2. 教师词汇使用的多少对于教学目标的得分以及教学过程的得分影响并不显著。我们发现，教师使用词汇的数量并不能对教学目标、过程的得分有所影响，也没有呈现出规律性变化。

3. 教师对于任务的描述直接影响学生参与讨论的话语数量。明确任务解决的过程比直接给出任务解决的结果更能激发学生的思考维度，发散他们的思维，这样，学生话语中所使用名词的含义会很丰富。

不过，我们发现，在对 12 节录像课进行话语分析的过程中，也存在着一些研究的弊端。比如就样本的选择而言，12 节录像课覆盖年级不够广泛，课堂内容较单一，不能全面审视数学课堂教学特征。若以词汇为单位，样本数量还是挺大的，但是承载这些词汇的录像课仅 12 节，数量上有些欠缺，需要后续继续关注、收集和选取。

虽然本研究存在着一些问题，但就课堂教学行为的研究来看，我们提供了一种全新的视角来审视课堂教学：从关注课堂教学行为到关注课堂教学内容，从关注课堂对话的形式到关注课堂对话所呈现的言语，从对师生词汇的关注到教师语句的表达。我们从现象到本质，试图挖掘更为核心的元素，以此为教学提供更有价值的参考和建议。

第八节　优质课堂中教学语言的特征分析

教学语言是课堂教学中最主要的行为，课堂中大部分时间被语言所占用。美国学者弗兰德斯在 20 世纪 60 年代就指出，开展对教学语言的研究，有助于发现课堂教学的特征。当代学者雷克斯指出，教学语言分析，是当今课堂教学研究的重要视角之一。为此，不少学者开始对课堂教学语言进行分析，以期理解课堂教学特点，诊断课堂教学问题。

一、问题提出

最早对优质课堂教学话语进行研究的当属美国学者弗兰德斯，他通过对 6 所学校 147 位不同年级、不同学科教师的观察，提出了普通课堂教学语言的"三分之二原则"：即课堂教学中有三分之二的时间是语言，在教学语言中，有三分之二是教师的语言，在教师的语言中，有三分之二是通过讲解、指示和批评学生来发表观点的。而优质课堂，教师的语言比例约占教学语言的 50%～60%，其中，讲解、指令和批评占教师语言的 40%，而提问、接纳或利用学生观点、表扬或鼓励接近 60%。

赵冬臣等从 55 节获全国小学数学学专业委员会优质课一等奖的课例中，选择 3～4 年级"数与代数"领域的 13 节作为样本，分析了优秀课师生话语量。结果发现，师生话语量之比处于 1.6～3.5。换算成百分比，教师语言占到 62%～77%。曹一鸣等通过对京沪两地 4 名优秀初中教师 20 节常态数学课分析，发现教师的话语平均量是学生的 6.6 倍，与国际水平基本一致。换算为百分比，即教师的语言约占 87%。董琴对我国和新加坡的两位小学特级数学教师的课堂话语进行了比较，结果发现他们都善于运用积极强化的语言，但是中国教师间接影响与直接影响的语言之比为 0.66，说明中国教师倾向于对学生的直接引导；而新加坡教师间接影响与直接影响的语言之比为 0.97，说明新加坡教师比较倾向于间接引导。李琼通过对专家型教师和非专家型教师的 55 节小学数学教学课比较分析，发现专家型教师更倾向于运用分析性与比较性的问题，能够探查和运用学生的想法，其课堂对话方式表现为学生陈述——教师质疑——学生解释。

综上，国内外对优质课堂师生教学语言的研究有如下特点。一是对师生课堂语言研究的门类不多，多数集中在数学学科。二是对优质课划分依据不同，有的以教师水平为分类依据，如特级教师与非特级教师、专家教师与非专家教师；有的以获奖课为依据，如赵冬臣就采用了这一方法。三是除了对师生话语量进行了研究，还对师生话语的类型进行了研究，但研究结论有较大差异，还没有形成统一的认识。基于此，本研究尝试以课堂教学水平为分类依据，以北京教育科学研究院录像课为数据库，对不同等级水平课，尤其是高水平和低水平课的教学语言特点进行比较分析。这样做，一方面，可以提供我国基于实证的教学语言数据结果；另一方面，也是通过对比研究，引导教学关注师生对话，从优质课堂教学的教学语言特点中寻求启发，提高师生对话的实效性。

二、研究方法

(一)录像课分析方法

录像课分析法采用了等级指标法和分类指标法。等级指标用来评价这节课的教学质量，分类指标用来搜集教学语言或行为数据。

1. 等级指标法

等级指标分为四个一级指标，即教学目标、教学内容、教学过程和教学效果；一级指标下面又分为若干二级指标。每个二级指标的得分为 1～10 分（见表 3-57）。评价方法：由两位本学科教研员对照二级指标，对录像课进行评分。计算两者评分的均值，以此获得每一节课的平均分。

表 3-57　课堂教学评价一级、二级指标举例表

一级指标	二级指标	得分
教学目标	符合课程标准的程度	1…………10
	符合学生实际的程度	1…………10
	……	1…………10
教学内容	教学内容的结构化程度	1…………10
	教学内容的趣味性	1…………10
	……	1…………10
教学过程	教学方式的适切度	1…………10
	师生互动有效程度	1…………10
	……	1…………10
教学效果	目标达成度	1…………10
	学生的参与度	1…………10

2. 弗兰德斯语言互动分析方法

弗兰德斯语言互动分析方法（Flanders Interaction Analysis System，FIAS）将教学语言分成教师语言、学生语言和课堂沉默。其中，教师语言 7 种，学生语言 2 种。评价方法：基于信息技术平台，每隔 3 秒，观察录像，判断并记录 3 秒内的语言属于哪一类。观察结束，由计算机统计各类语言的次数、百分比（见表 3-58）。

表 3-58　弗兰德斯语言互动指标表

FIAS 语言种类			评价
教师语言	间接影响的语言	1. 接纳学生的情感	积极影响的语言
		2. 称赞或鼓励	
		3. 接受、利用学生想法	
		4. 教师提问	
	直接影响的语言	5. 教师讲解	
		6. 命令或指示	消极影响语言
		7. 批评或维护权威	

FIAS 语言种类		评价
学生语言	8. 学生被动发言	
	9. 学生主动发言	
课堂沉默	10. 课堂沉默	

（续表）

（二）样本的选择

本研究选择了语文、数学、物理、地理、品德与社会 5 个学科。依据每一节课等级指标的平均得分，将录像课分为三类：高水平的课，指平均分排在前 30％ 的课，共有 38 节；中间水平的课，指平均分排在 30％～70％ 的课，共有 45 节；低水平的课，指平均分排在后 30％ 的课，共有 35 节。为了凸显较高水平课的语言特点，项目组选择了高水平的课与低水平的课共 73 节作为比较分析的样本（见表 3-59）。

表 3-59　本研究的样本表

单位：个

项目		文科样本			理科样本		总计
		语文	地理	品德与社会	物理	数学	
教学质量分类	低水平	6	6	6	11	9	38
	中间水平	9	8	3	16	9	45
	高水平	6	6	4	9	10	35
合计		21	20	13	36	28	118
总计		54			64		

（三）数据统计方法

本研究使用 d 值测量高水平课堂和低水平课堂中不同指标之间的差异：d 值为正，代表高水平课堂在该指标上得分较高；d 值为负，代表低水平课堂在该指标上得分较高。d 值的绝对值小于 0.2 表示效应量很小，介于 0.2 和 0.5 之间表示中等效应量，大于 0.5 表示效应量很大。

三、研究的结果

（一）高、低水平课教师语言、学生语言和课堂沉默比较

弗兰德斯认为，课堂中三分之二的时间是语言。通过分析发现，无论是高水平的课，还是低水平的课，北京市义务教育阶段课堂教学语言比例比弗兰德斯的结果略高。例如，低水平的课，教师语言平均百分比为 49.0％，学生语言平均百分比为

20.8%，合计为 69.8%；高水平的课，教师语言平均百分比为 47.9%，学生语言平均百分比为 23.8%，合计为 71.7%。二者没有显著差异，都略高于三分之二。

弗兰德斯认为，优质课堂中，教师语言占师生语言的 50%～60%。我们的分析发现，高水平的课，教师语言占 68.6%；低水平的课，教师语言占 71.7%。二者没有显著差异，都高于弗兰德斯的结果。

表 3-60　高、低水平课弗兰德斯三类语言百分比表

三类语言	占整节课的百分比/%		高、低水平组差值效应值 d	占师生语言的百分比/%		高、低水平组差值效应值 d
	低水平的课	高水平的课		低水平的课	高水平的课	
教师语言	49.0	47.9	0.08	71.7	68.6	0.17
学生语言	20.8	23.8	0.19	28.3	31.4	0.17
课堂沉默	30.2	28.3	0.12			

（二）高、低水平课 7 种教师语言比较

弗兰德斯把教师语言分成 7 种，分别是接纳学生情感、表扬或鼓励、接纳或利用学生观点、提问、讲解、指示或命令、批评。分析发现，表扬或鼓励的语言、接纳或利用学生观点的语言，高、低水平的课有显著差异，其中高水平的课，教师表扬或鼓励、接纳或利用学生观点的语言比例更高；指示或命令的语言、批评的预压，高、低水平的课也有显著差异，其中高水平的课，指示或命令、批评的语言比例更低；接纳学生情感的语言、讲解的语言、提问的语言，高、低水平的课有差异，但是没有达到显著水平。具体数据见表 3-61。

表 3-61　高、低水平课教师 7 种语言平均百分比表

教师语言分类	高水平的课/%	低水平的课/%	高、低水平组差值效应值 d
接纳学生情感	0.29	0.25	0.07
表扬或鼓励	1.7	1.08	0.40*
接纳学生观点	4.86	3.78	0.31*
提问	9.76	8.65	0.19
讲解	25.97	28.39	−0.18
指示或命令	5.34	6.81	−0.39*
批评	0.00	0.06	−0.53*

（三）高、低水平课学生语言比较

弗兰德斯将学生语言分为被动发言和主动发言两种。统计分析发现，高低水平

的课，学生主动发言有显著差异，高水平的课，学生主动发言的百分比显著高于低水平的课；在高、低水平的课中，学生被动发言的百分比没有显著差异。具体见表3-62。

表3-62　高、低水平课学生语言平均百分比表

学生语言分类	高水平的课/%	低水平的课/%	高、低水平组差值效应值 d
被动发言	22.16	19.87	0.15
主动发言	1.60	0.91	0.25*

（四）高、低水平课教师直接影响语言与间接影响语言、积极影响语言与消极影响语言比较

直接语言是指教师控制学生参与的语言，包括讲解、指令或命令、批评 3 种语言。间接影响语言是指教师对学生参与教学进行鼓励和支持的语言行为，包括接纳学生情感、表扬、接纳和利用学生观点、提问 4 种语言。统计分析发现，高、低水平的课，直接影响语言与间接影响语言都有差异：高水平的课，间接影响的语言显著高于低水平的课；相反，高水平的课，直接影响语言显著低于低水平的课。

积极影响语言是指教师对学生进行积极强化的语言，包括接纳学生情感、表扬或鼓励、接纳或利用学生观点 3 种。消极影响的语言是指对学生进行消极强化的语言，包括指示或命令、批评 2 种。统计分析发现，高、低水平的课，教师积极影响语言与消极影响语言都有显著差异：在高水平的课中，积极影响语言显著多于低水平的课，而消极影响语言显著低于低水平的课。

表3-63　高、低水平课直接影响与间接影响、积极影响与消极影响语言比较表

教学质量分类	高水平的课/%	低水平的课/%	高低水平组差值效应值 d
直接影响语言	31.31	35.26	−0.30*
间接影响语言	16.61	13.76	0.36*
积极影响语言	6.85	5.11	0.46*
消极影响语言	5.34	6.86	−0.40*
间接影响语言 与直接影响语言之比	0.53	0.39	
积极影响语言 与消极影响语言之比	1.28	0.75	

四、结论与建议

（一）结论

教学语言是促进学生思维发展、维持教学过程的重要载体。综上所述，高水平课与低水平课，在某些语言比例上具有明显的差异，现归纳为以下几点：

1. 无论是高水平的课还是低水平的课，教师语言约占70%，学生语言约占30%，教师语言的比例比弗兰德斯的结果略高。且高水平课与低水平课没有显著差异。

2. 在高水平的课中，教师表扬或鼓励、接纳或利用学生观点的语言百分比更高，指示或命令、批评的语言百分比更低。高水平课与低水平课有显著差异。

3. 在高水平的课中，学生主动发言的百分比更高，高水平课与低水平课有显著差异。高水平课与低水平课在学生被动发言方面没有显著差异。

4. 在高水平的课中，教师间接影响的语言百分比更高，直接影响的语言百分比更低，二者有显著差异。

5. 在高水平的课中，教师积极影响的语言百分比更高，消极影响的语言百分比更低，高水平课与低水平课有显著差异。

（二）改进教学语言的建议

1. 鼓励教师树立利用学生观点的意识

课堂教学中，最多的教学语言片段是教师提问—学生回应—教师反馈（teacher initiation-student response-teacher feedback），即教师通过提问，引导学生发言，然后教师进行反馈。福曼等人发现，如果教师的反馈是通过引导和追问促使学生不断地解释自己的思路，那么学生对知识的理解就会越来越深入细致。本文研究也发现，在高水平的课中，接纳和利用学生观点的语言比例较高，表现在不仅教师自己能利用学生的观点进行引申和阐发，而且能利用学生的观点，引导学生自己反思，引导学生之间进行讨论或辩论，从而将学生思维引向深入。相反，当教师的反馈多以较短的简单肯定或否定为主要形式，或者替换其他学生回答（直到出现正确答案为止）比较多时，教学质量也较低。因此，我们建议在教学中，鼓励教师树立利用学生观点的意识，引导学生解释、反思自己的观点，引导其他学生进行质疑、讨论，从而促进课堂教学师生互动和生生互动的深入，促进学生高级思维能力的培养。

2. 鼓励教师多运用间接影响和积极影响的语言

本文的研究结果表明，高水平课的间接影响语言与直接影响语言的比例也高于低水平课。可以看出，较多地使用间接影响的语言和积极影响的语言，如接纳学生情感、接纳学生观点、鼓励或表扬及提问等语言，更有助于提升课堂教学质量。有学者通过对专家教师和新手教师课堂话语的比较发现，专家教师的课堂中，间接影响与直接影响之比大于1，而新手教师则小于1。也有研究发现，采用积极影响的语言，课堂氛围活跃，师生关系平等，学生学习更加投入；反之，教师如直接评价学生答案是否符合预设答案，学生则会因害怕答案不符合教师标准而采取逃避式学习策略，不参与课堂互动。因此我们建议：首先，要多接纳学生的情感，多与学生进行情感的互动和交流，创设民主平等的课堂氛围；其次，多对学生进行鼓励和表扬，缓解学生的心理紧张；最后，多进行提问、追问、反问，引导学生深入思考，而不是直接通过讲授给出结论。

3. 鼓励教师给学生主动发言创造机会

研究发现，在高水平的课中，学生主动发言的比例较高。这可能与教师激发学生思考，创设民主平等的氛围，给学生互相质疑、互相辩论的机会等有关。因此，教学中最好能多给学生创设主动发言的机会，让学生进行质疑、相互辩论，弱化教师在师生对话中的绝对权威地位。有专家认为，越是学养深厚的教师，越不看重形式上的教师权威，他们往往以弱势的话语形式释放学生的质疑问难，以其弱势的话语形式，收获强势的效果。因此，建议教师一方面要放下形式上的权威，引导学生进行解释，例如，教师可以说："我好像没有听明白，你能解释一下为什么吗？"另一方面给学生辩论的机会，鼓励同学之间进行质疑，给持不同意见的学生主动表达的机会；鼓励胆小的学生私下或公开向教师提出问题，并给出提问的时间等。

第四章

义务教育教学质量问题、对策及展望

第一节 问题及对策

一、关于义务教育阶段教学质量的问题

在义务教育阶段教学质量的问题中，学业质量均衡性问题最多，其次是课堂教学问题，再次是办学条件与师资队伍问题，最后是师生负担问题。

学业质量均衡性问题主要表现为：不同内容领域和不同能力领域之间的差异；不同地域学校、不同类别学校之间的差异；性别差异。

课堂教学问题主要表现为课堂教学过程中的问题和课堂教学内容的问题。教学过程中的问题表现为：教师关注学习活动的多样性，忽视学习活动的效果；关注学生行为的参与，忽视学生思维的参与；关注知识的传授，忽视学习方法的引导；关注对学生进行提问，忽视学生的主动发言、主动提问。课堂教学内容的问题表现为：教学内容的结构性不够，不能从整个单元的教学目标来设计教学内容；教学内容，尤其是课外教学资源缺少依据学生认识水平的加工；教学内容的思维性不够，不能激发学生的深度思考；等等。

办学条件和师资队伍的问题主要表现为：农村校教学资源、课程资源，尤其是参考书籍和教学材料缺乏，城市校体育场地不能满足需求；教师专业素养发展不平衡，农村教师、科任教师中骨干教师比例偏低，农村初中教师职业认同感较低。

师生负担问题。教师工作负担主要表现为：课时较多，在校工作时间较长，有职业倦怠的现象，如失眠、注意力不集中、情绪不稳等。学生学习负担表现为：部分学生需要完成家长和教师布置的双重作业，写作业时间超过北京市规定的作业时间；学生学习时间长，周末到学校或者课外学习机构补课；学生的学习压力较大，自我报告负担重。

除上述四种主要问题外，还有学校不能根据课程改革方案的要求，开齐义务教育阶段的所有课程；初中阶段的非中考科目、小学阶段的科学、体育、音乐经常被

占用；过于关注知识的传授，在学习方法、学习习惯、问题解决能力的培养方面关注不够等问题存在。

二、关于义务教育阶段教学质量提升的建议

在收到的相关建议中，给教师的建议最多，其次是给教育研究机构与培训部门的建议，再次是给教育行政部门的建议，复次是给学校的建议，最后是给家长和学生的建议。

在给教师的建议中，第一是改进课堂教学，包括了课堂教学要创设问题情境、采取多种教学方式、及时捕捉和运用课堂生成问题、促进学生的参与、采用合理的学习评价方式等。第二是加强研究与学习，包括加强新的课程理念、课程标准的学习，加强教学设计、教学实施及教学评价策略的研究，加强对学生学业能力发展中的优势与劣势的研究，加强对教师自己特点的研究，加强学法研究等。在学习和研究的形式上，建议教师采用集体备课、同伴互助、个人反思等多种方式。最后是改进教学设计，包括将学情调研应用于教学设计，设计思维含量较高、能激发学生思维的问题，设计具体、切实可行的、可操作性强的教学目标，考虑教学目标与教学活动之间的关系，等等。

在给教育研究机构与培训部门的建议中，关于培训内容方面的建议最多，如加强"研究能力""教学设计能力"和"生成问题处理能力"的培训。第二是关于培训与研究的方式，如建立由市、区、校联合的培训体系，开展体验式培训、在线培训、校本研究和个体反思等。第三是培训与研究的对象，例如，加强对学历较低、教龄较短、职称较低教师的培训，加强对基础薄弱校教师和科任教师的培训，加强对校长领导力的培训，等等。

在给教育行政部门的建议中，排在第一的是加强督促与检查，包括对国家课程落实的督促与检查，对减轻学生过重的学习负担的检查，对依据课程标准进行教学的检查等，对正确教学质量观的倡导等。第二是加强教师队伍建设，主要表现为合理设计教师编制、加强教师队伍培训和减轻教师负担等方面。第三是经费投入和资源建设。第四是完善制度建设。

在给学校的建议中，第一是建立教学管理制度，如教师参与校本教研的常规管理制度、教研组评价与激励制度、基于学校发展现状的教师培训制度、观课议课制度以促进教师发展为目的发展性教师评价制度等。第二是营造良好的工作环境，如开发学校的网上办公系统、建设与市级、区级教研部门沟通与研讨的网络平台，建立备课协作组，建立"备课电子资源包"，整合教师的备课资源，等等。第三是加强教师培训，如加强培训的计划性、协调安排和处理好日常教学与学习进修的时间。第四是减轻教师负担，如安排工作时尽量避开周末和假期、避免以考试成绩作为评价教师工作业绩的唯一依据、创设和谐的校园氛围、调整教学管理方式使教师精力集中于教学、给教师一定的自由空间、尽可能控制班额等。

在给家长和学生的建议中，第一是培养学生良好的学习习惯，如阅读习惯、复

习习惯、预习习惯、制订计划习惯、独立完成作业习惯，采取恰当的方式督促学生自觉执行。第二是合理安排学生的课外学习，兼顾学习、休息和文体活动，重视保护学生的学习兴趣和学习积极性等。第三是营造良好的学习环境，建议家长自身不断学习，给孩子形成一个学习的氛围，为自己和孩子购买阅读读物，让孩子有安静的学习环境，经常与孩子交流，用多元、发展、辩证的观点看待孩子的成长与进步，等等。

三、研究背景

北京市义务教育课程改革过程中，教学质量监控与评价作为保障和促进教学质量稳步发展的重要工具，持续进行了 12 年的研究（2003—2014 年）。项目组通过学业水平测试、问卷调查、文本分析、课堂观察与录像课分析等方式，了解教学质量的现状，分析影响教学质量的相关因素。在这一过程中，项目组每年都会总结教学实践中的经验，也会诊断教学质量存在的问题，并针对这些问题提出改进教学、提升教学质量的对策建议。这些建议通过多种方式和途径，反馈给教育行政部门、教师培训部门、学校管理者和一线教师，促进各级教育部门和有关人员在不同层面关注教育问题、制定教育改进的政策、开展有针对性的培训或开展教学改进的实验研究等。

在 12 年忙碌的研究过程中，项目组也进行了一些小范围、小时间段（一般 2 至 3 年）的纵向研究，但是还没有从 12 年的时间跨度来进行回望和总结，尤其是对监测中发现的问题和提出的改进对策进行梳理和总结。因此项目组决定开展此项研究，梳理 12 年来监控与评价研究中发现的教学质量问题和提出的决策建议。

四、研究目的

通过梳理自 2003 年开始实施的义务教育教学质量监控与评价研究中每年发现的突出问题，以及针对这些问题项目组提出的对策建议，我们对北京市义务教育教学质量问题有了更为全面的认识，为以后更精准、系统地改进教学，提升教学质量提供了实证基础。

五、研究方法

本研究采用了文本分析的方法。

（一）文本选择

文本主要是 2003—2014 年的教学质量总报告的问题与建议部分，此报告是对每年教学质量监控与评价结果的总体评价，是对每年的学业质量总报告、课堂教学质量报告、学业质量影响因素报告、教师和学生问卷调查报告以及其他专题报告的总结与提升，内容比较精练。此外，有的监测年（2006、2013、2014）没有教学质量总报告，我们就分析了该监测年的学业质量报告、学业质量影响因素报告的问题及建议部分（见表 4-1）。

表 4-1　研究中选择的北京市历年教学质量总报告表

时间	报告类型	报告题目
2003	教学质量总报告	北京市 2003 年义务教育教学质量报告
2004	教学质量总报告	北京市 2004 年义务教育教学质量报告
2005	教学质量总报告	北京市 2005 年度义务教育教学质量报告
2006	教学质量影响因素报告	北京市 2006 年义务教育教学质量及其影响因素的研究报告
2007	教学质量总报告	北京市 2007 年义务教育教学质量报告
2008	教学质量总报告	北京市 2008 年义务教育教学质量报告
2009	教学质量总报告	北京市 2009 年义务教育教学质量报告
2010	教学质量总报告	北京市 2010 年义务教育教学质量分析与评价反馈系统研究报告
2011	教学质量总报告	北京市 2011 年义务教育教学质量报告
2012	教学质量总报告	北京市 2012 年义务教育教学质量报告
2013	学业质量、课堂教学质量、教学质量建议	学业质量现状 课堂教学质量 教学质量局面的综合建议
2014	学业质量报告	质量现状及趋势 课堂教学质量

(二)分析过程

对教学质量存在问题和政策建议的分析,需要一个分析的框架。这个框架必须是从这些报告中提炼出来的,而非外加的。因此,本研究采用了文本分析(text analysis)方法,并建构统一的编码系统(coding system),以便对庞大的数据源进行分析和加工。编码过程分为三个阶段。

1. 构建一级编码

一级编码的建构依据的是研究的目的。本研究的目的是梳理 2003 年以来北京市义务教育教学质量监控与评价中的对策建议。而对策建议的提出,针对的又是本年诊断出的教学质量问题。基于此逻辑,项目组将一级编码确定为两个:教学质量问题和对策建议。

教学质量问题:通过监控与评价等途径发现的,呈现在教学质量总报告中的,反映北京市教学质量不能满足需求的各种特质。

对策建议:报告中呈现出的,聚焦年度教学质量问题提出的如何解决这些问题,提升教学质量的思路、措施或策略。

2. 构建二级编码

二级编码的构建过程，是对一级编码进行内容分析（content analysis）的过程，这是一个不断扩展、提炼和归总的过程，并最终形成不同的主题。由于报告文字较多，研究者先进行了预分析。选择了 2003 年、2005 年、2007 年、2009 年、2011 年五年的教学质量报告，作为预分析的材料，构建了二级编码，并在三级编码的编写过程中进行了调整。教学质量问题编码为：学业质量均衡性问题、课堂教学质量问题、办学条件和教学资源问题、师生负担问题、其他问题等。对策建议依据采纳和利用建议的主体，编码为：对教育行政部门的建议、对教育研究机构与培训部门的建议、对学校的建议、对教师的建议、对家长与学生的建议（见表 4-2）。

表 4-2　二级编码内容表

教学质量问题	对策建议
学业质量均衡性问题	对教育行政部门的建议
课堂教学质量问题	对教育研究机构与培训部门的建议
办学条件与教学资源问题	对学校的建议
师生负担问题	对教师的建议
其他问题	对家长与学生的建议

3. 构建三级编码

在二级编码的基础上，继续对报告进行内容分析。这是一个"基于经验确定节点——依据节点进行编码——依据编码结果调整节点"的过程。例如，基于对监控与评价工作多年的经验，在对学业质量进行编码时，确定了两个节点，一个是学业质量不达标的问题，另一个是学业质量不均衡的问题。但是在分析时发现，学业质量不达标的问题几乎很少出现，而绝大多数都是学业质量不均衡的问题，为此，我们确定了学业质量均衡性问题的含义：不同领域之间的差异、不同地域不同类别学校之间的差异、不同学科之间的差异、男生与女生的差异、不同水平学生之间的差异、不同户籍学生的差异。

在这个过程中，还对二级编码做了调整，例如，在最初确定二级编码时，"对培训部门的建议"与"对教育研究机构的建议"是分开的。但是在编码过程中发现，关于培训的建议，既有给培训部门的，也有给教研机构的，而且内容也相差不大。这说明，教研机构和培训部门都肩负着对教师进行培训的义务，在实际的培训工作中也是相互交叉的，所以将这两个编码进行了调整，合二为一，统一编为"对教育研究机构与培训部门的建议"。再比如，对于"课程落实问题"，原为独立编码，后因出现的频率次数很少，最后归入"其他问题"。具体见表 4-3、表 4-4。

表 4-3 教学质量问题的三级编码表

教学质量问题	三级编码
学业质量均衡性问题	不同领域之间的差异
	不同地域不同类别学校之间的差异
	不同学科之间的差异
	男生与女生的差异
	不同户籍学生的差异
	不同水平学生之间的差异
课堂教学质量问题	课堂教学过程问题
	课堂教学目标问题
	课堂教学内容问题
	课堂教学效果问题
办学条件与教学资源问题	硬件条件问题
	师资队伍问题
师生负担问题	教师工作负担问题
	学生学习负担问题
其他问题	教学评价问题
	课程落实问题
	学习方法、习惯、问题解决能力的培养问题

表 4-4 对策建议的三级编码表

对策建议	三级编码
对教育行政部门的建议	加强督促与检查
	加强教师队伍建设
	加强经费投入与资源建设
	完善制度建设
对教育研究机构与培训部门的建议	培训与研究的对象
	培训与研究的方式
	培训与研究的内容
对学校的建议	营造良好的工作环境
	制定教学管理制度
	加强教师培训
	落实国家课程计划
	减轻教师工作负担

对策建议	三级编码
对学校的建议	减轻学生学习负担
	家校合作
对教师的建议	改进课堂教学实施过程
	加强研究与学习
	改进教学设计
	加强核心能力和学习习惯的培养
	关注学习困难学生
	减轻学生学习负担
	营造良好的学习氛围
对家长与学生的建议	培养孩子良好的学习习惯
	合理安排学生课外学习生活
	营造良好的学习环境
	学生的建议

（三）研究工具

项目组采用了 Nvivo 8 质性分析工具进行编码和分析。

六、研究结果

（一）关于教学质量存在的问题

通过统计发现，关于教学质量问题，共出现了 226 次。其中学业质量均衡性问题最多，在 12 个报告中都有描述，描述次数占 47.3%，其次是课堂教学质量问题，在 10 个报告中有描述，描述次数占 33.6%（见表 4-5）。

表 4-5　教学质量问题统计表

教学质量问题	材料来源/个	树结点/次	百分比/%
学业质量均衡性问题	12	107	47.3
课堂教学质量问题	10	76	33.6
办学条件与教学资源问题	5	14	6.2
师生负担问题	6	11	4.9
其他问题	10	18	8.0

注：材料来源是指出现在几个报告中，树节点是指出现的次数。

1. 学业质量均衡性问题

学业质量均衡性问题，主要是指不同领域之间、不同地域不同类别学校之间、不同学科之间、男生与女生之间、不同户籍学生之间、不同水平学生之间的差异。此问题也是一个普遍且持久性的问题，自 2005 年开始直到 2014 年教学质量监控与评价工作结束，此问题长期存在。具体数据见表 4-6。

表 4-6　学业质量均衡性问题统计表

学业质量均衡性问题	材料来源/个	树节点/次	百分比/%
不同领域之间的差异	10	49	45.8
不同地域不同类别学校之间的差异	8	38	35.5
不同学科之间的差异	5	7	6.5
男生与女生的差异	5	8	7.5
不同户籍学生之间的差异	3	3	2.8
不同水平学生之间的差异	2	2	1.9

(1)不同领域之间的差异

不同领域之间的差异，主要是指测试学科内部不同内容领域、能力领域之间的差异。整体来看，在 15 个报告中，有 10 个报告呈现了此问题，共提及 49 次，占所有学业质量均衡性问题提及次数的 45.8%。可以看出，这是学业质量不均衡的主要表现。

从不同年度来看，不同领域之间的差异主要集中在 2005 年与 2006 年，2005 年的报告中出现了 16 次，2006 年的报告中出现了 14 次，其他年度报告中出现的次数见表 4-7。

表 4-7　不同领域之间的差异在北京市历年教学质量报告中出现的次数统计表

报告题目	参考点出现次数/次	覆盖率/%
北京市 2003 年义务教育教学质量报告	2	4.70
北京市 2004 年义务教育教学质量报告	2	1.48
北京市 2005 年义务教育教学质量报告	16	4.35
北京市 2006 年义务教育教学质量及其影响因素的研究报告	14	7.00
北京市 2007 年义务教育教学质量报告	7	9.52
北京市 2008 年义务教育教学质量报告	1	0.34
北京市 2009 年义务教育教学质量报告	1	0.37
北京市 2010 年义务教育教学质量分析与评价反馈系统研究报告	1	0.32
学业质量现状(2013 年)	3	2.08
质量现状及趋势(2014 年)	2	1.92

例如，2005 年的报告中，能力领域的差异表现在五、八年级的所有学科，具

体描述为：学生的学科基础知识与基本技能掌握较好，而方法性知识的掌握、运用已有知识解决新异问题的能力、创新与实践的能力等高级认知能力较弱，整体水平有待提高。

内容领域的差异表现在八年级数学学科。具体描述为："统计与概率"及"数与代数"部分掌握情况较好，"实践与综合应用"掌握情况一般，而"空间与图形"部分掌握情况较差。

能力领域的差异表现在五、八年级音乐学科。具体描述为：中小学音乐教学取得一定成绩，但应注意全面贯彻《音乐课程标准》的基本精神，在重视音乐基础知识与基本技能的基础上提高学生的音乐审美和创造能力。

2007年的报告中，能力领域的差异表现在八年级政治学科。具体描述为：学生发现、提出、清楚地阐述具体问题的能力较为薄弱；阅读、整理各种信息资料，从中准确地提取、加工有效信息的能力较为薄弱；联系实际生活，运用原理、观点对事物进行分析、解释，综合应用所学解决实际问题的能力较为薄弱；书面文字表达能力较弱，错别字多，语言不准确、不规范，条理性较差。能力领域的差异还表现在五年级英语学科，具体描述为：在能力领域中，"识记"部分得分率最高，在"应用"部分得分率最低，两者之间的差距达38个百分点。

内容领域的差异，表现在英语学科，具体描述为："听力理解"与"阅读理解"部分得分率较高，"语言基础知识""书面表达"部分得分率较低，最高与最低部分的差距达30个百分点。

（2）不同地域、不同类别学校之间的差异

不同地域、不同类别学校之间的差异主要是指城乡差异和不同办学条件学校之间的学业质量差异。整体看来，共有8个报告呈现了这种差异，呈现的次数有38次，占所有学业质量均衡性问题总呈现次数的35.5%。

从不同年度来看，2006、2008年描述的次数较多，分别为22次和6次。其他年度描述的次数见表4-8。

表4-8 不同地域、不同类别学校学生之间的差异在北京市历年教学质量报告中出现的次数统计表

报告题目	参考点出现次数/次	覆盖率/%
北京市 2005 年义务教育教学质量报告	1	0.14
北京市 2006 年义务教育教学质量及其影响因素的研究报告	22	10.56
北京市 2007 年义务教育教学质量报告	2	2.34
北京市 2008 年义务教育教学质量报告	6	5.04
北京市 2009 年义务教育教学质量报告	3	0.63
北京市 2010 年义务教育教学质量分析与评价反馈系统研究报告	1	0.94
北京市 2011 年义务教育教学质量报告	2	1.34
北京市 2012 年义务教育教学质量报告	1	1.39

例如，在 2007 年的教学质量报告中，城乡之间的差异表现在五年级体育学科。具体描述为：除了五年级体育学科外，其他学科均为城区学生学业水平显著高于郊县，办学条件较差校的学生学业情况值得关注。2009 年的教学质量报告中，城乡之间的差异体现在三年级数学和五年级英语学科。具体描述为：在三年级数学、五年级英语学科，城区学生的平均得分率显著高于郊县学生。2010 年的教学质量报告，城郊之间差异呈现多样化，某些学科表现为城区学生好于郊县学生，某些学科表现为郊县学生好于城区学生。具体描述为：在五年级语文学科，城区学生合格率高于郊县学生；在五年级科学、八年级生物、八年级地理学科，郊县学生合格率高于城区学生。

（3）不同学科之间的差异

不同学科之间的差异主要是指学科与学科之间的差异。例如，在合格率上，数学学科与语文学科之间的差异。整体看来，共有 5 个报告呈现了这种差异，呈现的次数有 7 次，占所有学业质量均衡性问题总呈现次数的 6.5%。

从不同年度来看，2011 年和 2013 年的报告中，学科之间的差异各出现了 2 次，2007 年、2010 年、2014 年各出现了 1 次（见表 4-9）。

表 4-9　不同学科之间的差异问题在北京市历年教学质量报告中出现的次数统计表

报告题目	参考点出现次数/次	覆盖率/%
北京市 2007 年义务教育教学质量报告	1	0.10
北京市 2010 年义务教育教学质量分析与评价反馈系统研究报告	1	0.32
北京市 2011 年义务教育教学质量报告	2	0.82
学业质量现状（2013 年）	2	0.32
质量现状及趋势（2014 年）	1	0.13

整体来看，小学语文、数学、英语等主要学科和初中的中考学科，学生的学业质量好于那些科任学科和非考试学科，尤其是体育学科，学业成绩需要引起关注。2007 年的报告描述学科之间的差异为：部分学科的合格率还不理想，八年级生物学科的不合格率达到 29.1%，思想品德学科的不合格率达到 25.2%。2011 年的报告描述学科之间的差异为：北京市义务教育阶段学生学业水平几年来保持稳步增长的态势，但体育学科的表现明显下降，五年级英语优秀率为 27.7%，五年级体育优秀率仅为 3.7%，八年级体育优秀率仅为 1.4%，等等。2013 年的报告描述学科之间的差异为：约 50% 的学生不偏科，但是数学学业水平较低的学生相对较多。

（4）男生与女生之间的差异

男生与女生的学业质量差异主要是指参与测试的男性学生与女性学生合格率方面的差异。整体来看，有 5 个报告呈现了 8 次这方面的差异，约占学业质量均衡性问题总呈现次数的 7.5%。从不同年度来看，2008 年的报告中出现了 3 次，2009 年的报告出现了 2 次，2010 年、2011 年和 2012 年各出现了 1 次（见表 4-10）。

表 4-10　男生与女生之间的差异在北京市历年教学质量报告中出现的次数统计表

报告题目	参考点出现次数/次	覆盖率/%
北京市 2008 年义务教育教学质量报告	3	1.65
北京市 2009 年义务教育教学质量报告	2	1.18
北京市 2010 年义务教育教学质量分析与评价反馈系统研究报告	1	0.10
北京市 2011 年义务教育教学质量报告	1	1.35
北京市 2012 年义务教育教学质量报告	1	0.75

例如，男生与女生学业质量之间的差异，在 2008 年的报告中描述为：就不同性别的学生群体而言，五年级学生从得分率角度看，在语文和音乐学科，女生群体的得分率显著高于男生群体；八年级学生从得分率角度看，在语文、数学、音乐三个学科均存在女生群体得分率显著高于男生群体得分率的现象。

例如，男生与女生的学业质量差异在 2011 年度报告中描述为：从不同性别学生的表现看，除八年级体育学科外，女生的整体表现均优于男生的整体表现。在五、八年级数学、英语学科上，男生和女生的平均学业水平达到良好。在五年级体育学科上，女生的平均学业水平达到良好水平，但男生仅处于合格水平。在八年级体育学科上，男生的平均学业水平处于合格水平，但女生处于不合格水平。

（5）不同户籍学生之间的差异

不同户籍学生之间的差异主要是指本市户籍学生与非本市户籍学生、城镇户籍学生与农业户籍学生学业质量之间的差异。整体看来，此差异报告次数较少，只在 3 个年度报告中进行了报告，报告次数只有 3 次，占 2.8%。其特征表现为：非本市户籍的学生在某些学科上弱于本市户籍的学生，本市农业户籍的学生在某些学科上弱于本市城镇户籍的学生。但在其他学科，例如体育学科，非本市户籍学生在五八年级体育学科的表现优于本市户籍学生。从不同年度来看，2010、2011 和 2012 年各报告了 1 次（见表 4-11）。

表 4-11　不同户籍学生之间的差异在北京市历年教学质量报告中出现的次数统计表

报告题目	参考点出现次数/次	覆盖率/%
北京市 2010 年义务教育教学质量分析与评价反馈系统研究报告	1	0.65
北京市 2011 年义务教育教学质量报告	1	1.00
北京市 2012 年义务教育教学质量报告	1	1.30

例如，2010 年的报告描述为：本市农业户籍学生群体得分率最低，显著低于同类其他三个群体；本市户籍与非本市户籍学生群体之间不存在显著差异；城镇户籍学生群体得分率显著高于农业户籍学生。由此可见，不同户籍学生之间的差异是近几年来逐渐凸现出来的差异之一。

2011 年的报告描述为：城镇户籍学生在五、八年级数学、英语学科的表现略优于农业户籍；特别是在五年级英语学科，城镇户籍学生的平均学业水平达到良好水平，农业户籍学生仅处于合格水平。非本市户籍学生在五、八年级体育学科的表现优于本市户籍学生。

2012 年的报告描述为：五年级语文学科，城镇户籍和非本市城镇户籍学生平均学业水平均达到良好水平，本市农业户籍学生仅处于合格水平；八年级音乐学科，城镇户籍学生达到良好水平，农业户籍学生处于合格水平；对于八年级物理学科，城镇户籍学生和非本市城镇户籍学生平均学业水平达到良好水平，非本市农业户籍学生仅处于合格水平。

(6)不同水平学生之间的差异

不同水平学生之间的差异主要是指优秀水平、良好水平、合格水平和不合格水平学生群体之间的差异。从整体来看，这类差异出现次数较少，只在 2013、2014 年的报告中出现，仅占所报告的学业质量总差异的 1.9%。其特征表现为：学生的两极分化较明显。例如，2013 年的报告中指出，合格学生与优秀水平学生两极分化有所加剧。具体报告次数见表 4-12。

表 4-12　不同水平学生之间的差异在年度报告中出现的次数统计表

报告题目	参考点出现次数/次	覆盖率/%
学业质量现状(2013 年)	1	0.11
质量现状及趋势(2014 年)	1	0.29

2. 课堂教学质量问题

课堂教学质量问题是指教师在课堂教学过程中呈现出的问题，经过多年的课堂教学观察和录像课分析发现，课堂教学存在一些共性问题，项目组将其编码为四类问题：教学目标问题、教学内容问题、教学过程问题、教学效果问题。

整体来看，课堂教学过程问题报告次数最多，在 8 个年度报告中有出现，共出现了 32 次。其次是教学内容问题，共有 7 个年度报告中出现，共出现了 13 次。教学目标的问题和教学效果的问题分别是 12 次和 5 次(见表 4-13)。

表 4-13　课堂教学质量问题统计表

课堂教学质量问题	材料来源	参考点出现次数/次	百分比/%
教学过程问题	8	32	51.6
教学目标问题	8	12	19.4
教学内容问题	7	13	21
教学效果问题	5	5	8

（1）课堂教学目标的问题

教学目标的问题主要是指在教学设计中呈现出的不符合课程标准和学生的认知水平，可操作性较差等问题。整体来看，这个问题比较普遍，在 8 个报告中都有出现，共报告了 12 次（见表 4-14）。其特征表现为：教学目标的设计从教师的角度来设计，而不是从学生学的角度来设计，把教学目标等同于教学任务、教学过程。此外，教学目标过于笼统，可操作性不强。从年度分布来看，自 2007 年开始报告，此问题一直存在，均匀分布，持续至 2014 年。

表 4-14　课堂教学目标问题在年度报告中出现次数统计表

报告题目	参考点出现次数/次	覆盖率/%
北京市 2007 年义务教育教学质量报告	2	1.80
北京市 2008 年义务教育教学质量报告	2	0.36
北京市 2009 年义务教育教学质量报告	1	1.50
北京市 2010 年义务教育教学质量分析与评价反馈系统研究报告	2	1.02
北京市 2011 年义务教育教学质量报告	1	0.91
北京市 2012 年义务教育教学质量报告	1	0.25
课堂教学质量(2013 年)	2	0.26
课堂教学质量(2014 年)	1	0.96

例如，2007 年的报告中，教学目标的问题描述为：部分教师制定教学目标的针对性、准确性或操作性不强。有的教学目标过于笼统，没有明确具体的分层次表述，往往以单元甚至是课程目标代替了教学目标；有些目标表述比较空，可操作性差，很难在课堂教学中具体落实。以上这些反映出部分教师对课程标准和教材的钻研不够，对学生的学习需求和实际水平等缺乏真正深入的了解。2014 年的报告中，教学目标的问题描述为：①部分教学目标的行为主体是教师，教师设计教学目标时是从教师教的角度而不是从学生学习的变化这一角度来设计目标，在课堂教学实施中，将注意力放在了如何教，忽略学生如何学，忽略学生的变化，从而影响到教学目标的达成。②教学目标中可观察、可检测的行为动词较少，多是模糊的和内隐的认知动词，如"掌握""体会""感知"等，不利于教师观察和了解教学目标是否达成，可能会使教学目标流于形式。③教学目标仅仅描述教学的过程，对于通过这一教学过程、教学方式，取得什么样的效果，促使学生在认知与情感上有哪些变化，比较模糊。

（2）课堂教学内容的问题

课堂教学内容的问题是指教师在课堂教学设计中呈现出的过度依赖教学参考书，不符合学生认知水平和非认知水平等问题。整体来看，这个问题共出现了 13 次，在 7 个年度报告中有呈现。其特征表现为：教学内容的结构性不够，不能从整个单元的教学目标来设计教学内容；教学内容与生活的联系性不够，不能激发学生的学习兴趣，教学内容，尤其是课外教学资源缺少依据学生认识水平的加工；教学内容的思维性不够，不能激发学生的深度思考。从不同年度分布来看，有 7 个年度报告中都有此问题，2008 年的报告描述的次数最多，共有 5 次（见表 4-15）。

表 4-15　课堂教学内容问题在年度报告中出现的次数统计表

报告题目	参考点出现次数/人	覆盖率/%
北京市 2008 年义务教育教学质量报告	5	3.05
北京市 2009 年义务教育教学质量报告	2	0.55
北京市 2010 年义务教育教学质量分析与评价反馈系统研究报告	1	0.93
北京市 2011 年义务教育教学质量报告	1	2.00
北京市 2012 年义务教育教学质量报告	1	0.93
课堂教学质量（2013 年）	2	0.37
课堂教学质量（2014 年）	1	0.57

例如，2011 年的报告中，课堂教学内容的问题描述为：个别教师对教学内容之间的联系性和整体性认识不足，特别是对个别知识内容在学科整体知识体系中的位置与作用、课时能力培养与学生能力整体发展之间的联系、学科学习与社会生活之间的关系把握不够，只能关注到某一课时、某一课书的知识教学、能力培养，缺乏对学生能力发展的整体把握，缺乏对学科学习与社会生活之间的联系。部分教师选择的教学容量过大，简单地堆砌所有能找到的教学资源作为自己的教学内容，忽略了教学内容之间的层次性和与学生接受能力之间的适应性。

2014 年的报告中，课堂教学内容的问题描述为：①多数课堂教学的内容能与学生的生活实际相联系，教学的具体材料生动、形象，符合学生年龄特点，能激发学生的学习兴趣。但是这些来自生活富有时代感的例子和材料，并没有得以深入分析，而是材料的堆积。②教师所设计的问题中，知识或事实性问题占比多，理解性、应用性等需要高级思维能力的问题占比少。

（3）课堂教学过程中的问题

课堂教学过程中的问题是指课堂教学实施过程中的师生行为比例、师生互动效果、教学活动与教学方式等存在问题。整体来看，课堂教学问题中，课堂教学过程中的问题是最多的，呈现了 32 次，占整个课堂教学问题的 51.6%。其特征表现为：教师关注学习活动的多样性，忽视活动的效果；关注学生行为的参与，忽视学生思维的参与；关注知识的传授，忽视学习方法的引导；关注对学生进行提问，忽视学生的主动发言、主动提问。从年度分布来看，这一问题自 2007 年开始，共有 8 个年度报告呈现了此问题，其中 2007 年描述次数最多（见表 4-16）。

表 4-16　课堂教学过程问题在年度报告中出现次数统计表

报告题目	参考点出现次数/次	覆盖率/%
北京市 2007 年义务教育教学质量报告	9	7.30
北京市 2008 年义务教育教学质量报告	2	1.62
北京市 2009 年义务教育教学质量报告	5	1.68
北京市 2010 年义务教育教学质量分析与评价反馈系统研究报告	3	2.27
北京市 2011 年义务教育教学质量报告	3	2.25
北京市 2012 年义务教育教学质量报告	5	2.37
课堂教学质量(2013 年)	4	0.67
课堂教学质量(2014 年)	1	0.55

例如,2007 年的报告中,对课堂教学过程问题的描述为:一是过于关注活动形式的多样性,却忽略了活动的目的性,降低了实效,往往出现一些有活动没体验、合作有形式无实质、课堂有热度却无深度、探究有氛围却无研究等流于表面的现象;二是更多关注的是学生行为的参与,却忽略了学生的思维参与和情感参与,有时候缺乏参与的深度、广度;三是教师对教学的调控能力需要提高。教师过于关注对既定教学设计的执行,有时却忽略了教学的动态性和生成性,没有真正从学生的实际出发,忽略了学生的发展。

2014 年的年度报告中,对课堂教学问题的描述为:①教学时间的安排存在问题;②师生行为的比例方面,初中课堂教学教师行为所占比例偏高;③师生互动以教师提问和学生被动发言为主要方式,学生主动发言不多;④学习方法的渗透较少,教师过多地关注了具体知识的理解和掌握,多集中在陈述性知识方面,而对于如何学习这些知识的方法,很少能够对学生进行指导。

3. 办学条件与教学资源问题

办学条件与教学资源问题主要是指影响教学质量提升的软件(如师资队伍)和硬件问题。项目组将其编码为两个方面,一是硬件条件问题,二是师资队伍问题。整体来看,这个问题报告不多,仅出现了 14 次,其中硬件条件问题出现了 6 次,师资队伍问题出现了 8 次,分别占 42.9% 和 57.1%(见表 4-17)。

表 4-17　办学条件与教学资源问题统计表

办学条件与教学资源问题	材料来源	参考点出现次数/次	百分比/%
硬件条件问题	4	6	42.9
师资队伍问题	4	8	57.1

(1)硬件条件问题

硬件条件问题包括了场地、器材、教学资源等多个方面。此问题在报告中呈现不多，仅 6 次。其具体表现为：农村校教学资源、课程资源，尤其是参考书籍和教学材料缺乏，城市校体育场地不能满足需求。从年度来看，有 4 个年度报告了这一问题，分别是 2009 年、2010 年、2011 年和 2012 年（见表 4-18）。

表 4-18　硬件条件问题在年度报告中出现次数统计表

报告题目	参考点出现次数/次	覆盖率/%
北京市 2009 年义务教育教学质量报告	2	1.43
北京市 2010 年义务教育教学质量分析与评价反馈系统研究报告	1	0.66
北京市 2011 年义务教育教学质量报告	2	1.67
北京市 2012 年义务教育教学质量报告	1	1.89

例如，2009 年的教学质量报告对硬件条件问题的具体描述为：教师认为缺乏专业参考书籍与教学材料不足是教学的两大困难，教师对这两方面的需要甚至超越了对教学设备的需要。尤其是郊区的教师，购书、买书不方便，更不容易到国家、北京市图书馆来借阅，由于学校经费有限导致教学材料也相对缺乏。

例如，2010 年的教学质量报告对硬件条件问题的具体描述为：农村校的硬件设施配备情况有显著的提高，如农村校的计算机生均使用数量（0.72 台）超过了城市校和县镇校（分别为 0.5 台和 0.46 台）。但农村校的课程资源还相对较为欠缺，专业教师和实验设备的数量、种类都不及城市校和县镇校。

（2）师资队伍问题

师资队伍问题主要是指教师队伍存在的问题。此问题在报告中呈现次数不多，仅 8 次，其中 2010 年、2011 年各 3 次，2006 年、2009 年各 1 次（见表 4-19）。此问题的特征表现为教师的专业素养发展不平衡，农村教师、科任教师的骨干教师比例偏低，农村初中教师职业认同感较低。

表 4-19　师资队伍问题在年度报告中出现次数统计表

报告题目	参考点出现次数/次	覆盖率/%
北京市 2006 年义务教育教学质量及其影响因素的研究报告	1	0.29
北京市 2009 年义务教育教学质量报告	1	0.33
北京市 2010 年义务教育教学质量分析与评价反馈系统研究报告	3	0.70
北京市 2011 年义务教育教学质量报告	3	2.24

例如，2006 年的教学质量报告对师资队伍问题的描述为：骨干教师比例偏低且分布不均匀，这一问题在郊区尤为突出。教师学科素养不足，特别是郊区初中教师的职业认同感不高。2011 年教学质量报告对师资队伍问题的描述为：与升学考试科目相比，科任学科的师资质量、教师在职培训情况较为薄弱，并已成为制约北京市义务教育质量实现优质均衡发展目标的重要因素，尤其是农村校，在师资力量

方面比较薄弱。

4. 师生负担问题

师生负担包括了教师的工作负担和学生的学习负担。项目组将其编码为教师工作负担和学生学业负担。整体来看，这个问题呈现了11次，占整个教学问题的5.2%。其中，教师工作负担报告了3次，学生学业负担报告了8次，分别占27.3%和72.7%（见表4-20）。

表 4-20　师生负担问题在年度报告中出现次数统计表

师生负担问题	材料来源	参考点出现次数/次	百分比/%
教师工作负担	2	3	27.3
学生学习负担	6	8	72.7

（1）教师工作负担

教师工作负担是指教师所承担的过重的工作负荷和由此产生的工作压力和倦怠。此问题在报告中出现的次数不多，共有3次（见表4-21）。其特征表现为：课时较多，在校工作时间较长，有职业倦怠的现象，如失眠、注意力不集中、情绪不稳等。从年度来看，只在2010年和2011年的报告中有所呈现。

表 4-21　教师工作负担问题在年度报告中出现次数统计表

报告题目	参考点出现次数/次	覆盖率/%
北京市2010年义务教育教学质量分析与评价反馈系统研究报告	2	1.11
北京市2011年义务教育教学质量报告	1	1.45

例如，2010年的报告中描述为：教师负担整体处于比较高的水平，其中，五年级教师群体、城市校教师群体、农村校教师群体、传统升学考试学科教师群体负担更重。已经有部分教师初步表现出了一些职业倦怠的现象，如有将近一半的教师有睡眠问题，受失眠、易醒等问题的困扰；有六成多的教师认为自己的注意力不如以前集中；有三成多的教师经常认为自己因为工作上的事情情绪不稳定；等等。

2011年的报告中描述为：教师工作负担较重，在一定程度上阻碍了教师的专业化发展。分别有63.4%和65.7%的五年级英语、体育学科教师周课时量在16课时及以上，51%的五年级数学教师跨学科教学，平均每天工作9小时以上的教师占33.1%，平均每天研究数学教学少于1小时的教师占15.9%。而教师认为导致负担重的因素，排在首位的是考核评比检查活动太多。

（2）学生学习负担

学习负担是指学生所担负的课业学习劳动量和完成这些劳动量时所引起的主观感受。此问题在报告中出现了8次。其特征表现为：部分学生需要完成家长和教师布置的双重作业，写作业时间超过北京市规定的作业时间；学生学习时间长，周末到学校或者课外学习机构补课；学生的学习压力较大，自我报告负担重。从年度报告来看，每年的呈现次数较为均衡。2005年、2011年各报告了2次，其他年度报告了1次。具体见表4-22。

表4-22　学生学习负担问题在年度报告中出现次数统计表

报告题目	参考点出现次数/次	覆盖率/%
北京市2004年义务教育教学质量报告	1	0.90
北京市2005年义务教育教学质量报告	2	0.43
北京市2009年义务教育教学质量报告	1	3.02
北京市2010年义务教育教学质量分析与评价反馈系统研究报告	1	0.45
北京市2011年义务教育教学质量报告	2	2.64
北京市2012年义务教育教学质量报告	1	0.88

例如，2004年的教学质量报告对学生学习负担的具体描述为：从对学生问卷调查中我们还发现，新课程实施后，学校安排的学生的学习负担有所减轻，但学生完成家长布置的额外作业、校外辅导班作业，进行周末补课等各类活动的学习负担仍然很重。调查表明，有23.3%的五年级学生认为学校在周末给他们补课，有41.7%的八年级学生认为学校在周末给他们补课。

2010年的教学质量报告对学生学习负担的具体描述为：一方面当前学生的课业负担处于较高水平，且八年级还有继续增加的趋势；另一方面学生课业负担的构成较为复杂，学校与家庭布置的家庭作业是造成学生负担的重要来源。

2011年的教学质量报告对学生学习负担的具体描述为：四分之一左右学生课业负担处于较重及以上水平，一半左右学生学业压力"较大"或"很大"。五年级学生的课业负担水平高于八年级；城区学生群体的课业负担高于郊县。50.0%的学生每天家庭作业时间超过文件规定的"1小时"或"1.5小时"，一半以上的学生在完成教师布置的家庭作业后还要继续学习。85%以上的学生睡眠时间达不到相关文件要求。

2012年教学质量报告对学生学习负担的描述为：当前的学生课业负担仍处在相对较重的水平。17.8%的五年级学生群体课业负担较重，11.4%的八年级学生群体课业负担较重。2013年北京市五、八年级学生中分别有31.9%和43.4%的学生每天家庭作业时间超过文件规定的"1小时"或"1.5小时"。

5.其他问题

在每年的教学质量报告中，还呈现了一些问题，由于数量不多，我们把它们分别归入其他问题。项目组将其编码为三个方面：一是教学评价问题，二是课程计划落实问题，三是学习方法、学习习惯和问题解决能力的培养问题。其中学习方法、学习习惯和问题解决能力的培养问题呈现次数最多，占61.1%，课程落实问题和教学评价问题分别占33.3%和5.6%。见表4-23。

表 4-23　其他问题统计表

其他问题	材料来源	参考点出现次数/次	百分比/%
教学评价问题	1	1	5.6
课程落实问题	5	6	33.3
学习方法、学习习惯、问题解决能力的培养问题	8	11	61.1

（1）教学评价问题

此问题只在 2006 年的年度报告中呈现出来，具体描述为：还未建立起义务教育阶段促进学生全面发展的评价体系。有不少中学仍然是采用期末终结性笔纸测验的结果作为唯一评价学生学业成绩的依据，小学和初中的综合素质评价还缺乏有机的联系。

（2）课程计划落实问题

此问题是指课程计划在实施过程中不能开齐课程、开足课时的问题。此问题共在 5 个年度报告中呈现了 6 次（见表 4-24）。其特征表现为：学校不能根据课程改革方案的要求开齐义务教育阶段的所有课程，初中阶段的非中考科目、小学阶段的科学、体育、音乐经常被占用。从年度来看，此问题较为常见。

表 4-24　课程计划落实问题在年度报告中出现次数统计表

报告题目	参考点出现次数/次	覆盖率/%
北京市 2006 年义务教育教学质量及其影响因素研究报告	1	0.64
北京市 2009 年义务教育教学质量报告	1	0.52
北京市 2010 年义务教育教学质量分析与评价反馈系统研究报告	1	0.63
北京市 2011 年义务教育教学质量报告	1	0.51
北京市 2012 年义务教育教学质量报告	2	1.36

例如，2006 年的教学质量报告对课程落实问题的具体描述为：在初中阶段还存在着随意改变课程的科目设置和课时的现象，中考科目的课时数在不同范围内都有所增加，而地理、思想品德、美术、体育与健康等非中考课程的课时数明显不足，综合性课程，尤其是初中阶段的"科学"和"历史与社会"等课程几乎没有开设。

（3）学习方法、学习习惯和问题解决能力的培养问题

此问题主要是指教师在课堂教学中，对于学生的核心能力培养关注不够。这个问题是一个较为普遍的问题，在 8 个年度报告中都有呈现（见表 4-25）。占其他问题的 61.1%。其特征表现为，过于关注知识的传授，在学习方法、学习习惯、问题解决能力的培养方面，关注不够。

表 4-25　学习方法、学习习惯和问题解决能力的培养问题在年度报告中出现次数统计表

报告题目	参考点出现次数/次	覆盖率/%
北京市 2003 年义务教育教学质量报告	2	2.14
北京市 2004 年义务教育教学质量报告	2	1.50
北京市 2005 年义务教育教学质量报告	1	0.52
北京市 2007 年义务教育教学质量报告	2	0.89
北京市 2010 年义务教育教学质量分析与评价反馈系统研究报告	1	0.28
北京市 2011 年义务教育教学质量报告	1	0.56
北京市 2012 年义务教育教学质量报告	1	0.39
质量现状及趋势(2014 年)	1	0.24

例如，2005 年的教学质量报告对此问题的具体描述为：北京市九年义务教育的教学质量基本上达到了课程标准和教学大纲的要求，学科教学质量比较稳定。学生的学科基础知识与基本技能掌握较好，而方法性知识的掌握、运用已有知识解决新异问题的能力、创新与实践的能力等高级认知能力较弱，整体水平有待提高。

（二）关于对策建议

教学质量报告中教学对策与建议的提出，多数都聚焦了特定的主体，例如，对教育行政部门的建议、对教育研究机构与培训部门的建议、对学校的建议、对教师的建议等。本报告在梳理这些建议时，也是按照不同的主体类型进行的，并按照出现的频率进行了排序。具体结果如下。

政策建议共出现了 307 次，其中对教师的建议最多，占 33.6％；其次是对教育研究机构和培训部门的建议，占 27.4％；第三是对教育行政部门的建议，占 19.9％。具体见表 4-26。

表 4-26　政策建议分类表

政策建议	来源	参考点出现次数/次	百分比/%
对教育行政部门的建议	13	61	19.9
对教育研究机构与培训部门的建议	13	84	27.3
对学校的建议	9	45	14.6
对教师的建议	15	103	33.6
对家长与学生的建议	6	14	4.6

1. 对教育行政部门的建议

对教育行政部门的建议包括给市级和区级教委提出的建议。项目组将其编码为 4 个方面：加强督促与检查、加强教师队伍建设、加强经费投入与资源建设、完善

制度建设。整体来看，第一是加强督促与检查，其出现次数最多，占给教育行政部门建议的 36.1%，第二是加强教师队伍建设的建议，占 34.4%。第三是加强经费投入和资源建设，第四是完善制度建设，仅占 9.8%（见表 4-27）。

表 4-27　给教育行政部门的对策建议表

对教育行政部门的建议	材料来源	参考点出现次数/次	百分比/%
加强督促与检查	10	22	36.1
加强教师队伍建设	11	21	34.4
加强经费投入与资源建设	7	12	19.7
完善制度建设	3	6	9.8

（1）加强督促与检查

加强督促与检查是指建议教育行政部门依法进行教育行为的检查，督促教育相关主体和人员落实教育政策，遵守教育法律等。整体来看，此建议较多。主要表现为：对国家课程落实的督促与检查、对减轻学生过重的学习负担的检查，对依据课程标准进行教学的检查等，对正确教学质量观的倡导等。从年度来看，这一建议较为频繁，共有 10 个年度报告提出了此建议，具体见表 4-28。

表 4-28　加强督促与检查在年度报告中出现次数统计表

报告题目	参考点出现次数/次	覆盖率/%
北京市 2003 年义务教育教学质量报告	2	3.05
北京市 2004 年义务教育教学质量报告	2	1.50
北京市 2005 年义务教育教学质量报告	2	0.36
北京市 2007 年义务教育教学质量报告	1	0.20
北京市 2009 年义务教育教学质量报告	1	0.18
北京市 2010 年义务教育教学质量分析与评价反馈系统研究报告	2	0.65
北京市 2011 年义务教育教学质量报告	4	3.70
北京市 2012 年义务教育教学质量报告	5	3.57
教学质量层面的综合建议(2013 年)	1	3.27
质量现状及趋势(2014 年)	2	1.45

例如，2004 年、2005 年、2009 年、2011 年和 2012 年提出了要对学校按照国家规定开齐学科，上足课时进行督促与检查。如，2011 年提出加强学校体育课开设的监管，确实保证"小学 3～6 年级和初中每周 3 课时"体育课，"保证中小学生每天 1 小时校园体育活动"。如 2012 年提出，减轻学生负担，提出落实"小升初"政策，避免各种变相入学的建议。

（2）加强教师队伍建设

加强教师队伍建设是指提升教师队伍质量的建议，主要表现为合理设计教师编制、加强教师队伍培训和减轻教师负担等方面的一些建议。整体来看，此建议出现了21次，在11个年度报告里呈现，表明此建议比较频繁，具体见表4-29。

表4-29 加强教师队伍建设在年度报告中出现次数统计表

报告题目	参考点出现次数/次	覆盖率/%
北京市2005年义务教育教学质量报告	1	0.19
北京市2006年义务教育教学质量及其影响因素的研究报告	1	0.33
北京市2007年义务教育教学质量报告	1	0.24
北京市2008年义务教育教学质量报告	1	1.16
北京市2009年义务教育教学质量报告	1	0.17
北京市2010年义务教育教学质量分析与评价反馈系统研究报告	3	1.29
北京市2011年义务教育教学质量报告	4	2.78
北京市2012年义务教育教学质量报告	2	1.07
教学质量层面的综合建议(2013年)	1	2.81
学业质量现状(2013年)	3	1.05
质量现状及趋势(2014年)	3	1.57

关于合理设计教师编制，2005年、2010年、2011、2013年的教学质量报告都有体现。2005年的建议具体描述为：在对教师工作量、负担进行充分调研的基础上，制定科学合理的教师编制以及对教师的课时要求。2010年的具体建议为：增加农村地区学校的教师编制，减少当前教师跨年级、跨学科兼教的现象，在减轻负担的基础上提高教育教学质量。2011年的建议为：科学设定体育教师编制，保证体育师资队伍的数量，满足课程需求。2013年的建议是，适当引进外籍教师，为学生创设真实的英语交流环境。北京市教委和市财政局联合印发了《北京市外籍教师参与中小学英语教学改革项目管理办法(试行)》，为中小学引进外籍教师提供了重要的支持。

关于加强教师队伍的建议，2006年、2010年、2012年的报告都有所呈现：例如，2006年的建议为：建立相对稳定的、专业化学科教师队伍，特别是对教学质量相对薄弱的郊区、学校，以及某些非中考学科给予更多的关注与一定的政策倾斜。2010年的建议为：加强科任学科教师队伍建设、提高科任学科教师的专业化水平为目标，要求学校要严格把握好科任教师的入口关，加强对科任教师专业对口性的要求，杜绝教非所学的现象。2012年的建议为：一方面要统筹安排培训课程设置，将教研、师训、高校教师教育等多种培训课程有机整合，避免简单增加教师培训的时间和次数。另一方面要推进培训者培训，引导鼓励培训者采用更适应教师专业发展和课堂教学需要的培训方法，提升教师培训的质量。

关于减轻教师工作负担，创设适宜的工作环境的建议，在 2006 年、2008 年、2009 年的教学质量报告中都有所呈现。例如，2006 年的报告具体描述为：采取措施，切实减轻教师的负担，为教师研究和学习提供条件。2008 年的具体建议为：科学核定教师的工作量，减轻教师的负担，为教师的学习和研究提供条件。2009 年的建议为，采取措施，切实减轻教师的负担，为教师研究和学习提供条件。

（3）加强经费投入与资源建设

主要是指建议教育行政部门加强教育经费投入、开展资源建设方面的建议。这类建议共提出了 12 次，在 7 个年度报告中有呈现（见表 4-30）。这表明此建议提出也相对较多。

表 4-30　加强经费投入与资源建设在年度报告中出现次数统计表

报告题目	参考点出现次数/次	覆盖率/%
北京市 2004 年义务教育教学质量报告	1	0.93
北京市 2005 年义务教育教学质量报告	1	0.23
北京市 2006 年义务教育教学质量及其影响因素的研究报告	1	0.51
北京市 2009 年义务教育教学质量报告	2	0.34
北京市 2010 年义务教育教学质量分析与评价反馈系统研究报告	2	0.24
北京市 2011 年义务教育教学质量报告	2	3.39
北京市 2012 年义务教育教学质量报告	3	2.24

关于为学校配备必要的教学设备、耗材的建议，在 2004 年、2010 年、2012 年都曾被提出。例如，2004 年的教学质量报告中的具体建议为：不断完善学校设备和耗材的管理制度。要为师生配备必要的教具、学具、实验仪器和设备，保障学生实验和教师演示实验具有必备的条件，保证学生具有动手操作的条件，从而使学生的动手能力和实践能力得到提高。按照适用、够用、节约的原则，对学校的图书、报刊，特别是学科教学用的消耗性的器具、材料及时给予更新和补充。2010 年的具体建议为：继续加大对学校体育场地设施的建设和改造力度，会同市区财政、规划等部门，制定学校体育场馆设施建设和改造工作规划，有计划、分步骤地推进学校体育场地设施的达标工作。

关于加强课程资源建设的建议，在 2006 年、2010 年、2011 年和 2012 年的教学质量报告中都曾被提出。例如，2006 年的报告中的具体建议为：建设好北京市中小学课程资源网、教学研修网、学习资源网等，为教师和学生提供丰富、便捷的课程资源，为优质教育资源共享，跨学科、跨学校、跨区域的互动提供交流平台。

2012 年教学质量报告中的具体建议为：关注学生课外阅读资源的建设，提高对课外阅读的重视程度，有效保障学校图书配置，鼓励开展各种形式的读书活动，保证课外阅读的经费投入，并制定相应的激励措施，真正打造"书香校园"。

（4）完善制度建设

制度建设是指为促进教学质量的提升，教育行政部门通过政策制定等手段建立与之相适应的教学管理制度。此建议不多，只在 3 个年度报告里有所呈现，具体见表 4-31。

表 4-31　完善制度建设在年度报告中出现次数统计表

报告题目	参考点出现次数/次	覆盖率/%
北京市 2003 年义务教育教学质量报告	2	4.91
北京市 2011 年义务教育教学质量报告	1	0.72
北京市 2012 年义务教育教学质量报告	3	3.10

例如，2003 年教学质量报告中的具体建议为：建立促进教师发展的评价制度，转变过分强调考试分数的现象，将教师的教学研究、教改实验、创造性的教学与师生关系引入考评的过程中来，帮助教师了解自身的优势与不足，明确努力的方向。同时，出台能够调动教师教学积极性的一些激励性措施。例如，用优秀教学成果评选制度、优秀教师带薪休假等制度来激发教师教学的热情。

2011 年教学质量报告中的具体建议为：尽快建立学生课业负担的监测制度，并根据各地区实际，有层次、有重点地监控其发展变化的状况，深入分析造成现状的深层原因，提出有针对性的改进策略。

2012 年教学质量报告中的建议是：利用校间差异（校际均衡）评价指标体系，逐步建立校际均衡测评的奖惩机制。为各区、各校建立增值评价系统，充分利用已有的多次大规模校外或校内测验结果，深度挖掘整合数据资源，为每个学生、每个教师或每个学校提供及时的、公平的、诊断性的学业质量进步报告。

2. 对教育研究机构与培训部门的建议

这些建议主要是指给教育研究机构与培训部门的，项目组将其编码为培训与研究的对象、培训与研究的方式、培训与研究的内容。整体来看，关于培训与研究内容方面的建议最多，占所有对教育研究机构与培训部门建议的 53.6%，其次是培训与研究的方式，占 32.1%，最少的为培训与研究的对象，占 14.3%（见表 4-32）。

表 4-32　对教育研究机构与培训部门的建议表

对教育研究机构与培训部门的建议	材料来源	节点	百分比/%
培训与研究的对象	7	12	14.3
培训与研究的方式	12	27	32.1
培训与研究的内容	13	45	53.6

（1）关于培训与研究的内容的建议

在培训内容方面，项目组建议：加强对急需的技能进行调查和了解，把培训的重点由学历培训转到促进教师专业化发展上来（2003 年）；加强基础教育教学研究成果的转化(2003年);加强对学生学习分化问题的研究(2004年);加快课程资源的建设和共享(2004年、2007年、2009年);加强对学生心理特征的研究(2010年);针对教师实际的困难开展培训,如对教师进行"研究能力""教学设计能力"和"学科素养"的培训(2004年、2005年、2009年),培训重点由观念层次的培训转到对教师基本功的培训;加强对教师处理生成问题能力的培养(2006年、2007年、2008年、2009年);加强对学科专业技能如差异教学方面的研修与指导(2012年)。具体出现次数见表4-33。

表4-33　关于培训与研究的内容在年度报告中出现次数统计表

报告题目	参考点出现次数/次	覆盖率/%
北京市2003年义务教育教学质量报告	3	4.50
北京市2004年义务教育教学质量报告	1	0.60
北京市2005年义务教育教学质量报告	5	1.84
北京市2006年义务教育教学质量及其影响因素的研究报告	1	0.21
北京市2007年义务教育教学质量报告	3	3.12
北京市2008年义务教育教学质量报告	4	4.46
北京市2009年义务教育教学质量报告	3	0.92
北京市2010年义务教育教学质量报告	4	2.38
北京市2011年义务教育教学质量分析与评价反馈系统研究报告	5	4.01
北京市2012年义务教育教学质量报告	7	4.41
教学质量层面的综合建议(2013年)	1	0.70
学业质量现状(2013年)	4	1.06
质量现状及趋势(2014年)	4	3.31

(2)关于培训对象的建议

在培训对象方面,项目组多次提出了分层次、分类别、分区域、分学科对教师开展培训的建议。对年轻教师要加强理论与实践结合的培训(2003年、2009年、2010年);对于有一定教学经验的教师,要给其继续发展搭设平台,对于学科带头人或骨干教师,要创造条件,发挥其在北京市的作用(2009年);加强对现有学历较低、教龄较短、职称较低教师群体的培训(2010年、2012年);加强城区和农村的基础薄弱校教师的培训(2005年、2006年、2010年、2012年);加强科任学科教师队伍建设,要求学校严格把握好科任教师的入口关,杜绝教非所学的现象(2010年);加强对校长新课程领导力的培训与评估(2003年、2004年)。具体出现次数见表4-34。

表4-34　关于培训对象的建议在年度报告中出现的次数统计表

报告题目	参考点出现次数/次	覆盖率/%
北京市2003年义务教育教学质量报告	1	2.56

报告题目	参考点出现次数/次	覆盖率/%
北京市 2004 年义务教育教学质量报告	1	0.11
北京市 2005 年义务教育教学质量报告	1	0.14
北京市 2006 年义务教育教学质量及其影响因素的研究报告	1	0.38
北京市 2009 年义务教育教学质量报告	2	1.81
北京市 2010 年义务教育教学质量分析与评价反馈系统研究报告	4	2.20
北京市 2011 年义务教育教学质量报告	2	1.19

(3)关于培训与研究的方式的建议

在培训的方式上，第一，在传统的讲座等培训方式的基础上，提出了运用参与、体验式培训的方式(2004 年、2006 年、2007 年)，采用优秀课例和典型课例的展示与评价的方式(2005 年、2006 年)，采用说课竞赛、基本功展示等方式(2010年)；第二，建立由市、区、校联合的多层次、多元化、开放式的教师培训体系，统筹安排培训课程，将教研、师训、高校教师教育等多种培训课程有机整合，发挥各级教研系统的纽带作用，加强区县之间、学校之间的互动和交流，关注教研的纵向及横向联系(2006 年、2007 年、2008 年、2009 年、2010 年、2011 年、2012年)；第三，积极利用教师研修网、在线互动平台、教学光盘等形式，克服教研活动时间和空间的限制(2009 年、2011 年、2012 年)；第四，在培训的形式上，除了集中培训以外，建议教师进行个体的反思(2008 年、2013 年)；第五，加强校本研究(2003 年、2012 年)，帮助基层学校建立以校为本的教研制度，引领教师对学校教学中的问题进行研究。具体出现次数见表 4-35。

表 4-35　关于培训与研究方式的建议在年度报告中出现的次数统计表

报告题目	参考点出现次数/次	覆盖率/%
北京市 2003 年义务教育教学质量报告	1	3.26
北京市 2004 年义务教育教学质量报告	1	0.43
北京市 2005 年义务教育教学质量报告	1	0.32
北京市 2006 年义务教育教学质量及其影响因素的研究报告	2	0.55
北京市 2007 年义务教育教学质量报告	1	2.69
北京市 2008 年义务教育教学质量报告	2	3.50
北京市 2009 年义务教育教学质量报告	3	1.87
北京市 2010 年义务教育教学质量分析与评价反馈系统研究报告	3	1.93
北京市 2011 年义务教育教学质量报告	4	2.72
北京市 2012 年义务教育教学质量报告	6	2.31

报告题目	参考点出现次数/次	覆盖率/%
学业质量现状(2013 年)	2	0.64
质量现状及趋势(2014 年)	1	0.17

3. 对学校的建议

对学校的建议，主要是指给学校领导的建议，项目组将其编码为：制定教学管理制度、营造良好的工作环境、加强教师培训、减轻教师工作负担、减轻学生学习负担 5 个方面。其中，制定教学管理制度和营造良好的工作环境最多，具体数据见表 4-36。

表 4-36　对学校的建议表

对学校的建议	材料来源	节点	百分比/%
制定教学管理制度	8	11	28.2
营造良好的工作环境	6	11	28.2
加强教师培训	5	6	15.4
减轻教师工作负担	6	6	15.4
减轻学生学习负担	3	5	12.8

(1)制定教学管理制度

关于建立健全体现课程改革理念的教学管理制度，为教学质量提升提供制度保障。需要制定的教学管理制度包括以下几个方面：教师参与校本教研的常规管理制度(2005 年、2007 年)；教研组评价与激励制度等(2008 年、2009 年、2011 年)；基于学校发展现状的教师培训制度(2005 年、2012 年)；观课议课制度(2008 年、2009 年)；以促进教师发展为目的的发展性教师评价制度(2004 年)；等等。具体数据见表 4-37。

表 4-37　制度教学管理制度在年度报告中出现的次数统计表

报告题目	参考点出现次数/次	覆盖率/%
北京市 2004 年义务教育教学质量报告	2	1.89
北京市 2005 年义务教育教学质量报告	2	0.15
北京市 2007 年义务教育教学质量报告	1	0.19
北京市 2008 年义务教育教学质量报告	2	1.11
北京市 2009 年义务教育教学质量报告	1	1.27
北京市 2010 年义务教育教学质量分析与评价反馈系统研究报告	1	0.52
北京市 2011 年义务教育教学质量报告	1	1.56
北京市 2012 年义务教育教学质量报告	1	0.79

(2)营造良好的工作环境

关于改善教师工作环境的建议包括：开发学校的网上办公系统、管理系统（2008年、2009年、2010年）；改善办公、教学条件，为教师订阅报刊杂志、学习资料，提供交流和休闲场所（2004年、2005年）；建设与市级、区级教研部门沟通与研讨的网络平台，建立备课协作组（2008年、2009年）；建立"备课电子资源包"，整合教师的备课资源（2008年）。具体数据见表4-38。

表4-38　营造良好的工作环境在年度报告中出现的次数统计表

报告题目	参考点出现次数/次	覆盖率/%
北京市2004年义务教育教学质量报告	1	0.63
北京市2005年义务教育教学质量报告	1	0.13
北京市2007年义务教育教学质量报告	1	0.19
北京市2008年义务教育教学质量报告	4	1.79
北京市2009年义务教育教学质量报告	1	1.58
北京市2010年义务教育教学质量分析与评价反馈系统研究报告	3	1.42

(3)加强教师培训

对于学校如何加强教师培训的建议包括：通过各种培训方式，如专业研修、定期培训、外出考察、实践探索、校本教研、学科教研组建设等，促进教师专业化发展（2004年、2010年）；分期分批对教师实施培训，加强对青年教师的培养（2005年）；协调安排和处理好日常教学与学习进修的时间（2011年、2012年）。具体数据见表4-39。

表4-39　关注教师培训在年度报告中出现的次数统计表

报告题目	参考点出现次数/次	覆盖率/%
北京市2004年义务教育教学质量报告	1	0.41
北京市2005年义务教育教学质量报告	1	0.12
北京市2008年义务教育教学质量报告	1	0.62
北京市2010年义务教育教学质量分析与评价反馈系统研究报告	2	0.90
北京市2012年义务教育教学质量报告	1	0.56

(4)减轻教师工作负担

多年的监测结果表明，教师工作负担一直居高不下，为此在教学改进建议中，多次提到了要减轻教师的工作负担。主要建议如下：在制定措施和制度时，考虑教师的承受能力，要多与教师沟通，安排工作时尽量避开周末和假期（2005年）。建立健全科学合理的教师评价、激励机制，通过给教师外出考察、进修学习、破格晋升等机会鼓励教师教学研究的积极性，避免以各级各类考试成绩作为评价教师工作业绩的依据(2010年)。努力创设和谐的校园氛围，使教师与教学领导、教师与教师、教师与学生、学生与学生之间都能顺利地沟通、融洽地相处。努力调整教学管理方式，使教师的主要精力集中于教育教学工作(2011年)。给教师一定的自由空间(2011年)。建议班额大的学校，要尽可能控制班额(2008年)。具体数据见表4-40。

表 4-40　减轻教师负担在年度报告中出现的次数统计表

报告题目	参考点出现次数/次	覆盖率/%
北京市 2005 年义务教育教学质量报告	1	0.13
北京市 2008 年义务教育教学质量报告	1	0.23
北京市 2009 年义务教育教学质量报告	1	0.59
北京市 2010 年义务教育教学质量分析与评价反馈系统研究报告	1	0.81
北京市 2011 年义务教育教学质量报告	1	0.88
北京市 2012 年义务教育教学质量报告	1	0.91

(5)减轻学生学习负担

减轻学生过重的学业负担一直是一个热点问题。监测结果也表明，学生的学业负担居高不下，因此在建议中多次提及要减轻学生的负担。这些建议包括：提高课堂教学效率(2010年)，科学设计家庭作业，将不同年龄阶段学生的作业频次与时间控制在合理范围之内(2010年)；帮助家长树立正确的教育观念，通过家长学校等途径，帮助家长学会合理地安排学生的课外学习生活(2010年、2011年)；整合学校课程资源，充分发挥校本课程在减轻学生课业负担方面的作用(2012年)；运用多种评价方式，加强对学生学习的形成性评价、增值性评价、诊断性评价和激励性评价(2012年)。

4. 对教师的建议

对教师的建议包括加强研究与学习、关注学习困难学生、加强核心能力和学习习惯的培养、改进教学设计、改进课堂教学实施过程5个方面。具体数据见表4-41。

表 4-41　给教师的建议表

对教师的对策建议	来源	节点	百分比/%
加强研究与学习	12	27	26.2
关注学习困难学生	8	10	9.7
加强核心能力和学习习惯的培养	10	16	15.5
改进教学设计	8	19	18.4
改进课堂教学实施过程	13	31	30.1

(1)加强研究与学习

这个建议基本每年都会被提出来。建议教师加强研究与学习，包括了研究与学习的内容和形式(具体数据见表4-42)。在研究内容方面,建议教师:学习新的课程理念,不断加深对于基础教育课程改革的认识(2003年、2004年、2008年、2009年);学习研究课程标准,包括厘清课程内容体系的脉络,明确内容的层次要求(2009年、2012年、2014年);研究教学设计、教学实施,以及教学评价的实施策略(2003年、2009年);研究学科课程的价值与特点(2010);研究评价的结果,分析学生学业能力发展中的优势与问题(2012年);研究自己的特点,逐步形成自己的教学特色(2005年、2012年);加强学法研究(2012年)。

在学习和研究的形式上,建议教师采用集体备课,开展同伴互助的组织形式(2004年、2005年、2008年、2009年);同时要加强教学的个人反思,建议教师开展课后反思,写反思日记、随笔等(2004年、2009年)。

表4-42 加强研究与学习的建议在年度报告中出现次数统计表

报告题目	参考点出现次数/次	覆盖率/%
北京市2003年义务教育教学质量报告	4	14.11
北京市2004年义务教育教学质量报告	1	0.28
北京市2005年义务教育教学质量报告	3	0.25
北京市2006年义务教育教学质量及其影响因素的研究报告	1	0.14
北京市2007年义务教育教学质量报告	1	0.26
北京市2008年义务教育教学质量报告	3	1.24
北京市2009年义务教育教学质量报告	3	2.31
北京市2010年义务教育教学质量分析与评价反馈系统研究报告	2	1.26
北京市2011年义务教育教学质量报告	2	0.81
北京市2012年义务教育教学质量报告	5	3.33
学业质量现状(2013年)	1	0.18
质量现状与趋势(2014年)	1	0.26

(2)关注学习困难学生

学习困难学生是提升学业质量合格率的关键,学习困难学生的学业成绩提升了,就会使北京市义务教育教学质量明显提升。为此,报告在对教师的建议中,多次提出要关注学习困难的学生,具体数据见表4-43。

第一,在教学理念上,建议教师关注每一名学生,正确看待学生之间的差异(2004年、2006年、2008年);第二,在教学设计时,要考虑学习困难学生的认知水平和发展目标(2004年、2007年、2008年、2009年、2012年、2013年);第三,在课堂上建议教师课堂中关注学习困难学生的反应,尤其是沉默不发言的学生(2009年),增加指导的针对性和及时性。一方面,给学习困难学生充分的个体学习时间,如在课堂上增加学生独立练习、操作的时间;另一方面,在集体学习中,让中等生、学困生回答问题或者板演，充分暴露学生的困难和问题所在，增加指导的针对性和及时性(2009 年、2013 年、2014 年)

表 4-43　关注学习困难学生的建议在年度报告中出现次数统计表

报告题目	参考点出现次数/次	覆盖率/%
北京市 2004 年义务教育教学质量报告	1	0.54
北京市 2005 年义务教育教学质量报告	1	0.06
北京市 2006 年义务教育教学质量及其影响因素的研究报告	1	0.97
北京市 2007 年义务教育教学质量报告	1	0.95
北京市 2008 年义务教育教学质量报告	3	2.05
北京市 2009 年义务教育教学质量报告	1	0.30
北京市 2012 年义务教育教学质量报告	1	0.88
教学质量层面的综合建议(2013 年)	1	1.25

(3)加强核心能力和学习习惯的培养

多年的监测结果表明，学生基础知识和基本技能的掌握比较好，高级思维能力和问题解决能力较弱。为此报告在给教师的建议方面，多次提出了加强学生核心能力和学习习惯的培养，具体数据见表 4-44。

第一，建议教师在教学过程中，注重学习过程的教学，帮助学生理解知识形成的过程(2004 年)。第二，主动研究各种学习策略，指导学生掌握学习的方法与策略，并将具体可行的学习指导方法以及习惯的培养贯穿在学科教学的过程中。有意识地加强对学生学习策略的指导，让学生在学习中逐步学会如何学习(2011 年、2012 年)。第三，引导学生独立分析问题和解决问题，小组讨论前要先给学生个体独立思考的时间，让学生自主探究解决问题，为学生提供方法引领和学习材料的支持(2013 年、2014 年)，同时引导学生回顾反思解决问题的过程，帮助学生积累问题解决的经验、方法、策略，促进学生问题解决能力的逐步提升(2014 年)。第四，引导学生学会思考，而不仅仅是关注答案的正确与否(2013 年)。第五，帮助学生意识到学习习惯对于学习的重要性，帮助学生及时制定必要的学习常规，如阅读习惯、复习习惯、预习习惯、制订计划习惯、独立完成作业习惯。注意采取恰当的方式督促学生自觉地执行，帮助学生们形成受益终身的良好学习习惯，实现学生学习的"可持续发展"尤其是办学条件较差学校的学生学习习惯的提升(2008 年、2009年、2010 年)。

表 4-44　关注核心能力和学习习惯的培养的建议在年度报告中出现的次数统计表

报告题目	参考点出现次数/次	覆盖率/%
北京市 2004 年义务教育教学质量报告	1	1.03

报告题目	参考点出现次数/次	覆盖率/%
北京市 2007 年义务教育教学质量报告	1	0.29
北京市 2008 年义务教育教学质量报告	2	0.86
北京市 2009 年义务教育教学质量报告	4	2.55
北京市 2010 年义务教育教学质量分析与评价反馈系统研究报告	1	0.59
北京市 2011 年义务教育教学质量报告	1	0.99
北京市 2012 年义务教育教学质量报告	3	2.02
教学质量层面的综合建议(2013 年)	1	0.95
学业质量现状(2013 年)	1	0.27
质量现状及趋势(2014 年)	1	0.54

(4)改进教学设计

第一,关注学情调研应用(2012 年、2013 年、2014 年)。第二,在教学内容的设计方面,建议教师依据课程标准设计教学内容(2013 年),充分挖掘生活中的学科教学资源(2010 年、2014 年);在呈现形式上,选择一些有趣的图片、视频等可视化较强的内容,选择符合学生年龄特点的儿歌、故事等(2014 年);设计思维含量较高,激发学生思维乐趣的问题、具有启发性的问题(2010 年、2014 年);加强学科比较薄弱内容领域的教学,例如,加强对小学数学统计与概率领域的研究,加强小学英语学科说与写的教学内容的精心设计(2010 年、2013 年)。第三,在教学目标的设计上,建议依据课程标准设计教学目标,努力实现基于标准而教(2006 年、2013 年);设计不同层次的目标(2009 年、2010 年);设计具体、切实可行的、可操作性强的教学目标(2007 年、2009 年);考虑教学目标与教学活动之间的关系,避免教学的盲目性和随意性(2009 年)。具体数据见表 4-45。

表 4-45　课堂教学改进的建议在年度报告中出现次数统计表

报告题目	参考点出现次数/次	覆盖率/%
北京市 2006 年义务教育教学质量及其影响因素的研究报告	1	0.77
北京市 2007 年义务教育教学质量报告	1	0.67
北京市 2008 年义务教育教学质量报告	2	1.18
北京市 2009 年义务教育教学质量报告	1	0.93
教学质量层面的综合建议(2013 年)	1	1.04
课堂教学质量(2013 年)	4	0.60
学业质量现状(2013 年)	1	0.23
课堂教学质量(2014 年)	8	0.63

（5）改进课堂教学实施过程

第一，建议教师创设问题情境（2007 年、2012 年、2010 年、2014 年）。第二，采取多种教学方式、互动方式，教学方式要与学科特点、学生年龄特点和教学内容特点紧密结合，教学方式要有助于激发学生兴趣和好奇心（2004 年、2006 年、2007 年、2008 年、2010 年、2011 年、2012 年、2014 年）。第三，及时捕捉和运用课堂生成的问题。一方面，给学生充分的个体学习时间，让学生说出想法，充分暴露学生的问题，以使指导有的放矢；另一方面，认真倾听学生的发言，要提高课堂提问和梳理学生答案的质量（2007 年、2008 年、2012 年、2014 年）。第四，促进学生的参与。建立和谐的师生关系，为学生的主动参与提供良好的学习氛围（2004 年、2010 年）；尊重学生学习的主体地位，鼓励学生在讨论中多发表自己的意见；引导学生质疑，通过教给学生质疑的方法，引导学生对学习内容进行深入思考（2012 年）。第五，采用合理的学习评价方式，注重学生在知识、能力，以及情感、态度、价值观不同方面的提高和发展（2004 年、2007 年、2008 年）。具体数据见表 4-46。

表 4-46　改进课堂教学实施过程的建议在年度报告中出现次数统计表

报告题目	参考点出现次数/次	覆盖率/%
北京市 2003 年义务教育教学质量报告	1	3.98
北京市 2004 年义务教育教学质量报告	1	0.68
北京市 2006 年义务教育教学质量及其影响因素的研究报告	1	0.67
北京市 2007 年义务教育教学质量报告	2	1.82
北京市 2008 年义务教育教学质量报告	2	0.94
北京市 2009 年义务教育教学质量报告	2	0.99
北京市 2010 年义务教育教学质量分析与评价反馈系统研究报告	3	1.85
北京市 2011 年义务教育教学质量报告	4	2.30
北京市 2012 年义务教育教学质量报告	3	1.84
教学质量层面的综合建议（2013 年）	6	11.11
课堂教学质量（2013 年）	1	0.11
学业质量现状（2013 年）	1	0.23
课堂教学质量（2014 年）	4	0.33

5. 对家长的建议

对家长的建议，包括了培养学生良好的学习习惯、合理安排学生课外学习生活和营造良好的学习环境三个方面。其中，对培养学生良好的学习习惯的建议最多。具体数据见表 4-47。

表 4-47　对家长的建议统计表

对家长的建议	来源	参考点出现次数/次	百分比/%
培养学生良好的学习习惯	5	6	42.9
合理安排学生课外学习生活	5	5	35.7
营造良好的学习环境	2	3	21.4

（1）培养学生良好的学习习惯

家长要帮助学生认识到学习习惯对于学习的重要性，帮助学生及时培养必要的学习习惯，如阅读习惯、复习习惯、预习习惯、制订计划习惯、独立完成作业习惯，注意采取恰当的方式督促学生自觉执行（2003 年、2009 年）；在家庭中尽可能为学生提供一定的阅读时间与空间，提供适合其认知能力特点的课外读物，帮助学生养成课外阅读的好习惯（2009 年）。

（2）合理安排学生的课外学习

课外学习要兼顾学习、休息和文体活动，要特别重视保护学生的学习兴趣和学习积极性（2004 年、2005 年）。有选择地安排学生的课外学习生活，避免盲目增加过多的课外学习（2009 年）。避免过度超前的课外学习，避免课外学习代替课内学习，避免以完全牺牲孩子的业余时间为代价的课外学习（2011 年）。

（3）营造良好的学习环境

家长要不断提高自身修养。父母是孩子的一面镜子，父母的言谈举止直接对孩子产生影响。建议家长自身不断学习，建立终身学习的理念，给孩子营造一个学习的氛围。尽量为自己和孩子订阅一些报刊，购买适合他们阅读程度、阅读兴趣的书籍，为孩子准备自己的书桌，让孩子有安静的学习环境，经常与孩子交流一些生活、学习中的问题，进行平等的讨论（2003 年）。家长应认真学习与理解素质教育的内涵、意义，要用多元、发展、辩证的观点看待孩子的成长与进步（2005 年）。

七、思考与建议

以上是对十余年来北京市义务教育教学质量存在的问题和对策建议的分析和梳理。十余年的教学质量监测与评价研究，发现了很多普遍的问题，也提出了很多操作性较强的对策和建议。一些对策和建议已经被教育行政部门、教师培训和教研部门、学校和教师所接纳，并在教育实践中得以落实。但是，义务教育教学质量的稳步提升，是一个长期的过程，很多问题的解决不是一蹴而就的，需要教育部门合力、逐渐解决。例如，关于学生学业负担过重的问题、关于学业质量均衡发展的问题、关于学生核心素养和良好习惯的培养问题，都是目前北京市义务教育阶段教学质量提升需要进一步聚焦的问题。为此，在义务教育教学质量监测与评价数据分析的基础上，我们建议如下。

（一）教育行政部门持续关注教学质量均衡发展的问题

北京市义务阶段教学质量存在着各种不平衡，不同地域之间、城乡之间、学校之间、性别之间、学科之间，学业质量都存在很大的差异。为此，教学质量提升的各项措施，要进一步聚焦薄弱群体，在经费投入、队伍建设、师资培训、教学实验等方面，要向薄弱群体倾斜。

（二）教学研究部门应长期开展学生核心素养培养的实验研究

学生核心素养的培养，已经纳入国家高中教育的课程标准，成为下一轮课程改革重点关注的目标。这既符合国际教育发展的趋势，又是解决学生核心能力较低的重要途径。因此，北京市在实施义务教育教学质量提升时，要开发基于学生核心素养培养的学业标准和教学标准。同时，基于教学标准，长期开展教学实验研究。并依据学业标准，对教学实验的结果进行验证，持续进行十年改进，探索出培养学生核心素养的教学路径和策略。

（三）教师培训部门继续加强校长与教师培训，开展培训者培训

对于教师的培训，需要按照前文中梳理出来的建议持续进行。对于年轻教师要引导他们将精力聚焦在教学上，履行教师教书育人的职责，关注学生的认知和心理发展，为学生的发展奠定良好的基础。对于成熟的教师，要引导他们开展自我分析和自我总结，不断提升教学经验，成为专家型教师，成为年轻教师的指导者。对于校长，要提升其教育事业心，激发教育激情，培养管理能力，成为学校发展的领导者，成为具有较强影响的教育家，以激发学校教师队伍追求教育理想，实现教育质量的持续提升。

（四）教育行政部门和学校要关注学生过重的学习负担

虽然学生过重的学习负担已经不单单是教育本身的问题，但减轻学生负担，学校仍有作为的空间。一方面，可以引导教师提升课堂教学实效，科学设计作业；另一方面，通过家委会、家长会等多种途径，与家长沟通交流，以科学的教学质量观引导家长，为学生的健康发展奠定良好的家庭环境。此外，要培养学生良好的学习习惯和学习兴趣，促使学生喜欢学习、热爱思考，培养学生的核心能力，摒弃多余的重复、枯燥练习。同时开展丰富的体育、艺术、社会实践等活动，提升学生的身体素质，保护学生的视力。

从教育行政部门来看，一方面，要管理好公办学校，引导学校按照课程纲要和课程标准开展教学，引导学生就近入学；另一方面，还要对校外办学机构进行督促和检查，禁止校外机构举办各种竞赛，人为增加学生不必要的学习负担。

（五）教师要依据标准开展教学

目前教育部已经颁布了高中课程标准，义务教育课程标准也在不断修订过程中。北京市教委教研部门也研制了基于核心素养的学业标准、基于核心素养的教学标准。这些标准是社会主义建设者和接班人培养目标的具体化呈现，需要在教学中落实。因此，作为教师，要努力学习标准、理解标准内涵、依据标准开展教育教学，聚焦学生的核心素养，促进学生德、智、体、美、劳全面发展。

第二节　问题及展望

一、问题

自北京市 2003 年在国内第一次实施大规模基础教育质量监测以来，我国已基本形成一套以国家监测为中心、以地方监测为支撑的教育质量监测体系，这一监测体系已开始在基础教育质量提升领域发挥越来越重要的作用。在国际范围内，与发达国家相比，目前我们存在的问题主要体现在以下几个方面。

（一）教育质量标准还不明确，国内与国际教育质量评价体系的关系仍需再定位

质量评价依据与相应标准是进行科学评价的前提和条件，充分体现了基础教育的价值导向。中国基础教育质量监测项目（NAEQ）提出的评价依据是《中华人民共和国义务教育法》，大多数省级层面的质量监测项目提出的评价依据是国家课程标准，有的省市还对国家课程标准的内容进行了具体化的表述。但是，也有部分省市和地区依然以中考、高考升学率为依据，以区域常模考试名次为标准来评价教育质量。由于上述质量依据和标准的不明确和缺乏操作性，造成了各级质量体系建立者们思想上的迷惘。究其原因，一是由于当前我国质量监测系统仍处于建立初期，对于质量依据与标准的需求还不明确、不强烈；二是由于各种复杂原因，不愿意改变现有以升学率、排名次为特征的教育质量观；三是对于当前义务教育课程标准所渗透的质量观甚至课程标准本身有一定的质疑，不愿意完全接受。

当前，带有自身标准体系的国际学业评价项目 PISA 已经引入。如何认识 PISA 项目所代表的教育质量观念与标准？我国应当建立何种教育质量观与标准？在未来的中国教育质量评价坐标中两者之间的关系是什么？课程标准和学业标准在教育质量评价中处于何种位置？对于这些基本问题的回答与澄清，将有助于质量评价研究在全国范围内的高质量、高效率推进。

（二）国家、省级与城市级评价机构的职能定位划分与运行机制还不清晰，政策支持缺乏持续性与稳定性

到目前为止，已有多个省市成立了相应的质量监测或评价机构，地市级的机构也在建立过程中。然而，国家级、省级、地市级间的教育质量评价机构各自的职能与功能定位和运行机制还不清晰，即在几乎所有建立评价机构的地区，都不同程度地存在着三层机构各自为战、重叠交叉的现象。甚至在某些地区，还划分为由教育督导部门主持下的学业质量监测和教委行政管理机构主持下的学业质量监测。职能定位的问题不仅严重制约、干扰了质量评价功效的正常发挥，也往往加重了学校、教师与学生的负担。例如，某地区某学校曾在同一年多次被抽中参加各种不同级别的监测与调查。来自日本 NAAA 的项目和美国的 NAEP 项目的经验已经表明，建立国家与地方监测的联结，建立国家与省级监测的系统协调，有助于此问题在操作层面得到解决。

此外，教育政策对于教育质量评价的持续性与稳定性也是我们面临的重要问题。教育质量评价新体系的建立涉及教育制度的创新，其建立与实施既需要调用大量的公共资源，也需要大量的人力、物力与财力的投入，没有来自政府层面配套政策长期、稳定的支持，仅凭一时心血来潮和点亮式的资助是难以维系的。

（三）研究从评价框架到结果反馈有待全方位提升，研究结果在实践层面的应用效能还不明显

质量监测包括许多环环相扣和高度系统化、结构化的操作环节，涵盖了教育政策、心理与教育学、教育测量与评价、课程与教学、统计分析和信息技术科学等多个研究领域，具有鲜明的跨学科特征。其当前问题表现在：第一，缺乏对于核心概念的共识，如教育质量、学业质量、教学质量、学业成就质量等处处通用，但是很难找到对于质量监测概念的准确界定。第二，缺乏测评方法层面的支持。总的来说，意义价值强调得多，方法技术说得少；思辨论述较多，基于实证数据的结果论证较少；国际研究的介绍与说明较多，应用本土化资料的深度研究较少。第三，研究人员匮乏。质量监测领域的专业人员主要来自教育测量、统计研究、教学研究、教育政策研究、信息科学技术研究等领域。教育测量与统计，作为核心专业领域，渗透至从评价框架建构到分数报告全过程。由于我国高等教育在此领域人才培养数量有限，且质量监测要求专业人员有较高的基础理论与实践应用能力，所以人员更显不足。第四，研究成果应用有限。来自质量监测领域的研究成果，大多建立在以实证数据为基础的各类报告或报告单上，如何对这些数据进行科学准确的解读并应用其指导教学实践，也是当前我们面临的难题。因此，教育质量监测中改进功能的发挥还较为有限。

上述四个问题，决定了当前我国质量监测体系在内部建设、研究产品提供、功

能发挥方面的低水准运行状态。针对上述问题，一方面需要宏观层面教育政策制定者们进行反思，调整运行机制；另一方面也要从微观测评领域入手，加快技术更新的步伐。

二、展望

(一)明确目标：建立以自我监控为主、以国际参照为辅的本土化教育质量评价体系

围绕着相关问题，即需要利用评价达到什么目标、评价是基于什么教学目标或标准、是否有相应的步骤来保证评估的有效和可靠、最终希望从评价中得到什么信息、评价得到的信息将会如何使用，结合本书内容，我们认为理想化的本土教育质量评价体系应该具有以下特征：

拥有以我国学生核心能力素养模型为指向的教育质量标准体系。核心能力素养的遴选应体现个体在未来社会中所具备的关键能力、知识和情感态度，为未来公民核心素养的最终形成奠定基础。

能够充分借鉴与利用国际教育评价体系，将自我评价与国际评价相结合，全方位立体化地反映我国教育质量的整体状况。

能够使国家、省、地市三级教育质量评价系统有效地组合，在科学有效获取所需信息的前提下，将调查次数和资源消耗降低至最少。

向所有利益相关者与研究员开放、共享数据资源。

拥有来自方法学的强有力支撑，拥有一定数量、较为稳定的跨学科领域的研究团队。

能够充分挖掘数据信息，快速、便捷、高效地服务于基于实证数据的教育政策咨询、教育教学改进，开发出多种有共同体需求的个性化服务和产品。

建立基于评价结果的教育问责与改进机制。

(二)建立途径：充分借鉴、重整结构、加强信息化

建立本土化教育质量评价体系，需关注以下三个途径。

1. 充分学习借鉴全球范围内优秀的学业成就调查项目及其结果

教育发达地区已有成熟的评价研究系统，我们应站在理解本国经验的立场上，采用其理论和方法，做到洋为中用。其中专业研究人员数量与质量上的差距、质量评价系统本身的复杂性决定了在较长一段时间，我们将所处于"模仿学习"阶段。从模仿学习的过程来说，如同制作工艺精良的物品，要严格遵守操作流程，即在短时间内不会产生创造性的工作。在模仿学习国外质量评价体系与系统的人员选拔、结构划分、功能划定、机制运行、工具方法、数据分析等方面，可采用阅读文献、外出培训、讲座讲学等方式方法。

2. 注重基于质量评价体系结构化与系统化的顶层设计

质量评价体系的结构化与系统化包括两方面的内容：评价任务的结构化与系统化和评价专业人员的结构化与系统化。如何按照国际经验对评价任务进行合理拆分与组合，进行相关部门设置与人员部署，形成高度组织化、系统化的内部管理结构与运行机制，对能否充分发挥评价体系的功能、起着至关重要的作用。需要指出的是，质量评价体系本身的结构化与系统化在初建阶段的顶层设计中尤为关键。

3. 推进信息科学技术在质量评价体系中的作用

信息科学技术在教育质量评价体系中的全方位应用，是全球优秀学业质量评价项目得以不断推进的重要依托。从某种程度上来说，正是当代信息技术的发展促进了现代化教育质量评价体系的不断扩大、深入与完善。信息技术在质量评价中的应用体现在各个环节，如基础数据信息的收集与整理，互动式网上模拟测评工具库的开发与实施(如自适应测验)，教育测量、统计分析、数据挖掘技术的提升，信息反馈及时，可视化的提供等方面。这些为拓展其整体功能、提高其服务效率(个性化与精准性)、不断实现新的理想目标提供了现实途径。目前来看，我们对此领域的认识与重视程度、投入程度还远远不够，处于初级阶段。

(三)突破关键：专业队伍、价值导向、方法技术、协同合作、实证改进

1. 大力加强教育质量评价专业队伍的培养与建设

作为跨学科综合研究要求较高的领域，教育质量评价需要大量来自教育政策、教育测量、课程与教学、信息技术等领域专业人员的支持与投入。对于各级教育质量评价机构而言，专业人员队伍的培养与建设均是其面临的首要问题。

2. 明确树立"促进学生核心素养发展"这一质量评价体系的价值导向

统一建立以"促进学生跨学科核心能力发展"为目的的教育质量评价体系，要处理好以下问题：在研究定位方面强调坚实的理论基础，将重心置于应用性理论研究方面，坚持研究的实践应用取向；在研究价值取向方面将重心置于具有长远价值的研究，分解设定短期目标与长期目标，并通过结构化设计将两者密切结合；在研究认识方面要处理好可操作化概念和难以操作化概念、可测量现象和难以测量现象、学习过程评价和学习结果评价的关系等。对上述问题统一认识将决定着教育质量评价体系的发展方向。

3. 大力加强方法技术革新，综合运用来自各分支领域的成果

研究方法与技术是建构科学化教育质量评价体系的根本保障。面对当前全球在教育质量评价方法技术方面日新月异的发展，建议进一步提高教育测量技术，以理论学习基础上的操作应用为重点，围绕测评设计、测评工具的研发与实施的各个环节深入开展。进一步提高命题技术。命题技术是教育测量技术的重要组成部分，属于学科与教育测量的交叉研究领域，具有典型的实践应用性特征。如何提升对于学业成就调查工具的基本开发流程与命制方法，加大对以问题解决为代表的跨学科核心素养

的评价、高级思维能力的评价等，是我国也是全球未来一段时间需着重解决的问题。

4. 进一步提高数据统计分析技术，将大数据的思维方法引入教育评价领域

在大规模学业成就水平调查中，数据统计分析技术往往指针对教育质量现状及其影响因素等，采用各种数据统计分析模型、方法对由前期测评工具而获得数据的加工处理方式方法。建议重视来自实际应用的数据需求，不断进行技术的更新或提升。将大数据的思维方式引入大规模学业成就评价统计分析研究领域。第一，要在教育评价领域中建立基于网络的大数据采集渠道和储存方式，收集与学校日常教学评价过程、管理过程中的海量信息。第二，更新研究范式与数据分析的技术，将大数据挖掘技术和分析模型应用于教育评价领域，还要建立基于学校日常评价数据的教与学质量统计分析模型。

（四）加强综合应用各领域研究成果的意识，建立跨领域跨部门的协同合作关系

教育质量评价具有鲜明的跨学科研究特征。从国际教育发达地区来看，随着当前信息科学技术、大数据技术、认知技术、语义分析、文本分析等多个领域自身的不断发展，它们在教育质量评价领域中的网上模拟情境测试、实证资料的管理与分析中的应用也日渐广泛，在有些领域则成为不可或缺的依托。与此同时，随着在现实教育情境中问题的复杂性与综合性不断提升，教育质量评价的跨学科综合性特征也愈加明显。因此，建议拓宽途径，吸引更多来自不同学科的专业人员加入教育质量评价研究领域。

（五）加强数据应用意识，深入推进基于实证数据的教育实践改进

进行大规模学业成就调查的根本目的在于在了解现状与问题的基础上，有针对性地改进与提高当前教育质量。结合我国在此领域中已经开展的应用研究状况，以及与国内外对比之后，我们发现有待推进的是：倡导、培养、鼓励教育行政部门、学校管理者和教师应建立用数据证据推进教育实践改进的意识。意识的产生就意味着内部需求的产生，否则提供再多通俗易懂、可视化的数据也起不到影响教育实践改进作用。在教育质量专业评价机构中，需要相关部门和团队负责在各层面开展基于实证数据的解读与应用培训，鼓励各层面对于反馈信息进行基于自身情况的第二次深度加工（特别是具有连续年度追踪数据的区域、学校或学生个体），将客观实证和主观经验相结合，建构科学化的改进方案。寻找、培养能够科学应用实证资料促进改进的优秀案例，并将其典型性经验在一定范围内进行介绍与推广。

附　录

附录 1　小学语文学科学生学业水平测试框架变化说明

五年级语文学科学生学业水平测试框架是根据教育部颁布的《全日制义务教育语文课程标准(实验稿)》(以下简称《语文课标 1》)和《义务教育语文课程标准(2011年版)》(以下简称《语文课标 2》)的理念制订的,同时兼顾全市义务教育小学阶段所使用的不同版本教材和全市教育教学实际,是各年度命制学生学业水平测试试题、进行语文学科教学质量分析与评价反馈的主要依据。

一、语文学科学生学业水平测试框架说明

(一)学生学业水平测试框架的制订原则

1. 框架以义务教育阶段语文教育研究和国际学生学业评价研究的最新成果为基础,以可观测的学生学习结果为测量对象,以求对语文学科的教学质量做出科学分析与评价。

2. 框架关注义务教育阶段学生认知能力的发展特点,同时考虑了语言学习的规律和各年龄段学生生理和心理发展的需求和特点,五年级既关注对学生语言积累状况的考查,又关注学生理解和运用语言能力的考查。

3. 框架的测试内容标准和学业成就水平描述,以《语文课标 1》和《语文课标 2》规定的识字与写字、阅读、写作(习作)和口语交际的相关要求和北京市学生学习的实际情况为依据,是《语文课标 1》和《语文课标 2》在北京市小学语文学科学习中的具体化。

（二）学生学业水平测试框架的特点与变化

1.2006 年测试框架的特点

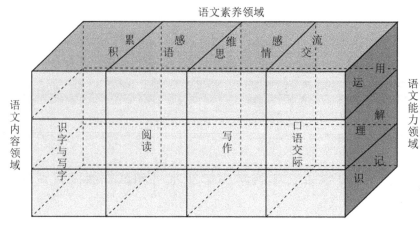

图 1　2006 年语文学科评价手册中的语文测试框架

（1）根据课程标准对语文学习知识与技能、过程与方法、情感态度价值观的三维定位，结合学生语文学习实际情况，测试框架包含三个维度：语文内容领域、语文能力领域和语文素养领域。

（2）语文内容领域，和《语文课标 1》中对语文学习内容的分类基本一致，包含识字与写字、阅读、写作、口语交际四部分内容。

（3）语文能力领域，以布卢姆目标分类为依据，将学生应达成的语文能力分为三层，其中"识记"是最基本的，"理解"是高一层级的，"运用"是最高层级的。

（4）语文素养，是指学生在掌握语文内容、形成语文能力的基础上，所具有的更高的、综合的语文素质和语文修养。包括积累、语感、思维、情感、交流五个方面。

2.2008 年测试框架的特点与变化

（1）语文学科是实践性、综合性比较强的学科。为突出这一特点，测试框架将原来的"内容领域""能力领域"和"素养领域"三个维度，整合为语文"内容标准"一个维度。

（2）框架突出对语言积累水平的重视，并首次明确了对学生在识字与写字、阅读、写作（习作）等各方面语文积累状况的测试标准。

（3）框架采用起始行为动词对学生的学业成就水平等级加以描述，以使学生的学业水平等级区分更加明确。

3.2010 年测试框架的特点与变化

（1）框架在原有基础上，按照四个内容领域对不同水平学生的学业能力提出了具体、可操作的行为描述。

(2)强调语言的交际功能，关注语言的实际应用，在语境中考查学生的语言知识和语言技能。

(3)增加了"口语交际"的表现性考查内容，以利于在语文教学中全面落实对学生语文能力的培养。

(4)在全面考查基础知识和基本技能的同时，注意考查学生听说结合、读写结合的综合技能并在可能的范围内重点考查解决实际问题的能力。

4.2012年测试框架的特点与变化

(1)框架在原有基础上，按照四个内容领域对不同水平学生的学业能力作出了更为具体、可操作的行为描述，制定了内容标准细目，按照合格、良好、优秀三个学业水平层次分别描述学生的典型行为表现。

(2)框架强调书写规范，细化了书写规范的层级要求，可以更好地体现《语文课标2》和2011年教育部颁布的《关于中小学开展书法教育的意见》的相关要求。

(3)突出语文学习与现实生活的联系，强调语文学习与实际生活的紧密关系：通过阅读解决生活问题，关注生活选择恰当的写作素材。

(4)进一步强调语文学习的实践功能，突出能力指向。将"独立识字"能力单独提出，强调学生独立识字能力的培养；引导理解基础上的语言积累，突出"运用"的最终目的；创设具体情境进行口语交际，突出口语交际的"交际"的特征。

5.2014年测试框架的特点与变化

(1)框架在原有基础上对内容标准细目重新做了调整，突出对不同水平等级的学业能力的描述，注意与其他年级的区别与联系，以及对可操作行为的描述。

(2)强调语言的实际应用，关注语言运用的生活情境，将对学生语言知识的考查融入语言能力的考查中，以求更加客观地反映学生综合运用语言的水平。

(3)注重考查学生听、说、读、写能力的综合运用，尤其是运用语言解决实际问题的能力，引导提高语文整体素养的教学追求。

(三)语文学科学生学业水平测试框架的构成

语文学科学生学业水平测试框架在2006年之前包含三个维度：语文内容领域、语文能力领域和语文素养领域。2008年开始统一为"内容标准"一个维度，并在"内容标准"中融入对学生能力、素养的学习要求。

"内容标准"包含识字与写字、阅读、写作（习作）和口语交际四部分内容。识字与写字部分测试读准字音、认清字形、辨析字义、规范书写的能力；阅读部分测试整体感知、获取信息、形成解释、欣赏评价、实际运用（解决问题）的能力水平；写作（习作）部分主要测试明确内容、安排结构、运用语言和文章修改的能力水平；口语交际部分主要测试口头表达能力水平。在四项测试内容中，都涉及学生的语言积累情况。

二、语文学科学生学业水平测试的内容标准

(一)识字与写字

此领域主要集中于学生对汉字的记忆、理解、运用和书写。要求学生了解与掌握课程标准所规定常用汉字的音、形、义,了解汉字音、形、义之间的关系。具体评价要点变化见表1。

表1 识字与写字部分评价要点

时间	要点
2004—2006年	借助汉语拼音认读汉字;学会使用字典和词典独立识字,达到规定的识字量;了解字义,并具备一定的书写技能
2008年	借助汉语拼音认读汉字;能够比较熟练地使用字典和词典识字,具有一定的独立识字能力;达到规定的识字量;了解字义;并具备一定的书写技能
2010年	借助汉语拼音认读汉字;能够比较熟练地使用字典和词典识字,具有一定的独立识字能力;了解字义;累计认识常用汉字2 800个左右,其中2 300个左右会写;具备一定的书写技能
2012—2014年	能借助汉语拼音认读汉字;能识记常用汉字字形,并能规范书写;能了解常用汉字字义;能比较熟练地使用字典和词典识字,具有一定的独立识字能力;累计认识常用汉字2 800个左右,其中会写2 300个左右

(二)阅读与积累

此领域主要集中于学生对词句、段落和篇章的理解,以及联系自然、社会、人生背景,体会作者的思想情感,并触发个人的体验和理解感悟。要求学生能够对文本做出整体感知;从文本中获取信息;利用文本信息,联系自己的经验,形成解释;利用阅读的结果,按照一定的价值标准,对文本的内容和形式进行欣赏评价;能借用作品中的语言来丰富日常生活中的语言表达,能用作品表达的思想情感或文章提出的观点对现实生活和人生态度产生积极的影响,达到实际运用的目的。另外,还涉及对学生的常用词语、名言警句,以及优秀诗文积累情况的考查。具体评价要点变化见表2。

表2 阅读与积累部分评价要点

时间	要点
2004—2006年	借助语境理解词语的意义,能够联系上下文和自己的积累,推想有关词句的意思,体会表达效果;通过语言文字了解文章内容,体会思想感情,结合个人感受,提出简单看法,作出初步判断;了解文章的基本表达方法和表达顺序;初步掌握说明性文章、叙事性作品和诗歌等的阅读方法;背诵优秀诗文,并达到规定的数量
2008年	能说出文本的大意并进行简单概括,能从文本中找出直接陈述的、位置明显的信息,能利用文本信息解释关键词、句、段的意思,对文本的内容和表达有自己的心得,能提出自己的看法

时间	要点
2010 年	能说出文本的大意并进行简单概括，能根据需要从文本中找出相关信息，能利用文本信息解释关键词、句、段的意思，对文本的内容和表达有自己的心得，并能联系文本和生活体验进行说明；能积累优秀诗文等语言材料
2012—2014 年	通过阅读，能形成对文本内容、情感、表达顺序的整体感受；能根据需要从文本中找出相关信息；能利用文本信息对关键词句、重要段落等内容、思想情感、语言表达形式等进行合理的解释；对文本的内容和表达有自己的心得，并能联系文本和生活体验进行说明；能借助所阅读的文本，发展个人的语言表达，或解决生活中的简单问题；能积累优秀诗文等语言材料

(三)习作

此领域主要集中于学生根据不同表达的需要，对书面语言的实际运用。要求学生能够根据需要明确写作内容，合理安排文章结构，准确使用语言，修改加工文章；要求学生理解、掌握基本的写作方法，并能将之迁移到实际写作中。具体评价要点变化见表 3。

表 3 习作部分评价要点

时间	要点
2004—2008 年	能借助恰当的分段形式进行表达，做到内容具体，语句通顺，感情真实；能修改自己的习作；能在规定的时间内，按要求完成习作
2010—2012 年	能根据内容表达的需要分段表述，做到内容具体，语句通顺，感情真实；能修改自己的习作
2014 年	五年级习作的评价包括为了自我表达的习作和为了实际应用的习作两种情境，具体的评价要点包括：能根据内容表达的需要分段表述，做到内容具体，语句通顺，感情真实；能修改自己的习作

(四)口语交际

此领域主要集中于学生根据对象和情境的需要，对口头语言的实际应用。要求学生能够用简明、连贯、得体的语言进行交际。具体评价要点变化见表 4。

表 4 口语交际部分评价要点

时间	要点
2004 年	在不同的场合，对不同的对象，能耐心倾听，抓住要点，适时做出言语反应，并取得交流的实际效果
2006 年	乐于参与讨论，敢于发表自己的意见；在不同的场合，对不同的对象，能耐心倾听，抓住要点，适时做出言语反应，并取得交流的实际效果

时间	要点
2008—2014 年	乐于参与讨论，敢于发表自己的意见；在不同的场合，对不同的对象，能耐心倾听，抓住要点，适时做出比较恰当的言语反应

三、语文学科学生学业水平测试方式与题型、测试时间

五年级测试 2008 年以前均采取笔纸测验的方式，自 2010 年开始采用笔纸测验与表现性测试相结合的方式。2006 年以前笔纸测验时间为 80 分钟，2008 年之后笔纸测验时间改为 90 分钟；口语交际测试均为 20 分钟。笔纸测验题型包括选择题、填空题、简答题、写作题等；口语交际测试采用单独叙述、复述、对答等形式。

四、语文学科学生学业水平测试的内容领域的分数构成

语文学科测试的内容领域包括识字与写字、阅读、习作和口语交际。各部分的比例分配在年度之间基本保持稳定，具体构成见表 5。

表 5　语文学科内容领域分数构成

项目	该领域分数所占比例/%		
	2004—2010 年	2012 年	2014 年
识字与写字	约 20	约 25	约 25
阅读	约 40	约 45	约 45
习作	约 30	约 30	约 30
口语交际	约 10	单独计算	单独计算
合计	100	100	100

五、语文学科学生学业水平测试的学业成就水平描述

（略）

附录 2　中学语文学科学生学业水平测试框架变化说明

一、测试框架内容的优化整合：在阅读写作中考查识字写字

从测试框架各部分的分值变化来看，2008—2012 年识字与写字的总分均为 24 分，其中字音、字形、字义各占 8 分，到了 2014 年识字与写字的总分降为 12 分，其中字音为 6 分、字形为 6 分，取消了对字义的单独考查；阅读部分的总分由之前的 46 分增长至 53 分，写作由 30 分增加到 35 分。

相比于单独考查字音、字形、字义等，在阅读和写作等真实情境中考查学生对重要字音、字形、字义的掌握更具有实际意义，《普通高中语文课程标准（2017年版）》则将语文学科素养定义为："学生在积极的语言实践活动中积累与构建起来，并在真实的语言运用情境中表现出来的语言文字运用方式及其品质；是学生在语文学习中获得的语言知识与语言能力，思维方法和思维品质，情感、态度和价值观的综合体现。"

从2008年到2014年的监测框架逐渐由单独考查识字与写字相关内容到在真实的语言情境中考查学生的识字与写字，识字与写字作为一项基本技能贯穿阅读、写作两大板块的考查中，这与高中语文学习，乃至当前的高考形式的联系更加紧密。

二、增加古诗文及经典名著的考查

随着《义务教育语文课程标准（2011年版）》的颁布及全面实施，如果说2012年的测试框架处于尝试期，那么2014年的测试框架基本实现了对新课标的彻底落实，尤其体现在经典名著阅读上。

2014年的语言诗文积累的分值由之前的8分增加到了16分，其中"积累优秀的诗文"增加了一道2分题，"能阅读课标中规定的经典文学名著"增加了一道3分选择题和一道2分填空题。名著阅读是当前语文教学中备受关注的热门议题，尤其是近年的整本书阅读，更是受到了很多一线教师、教研员、语文教育专家等的高度关注，产生了类似"混合式学习""项目式学习"等名著阅读教学方式。阅读与写作是语文学科的两大阵营，在语文教学中加入经典名著，尤其是整本书阅读教学内容，正体现了语文学科"厚积而薄发"的学科特点，过低的阅读量往往会限制学生的思维发展，学生只有以大量的阅读做基础，才可能有学科素养的提升。在本测试中加入经典名著的考查，是希望能够给一线教学一点方向的引领。

三、写作考查形式趋于多元化

2008年及2010年的写作题没有变化，均为写一个200～300字的片段。2012年写作的考查由之前的一个片段拆分成两个小片段，第一个小片段考查的内容为观点、理由及语言，第二个小片段关注学生表达中的内容、语言及书写。2014年的测试形式则更为多元，试题数量上由2012年的2道题增加到了6道题，其中有4道题为学生创设了真实的语境，考查学生在真实语境中的表达交流能力，如根据材料为同学讲解参与抽取免费门票的步骤，依据材料为其中一个公园拟写一句宣传语以突出其文化活动的特色等。除此之外，还增加了语段修改的写作题，在创作的基础上聚焦学生的语言表达能力。总体上近几年对于写作的考查更加趋于多元化，实用性、针对性更强。PISA测试关注人的终身发展，学生经过12年的语文学习，如果连最基本的一些实用性语言表达都较困难，那么这样的教学就和语文课程标准的语文培养目标是背离的。

四、2010年起增加对口语交际的考查

听、说、读、写是语文学科的四大能力板块。从2010年起增加了对口语交际

的考查，由相关负责人到相关学校，在学校的配合下组织口语测试。口语测试的评分框架主要包括普通话、内容、条理等几个维度，从语文学科的角度给学生命题，如2012年的一道口语测试题：

就要放假了，语文老师让同学们推荐假期阅读书目。你推荐了《水浒传》，请依据书中的具体内容阐述推荐的理由。

要求：1. 准备6分钟，陈述2分钟。

      2. 口齿清楚，有条理。

口语表达也是写作的一部分，《义务教育语文课程标准（2011年版）》中也有对口语表达的相关要求，但是日常的考试基本以笔纸测验为主，很少涉及口语的测试。从2010年起，北京市义务教育质量检测开始增加了口语测试环节，以期可以使测试更加符合课标的相关要求，进一步指导教学。

北京市2008—2014年义务教育教学质量分析与评价反馈系统测试内容及分值框架如表6所示：

表6　中学语文测试内容及分值框架

单位：分

年度	识字与写字分值			阅读分值						写作分值						
	读准字音	认清字形	理解字义	整体感知	获取信息	形成解释	作出评价	解决问题	语言诗文积累	内容	结构	语言	修改	描写	书写	观点	理由
2008	8	8	8	17	11	15	8	9	7	9		7			10	4	
2010	8	8	8	5	8	18	6	1	8	7		7			10	4	
2012	8	8	8	6	8	7	11	8		12		3/5			3	2	5
2014	6	6	0	7	11	10	5	4	16	17	3	10	5				

注：2010年起增加了口语交际的考查，分值为20分。

附录3　小学数学学科学生学业水平测试框架变化说明

数学学科是北京市义务教育阶段教学质量分析与评价反馈系统的科目之一。三、五年级数学学科学生学业水平测试方案是根据教育部颁布的《全日制义务教育数学课程标准（实验稿）》（以下简称《数学课标1》）和《义务教育数学课程标准（2011年版）》（以下简称《数学课标2》）的理念与要求，并依据全市义务教育小学阶段所使用的不同版本的数学教材和全市教育教学实际情况制订的。

一、数学学科学生学业水平测试框架说明

(一)学生学业水平测试框架的特点与变化

1.依据《数学课标1》和《数学课标2》确定学生学业测试框架的内容和学业成就水平，是《数学课标1》和《数学课标2》中"内容标准"的具体化，以学生学习结果为测量对象，对数学学科的教学质量做出科学分析与评价。

2.框架关注义务教育阶段学生认知能力的发展和衔接。考虑了数学学习的规律和各年龄段学生生理和心理发展的需求和特点，三、五年级侧重考查学生的数学思考和问题解决能力。

3.2003年测试框架的特点

图2为2003年测试框架。

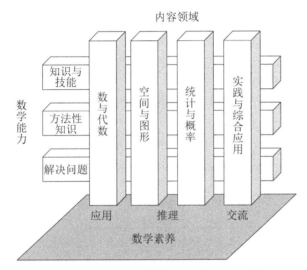

图2 2003年数学学科评价手册中数学框架

(1)内容领域包括数与代数、空间与图形、统计与概率、实践与综合应用四个部分。

(2)数学能力是指学生应具备的"知识与技能""方法性知识"和"解决问题"三个方面的能力。

(3)数学素养包括三项：应用、推理、交流。

(4)测试年级为五年级。

4.2004年测试框架的特点与变化

与2003年测试框架相比，其三个维度的名称更为明确，它们被调整为：数学内容、数学能力、数学素养(见图3)。

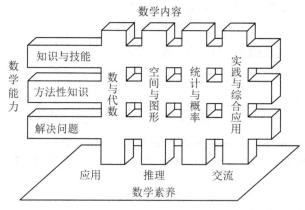

图 3　2004 年数学学科评价手册中数学框架

5.2005 年测试框架的特点与变化

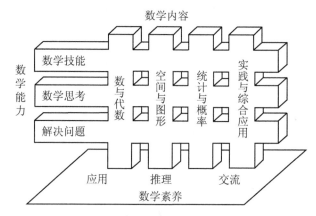

图 4　2005 年数学学科评价手册中数学框架

与 2004 年测试框架相比,其数学能力维度的三个水平调整为:数学技能、数学思考、解决问题。其中第一水平由"知识与技能"调整为"数学技能"(见图 4)。

6.2006 年测试框架的特点与变化

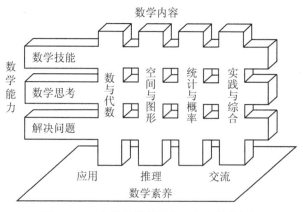

图 5　2006 年数学学科评价手册中数学框架

（1）与 2005 年测试框架相比，其数学内容维度的四个部分中最后一个部分由"实践与综合应用"调整为"实践与综合"（见图 5）。

（2）测试年级为三年级和五年级。因此在对内容领域和能力领域的说明部分对两个年级进行了说明。

7. 2008 年测试框架的特点与变化

（1）与 2006 年测试框架相比，调整为数学内容和数学能力两个维度。

（2）数学能力领域调整为"知识技能（数学技能）""数学思考"和"解决问题"三个水平的数学能力。

（3）与 2006 年测试框架比，其将内容标准中非北京市现行各版本教材都有的内容进行了标注。

（4）与 2006 年测试框架比，其对五年级学生学业成就水平重新进行了描述。

（5）测试年级为五年级。

8. 2009 年测试框架的特点与变化

（1）2009 年测试年级为三年级，根据《数学课标 1》对三年级的内容要求，将数学内容领域的最后一个领域调整为"实践活动"。

（2）与 2006 年三年级测试框架相比，其对各部分又做了调整，对学业成就水平重新进行了描述。

9. 2011 年测试框架的特点与变化

（1）与 2009 年三年级测试框架和 2008 年五年级测试框架相比，其对数学内容领域和数学能力领域目标对应的行为动词作了进一步的调整。

（2）增加了数学学科往年测试题呈现。

10. 2013 年测试框架的特点与变化

（1）与 2011 年测试框架相比，《数学课标 2》已经颁布，但学生使用的教材是根据《数学课标 1》编写的，所以兼顾《数学课标 1》和《数学课标 2》对框架进行了修改。

（2）数学内容领域调整为数与代数、图形与几何、统计与概率和综合与实践四个领域。

（3）数学能力调整为包括知识技能、数学思考和问题解决三个领域。

（二）数学学科学生学业水平测试框架的构成

数学学科学生学业水平测试框架开始时包括内容领域、能力领域和素养领域，后来调整为前两个领域。2003—2006 年包括内容领域、能力领域和素养领域。2008—2013 年调整为内容领域和能力领域。

从内容领域来看，始终包括四个部分。2003—2005 年四个部分分别为：数与代数、空间与图形、统计与概率、实践与综合应用。2006 年至 2011 年第四个部分调整为实践与综合（2009 年因测试年级为三年级，按照《数学课标 1》改为实践活动）。2013 年因《数学课标 2》颁布，第二和第四个部分有调整，调整后的四个部分为：数与代数、图形与几何、统计与概率和综合与实践。

从能力领域来看，始终包括三个水平，2003—2004 年三个水平分别为：知识与技能、方法性知识、解决问题。2005—2006 年，三个水平调整为：数学技能、数学思考、解决问题。2008—2011 年第一水平有变化，由数学技能调整为知识技能（数学技能）。2013 年因《数学课标 2》颁布，第三水平由解决问题调整为问题解决，数学能力调整为知识技能、数学思考和问题解决三个领域。

从素养领域来看，2003—2006 年素养领域包括三个部分，应用、推理和交流。从 2008 年开始，取消素养领域。

二、数学学科学生学业水平测试的内容领域

（一）数与代数

主要包括数的认识、数的运算、常见的量、探索规律，它们都是研究数量关系和变化规律的数学模型。

（二）图形与几何（空间与图形）

主要涉及图形的认识、测量、图形与变换、图形与位置，它们是人们更好地认识和描述生活空间并进行交流的重要工具。

（三）统计与概率

主要研究现实生活中的数据和客观世界中的随机现象，它通过对简单数据统计过程，以及对简单事件发生可能性的刻画，来帮助人们进行合理的推断和预测。

（四）综合与实践（实践与综合应用、实践活动、实践与综合）

主要是加深对"数与代数""空间与图形""统计与概率"内容的理解，体会各部分内容之间的联系，经过自主探索与合作交流，获得一些初步的数学活动实践经验，能够运用所学知识和方法解决简单问题。

三、数学学科学生学业水平测试方式与题型、测试时间

三、五年级测试采取笔试方式。三年级 2006 年测试时间为 40 分钟，2009 年为 60 分钟。五年级 2003 年测试时间为 50 分钟，2004—2008 年为 60 分钟，2011、2013 年为 90 分钟。

测试题型包括选择题、填空题、解答题等。

四、数学学科学生学业水平测试的内容领域与能力领域分数构成

表7 数学学科内容领域分数构成(三年级)

项目	该领域分数所占比例/%	
	2006 年	2009 年
数与代数	50	50
空间与图形	20	25
统计与概率	15	10
实践活动 (实践与综合应用)	15	15
合计	100	100

表8 数学学科内容领域分数构成(五年级)

项目	该领域分数所占比例/%		
	2003、2004、2006 年	2005 年	2008—2013 年
数与代数	40	35	45
图形与几何 (空间与图形)	30	30	30
统计与概率	15	15	10
综合与实践 (实践与综合应用)	15	20	15
合计	100	100	100

表9 数学学科能力领域分数构成(三、五年级)

项目	该领域分数所占比例/%	
	2003—2006 年	2008—2013 年
知识与技能	40	50
数学思考	30	30
解决问题	30	20
合计	100	100

五、数学学科学生学业水平测试的学业成就水平描述

(略)

附录 4　小学英语学科学生学业水平测试框架变化说明

英语学科是北京市义务教育阶段教学质量分析与评价反馈系统的科目之一。五年级英语学科学生学业水平测试方案是根据教育部颁布的《全日制义务教育英语课程标准(实验稿)》(以下简称《英语课标 1》)和《义务教育英语课程标准(2011 年版)》(以下简称《英语课标 2》)的理念制订的,同时兼顾全市义务教育小学阶段所使用的不同版本教材和全市教育教学实际,是各年度命制学生学业水平测试试题、进行英语学科教学质量分析与评价反馈的主要依据。

一、英语学科学生学业水平测试框架说明

(一)学生学业水平测试框架的特点与变化

1. 依据《英语课标 1》和《英语课标 2》确定学生学业测试框架的内容和学业成就水平,是《英语课标 1》和《英语课标 2》中"内容标准"的具体化,以学生学习结果为测量对象,对英语学科的教学质量做出科学分析与评价。

2. 框架关注义务教育阶段学生认知能力的发展和衔接。考虑了语言学习的规律和各年龄段学生生理和心理发展的需求和特点,五年级侧重考查学生的语言识记和理解能力和语言的初步应用能力。

3. 2005—2007 年测试框架的特点

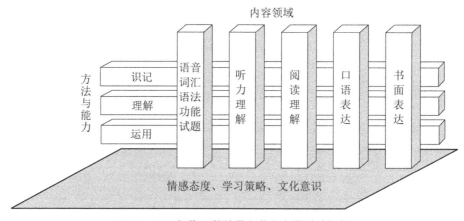

图 6　2007 年英语学科学生学业水平测试框架

框架图(见图 6)首先标出了英语测试的"内容领域",包括语音、词汇、语法、功能、话题等基础知识和听、说、读、写基本技能。框架图左侧指明学科能力,列在"方法与能力"标题下,分为三个层次:识记、理解和运用。"识记"是指对学过的

语音、词汇、语法知识有初步感性的认识并能落实在记忆里；"理解"是指能够懂得所学过的语言内容和语言规则，以及不超过所学知识范围的语言材料；"运用"是指在识记和理解的基础上，运用所学语言知识解决新的语境中的问题。框架图下方列出的是"情感态度、学习策略、文化意识"，这是英语教学目标中的三项重要内容。"情感态度"是指学生的动机兴趣，自信意志，合作精神，祖国意识和国际视野；"学习策略"是指认知策略，调控策略，交际策略和资源策略；"文化意识"是指文化知识，文化理解，跨文化交际意识和能力。对学生的语音、词汇和语法的测试，以及对学生听、说、读、写技能的考查可直接体现于相应题型里，而对"功能"和"话题"的测试则会渗透在语言知识和语言技能的测试之中，对情感态度、学习策略和文化意识的考查分为"无形"和"有形"两种，"无形"的考查渗透在语言知识和语言技能的测试中，"有形"的考查则通过日常形成性评价进行。

4.2009 年测试框架的特点与变化

(1)英语学科依据课标确定学生学业测试框架的内容和学业成就水平，是课标中"内容标准"的具体化，有利于对学生的学业水平做出客观的测量和评价。

(2)关注义务教育阶段学生认知能力的发展和衔接，考虑了语言学习的规律和不同年龄段学生生理与心理发展的需求和特点。五年级侧重学生的识记、理解的考查。

(3)与 2007 年测试框架相比较而言，调整"内容领域""方法与能力""情感态度、学习策略、文化意识"三个维度为内容领域和能力领域两个领域。从识记、理解、运用三个层次来界定学生在内容领域掌握的程度，称为能力领域。调出纸、笔测试无法考查的部分，以其他方式进行测试和评价，如问卷调查、个案研究、访谈等。

(4)强调语法的语用功能，从语用的角度描述语法项目。

(5)采用人机交互的形式考查学生听和说的能力，直接考查学生在特定情境中的口语交际能力，改变了以往用书面形式间接考查口语能力的方式。

5.2011 年测试框架的特点与变化

(1)英语学科依据课标确定学生学业测试框架的内容和学业成就水平，是课标中"内容标准"的具体化，有利于对学生的学业水平做出客观的测量和评价。

(2)关注义务教育阶段学生认知能力的发展和衔接，考虑了语言学习的规律和不同年龄段学生心理发展的需求和特点。五年级侧重考查学生的识记、理解能力。

(3)关注语言学习的实际应用，在语境中考查学生的语言知识和语言技能。在全面考查基础知识和基本技能的同时，注意考查学生听说结合、读写结合的综合技能并注重考查解决实际问题的能力，体现《英语课标 2》中"培养学生的综合语言运用能力"的总体目标。

(4)强调语法的使用功能。从语用的角度描述语法项目，在语境中考查语法知识。五年级简化了语法部分的知识点，由 2009 年的 19 个调整为 10 个。

(5)调整了部分听力、词汇和语法试题。

(6)继续采用人机交互的形式考查学生听和说的能力,在直接考查学生口语交际能力的基础上,凸显听说能力在生活中的实际应用。

6.2013年测试框架的特点与变化

(1)英语学科依据课标确定学生学业测试框架的内容标准和学生学业成就水平标准,是课标中"分级标准"的具体化。以学生学习结果为测量对象,对英语学科的教学质量做出科学分析与评价。

(2)框架关注义务教育阶段学生认知能力的发展和衔接,考虑了语言学习的规律和各年龄段学生心理发展的需求和特点。五年级侧重考查学生的识记、理解能力,八年级侧重考查学生的理解能力和运用能力。

(3)英语学科对语言能力进行"能做"的描述,不仅描述某个水平等级上的学生能用语言参与或完成怎样的交际任务项目,而且描述各水平等级学生所能接受和产出的语言学特征,如语音、书写形式、词汇、语法等方面的特征。

(4)框架的内容领域由2011年以前的语言知识和语言技能两个方面整合为语言技能一个方面,分为听、说、读、写、综合技能五个分领域。

(5)强调对学生语言表现能力(Performance)的测查,关注语言的实际应用,强调"用英语做事情"的理念,将对学生语言知识的考查融入语言技能的考查中,与2011年在理解层面上单独考查学生的语言知识(如词汇和语法)相比,更加客观地反映出学生综合语言运用能力的水平。

(6)在全面考查单项语言技能的同时,注重考查学生听说结合、读写结合的综合技能,尤其是运用语言解决实际问题的能力,体现《英语课程2》中"通过英语学习使学生形成初步的综合语言运用能力,促进心智发展,提高综合人文素养"的总目标。

(7)继续采用人机交互的形式考查学生听和说的技能,在直接考查学生口语交际能力的基础上,凸显听说技能在生活中的实际应用。

(二)英语学科学生学业水平测试框架的构成

英语学科学生学业水平测试框架包括内容领域和能力领域。

2007—2011年的内容领域包括语言知识和语言技能两个方面:语言知识的测试包含语音、词汇、语法、功能和话题五项内容;语言技能的测试包含听、说、读、写四项技能和综合技能。在各年的测试方案中,对学生在语音、功能和话题方面的测试是通过其在语言知识和语言技能方面的表现来衡量的。2013年的内容领域包含听、说、读、写和综合技能五部分内容,所制定的内容标准在测试中具有双重功能,既考查学生的语言技能,又考查学生的语言知识。

能力领域分为三个层次:识记、理解和运用(见表10)。

表 10 英语学科能力领域层级（五年级）

项目	具 体 要 求	内容标准中对应 的行为动词
识记	(2007)指对学过的语音、词汇、语法知识有初步感性的认识并能落实在 记忆里	识记、分辨、识 别、辨识、找出、 了解、记住、认 读、朗读、拼读、 读准、确认、拼写
	(2009)指对所学的语音、词汇、语法等语言知识具有感性的认知，并能 够在不同语境中将其辨认或复现	
	(2011)指对所学的语音、词汇、语法等语言知识具有感性的认知，并能 够在熟悉的语境中将其辨认或复现	
	(2013)指对所学的语音、词汇、语法等语言知识具有初步的感性认知	
理解	(2007)指能够懂得所学过的语言内容和语言规则，以及不超过所学知识 范围的语言材料	理解、体会、明 白、明确、听懂、 读懂、猜出、找 出、获取、知道、 判断、区分
	(2009)指能够懂得所学过的语言内容和语言规则，以及不超过所学知识 范围的语言材料，并能对相关语言材料进行转换，做出简单推断	
	(2011)指凭借所学语言知识和听读策略，听懂或读懂不超过所学知识范 围的简单语言材料，并能根据特定目标获取信息，进行判断	
	(2013)指领会所学过的各种语言现象和语言规律，凭借所学语言知识和 听读策略，听懂或读懂不超过所学知识范围的简单语言材料的意义，并 能根据特定目标获取信息，进行理性分析	
运用	(2007)指在识记和理解的基础上，运用所学语言知识解决新的语境中的 问题	运用、应用、使 用、完成、实现、 交谈、表达、记 叙、描述、讲述、 叙述、表述、记 录、描写、编写、 写出、填写、读 出、发出、给出、 做出、提供、完 成、问答、提问、 应答
	(2009)指在识记和理解的基础上，应用所学语言知识解决新的语境中的 问题	
	(2011)指在识记和理解的基础上，应用所学的语言知识和掌握的语言技 能，完成特定语境中的语言要求或任务	
	(2013)指在识记和理解的基础上，对所学过的语言知识进就行归纳和综 合，应用所学的语言知识和掌握的语言技能，完成特定熟悉语境中的语 言要求或任务	

二、英语学科学生学业水平测试的内容标准

（一）语言知识

1. 语音

语音是语言知识的重要组成部分，学习并掌握好语音有助于对英语词汇的掌

握，有益于朗读习惯的养成，最终有利于英语听说能力的提高。五年级英语语音知识测试内容细目见表11。

表 11　英语学科语音知识测试内容细目(五年级)

(1)知道字母名称的读音	√
(2)a. 知道错误的发音会影响交际	√
b. 根据重音和语调的变化理解和表达不同的意图和态度	
(3)了解元音字母 a, e, i(y), o, u 在重读开音节和重读闭音节中的读音	√
(4)了解常见元音字母组合在重读音节中的读音	√
(5)了解辅音字母及辅音字母组合的读音规则	√
(6)a. 了解重音、连读、语调、节奏等语音现象	
b. 了解英语语音包括发音、重音、连读、语调、节奏等内容	√
(7)在日常生活会话中做到语音清楚、语调自然	
(8)根据读音拼写符合读音规则的单词	

2. 词汇

要学好一门语言，掌握一定量的词汇是重要的基础，是听、说、读、写能力培养的先决条件。

五年级的评价强调：了解单词是由字母所构成的；理解一定量的单词、短语、习惯用语和固定搭配的基本含义；在语境中能够运用这些单词、短语、习惯用语和固定搭配。

3. 语法

掌握语法知识有助于学生英语运用能力的培养和提高。学生对所学的语法知识应概念清楚，口、笔头表达基本无误，并能掌握和运用所学过的重要句型。

五年级的评价强调：知道名词有单复数形式；知道主要人称代词的区别；知道动词在不同情况下会有形式上的变化；了解表示时间、地点和位置的介词；了解英语简单句的基本形式和表意功能。

(二)语言技能

语言技能是语言交际能力的重要组成部分。语言技能主要包括听、说、读、写等方面的技能，以及这些技能的综合运用。听和读是接受技能，说和写是产出技能。这些技能在语言学习和交际中缺一不可，相互促进。

1. 听

听是分辨和理解话语的能力，即听懂并理解口语语言的含义。

五年级英语听的技能注重考查学生对元音和辅音的辨识，听懂日常生活或熟悉题材中的信息并作出初步的推理和判断，确认故事中人物的基本关系及事件中的时空顺序等。

2. 说

说是运用口语表达思想、传递信息的能力，是日常交际最重要的手段之一。

五年级英语说的技能注重考查学生在熟悉话题和日常生活语境中，对问题做出应答、交流基本个人信息、表达意愿和描述自己经历的能力。

3. 读

读是辨认和理解书面语言的能力，即辨认文字符号并将文字符号转换为有意义的信息输入的能力。

五年级英语读的技能注重考查学生朗读熟悉题材和难度适当的文段，借助图片读懂短文、故事，读懂贺卡、海报、表格等实用文体中的简单信息的能力。

4. 写

写是运用书面语表达思想、传递信息的能力。

五年级英语写的技能注重考查学生基本正确使用标点和大小写字母，借助图片、范例和语句的帮助表达自己或他人的信息，进行简单的笔头交流的能力。

5. 综合技能

听、说、读、写各项技能之间的关系极其密切。听和读是理解技能，说和写是表达技能。它们在语言学习和交际中相辅相成，相互促进。

五年级英语综合技能注重考查学生就听到、读到的信息做出口头、笔头回应的能力。

三、英语学科学生学业水平测试方式与题型、测试时间

五年级测试 2007 年采取笔试方式，测试时间 60 分钟；自 2009 年开始采用人机交互和笔答试卷相结合的方式。测试题型包括选择题、问答题、填空题、朗读题和写作题等。听说能力考查（2009—2013 年）采用人机交互形式，测试时间 30 分钟；语言知识运用和读写能力考查采用笔试形式，测试时间 60 分钟。

2013 年五年级测试采用人机交互和笔纸测验相结合的方式。听、说、读（朗读）技能的考查采用人机交互形式，测试题型包括选择题、朗读题、问答题，测试时间 30 分钟；读（阅读）、写和综合技能的考查采用笔纸测验的形式，测试题型包括判断题、选择题、填空题、问答题和写作题，测试时间 50 分钟。

四、英语学科学生学业水平测试的内容领域与能力领域分数构成

英语学科测试的内容领域包括词汇、语法、听、说、读、写及综合技能（见表12）；能力领域包括识记、理解和运用（见表13）。

表 12　英语学科内容领域分数构成

项目	该领域分数所占比例/%			
	2007 年	2009 年	2011 年	2013 年
语　音		约 5	约 5	
词　汇	约 15	约 20	约 25	
语　法	约 10	约 10	约 5	

项目	该领域分数所占比例/%			
	2007 年	2009 年	2011 年	2013 年
听	约 40	约 25	约 30	约 30
说	约 10	约 10	约 15	约 12
读	约 20	约 20	约 15	约 40
写	约 5	约 5	约 5	约 10
综合技能		约 5		约 8
合　计	100	100	100	100

表 13　英语学科能力领域分数构成

项目	所占比例/%		
	2007 年	2009—2011 年	2013 年
识　记	约 35	约 35	约 25
理　解	约 30	约 45	约 45
运　用	约 35	约 20	约 30
合　计	100	100	100

五、英语学科学生学业水平测试的学业成就水平描述

（略）

附录 5　中学英语学科学生学业水平测试框架变化说明

英语学科是北京市义务教育阶段教学质量分析与评价反馈系统的科目之一。八年级英语学科学生学业水平测试方案是根据教育部颁布的《全日制义务教育英语课程标准(实验稿)》(以下简称《英语课标 1》)和《义务教育英语课程标准(2011 年版)》(以下简称《英语课标 2》)的理念制订的,同时兼顾全市义务教育初中阶段所使用的不同版本教材和全市教育教学实际,是各年命制学生学业水平测试试题、进行英语学科教学质量分析与评价反馈的主要依据。

一、英语学科学生学业水平测试框架说明

(一)学生学业水平测试框架的特点与变化

1. 依据《英语课标1》和《英语课标2》确定学生学业测试框架的内容和学业成就水平，是《英语课标1》和《英语课标2》中"内容标准"的具体化，以学生学习结果为测量对象，对英语学科的教学质量做出科学分析与评价。

2. 框架关注义务教育阶段学生认知能力的发展和衔接。考虑了语言学习的规律和各年龄段学生生理和心理发展的需求和特点，八年级侧重考查学生的语言理解能力和语言运用能力。

3. 2007年测试框架的特点

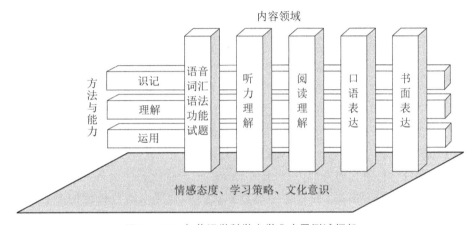

图7　2007年英语学科学生学业水平测试框架

图7为2007年测试框架。

(1)内容领域涵盖语音、词汇、语法、功能、话题等基础知识和听、说、读、写等基本技能。

(2)学科能力列在方法与能力标题下，分为三个层次：识记、理解和运用。

(3)情感态度、学习策略和文化意识是英语教学目标中的三项重要内容。情感态度是指学生的学习动机、学习兴趣、自信心、意志力、合作精神、祖国意识和国际视野；学习策略是指认知策略、调控策略、交际策略和资源策略；文化意识是指文化知识、文化理解、跨文化交际意识和能力。

(4)对学生语音、词汇和语法的测试，以及听、说、读、写技能的考查可直接体现于相应题型里，而对功能和话题的测试则会渗透在语言知识和语言技能的测试之中，对情感态度、学习策略和文化意识的考查分为隐性和显性两种，隐性的考查渗透在语言知识和语言技能的测试中，显性的考查则通过日常形成性评价进行。

4. 2009年测试框架的特点与变化

(1)与2007年测试框架相比较而言，调整为内容领域和能力领域两个维度。

(2)强调语法的运用，从使用的角度描述语法项目。

(3)采用人机交互的形式考查学生听和说的能力，直接考查学生在特定情境中的口语交际能力，改变了以往用书面形式间接考查口语能力的方式。

5.2011 年测试框架的特点与变化

(1)关注语言学习的实际应用，在语境中考查学生的语言知识和语言技能。在全面考查基础知识和基本技能的同时，注意考查学生听说结合、读写结合的综合技能并在可能的范围内重点考查解决实际问题的能力，体现《英语课标 2》中"培养学生的综合语言运用能力"的总目标。

(2)强调语法的交际功能，简化知识点。从语言运用的角度描述语法项目，在语境中考查语法知识。

(3)继续采用人机交互的形式考查学生听和说的能力，在直接考查学生口语交际能力的基础上，凸显听说能力在生活中的实际应用。

6.2013 年测试框架的特点与变化

(1)对语言能力进行"能做"的描述，不仅描述某个水平等级上的学生能用语言参与或完成怎样的交际任务项目，而且描述各水平等级学生所能接受和产出的语言特征，如语音、书写形式、词汇、语法等方面的特征。

(2)内容领域由 2011 年以前的语言知识和语言技能两个方面整合为语言技能一个方面，分听、说、读、写、综合技能五个分领域。

(3)强调对学生语言表现能力(Performance)的测查，关注语言的实际应用，强调"用英语做事情"的理念，将对学生语言知识的考查融入语言技能的考查中，与 2011 年在理解层面上单独考查学生的语言知识相比，更加客观地反映出学生综合语言运用能力的水平。

(4)在全面考查单项语言技能的同时，注重考查学生听说结合、读写结合的综合技能，尤其是运用语言解决实际问题的能力，体现《英语课标 2》中"通过英语学习使学生形成初步的综合语言运用能力，促进心智发展，提高综合人文素养"的总目标。

(二)英语学科学生学业水平测试框架的构成

英语学科学生学业水平测试框架包括内容领域和能力领域。

2007—2011 年的内容领域包括语言知识和语言技能两个方面：语言知识的测查包含语音、词汇、语法、功能和话题五项内容；语言技能的测查包含听、说、读、写四项技能和综合技能。在各年的测试方案中，对学生在语音、功能和话题方面的测查是通过其在语言知识和语言技能方面的表现来衡量的。2013 年的内容领域包含听、说、读、写和综合技能五部分内容，所制定的内容标准在测试中具有双重功能，既考查学生的语言技能，又考查学生的语言知识。

能力领域分为三个层次：识记、理解和运用(见表 14)。

表 14　八年级能力领域层级

能力领域	具 体 要 求	内容标准中对应的行为动词
识记	(2007)指对学过的语音、词汇、语法知识有初步感性的认识并能落实在记忆里	识记、分辨、识别、辨识、找出、了解、记住、认读、朗读、拼读、读准、确认、拼写
	(2009)指对所学的语音、词汇、语法等语言知识具有感性的认知，并能够在不同语境中将其辨认或复现	
	(2011)指对所学的语音、词汇、语法等语言知识具有感性的认知，并能够在熟悉的语境中将其辨认或复现	
	(2013)指对所学的语音、词汇、语法等语言知识具有初步的感性认知，知道这些语言知识的基本规律及基本含义，并能够在熟悉的语境中辨认或复现其结构和含义	
理解	(2007)指能够懂得所学过的语言内容和语言规则，以及不超过所学知识范围的语言材料	理解、体会、明白、明确、听懂、读懂、猜出、找出、获取、知道、判断、区分
	(2009)指能够懂得所学过的语言内容和语言规则，以及不超过所学知识范围的语言材料，并能对相关语言材料进行转换，做出简单推断	
	(2011)指凭借所学语言知识和听读策略，听懂或读懂不超过所学知识范围的简单语言材料，并能根据特定目标获取信息，进行判断。	
	(2013)指领会所学过的各种语言现象和语言规律，凭借所学语言知识和听读策略，听懂或读懂不超过所学知识范围的简单语言材料的意义，并能根据特定目标获取信息，进行理性分析	
运用	(2007)指在识记和理解的基础上，运用所学语言知识解决新的语境中的问题	运用、应用、使用、完成、实现、交谈、表达、记叙、描述、讲述、叙述、表述、记录、描写、编写、写出、填写、读出、发出、给出、做出、提供、完成、问答、提问、应答
	(2009)指在识记和理解的基础上，应用所学语言知识解决新的语境中的问题	
	(2011)指在识记和理解的基础上，应用所学的语言知识和掌握的语言技能，完成特定语境中的语言要求或任务	
	(2013)指在识记和理解的基础上，对所学过的语言知识进行归纳和综合，应用所学的语言知识和掌握的语言技能，完成特定熟悉语境中的语言要求或任务	

二、英语学科学生学业水平测试的内容标准

(一) 语言知识

1. 语音

语音是语言知识的重要组成部分，学习并掌握好语音有助于对英语词汇的掌握，有益于朗读习惯的养成，最终有利于英语听说能力的提高。

八年级测试语音强调：比较全面地了解读音规则；了解连读、语调、节奏等学习内容；在日常生活会话中做到语音清楚、语调自然。

2. 词汇

要学好一门语言，掌握一定量的词汇是重要的基础，是听、说、读、写能力培养的必要条件。

八年级测试词汇强调：了解所学过的英语词汇（包括单词、短语、习惯用语和固定搭配）；理解和领悟词语的基本含义，以及在特定语境中的意义；掌握 1 200～1 300 个单词和 150～250 个短语、习惯用语和固定搭配的基本用法；运用词汇描述事物、行为的特征，以及说明概念等。

3. 语法

体验、领悟和掌握基础语法知识有助于培养和提高学生的英语运用能力。学生能正确理解所学的语法知识，并能初步运用。

八年级测试语法强调：了解常用语言形式的基本结构和常用表意功能，在实际运用中体会和领悟语言形式的表意功能；理解和掌握描述人和物的表达方式；理解和掌握描述具体事件和具体行为的发生、发展过程的表达方式；初步掌握描述时间、地点、方位的表达方式；理解和掌握比较人、物体及事物的表达方式。

(二) 语言技能

语言技能是语言交际能力的重要组成部分。语言技能主要包括听、说、读、写等方面的技能，以及这些技能的综合运用。听和读是接受技能，说和写是产出技能。这些技能在语言学习和交际中缺一不可，相互促进。

1. 听

听是分辨和理解话语的能力，即听懂并理解口语语言的含义。

八年级测试听的技能注重考查学生在所设日常交际情境中，听懂对话、小故事和熟悉话题的简单语段，理解主要人物和事件，识别主题、获取主要信息的能力。

2. 说

说是运用口语表达思想、传递信息的能力，是日常交际最重要的手段之一。

八年级测试说的技能注重考查学生在日常交际情境下，用简单的英语提供信息、描述经历、与他人进行交谈的能力。

3. 读

读是辨认和理解书面语言的能力，即辨认文字符号并将文字符号转换为有意义的信息输入的能力。

八年级测试读的技能考查包括朗读和阅读两个方面。朗读侧重考查学生的语音、语调；阅读侧重考查学生读懂常见文体的简单阅读材料，理解和获取信息的能力。

4. 写

写是运用书面语表达思想、传递信息的能力。

八年级测试写的技能要求学生能基本连贯地写出简短的叙述、说明等，形成基本的写作能力。

5. 综合技能

听、说、读、写各项技能之间的关系极其密切。听和读是理解技能，说和写是表达技能。它们在语言学习和交际中相辅相成，相互促进。

八年级测试综合技能通过综合性语言实践活动，考查学生听说、听写和读写的综合技能，从而促进学生综合语言运用能力的提高。

三、英语学科学生学业水平测试方式与题型、测试时间

八年级测试 2007 年采取笔试方式，测试时间 90 分钟；自 2009 年开始采用人机交互和笔答试卷相结合的方式。测试题型包括选择题、问答题、填空题、朗读题和写作题等。听说能力考查（2009—2013 年）采用人机交互形式，测试时间 30 分钟；语言知识运用和读写能力考查采用笔试形式，测试时间 60 分钟。

2013 年八年级测试采用人机交互和笔纸测验相结合的方式。听、说、读（朗读）技能的考查采用人机交互形式，测试题型包括选择题、朗读题、问答题，测试时间 30 分钟；读（阅读）、写和综合技能的考查采用笔纸测验的形式，测试题型包括判断题、选择题、填空题、问答题和写作题，测试时间 60 分钟。

四、英语学科学生学业水平测试的内容领域与能力领域分数构成

英语学科测试的内容领域包括词汇、语法、听、说、读、写及综合技能（见表 15）；能力领域包括识记、理解和运用（见表 16）。

表 15　内容领域分数构成

内容领域	所 占 比 例/%			
	2007 年	2009 年	2011 年	2013 年
语音				
词汇	约 10	约 13	约 8	
语法	约 20	约 15	约 12	

内容领域	所占比例/%			
	2007 年	2009 年	2011 年	2013 年
听	约 20	约 15	约 15	约 15
说	约 10	约 15	约 15	约 14
读	约 20	约 20	约 20	约 33
写	约 20	约 12	约 20	约 28
综合技能		约 10	约 10	约 10
合计	100	100	100	100

表 16 能力领域分数构成

能力领域	所占比例/%		
	2007 年	2009—2011 年	2013 年
识记	约 8	约 8	约 8
理解	约 34	约 25	约 45
运用	约 58	约 67	约 47
合计	100	100	100

五、英语学科学生学业水平测试的学业成就水平描述

（略）

参考文献

白羽、陶沙：《学生学业自我概念的"大鱼小池"效应研究进展——个体特点及学校和文化差异》，载《教育理论与实践》，2015(29)。

戴丽丽：《城市高中教师职业倦怠的实证研究——以北京、上海和西安高中教师为例》，博士学位论文，华东师范大学，2006。

范晓：《语言、言语和话语》，载《汉语学习》，1994(2)。

方中雄、张熙、拱雪、左慧：《北京市随迁子女融入教育状况调查及行动计划》，载《教育科学研究》，2013(11)。

胡进：《义务教育教学质量监控评价的实践与思考：基于北京市学科评价方案的研制与实施》，载《中国教育学刊》，2013(1)。

李琼、倪玉菁：《小学数学课堂对话的特点：对专家教师与非专家教师的比较》，载《教育科学文摘》，2008(1)。

李超平、时勘：《分配公平与程序公平对工作倦怠的影响》，载《心理学报》，2003(5)。

李带生：《课堂教学师生互动对学生学习投入的影响》，博士学位论文，香港中文大学，2006。

李永鑫：《工作倦怠及其测量》，载《心理科学》，2003(3)。

李煜晖：《略谈整本书阅读课程方案的设计》，载《中学语文教学》，2017(2)。

李悦娥、范宏雅：《话语分析》，上海，上海外语教育出版社，2002。

李振兴、李玉姣、王欢、邹文谦、郭成：《学业自我概念发展中的大鱼小池效应》，载《心理科学进展》，2013(5)。

廖爽、王玉蕾、曹一鸣：《数学课堂中师生对话研究——基于 LPS 项目课堂录像资料》，全国高等师范院校数学教育研究会 2008 年学术年会，吉林，2008。

凌建侯：《巴赫金哲学思想与文本分析法》，北京，北京大学出版社，2007。

刘畅、陈玲玲、邰云雁、迈克尔·古里安、凯西·史蒂文斯、田文慧：《男女生阅读素养存在差距是世界性难题》，载《中国教育报》，2011-03-17。

刘晓明：《职业压力、教学效能感与中小学教师职业倦怠的关系》，载《心理发展与教育》，2004(2)。

刘奕婷、缪建东：《进城务工人员随迁子女教育政策变迁分析》，载《扬州大学学报（高教研究版）》，2014(2)。

沈健美、刘丽娟、王鑫：《西方关于学校规模的研究及其启示》，载《现代教育论丛》，2010(5)。

苏红：《国际基础教育质量标准：趋势、类型及对我们的启示》，载《中小学管理》，2011(12)。

苏毓淞：《倾向值匹配法的概述与应用：从统计关联到因果推论》，重庆，重庆大学出版社，2017。

王芳、许燕：《中小学教师职业枯竭状况及其与社会支持的关系》，载《心理学报》，2004(5)。

王红、陈纯槿：《城市随迁子女义务教育质量的影响因素研究——基于中国教育追踪调查数据的实证分析》，载《教育经济评论》，2017(2)。

王彤彦：《整本书阅读教学设计策略》，载《中学语文教学》，2017(2)。

吴欣歆：《阅读整本书，整体提升语文学科核心素养》，载《中学语文教学》，2017(1)。

肖富群、风笑天：《我国独生子女研究30年：两种视角及其局限》，载《南京社会科学》，2010(7)。

谢永飞、杨菊华：《家庭资本与随迁子女教育机会：三个教育阶段的比较分析》，载《教育与经济》，2016(3)。

辛涛、李峰：《社会科学背景下因果推论的统计方法》，载《北京师范大学学报（社会科学版）》，2009(1)。

徐鹏：《整本书阅读：内涵、价值与挑战》，载《中学语文教学》，2017(1)。

苑春永、陈福美、王耘、边玉芳：《独生子女和非独生子女情绪适应的差异——基于倾向分数配对模型的估计》，载《中国临床心理学杂志》，2013(2)。

张红洋、李佳：《中学物理专家教师和新手教师课堂教学语言比较研究——基于弗兰德斯互动分析系统》，载《亚太教育》，2016(7)。

张咏梅、田一、李美娟：《学校背景因素和学生个体因素对学业成绩影响的研究——基于大规模测验数据的多层线性模型分析》，载《教育科学研究》，2012(4)。

张雨强、崔允漷：《义务教育阶段学生科学学业成就评价框架的初步开发》，载《华东师范大学学报（教育科学版）》，2010(3)。

张裕遵：《高中生学业自我概念发展中的大鱼小池效应》，硕士学位论文，华中师范大学，2015。

赵冬臣、马云鹏、张玉敏、韩玉婷：《小学数学课堂师生话语的定量研究——以13节优秀课例为例》，载《上海教育科研》，2014(12)。

赵玉芳、毕重增：《中学教师职业倦怠状况及影响因素的研究》，载《心理发展与教育》，2014(2)。

中华人民共和国教育部：《义务教育语文课程标准(2011 年版)》，北京，北京师范大学出版社，2012。

中央教育科学研究所课题组：《进城务工农民随迁子女教育状况调研报告》，载《中小学教育》，2008(8)。

[德]海德格尔：《存在与时间》，陈嘉映、王节庆译，北京，生活·读书·新知三联书店，1987。

[法]托多罗夫：《巴赫金、对话理论及其他》，蒋子华、张萍译，天津，百花文艺出版社，2001。

[美]迈克尔·古里安、[美]凯西·史蒂文斯：《男孩的脑子想什么》，田文慧译，北京，世界图书出版公司北京公司，2006。

[英]戴维·霍普金斯：《教师课堂研究指南》，杨晓琼译，上海，华东师范大学出版社，2009。

[英]诺曼·费尔克拉夫：《话语与社会变迁》，殷晓蓉译，北京，华夏出版社，2003。

A. Bessudnov & A. Makarov, "School Context and Gender Differences in Mathematical Performance among School Graduates in Russia," *International Studies in Sociology of Education*, 2015(1).

A. Ned, "Flanders, Intent, Action and Feedback: A Preparation for Teaching," *Journal of Teacher Education*, 1963, vol. 14.

B. Nagengast & H. W. Marsh, "Big Fish in Little Ponds Aspire More: Mediation and Cross-cultural Generalizability of School-average Ability Effects on Self-concept and Career Aspirations in Science," *Journal of Educational Psychology*, 2012(4).

C. Scheiber, M. R. Reynolds, D. B. Hajovsky & A. S. Kaufman, "Gender Differences in Achievement in A Large, Nationally Representative Sample of Children and Adolescents," *Psychology in the Schools*, 2015(4).

D. Główka, "The Impact of Gender on Attainment in Learning English as A Foreign Language," *Studies in Second Language Learning and Teaching*, 2014(4).

D. Polit & T. Falbo, "Only Children and Personality Development: A Quantitative Review," *Journal of Marriage and the Family*, 1987, vol. 49.

D. Reilly, D. L. Neumann & G. Andrews, "Sex Differences in Mathematics and Science Achievement: A Meta-analysis of National Assessment of Educational Progress Assessments," *Journal of Educational Psychology*, 2015(3).

E. A. Forman & J. Larreamendy-Joerns, "Making Explicit the Implicit: Classroom Explanations and Conversational Implicatures," *Mind, Culture, and Activity*, 1998(2).

E. V. D. Gaer, H. Pustjens, J. V. Damme & A. D. Munter, "The Gender Gap in Language Achievement: the Role of School-related Attitudes of Class Groups," *Sex Roles*, 2006(5)(6).

J. Gee & J. Green "Discourse Analysis, Learning, and Social Practice: A Methodological Study,"*Review of Research in Education*, 1998, vol. 23.

J. S. Hyde, E. Fennema & S. J. Lamon, "Gender Differences in Mathematics Performance: A Meta-analysis,"*Psychological Bulletin*, 1990(2).

J. S. Hyde, S. M. Lindberg, M. C. Linn, A. B. Ellis & C. C. Williams, "Gender Similarities Characterize Math Performance,"*Science*, 2008, vol. 321.

J. Yang, X. Hou, D. Wei, K. Wang, Y. Li & J. Qiu, "Only-child and Non-only-child Exhibit Differences in Creativity and Agreeableness: Evidence from Behavioral and Anatomical Structural Studies," *Brain Imaging and Behavior*, 2017(2).

H. W. Marsh, "Self-concept: The Application of A Frame of Reference Model to Explain Paradoxical Results," *Australian Journal of Education*, 1984(2).

H. W. Marsh& A. O'Mara, "Reciprocal Effects between Academic Self-concept, Self-esteem, Achievement, and Attainment over Seven Adolescent Years: Unidimensional and Multidimensional Perspectives of Self-concept," *Personality and Social Psychology Bulletin*, 2008(4).

L. V. Hedges & A. Nowell, "Sex differences in mental test scores, variability, and numbers of high-scoring individuals,"*Science*, 1995, vol. 269.

M. Muriel, "Immigration and Student Achievement: Evidence from Switzerland,"*Economics of Education Review*, 2011, vol. 30.

M. Sadoski & V. L. Willson, "Effects of A Theoretically Based Large-scale Reading Intervention in A Multicultural Urban School District," *American Educational Research Journal*, 2006(1).

N. Liu, Y. Chen, X. Yang & Y. Hu, "Do Demographic Characteristics Make Differences? Demographic Characteristics as Moderators in the Associations between Only Child Status and Cognitive/Non-cognitive Outcomes in China,"*Frontiers in Psychology*, 2017, vol. 8.

N. M. Elsequest, J. S. Hyde & M. C. Linn, "Cross-National Patterns of Gender Differences in Mathematics: A Meta-analysis," *Psychological Bulletin*, 2010(1).

Polit, F. Denise & T. Falbo, "Only Children and Personality Development: A Quantitative Review,"*Journal of Marriage and the Family*, 1987(2).

R. A. Moore, *Classroom Research for Teachers: A Practice Guide*, Norwood,

MA: Christopher-Gordon Publishers, 2004.

R. J. Marzano, *What works in schools: Translating research into action*, Alexandria, Association for Supervision and Curriculum Development, 2003.

R. L. Sehwab, *Teacher Stress and Burnout. Hand Book of Research on Teacher Education*, IkulanEditor, Macmillam, 1996.

R. McGraw & S. T. Lubiensk & M. E. Strutchens, "A Closer Look at Gender in NAEP Mathematics Achievement and Affect Data: Intersections with Achievement, Race/ethnicity, and Socioeconomic Status," *Journal for Research in Mathematics Education*, 2006(2).

R. W. Eberts, E. KSchwartz & J. A. Stone, "School Reform, School Size, and Student Achievement," *Economic Review*, 1990(2).

S. M. Lindberg, J. S. Hyde, J. L. Petersen & M. C. Linn, "New Trends in Gender and Mathematics Performance: a meta-analysis," *Psychological Bulletin*, 2010, vol. 136.

T. Falbo, "The Only Child: A Review," *Journal of Individual Psychology*, 1977(1).

T. Falbo, "Only Children: An Updated Review," *The Journal of Individual Psychology*, 2012(1).

Y. Kwan, & W. Ip, "Life Satisfaction, Perceived Health, Violent and Altruistic Behaviour of Hong Kong Chinese Adolescents: Only Children Versus Children with Siblings," *Child Indicators Research*, 2009(4).

后 记

为了全面贯彻党的教育方针和素质教育的要求,科学、客观地监测北京市义务教育各个学段的教育质量,受北京市教育委员会的委托,自2003年起,北京教育科学研究院基础教育教学研究中心项目组承担了北京市义务教育教学质量监控与评价反馈系统项目,并将质量状况每年向社会公布。本书主要通过对该项目历经12年纵向实证数据的深度挖掘,形成基于国家课程标准的教学质量观,探求北京市教育教学质量发展状况,在问题分析的基础上提出改进教学质量的策略与途径。研究结果的梳理历经5年,希望这些结论能够对我国当前教育政策的研究与实践、学科教学质量的改进提供实证依据。

感谢北京市教育科学规划办和北京教育科学研究院科研管理处对课题《北京市义务教育教学质量现状、问题及改进策略研究》的大力支持。感谢北京教育科学研究院院长方中雄研究员、副院长桑锦龙研究员、副院长张熙研究员,原院长时龙研究员,原副院长文喆研究员,原院长助理耿申研究员,北京开放大学党委副书记、校长褚宏启教授,首都师范大学王云峰教授、方平教授,北京师范大学刘红云教授,北京教育学院刘加霞教授,北京教育科学研究院基教研中心贾美华主任对课题开题报告、中期报告以及结题的书稿内容提出的重要的修改建议。

感谢北京师范大学出版社策划编辑何琳老师对本书内容设计及出版过程的支持、指导与帮助,感谢责任编辑贾理智、吴纯燕对本书的审校和编辑。

北京教育科学研究院基教研中心原主任王燕春和评价中心李美娟同志负责本书组稿方案及全书统稿。各章节执笔者如下:

第一章　第一节　王燕春
　　　　第二节　胡　进
　　　　第三节　张咏梅
第二章　第一节　王家祺　李美娟
　　　　第二节　何光峰
　　　　第三节　李英杰　李美娟　闫　勇
　　　　第四节　王彤彦　李美娟　关惠文
　　　　第五节　王晓东　李美娟

编者

2021 年 3 月